親切的、活潑的、趣味的、致用的

實用歷史叢書

遠流出版公司

實用歷史・三國館

權謀至尊司馬懿

原著作名——老謀子司馬懿
原出版社——重慶出版社
作　　者——秦　濤
主　　編——游奇惠
責任編輯——陳穗錚
發 行 人——王榮文
出版發行——遠流出版事業股份有限公司
臺北市104005中山北路1段11號13樓
電話／2571-0297　傳真／2571-0197
郵撥／0189456-1
著作權顧問——蕭雄淋律師
2012年 8 月 1 日　初版一刷
2024年 1 月 1 日　二版十刷
售價新台幣 420 元　（缺頁或破損的書，請寄回更換）

ISBN 978-957-32-7027-0

YLib 遠流博識網
http://www.ylib.com　E-mail:ylib@ylib.com

三國館

權謀至尊司馬懿

《實用歷史叢書》

出版緣起

王榮文

・歷史就是大個案

《實用歷史叢書》的基本概念，就是想把人類歷史當做一個（或無數個）大個案來看待。

本來，「個案研究方法」的精神，正是因為相信「智慧不可歸納條陳」，所以要學習者親自接近事實，自行尋找「經驗的教訓」。

經驗到底是教訓還是限制？歷史究竟是啟蒙還是成見？——或者說，歷史經驗有什麼用？可不可用？——一直也就是聚訟紛紜的大疑問，但在我們的「個案」概念下，叢書名稱中的「歷史」，與蘭克（Ranke）名言「歷史學家除了描寫事實『一如其發生之情況』外，再無其他目標」中所指的史學研究活動，大抵是不相涉的。在這裡，我們更接近於把歷史當做人間社會情境體悟的材料，或者說，我們把歷史（或某一組歷史陳述）當做「媒介」。

・從過去了解現在

為什麼要這樣做？因為我們對一切歷史情境（milieu）感到好奇，我們想浸淫在某個時代的思考環境來體會另一個人的限制與突破，因而對現時世界有一種新的想像。

通過了解歷史人物的處境與方案，我們找到了另一種智力上的樂趣，也許化做通俗的例子我們可以問：「如果拿破崙擔任遠東百貨公司總經理，他會怎麼做？」或「如果諸葛亮主持自立報系，他會和兩大報紙持哪一種和與戰的關係？」

從過去了解現在，我們並不真正尋找「重複的歷史」，我們也不尋找絕對的或相對的情境近似性。「歷史個案」的概念，比較接近情境的演練，因為一個成熟的思考者預先暴露在眾多的「經驗」裡，自行發展出一組對應的策略，因而就有了「教育」的功能。

·從現在了解過去

就像費夫爾（L. Febvre）說的，歷史其實是根據活人的需要向死人索求答案，在歷史理解中，現在與過去一向是糾纏不清的。

在這一個圍城之日，史家陳寅恪在倉皇逃死之際，取一巾箱坊本《建炎以來繫年要錄》，抱持誦讀，讀到汴京圍困屈降諸卷，淪城之日，謠言與烽火同時流竄；陳氏取當日身歷目睹之事與史實印證，不覺汗流浹背，覺得生平讀史從無如此親切有味之快感。

觀察並分析我們「現在的景觀」，正是提供我們一種了解過去的視野。歷史做為一種智性活動，也在這裡得到新的可能和活力。

如果我們在新的現時經驗中，取得新的了解過去的基礎，像一位作家寫《商用廿五史》，用企業組織的經驗，重新理解每一個朝代「經營組織」（即朝廷）的任務、使命、環境與對策，竟然就呈現一個新的景觀，證明這條路另有強大的生命力。

我們刻意選擇了《實用歷史叢書》的路，正是因為我們感覺到它的潛力。我們知道，標新並不見得有力量，然而立異卻不見得沒收穫；刻意塑造一個「求異」之路，就是想移動認知的軸心，給我們自己一些異端的空間，因而使歷史閱讀活動增添了親切的、活潑的、趣味的、致用的「新歷史之旅」。

你是一個歷史的嗜讀者或思索者嗎？你是一位專業的或業餘的歷史家嗎？你願意給自己一個偏離正軌的樂趣嗎？請走入這個叢書開放的大門。

目錄

第二章　終日乾乾：他搭上了曹丕這把登天之梯／79

第三章　或躍在淵：謀國先謀身，小心被領導玩死／149

第五章　龍戰於野（下）：抱持「告成歸老」之心態／295

第六章　飛龍在天：奪權，奪的就是槍桿子／383

權謀至尊司馬懿

引子

司馬老兒只剩一口氣了

二四九年天下大勢

蜀漢延熙十二年（二四九），漢中。

姜維已經年近五十了。當年的他血氣方剛，繼承諸葛亮的遺志，立誓要克復中原，何其壯哉！

隨著征戰閱歷的增長，姜維越來越意識到這近乎一個不可能的任務。

姜維的對手，是曹魏征西將軍郭淮和雍州刺史陳泰。郭淮是對蜀作戰的名將，陳泰是老臣陳群的公子、曹魏軍界的新貴，這是兩個非常棘手的對手。不過這兩個人並不夠資格讓獨得諸葛亮真傳的軍事奇才姜維絕望。真正令他感到絕望的，是這兩個人背後近乎完美的軍事防禦體系。

十幾年前，司馬懿在諸葛亮一波又一波的猛烈攻擊之下，不慌不忙地構築起一套軍事防禦體系。組成這套防禦體系的，有受司馬懿提拔和培養的傑出軍事人才、有可以犄角互援的各大防點，以及應對蜀漢慣常進攻模式的一整套防禦辦法。所以，在諸葛亮病逝、司馬懿抽身離去之後的十幾年中，儘管姜維一直在絞盡腦汁地努力，卻始終難以在曹魏邊防線上有一尺半寸的推進。

姜維正在籌劃今年秋收之際再次突襲雍州的大規模軍事行動。在沒有找到敵方軟肋之前，姜維只能用這種毫不間斷的徒勞攻擊來掩飾自己的無能為力。

難道真的沒有半點破綻嗎？姜維站在漢中軍營前凜冽的風中，望向東方一個他所看不見的城市——洛陽。那是曹魏的政治中樞，最近十年來，姜維實際上的對手司馬懿幾乎一直沒有離開過那座城市。司馬懿的興趣，早已經從軍界轉向政界了，只留下一盤珍瓏棋局等姜維來破解。

東吳赤烏十二年（二四九），建業。

六十七歲的吳大帝孫權是三國開國君主中碩果僅存的一位，但他絲毫沒有一覽眾山小的快感。因為孫權很清楚，儘管當年的諸多強勁對手都已經先後謝世，但他仍然不是當今世界上最強的那個人。

孫權不是沒有吞併天下的野心，但東吳卻始終以一個閉關自守的形象出現在世人面前，原因在於兵種的先天不足。

東吳的水師足以傲視天下，但陸戰卻始終是一大命門，因此自守有餘、進取不足。冷兵器時代的陸戰，騎兵克步兵。孫權雖然控制著廣袤的疆域，卻沒有一處養馬的所在。東吳土生土長的馬匹孱弱不堪，馱馱糧食、搞搞後勤還可以，真要上陣殺敵，根本不是北方悍馬的對手。

北方盛產馬匹的地方，西北的河套平原算一個，燕趙故地的遼東算一個。以前，孫權經常派海軍艦隊遠涉重洋，從海路向遼東購買馬匹。當時的遼東，由世代盤踞於此的東北王公孫家族控制，不受曹魏直接管轄。

但是，這條商路已經斷絕十一年了。

十二年前，東北亞的霸主、遼東公孫家族末代掌門人公孫淵，在自己的地盤上被斬下頭顱，快馬千里傳送到曹魏帝國的首都，懸掛在城門之上示眾。

這起軍事行動的操刀手，是司馬懿。

孫權想起此事，不禁長歎一口氣。公孫淵鼠輩而已，死不足惜；可是遼東歸魏，斷了我東吳的戰馬來源，實在可惱！重重深宮之中，光線昏暗。暮氣沉沉的孫權獨坐冥想已久，精力不支，昏昏欲睡。身邊的侍女趕緊服侍孫權就寢。

年邁的孫權入睡之前最後一個意識流般的念頭是：為什麼司馬懿比朕大三歲，卻仍然像年輕人一樣精力充沛？

曹魏正始十年（二四九），洛陽城郊。

少年天子曹芳正在大將軍曹爽陪同下拜謁祭掃先帝曹叡的陵墓——高平陵。

祭祀大典在太常的主持下有條不紊地進行著。曹爽志得意滿地欣賞著眼前的場景。

自從文帝曹丕出於節儉的考慮下詔禁止上陵祭祀以來，這還是首次破例。這次上陵掃墓，是曹爽安排的。而且曹爽特意關照太常，不妨搞得隆重一點。曹爽要用這一隆重而奢華的儀式，向墓中的曹叡、向普天之下的子民發出一個莊重的宣言。

曹爽很年輕，但他已經表現出了卓絕的政治手腕。十年前，他受先帝曹叡託孤以來，與一群志同道合的政界新秀展開大刀闊斧的改革，雷厲風行地推行新政。另一面，曹爽用明升暗降、李代桃僵的辦法將同受託孤的輔政重臣、朝中最強大的對手司馬懿一步步架空。兩年前，司馬懿知趣地告老退休，曹爽毫不放鬆警惕，派人嚴密監視司馬府。

也就是說，曾經在曹魏權重一時、令蜀漢東吳聞風喪膽的司馬懿，已經被曹爽全面軟禁。

而且，前一段時間曹爽派心腹李勝去司馬府查探，回來報告的結果是：司馬老兒已經只剩下一口氣了。

曹爽決定趕在司馬懿斷氣之前舉辦這場拜謁高平陵的祭祀盛典。他要通過這場祭祀，向人們宣告舊世界的終結，新時代的開啟。

大年初三清晨，洛陽城內。

地上還殘留著爆竹的殘跡，一派喜慶過後的景象。重要的官員們，都一大早跟隨皇上出城謁陵去了，此地只剩下一些中低級官員和退休的老官員們享受著年後的閒散與慵懶。

唯一與這慵懶氣息格格不入的，是一所高深的宅第。這所宅第最近兩年一直門庭冷落鞍馬稀，因為宅第的主人已經臥病在床、整整兩年沒有出門了。儘管大門緊鎖，宅第內卻散發出極具穿透力的強大氣場，令人不寒而慄。

鏡頭穿越緊閉的黑漆大門，直接推進到光線陰沉的內室。一位古稀老人，正端坐在床榻之上，向身邊的兩個兒子交代事情。老人乾癟的嘴唇以難以察覺的幅度迅速翕動，聲若蚊蚋。氣氛分明緊張得足以令人窒息，偏又彷彿能聽到一種氣定神閒的節律。顯然，這位古稀老人就是那強大氣場的來源所在。

近半個世紀以來的敘事，都以他為主題展開；近半個世紀以來的最傑出者，都暗自以他為對手；近半個世紀以來與他作對的人，都不曾有過好死。

因此，儘管現在還是兵權在握、權勢滔天的大將軍，但曹爽的生命從此刻開始，進入倒數計時。

他，就是亂世三國的終結者——司馬懿。

最猛不過夕陽紅

司馬懿的傳說，對於洛陽城——不，對整個曹魏的子民來講，都是耳熟能詳的談資。在高平陵政變之後，人們都會把司馬懿這次為時兩年的「裝病事件」，與他年輕時的那次長達七年的「裝病事件第一季」相提並論。

當時，曹操想強行錄用司馬懿為公務員，司馬懿為了放棄面試名額，在床上臥病七年之久。在這七年期間，曹操與司馬懿進行了第一次交手，這是一次三國史上帝王級頂尖高手之間的巔峰對決，雙方勾心鬥角、見招拆招，過程波譎雲詭、精彩燦爛。埋個伏筆，後文再為您現場直播、全程解析。

但是，閱歷更豐富、智謀更深遠的人則能洞察到這兩次裝病事件之間的細微差別，比如曹魏第一代明星智囊團中唯一活到現在、成為四朝元老的蔣濟。

蔣濟清楚，司馬懿的「裝病事件第一季」，是為了抬高身價、博取名利；而他這次的「裝病事件第二季」，目的要單純得多——生存。四十年前的司馬懿如果不裝病，他就難以得到曹操的另眼相看；兩年前的司馬懿如果不裝病，他就難以活到今天。

在蔣濟這位職業謀士的眼裡，司馬懿一直是那麼謀略迭出、智計無雙。但是，如果說當年的司馬懿還有些年輕人爭強好勝的毛病、花哨的計策有炫技之嫌的話，那麼今天的司馬懿則信奉絕對的實用主義。

重劍無鋒，例無虛發。

蔣濟已經六十多歲了。他感到自己謀士的黃金生涯已經過去了。謀士也是要吃青春飯的，年輕時候的謀士有足夠的精力和智力進行周到縝密、天馬行空般的神機妙算，而年老的謀士則可能更多依靠經驗與穩重。這是一般謀士的特徵。

司馬懿絕對是個例外。

一般人的人生，是發洩式的：趁著年輕盡情揮霍自己的才華與青春，到年老的時候，只好吃年輕時的老本；司馬懿的人生，是攝斂式的：七十年一路走來，不斷積累和凝聚著自己和別人的經驗與教訓，猶如滾雪球般，時間越長，愈發厚重。

夕陽之所以輝煌，在於它收斂了一整天的陽光。

相比起司馬懿這肆意噴薄輝煌的夕陽來，蔣濟就像一抹殘月，唯有靜靜站著，旁觀司馬懿行雲流水般調兵遣將。

司馬懿已經來到了朝堂之上，緊急召會群臣，調度政變事宜。

按常理來講，行政權力的生效，必須依靠反復的使用。任何一名行政首長只要離開原單位兩年，就難以再度順暢行使原有的權力。然而，儘管這兩年來司馬懿一直消失在公眾的視野之中，但他今天重新出山居然沒有遭遇任何的阻力。

一千五百六十多年後，法國有一位偉大的人物也做到了這一點。他在被流放到一個孤島上一年之後重返法國，立馬得到軍民的熱烈擁戴。

他的名字是拿破崙（Napoléon Bonaparte, 1769-1821）。

司馬懿與拿破崙，靠的都是過人的威望與足以征服一切的人格魅力。

朝堂之上的群臣，都已經完全站到了司馬懿一邊，各自領命而去，只剩下蔣濟與高柔兩位老臣。

司馬懿踱到高柔面前，用信任的目光鄭重地望著高柔，聲音分貝很低卻極有力度：「君為周勃矣。」

周勃是前漢的中興名臣，以平定呂后之亂、安定皇室而聞名於世。

司馬懿的話很簡潔，語氣很平淡，卻有一種奇異的說服力。

高柔是比司馬懿還要老的老頭兒，一生見慣了大場面，現在卻像得到鼓勵和信任的孩子一樣熱血逆湧、激情澎湃，認真地點了點頭。

蔣濟欣賞著司馬懿的一顰一笑、一舉一動和他周身散發出的淡淡光華。蔣濟已經分不清哪些是表演，哪些是真情流露。也許，連司馬懿本人也分不清楚。因為這種官場權謀的遊戲已經深深融入司馬懿的血液，構成了他生命的一部分。

生人之初，皆如玉璞。這七十年，你究竟是怎麼修煉成精的呢？

第一章

潛龍勿用

初入仕途，司馬懿先隱後等

如果第一次，司馬懿就接受曹操的征辟直接出仕，官位難以凌駕兄長之上。司馬懿拒絕平庸，他永遠追求直逼目標的捷徑；儘管有時候這捷徑看上去反而像繞遠路，但最後的事實總能印證司馬懿的判斷。因為有兩句老話，一句叫「以退為進」，另一句叫「欲速不達」。更關鍵的是，司馬懿第一次如果直接應徵，則根本無法在廣大應徵者中引起曹操的注意。注意力資源，有時候是比官位更重要的資源，是一種官場晉級的潛在資源。

1 政治非死即傷，不是太學生能親近的玩意兒

拚爹時代

每個人都將死亡，所以每個人都會消逝；每個人都曾出生，但不是每個人都算活過。

西元一七九年，司馬懿出生於河內郡溫縣孝敬里。他是家裡的老二，字仲達。

河內郡，屬於司隸校尉的管轄區域；司隸校尉，有點兒清朝直隸總督的味道。河內緊挨著當時大漢王朝的首都洛陽。你可以把河內和洛陽的關係，想像成天津和北京的關係。

溫縣，一個縣級行政單位，是當時大漢王朝上千個縣之一，沒有什麼特別的地方。到漢末為止，溫縣出過一位名人——子夏，是孔子最優秀的學生「孔門十賢」之一。溫縣將來會有個地名叫「陳家溝」（耳熟吧？），陳家溝會出個武林高手叫陳王廷，是陳式太極拳開創者、天下太極

拳的祖師爺。

那是明末的事情，現在還是漢末。孝敬里，是溫縣市區的一個居民區。住在孝敬里，表明司馬懿是城市戶口。當時的城市，被切割為若干居民區，每個居民區周圍用高高的圍牆圍住，圍牆上開有小門可供出入。一到深夜，小門關閉，有兵丁值班巡邏。這在現在叫「熄燈」，在當時叫「宵禁」。

聽上去跟今天的大學宿舍差不多，其實不然。今天大學生深夜出去喝啤酒吃燒烤晚歸，頂多記個違紀，當時則是犯罪行為。

在司馬懿出生前四年，司馬懿的父親司馬防先生提拔了一個有為小青年擔任洛陽北部地區治安長官（洛陽北部尉）。這位小青年有一次帶領一群兵丁值班巡邏的時候，遇見蹇叔叔攜帶管制刀具深夜出行。蹇叔叔是蹇碩的叔叔，蹇碩是當今朝廷中最有權勢的太監之一，是當今朝廷中武力最強悍的太監——沒有之一。

這位小青年喝令拿下蹇叔叔，蹇叔叔傲氣得很，大叫：我姪是蹇碩！

蹇碩？天王老子來了也沒用！

因為這個小青年是曹操。

蹇叔叔的結局是被曹操率領城管們用五色棒活活打死在街頭。（《三國志‧武帝紀》注引《曹瞞傳》）

曹操之所以敢當街打死蹇叔叔，不是因為他是曹操，而是因為他爸是曹嵩，他乾爺爺是曹騰。曹騰當過中常侍、大長秋，秩二千石的高官；曹嵩是太尉，三公級別的高官，相當於大漢王朝的軍委主席。蹇叔叔的姪子蹇碩當時是小黃門，秩六百石的官，比曹操的乾爺爺低了不止一個檔次，跟曹操的爸比更是相去不可以道里計。

歷史告訴我們，漢末的時代，有個好爸爸，真的很重要！

司馬懿就出生在一個不錯的家族，在當時有資格被稱之為「世家」。這個世家據說可以追溯到楚漢相爭時期的一名將領司馬卬，但第一個真正靠譜的大人物，乃是司馬懿的高祖父——東漢的征西將軍司馬鈞。

但是很不幸，這位司馬家族歷史上的大人物，最後的結局是在獄中自殺。

司馬家族小歷史

司馬懿的高祖父司馬鈞身處的時代，國家的主題是跟羌族打仗。漢羌之間曠日持久的戰爭，在帝國的西陲斷斷續續打了一百多年，是不折不扣的「百年戰爭」。司馬鈞是個熱血武夫，但絕非一個沒有政治頭腦的武夫。

後來貫徹東漢王朝數百年的外戚與宦官輪流執政，已經初現端倪。當時垂簾聽政的，是開國第一功臣鄧禹的後人鄧太后。鄧太后的哥哥鄧騭擔任大將軍，司馬鈞就投靠在大將軍鄧騭的門下，當了一名從事中郎。

抱大腿要抱粗的，司馬鈞抱的這條大腿毫無疑問是漢王朝最粗的。

但是司馬鈞的作戰成功率很低，低到什麼程度呢？就史書記載來看，勝率為零。

決定司馬鈞命運的，是他最後一次出征。他跟著龐參一起負責一次對羌作戰的軍事任務。

龐參是東漢的一代名將，但是很遺憾，這次跟他一起參戰的是勝率為零的司馬鈞，所以作戰結果可想而知。

當時，龐參與司馬鈞分兵兩路，分進合擊。司馬鈞一路高歌猛進，很快就遇到了敵軍把守的城池。司馬鈞不費吹灰之力把城池拿下。

進去才發現，這是一座空城，一粒米都沒有。難怪這群兔崽子丟城丟得那麼爽快！司馬鈞罵罵咧咧，命令屬下仲光率領三千人馬出城割麥子。

悍將手下哪有聽話的兵。這仲光也是條好漢，他得了三千人馬，不去割麥子，居然直接殺奔羌人大營血拚！

羌人剛剛喘息未定，發現三千漢兵殺氣騰騰直衝過來。羌族頭領大怒：這麼點兵也敢來踹營，還把不把我們放在眼裡了？於是指揮軍隊把仲光的三千人馬團團包圍。

司馬鈞得知仲光被圍困，大發雷霆：兔崽子居然敢違抗軍令？還把不把我這個主帥放在眼裡了？不許救援！

司馬鈞跟仲光賭氣的結果是，仲光的三千人馬全軍覆沒。司馬鈞折損三千人馬，難以守城，就匆匆撤退。

司馬鈞回去的結果，是被逮捕，投進大牢等待軍事法庭審判。司馬鈞雖然勝率為零，卻有飛將軍李廣的骨氣，在牢房裡自殺。

鄧氏家族在司馬鈞死後不久，被宦官們推翻。東漢陷入外戚、宦官輪流執政的惡性循環之中不能自拔。

司馬鈞的兒子是司馬量。這個在歷史上沒有留下任何事跡、甚至連名字都要被人寫錯的司馬懿的曾祖父，卻極有可能是司馬家族的最大轉折點。

司馬量，官至豫章太守。這是歷史上關於司馬量的全部記錄。

但是，值得注意的是，司馬量並沒有像他父親以及他傳說中的十三世祖司馬卬一樣擔任武職。也許可以說，從司馬量開始，司馬家族終於下了馬背，以另一種方式在東漢生存。

毫無疑問，這是一個明智之舉。東漢王朝是中國歷史上以重文輕武著稱的朝代之一。研究學術和擔任文官，都是很有前途的事情——起碼比把腦袋別在褲腰帶上過刀頭舔血的軍旅生活強。

到司馬量的兒子司馬儁，已經是博學好古的儒生氣象了。唯一與他儒生形象不大符合的，是他軍人般的高大身軀。史稱他身高一米九一（長八尺三寸），這一身高後來很好地遺傳給了司馬懿。

經過三代人、近半個世紀的努力，到司馬懿的父親司馬防這一代，司馬家儼然已經儒風蔚然，一派世族氣象。

司馬防這代青年，心目中的偶像是李膺、郭泰。李膺、郭泰是名士的代表，在當時年輕人中有著天王巨星般的號召力。荀彧的叔父、一代名士荀爽曾經有機會擔任李膺的司機，回來後大肆宣傳以自抬身價。一般的年輕人，一旦能有機會和李膺進行一次交談，也會立馬身價百倍。所以社會輿論把跟李膺交往稱為「登龍門」。

司馬防也暗下決心，要把兒子們也培養成為李膺、郭泰這樣的名士，為家族光大門楣。如果不是鬧起了轟轟烈烈的學潮，司馬懿也許將來真的能成為一位名士。

六〇年代的光榮與夢想

東漢王朝，是一個思想比較自由和寬鬆的時代。這一切，都要感謝光武帝劉秀定下的立國基調。

與注重武功和崇尚遊俠的西漢不同，在東漢，品德和學養更吃得開。政治中樞雖然始終由外戚和宦官輪流把持，但他們始終也要靠文官們來實現治理。而文官的選拔途徑，在本朝也有了進一步的規範化。

自上而下的征辟和自下而上的選舉，使得天下英雄盡入漢王朝彀中。發達的選拔制度推進了教育體制的繁榮。底層有廣收門徒的私人講學和世代相傳的家學，中層有各地長官興辦的郡學，中央有專款籌建的太學。

西元二九年，東漢王朝剛剛建立、百廢待興。開國君主劉秀本著再窮不能窮教育的精神，勒緊褲腰帶大力壓縮行政預算、裁減官僚機構，斥鉅資在首都洛陽皇宮外八里處興建規模可觀的太學。最初，太學生只有幾千人。經過幾輪急劇的擴招，太學生人數激增到三萬多人，比現在北京大學總人數還多。隨著學生的激增，校舍規模也日漸擴大，到司馬防生活的時代，太學已經擁有二百四十棟建築，近兩千個房間。（《後漢書・儒林傳序》）

這就是當時世界上規模最大、規格最高、師資力量最雄厚、辦學條件最優越的高等學府，世界學子心目中的聖地——偉大的東漢洛陽太學！

西元二世紀六〇年代，洛陽的太學生們還是充滿激情與夢想的。他們不像後來的太學生們那樣世俗、功利、漠不關心政治。當時，獨立之思想、自由之精神洋溢於校園的每一個角落。

輿論的力量對於司法的不公可以產生現實的影響。

西元一五三年，冀州刺史朱穆因為依法逮捕宦官趙忠的不法家屬而被判刑服勞役，太學生領袖劉陶率領數千太學生上書請願，朝廷不得已赦免朱穆。（《後漢書・朱穆傳》）

西元一六二年，宦官向名將皇甫規索賄未果，將皇甫規迫害入獄，太學生領袖張鳳等三百多人遊行示威，朝廷不得已赦免皇甫規。（《後漢書・皇甫規傳》）

此外，太學生們還經常聚集在一起舉辦品評政要和名流的沙龍，當時稱之為「清議」。清議的尺度很開放，言辭很激烈，上至執政的外戚、當紅的宦官，下到販夫走卒、引車賣漿者流，旁及學術界、司法界的怪現狀，無不在抨擊範圍之內。

在清議的過程中，朝中正直的官員、開明的外戚和血氣方剛的太學生們逐漸形成了針對宦官的統一戰線，這在當時被稱之為「清流」；而他們的對立面，宦官及其黨羽，自然就是「濁流」。

宦官們感受到了深刻的威脅，他們對清流切齒痛恨。西元一六六年，在清議達到最高潮的時候，當局終於開始了血腥的鎮壓。太學生的偶像李膺等兩百多名正直官員以煽動學生、結黨營私、誹謗朝廷的罪名被捕入獄。

水滴進了油鍋裡，社會輿論爆炸了。太學生們通過請願、示威等種種方式在皇宮前進行抗議，太尉陳蕃、外戚竇武也積極展開營救活動。社會各方力量奔走努力的結果是，李膺等官員被釋放，但同時被宣布終身不得為官。史稱第一次黨錮之禍。

三年後的西元一六九年，掌握實權的竇武、陳蕃起用李膺，決心徹底剷除宦官。遺憾的是，消息走漏，宦官們面臨死亡的威脅，空前團結作困獸一擊，結果竇武、陳蕃遇害。李膺等一百多人再次被捕入獄，嚴刑拷打之後死於獄中。這次被禁錮的「黨人」有六七百之多，史稱第二次黨錮之禍。

事情遠遠沒有完結。也許天真而勇敢的太學生對於朝廷還抱有希望，也許他們已經絕望，總之西元一七二年竇太后死去，洛陽皇宮朱雀闕上出現了一張匿名大字報，點名抨擊當紅的三名宦官頭子：

「天下大亂！曹節、王甫幽殺太后，常侍侯覽多殺黨人，公卿皆尸祿，無有忠言者！」（《後漢書・宦者列傳》）

這張大字報的出現，遭到了宦官們空前的反撲。他們召來在軍界享有威望的將軍段熲，出動軍隊大肆逮捕太學生一千多人。經過這次反撲，太學生對政治徹底絕望。

六〇年代，這個充滿青年人光榮與夢想的黃金時代，也就此終結。開國之初，已經貴為天子的劉秀與他昔日的大學同窗、一介布衣嚴子陵同榻而眠這樣令人神往的故事，已經徹底成為傳說。整個國家由理想主義轉入實用主義，社會風氣也就此江河日下。純粹具有正義感和報國熱情的名士難以再有生存的空間，虛偽造作、奢侈淫靡的時局需要真的猛士來收拾。

不自由，毋寧死，這是六〇年代以前的風骨。

不求生，就要死，這是六〇年代以後的環境。

要生命，還是要靈魂，這是七〇年代生人面臨的問題。

司馬懿就出生在這樣的大背景之下。

2 要麼跟上車輪，要麼被車輪碾得粉碎

記得當時年紀小

我們小時候並不知道蘇聯解體，並不知道南方講話，儘管這些是那個時代最重要的事情，儘管這些事情將潛在而深刻地構成我們的成長環境，影響我們的一生。

小時候的司馬懿也一樣。

我們今天可以自由選擇人生道路，比如做科學家、做老師、做公務員、做小賣店老闆……司馬懿面對的道路則很簡單，他和所有世族的子弟一樣，都以讀書和做官為唯一目標。

萬般皆下品，惟有讀書高。學而優則仕，仕有暇則學。

朝中無人莫做官。從司馬鈞到司馬防，整整四代人一直都在朝為官，都做到了二千石的郡守

級地方長官。二千石是個坎，但是司馬懿的祖祖輩輩們已經花費四分之三個世紀給司馬懿搭建好了突破這道坎的入仕人梯。

只等司馬懿最後一躍。

司馬懿這代人入仕的確比父輩們順利得多。比如司馬懿的大哥司馬朗。

司馬朗比司馬懿大了八歲，但早已經是河內郡的名人。

據說早在司馬懿出生的那年，九歲的司馬朗就幹出了一件載入史冊的事情。當時，有位客人來拜訪司馬防。那位客人在交談的時候老稱呼司馬防的字，這是一種很不禮貌的表現，畢竟論起來那位客人是司馬防的晚輩。小司馬朗一本正經地對客人說：「不尊重別人的親人，想必也不會尊重自己的親人吧。」（慢人親者，不敬其親者也）客人鬧了個大紅臉，連忙道歉。

司馬朗再次載入史冊，是在十二歲去應童子試的時候。童子試，是本朝一個選拔神童的制度，專門選拔十二到十六歲之間的神童。監試官看司馬朗身材高大，完全不像十二歲的樣子，懷疑他虛報年齡，就質問他：你隱瞞真實年齡了吧？快老實交代，到底多大了？

司馬朗正色回答：「我家上上下下幾代人都身材高大，我只是基因遺傳得好、發育得早罷了，虛報年齡以作弊這種事情，我是不屑幹的。」（朗之內外，累世長大，朗雖稚弱，無仰高之風，損年以求早成，非志所為也。）

結果司馬朗被錄取。

十二歲的時候就通過考試被錄取為洛陽太學少年預科班特招生，當時稱為「童子郎」。能夠在東漢成為太學生，萬裡挑一；能在十二歲就成為太學的特招生，更是極品中的極品。

幾乎可以預見，司馬朗的仕途不可限量。

司馬朗比司馬懿大八歲。可以用一句廣告詞簡單描述司馬朗在司馬懿面前的地位：一直被模仿，從未被超越。

少年老成的司馬朗背起行囊，在全鄉人的歡送中告別了家鄉，去首都洛陽上太學，司馬懿則只好在家裡接受家學。教導他的，很可能是父親司馬防。

兩漢時期，知識普及程度不高，不是每個家庭都有藏書和知識分子的。也就是說，知識被某些家庭所壟斷。壟斷的知識代代相傳，形成家學。家學是漢魏之際傳承文化的重要途徑。

司馬懿的父親司馬防，性格方正，是典型的嚴父。他嗜讀《漢書》，能誦數十萬言。司馬防家教很嚴，平日居家極有規矩。但凡司馬防所在的房間，不得到命令，司馬懿就不敢進；但凡司馬防在座的場合，不得到許可，司馬懿就不敢坐。這個習慣，一直保持到司馬懿成人以後。（《三國志·司馬朗傳》注引司馬彪〈序傳〉）司馬防有八個兒子，在老爺子的嚴格教育之下都成才，當時號稱「八達」（《晉書·宗室傳》）。所謂言傳身教、耳濡目染，司馬防的修身功夫對司馬懿養成沉穩的性格起到了潛移默化的作用。

司馬懿學習的歷程，我們也可以猜想一二。

根據東漢成書的《四民月令》，司馬懿在七八歲的時候要入小學，課程主要有語文、數學、天文、地理。語文課學習識字，課本是《急就章》、《三倉》等啟蒙字書；數學課學習《九九》

，可能涉及簡單的四則運算；天文課學習《六甲》，也就是四時節氣和六十甲子的計算辦法；地理課學習《五方》，當時所知的九州、山河、列國之名，相當於中國地理與世界地理。

這些基礎課程的學習時間，大約是四年。十二歲開始，司馬懿開始接觸經典。漢末三國的孩子所要學習的第一部經典是《孝經》，之後是《論語》。這兩部書最薄，最容易讀懂，因此作為入門教材來使用。

花兩三年時間學完《孝經》、《論語》等進階教程，司馬懿就可以接觸五經這樣的高階教程了。到了這一階段，司馬懿也許要進入太學或者郡學學習。司馬懿的孫子司馬炎後來回憶說：「朕的祖上有大學學歷。」（本諸生家）「諸生」，可以是郡學的學生，也可能是太學生。總之，司馬懿是具有大學學歷的。

大學出來，並不包分配，而是要參加畢業大會考，根據考試成績來安排職位。考試成績分兩等，甲等入中央為郎官，乙等下基層做小吏。也有在兩等之外的，比如范式，就回到老家新野縣成為一名光榮的街道清潔工。

以上是一般人的學習歷程，不排除有個別神童可以跳級。比如大哥司馬朗，再比如還沒有出世的鍾會。鍾會在望子成龍的才女母親親自督導下，四歲讀完《孝經》，七歲誦《論語》，八歲誦《詩》，十歲誦《尚書》，十一誦《易》，十二誦《春秋左氏傳》、《國語》，十三誦《周禮》、《禮記》，十四誦成侯《易記》，十五歲入太學。與超級神童鍾會相比，司馬懿簡直就是班裡常見的那種身材高大、永遠坐在最後一排、最不起眼的男孩。

儘管如此，學齡前兒童司馬懿對於自己即將開始的學習生涯還是感到新鮮而好奇，充滿了驚喜和期待。

遺憾的是，我們的小司馬懿連坐在寬敞明亮的大教室最後一排安心學習、認真聽講的機會都未必有。司馬懿六歲的時候，入小學的前夕，一個被朝廷鑒定為邪教組織領袖的神棍在整個東漢王朝範圍內挑起了一場巨大的武裝暴動，史稱「黃巾起義」。

天地玄黃一八四年

機會未必留給有準備的人，命運喜歡捉弄有準備的人。前一句話送給曹操、劉備、孫堅，後一句話送給司馬懿。

西元一八四年春天，張角臨時決定發動全國的數十萬信徒共同起事。

一八四年之前的張角，就如九・一一之前的賓拉登，雖然早就被當局盯上，但知名度還局限在高層內部交流的範圍，也遠遠沒有被提上議事日程。

大約在六〇年代末，黨錮之禍還方興未艾，人禍引動天災，中華大地上局部開始爆發瘟疫。這時候，一位救世主般的大賢良師出現在飽受疾病困擾的勞苦大眾面前。他就是張角。

他通過念符咒加中醫的治病方法，傳道布教、廣收門徒。十幾年間，他成為漢末最大的民間組織——太平道的領袖，太平道組織的成員遍布全國，人數達到幾十萬之眾！

朝廷上有人感受到了這股異常強大而詭異的勢力。這個人是司徒楊賜，楊修的爺爺。楊賜秘密上書，請求逮捕張角。

但是這份上書被擱置下來。原因很簡單也很可怕——中央已經有了張角的人。

張角把太平道越做越大，終於萌發野心：我要讓神聖美好的天國，在甲子年降臨人間！

口號已經擬好：蒼天已死，黃天當立；歲在甲子，天下大吉。

暗號已經約好：用白粉在洛陽寺門和州郡官府的大門上寫上「甲子」二字。

內鬼已經找好：宦官封諝、徐奉，以及暗中信仰太平道的朝廷官員。

時間定在三月五日，甲子年甲子日，天國降臨的神聖時刻。

準備工作進入緊張激烈的倒數計時，所有太平道信徒都在翹首期盼。

但是，張角派入洛陽活動的要員馬元義被內鬼唐周告發，事情敗露。洛陽城內一千多名信徒被逮捕殺死。

時不我待。張角臨時決定提前發動起義，一舉攻克人類黑暗和罪惡的大本營洛陽，迎接天國降臨。

朝廷趕緊調動帝國的軍隊，對各地此起彼伏的黃巾軍進行鎮壓。黃巾軍人數實在太多，帝國的正規軍左支右絀、捉襟見肘。

曹操、孫堅、劉備們的機會來了。曹操被征拜騎都尉，在潁川大顯神通，升遷為濟南國相；

孫堅被舉薦為佐軍司馬，在攻克宛城戰役中表現神勇，提拔為別部司馬；劉備也帶領一支鄉勇跟在正規軍的屁股後面收拾殘局，因功被任命為安喜縣尉。

更重要的是，他們三人都借這次機會建立起了嫡系的武裝，成為日後爭奪天下的班底。

曹操、孫堅都不是世族的貴胄，不學無術；劉備雖然以皇族自命，實際上是個賣草鞋的窮鬼，學問也不過是半吊子。這樣三個人，在仕途上按理沒有多少希望，但是黃巾起義改變了他們生命的軌跡。

同樣被改變了生命軌跡的還有司馬家族。司馬家族經過四代人的努力，好不容易才終於實現了由武入文的轉變，而黃巾起義的突然爆發明確向世人宣布：槍桿子代表發言權。

也就是說，即便司馬懿刻苦努力、以優異的成績讀完大學並且考上公務員，也只能給曹操、孫堅這種低學歷的小老闆打工。如果繼續循規蹈矩地讀書、考試、工作，司馬懿必將泯然眾人。要麼主動改變自己，要麼被動被社會改變，沒有第三個選項。

儘管現在考慮這些事情還太早，但人生的早期體驗已經以一種無意識的方式深深嵌入了司馬懿的生命、構成了他的基因，使他將來時時能夠以一種近乎動物本能的反應來及時調整自己、適應一切環境。

總之，黃巾起義很快被包括曹操、孫堅、劉備在內的軍隊鎮壓下去，司馬懿托他們的福，安穩讀了五年書，掌握了漢朝一般小男孩都要掌握的常用漢字、簡單的數學運算和最基礎的天文地理常識。在此期間，大哥司馬朗也已經從洛陽太學畢業歸來，儼然成為本地的青年才俊，待業在家輔導弟弟的功課。

老天爺一定是個心眼兒極小的傢伙，容不得人世間一切美好的時光駐留太久。眼瞅著司馬懿即將開始《孝經》、《論語》的進階學習，有個與司馬懿八竿子打不著的人突然從斜刺裡殺出，橫插一杠子，使四代為官的司馬家全面破產。

這個人二十多年來幾乎一直在西北當邊防軍官，他的名字叫董卓。

真正的考驗到來了！

3 裸送的是錢財，留住的是司馬氏這個品牌

發生在首都的江湖火拼

有人的地方就有江湖。洛陽是東漢王朝人最多的地方，江湖格局自然也最複雜。簡單來講，可以把洛陽的江湖分為三大派系。

第一派：外戚系。創始人：呂后。現任掌門：何進。

外戚系在漢朝歷史上源遠流長，現任掌門何進原先是個殺豬的屠夫，因為妹妹當了太后，朝為豬肉郎，暮登天子堂，成為帝國的掌舵人。

第二派：宦官系。創始人：前朝太監。現任掌門：張讓、趙忠。

東漢的宦官，勢力足以與外戚分庭抗禮，到了本朝更是達到了巔峰，形成一個在江湖上令人

聞風喪膽的超級組合——十常侍！

其實真正追究起來，十常侍應該是十二個人，整整一打死太監。他們的首領是張讓和趙忠。漢靈帝管張讓叫爸爸，管趙忠叫媽媽，這票人的勢焰可見一斑。

宦官系與外戚系是你死我活的關係，近百年來搞得洛陽城腥風血雨、雞犬不寧。

第三派：清流系。現任掌門：袁紹。

清流系在三派之中歷史最短，離政治中樞相對較遠，但影響力不可小覷。清流系經過兩次「黨錮之禍」的大洗劫，元氣大傷，已經無力單獨與另外兩支派系相抗衡。因此，現在的清流系採取了韜光養晦的策略，與外戚系暫時聯合，共同對抗勢力最大的宦官系。

值得注意的是，清流系內部也有分化：一支是世族，一支是寒族。世族是家族歷史悠久、在中央有相當影響力的大家族；而寒族則大多是歷史不長的新興官僚家族，以及只具有區域影響力的小家族。前一支的帶頭大哥是袁紹、袁術，後一支的領頭人物是曹操。曹操，從出身看，算是宦官系的黨羽——濁流。但是他不屑與宦官為伍，積極跟袁紹等一班太子黨混在一起，為何進出謀劃策。

為了除掉宦官，袁紹給何進出了一條決定中國向何處去的絕妙好計：召西北的軍官董卓進京，以武力消滅宦官。

接下來發生的事情可以用峰迴路轉來形容。

外戚系和清流系要除掉宦官的風聲走漏，宦官系先下手為強，把何進殺死。盤踞兩漢政界數百年之久的第一大門派外戚系就此一蹶不振。

清流系見勢不妙，索性拿起屠刀直接與宦官火拼。張讓綁架了小皇帝一路逃奔到黃河邊，最後走投無路，自個兒跳進黃河被沖進了歷史的垃圾堆。宦官系也就此灰飛煙滅。

清流系辦完了事情，正在收拾現場。上個月受到召喚的董卓終於帶著他的軍隊風塵僕僕地趕來，連騙帶嚇，把清流系趕出了洛陽城。

清流系忙活了半天，心有不甘，跑到東邊組織起地方軍隊，以保護皇帝、誅鋤國賊為名組織義軍攻打董卓。這就是《三國演義》裡最熱鬧的「十八路諸侯討董卓」的好戲。

一石激起千層浪，再回首已百年身。誰也沒有料到袁紹的一條計謀可以引發如此巨大的連鎖反應，延續近百年的洛陽江湖三大門派頃刻間土崩瓦解、利益格局實現神奇重組。

蝴蝶效應還在向歷史的縱深處煽風點火。

袁紹組織的盟軍與董卓打仗，城門失火殃及池魚。司馬懿的家鄉溫縣終於難以保住古老的寧靜。大哥司馬朗預感到家鄉要出事，就以世家大公子的身分，提醒鄰縣豪族首領李邵：越是危急時刻越要穩住本地民心，全縣父老鄉親可都盯著咱們的一舉一動呢。咱們兩家要是亂了，兩個縣就沒有主心骨了。

李邵不聽，率先搬家逃跑。李家一跑，全縣都亂了，良民四處亂竄，刁民趁火打劫，再加上盟軍的散兵遊勇到這裡打秋風，司馬家也遭遇了打砸搶。大約在這一時期，司馬朗攜全家進京投靠老爹。司馬懿從此開始了顛沛流離的生活。

天下之大，終於容不下一張平靜的書桌了。

司馬朗 vs. 董卓

董卓被義軍糾纏得受不了。

江山輪流坐，今年到我家，誰有實力誰說話。外戚、宦官輪流把持朝政這麼久，也該換我董卓了。權力就是小尼姑的腦袋，和尚摸得，為什麼偏偏我摸不得？

董卓一怒之下，索性把皇帝連同滿朝文武一起搬遷到長安去，把一座空城洛陽留給袁紹的盟軍。

司馬防也在搬遷之列。司馬防臨行之前緊急召喚大公子司馬朗，交給他一個任務：把全家老小安全護送回老家。金窩銀窩，不如自己的狗窩，老家縱然殘破，也好過董卓的魔窟。

然而，這對於司馬朗來講近乎是一個不可能完成的任務。

董卓所在的地盤，豈是讓你想來就來，想走就走的？在這遷都的非常時刻，董卓早已經下令全城戒嚴，不但各個城門都有重兵巡邏把守，而且在公卿百官的府門前安插了密探，秘密監視大家的行動。

早有密探把司馬朗要出京的事情彙報到董卓處，董卓震怒，下令擒拿司馬朗一行，押解歸案，並親自審問。

董卓要殺雞儆猴。

司馬朗看到殺氣騰騰的董卓，絲毫不為所動，依舊沉著冷靜。

董卓看到司馬朗年輕俊俏、氣度不凡，不禁張口便問：你今年幾歲了？

司馬朗不卑不亢：虛度十九。

哦？董卓不禁一陣心酸：我兒子要是活到現在，也是這個年紀啊。有一種感受，叫「移情作用」。老貓死了兒子，會領一隻小狗回來養，這是一切動物的天性。眼下，董卓就把所有對亡兒的感情傾注到司馬朗身上：「你與我死去的兒子同歲，我那些該死的手下卻差點兒殺了你啊！」（卿與吾亡兒同歲，幾大相負）

司馬朗一瞧，有戲，看來人身暫時安全了。於是他狂拍馬屁、給董卓猛灌迷湯，誇董卓品德高尚（高世之德），使董卓暈暈乎乎、雲裡霧裡；接著適時提出在遷都之時搞恐怖政治（四關設禁，重加刑戮），與董卓一貫光明磊落、英明神武的形象不符，使董卓羞赧萬分，無地自容；最後告訴董卓：你只要改正錯誤，就能成為與日月同輝、與伊尹周公相媲美的大聖人（願明公鑒觀往事，少加三思，即榮名並於日月，伊、周不足侔也）。

董卓早就被司馬朗的三寸之舌攪得喪失判斷力了，忙不迭狂點頭：「很有道理啊！」說完就把司馬朗放了，繼續挾持中國史上最鬱悶的小皇帝劉協為人質，裹挾著公卿百官一起西遷。

放人不等於允許你出城。司馬一家子仍然在強制搬遷的名單上。

司馬朗的大腦高速運轉，想著如何才能完成父親交予的這個近乎不可能完成的任務。

首先解決一個問題，為什麼司馬朗這麼堅定要回家？

史書上給出的理由是司馬朗認定董卓是一支垃圾股，遲早要完蛋。我們來摳摳歷史的指甲縫，應該還可以看到這樣兩則隱藏的理由：

一、司馬朗是有氣節的人，不願意跟董卓這樣的流氓軍閥同流合污。前面我們談到，司馬防老先生的教育很成功，培養出的兒子都是清正之士。而董卓的軍隊紀律之壞、董卓的部下虎狼之狠，天下共睹。司馬朗不是瞎子，當然看在眼裡恨在心裡，所以執意要擺脫董卓，誓將去汝！

二、司馬家族是溫縣的地方大族。地方大族唯有在地方才成其為大族。這樣一個家族，在地方上積累了名望、人脈、勢力，可謂盤根錯節；而一旦被連筋帶肉地拔除掉，換個坑位待著，那就什麼都不是了。所謂龍虎必須借風雲之勢，否則只能遭到蝦戲犬欺。

這就是司馬防老先生叮囑司馬朗一定要回家的根本原因。

司馬朗終於想出了辦法。他決定以一個巨大的代價，逃離這座四關設禁、全城戒嚴的洛陽城。

世家大逃亡

這個代價就是——裸送，把司馬家族累世經營的全部財產拱手送人。

司馬家四世高官，家財絕非尋常百姓所可想見；要把這筆家財全部送人，換誰都會心疼。

送的對象是董卓身邊能說得上話的人。董卓是當今天下最有權勢的人，宰相門房七品官，何況他身邊能說得上話的人，更是天下眼界最高、胃口最大的人。

所以，還真非送全部財產不可。

可口可樂公司總裁說過，如果我的廠房一夜之間全被燒毀，我可以在第二天就讓公司重建。靠的是品牌。

司馬朗同樣可以說，如果我的家財一夜散盡，只要能回到家鄉，我可以在第二天就讓它們全部回來。靠的是世家的號召力。

枝葉雖芟，樹大根深。這就是漢末的世家，未來五百年中國歷史舞臺的真正主角。

「裸送」的成效是顯而易見的，四關設禁、嚴密布防立馬變得形同虛設。司馬朗終於輕而易舉逃出洛陽城，帶領幼弟們回到溫縣。但是敏銳的嗅覺使他再次感受到：家鄉絕不比洛陽和長安安全。

盟軍的目標是洛陽。洛陽往東有成臯，險絕天下的虎牢關就坐落在此。虎牢關是兵家必爭之地的代名詞。如果盟軍打不進洛陽，就會頓挫在這一帶。以目前的情勢來看，盟軍與董卓軍相比，也就是少搶點糧食、少劫掠點壯丁和婦女的區別罷了。

而溫縣在哪裡呢？在盟軍的最終目標洛陽和兵家必爭之地成臯之間。

不逃何待？

司馬朗這次沒有光顧著自己逃跑，他把族人父老都召集起來，給大家分析形勢。他不但講了溫縣將要遭遇的危險，還指出了出路：「現在屯紮在黎陽營的軍隊首領趙威孫是司馬家族的姻親，足以庇佑父老鄉親。」

漢光武帝時，曾對開國的軍隊進行過一次大裁軍，剩下的精勇有一支屯紮在黎陽營，是東漢最精銳的正規政府軍之一，直屬中央。現在，趙威孫正是這支軍隊的統領。

但是父老鄉親們不願意離開溫縣。前面說過，對於一個地方大族來講，離開勢力範圍近乎死路一條。父老鄉親們寧可死在這片熟悉的土地上，也不願意苟活於陌生的環境。當然，他們更願意一廂情願地認為事情並沒有司馬朗想像得這麼嚴重。

你只不過才二十歲而已，我們走過的橋比你走過的路還多。

司馬朗攜帶全家，在眾人的不理解中毅然東行，前往黎陽。一個人判斷準確並不難，難的是不因別人的質疑而動搖自己的判斷。能做到這一點的人，一定是個自信的人。司馬朗毫無疑問正是一個非常自信的人。

司馬朗離去後，正如當初為鄰縣豪族李邵說的預言一樣，事情的發展再度如司馬朗預料的那樣準確：諸侯軍幾十萬駐紮在成皋一帶，號令不能統一，兵勇四出劫掠殺戮，溫縣死了一半人，比董卓軍殺的人還多。

然而董卓是魔王，而他們是義軍。

義軍打不著董卓，就只好互相狗咬狗。而長安那邊也並不太平：折騰了一輩子的董卓，終於在他的乾兒子呂布和朝臣王允合謀下死去，殘缺的屍體被歡騰的長安老百姓點了天燈，膏油滿地，遺臭萬年。

董卓的部下殺回長安，王允死節，呂布出逃。不久，長安的董卓殘部就鬧了內訌，分成兩撥，一撥劫持了皇帝，一撥劫持了百官，互相毆打。老爺子司馬防也在被劫持的人質之中，生死未卜。

這些都是司馬懿在黎陽營得到的消息。

黎陽的兵丁並沒有戰意，也不打算勤王或者自立。他們在這亂世所能做的，唯有自保。但這對於司馬家族來講，就已經足夠了。在這個軍營駐地，司馬懿在兄長的指教督促之下，堅持讀書和修養，絲毫不敢鬆懈。

司馬懿就這樣每天在軍人們操練的口號聲中晨讀，閒來觀摩軍人們騎馬射箭，也許還會與他們學習和切磋一下兵法戰術，熱血沸騰地討論歷代的經典戰例和名將傳奇。而在這外界各種消息和謠言交雜的環境中，司馬懿可能還學會了我自巍然不動的耐性與沉著。

在軍營讀書，恐怕不是每個人都能有的經歷吧，何況這樣的生活持續了五年左右。

司馬懿十六歲的時候，新興的曹操和流落本地的呂布在黎陽附近的濮陽打了一場大仗。安定了五年的黎陽營也終於不可避免地要捲入這亂世的漩渦。司馬朗再度領著家眷和幼弟回到河內溫縣的老家。

老子曰：「大軍之後，必有凶年。」家鄉迎接司馬兄弟的是一場大饑荒，人吃人的大饑荒。這是一個抱著黃金也會餓死的時代，何況司馬家已經盡散家財，連黃金都沒有了。物質的基礎都無法滿足，如何能有精神上的追求？

上面這個問句是典型西方式的思維。在傳統中國，物質上的難以滿足從來不足以成為放棄精神的藉口；在貧寒之中讀書，才是真正的品節。

司馬朗在這樣的時危世亂之中擔負起了收恤宗族、教訓諸弟的任務。

像司馬家族一樣，在這朝綱解紐、國家基本喪失教育功能的衰世，在大漢王朝的土地上，成百上千個宗族發揮起了教育子弟、保存文化的功能，使得中華的文化得以在黑暗時代不絕如縷，等待下一個光明盛世的綻放。

4 讀點經典，通曉春秋之大義

三國成功學第一秘訣

我一直在想一個問題，三國的牛人為什麼會這麼多？三國的牛人既然這麼多，一定有一個共同的秘訣。

這個秘訣，肯定不是智商高，因為關羽的智商就不見得有多高；肯定不是武功好，因為諸葛亮就並不會武功；也肯定不是口才妙，因為鄧艾是個結巴。

如果有這樣一個秘訣，一定是關羽、諸葛亮、鄧艾，以及其他三國牛人所共用的。如果這個秘訣在三國成立，那麼在其他時代，也一定成立，在今天也肯定能應用。用好了，你也可以是牛人。

我通過刻苦鑽研，對三國數百個人物進行定量分析，終於在幾年後的有一天清晨發現了這個秘訣。這個秘訣只有三個字，下面我就通過司馬懿這個個案來逐步揭示這三個字。

司馬懿將來會遇到很多事情，碰到很多對手。他都能一一化險為夷，克敵制勝，這固然與他先天的智慧和性格有莫大的關係，但是我寧願認為，這與他少年時期的學習生活關係更大。

人不可能經歷所有的事情，但很多智慧必須從經驗中習得。這裡面就有了一個悖論：碰上從來沒有遭遇過的問題怎麼辦？是不是只有吃一塹才能長一智？

答案是：否！

人類區別於動物的一大特性，在於人類有歷史，而動物沒有歷史。動物不會去瞭解自己的前輩有過哪些成功，又遭遇過什麼失敗，經驗和教訓分別是什麼。每隻動物剛剛誕生時，都必須把前人（前物？）幹過的所有事情重新來過，才能寄存在體內成為牠自己的經驗。而人類不同。人類有記憶，把記憶書寫下來成了文字，把文字彙編成冊成為書籍，幾千年書籍的積累經過大浪淘沙，至今仍有一些暢銷不衰的，這就叫「經典」。

經典，是人類生存和成長的所有終極智慧的精華總結。不閱讀經典，勢必事倍功半。太陽底下沒有新鮮事，所有的問題前人都遭遇過了，解決之道都總結出來了，關鍵看你自己怎麼吸收，怎麼演繹。三國英雄成百上千，如果要總結一個共同的成功經驗，無疑就是讀書，閱讀經典。

對，這個驚天地泣鬼神三國成功學第一秘訣的三字真言，就是——

讀、經、典。

孫權手不釋卷，還有鼓勵呂蒙讀書而成一代名將的美談；曹操老而好學，親注《孫子兵法》；劉備給阿斗開了份書目，也顯示出了他自己的閱讀修為；諸葛亮讀書觀其大略；關羽能活學活用《左傳》（羽好《左氏傳》，諷喻略皆上口）。

用孫權的話講，讀這些書並不是非得做博士搞學問，而是學習人之為人的基本素養和速成捷徑。

《晉書》說到司馬懿兄弟在漢末的天下大亂中，仍然能夠粗衣蔬食，堅持讀書（處危亡之中，簞食瓢飲，而披閱不倦），這想必就是他們成功的秘訣。

但是，歷史的長河自古及今流淌了幾千年，所謂「經典」就只有那麼幾本。全人類共享這幾本經典，為什麼有人讀成了諸葛亮，有人讀成了司馬懿，有人讀成了關羽、呂蒙？

因為閱讀有側重。

幾部經典，其本身的功能就有不同。《春秋》能讓你屬辭比事，《禮記》能讓你恭儉莊敬，《易經》能讓你潔淨精微。詩書之教，各有不同。因此，下一個問題就是——

少年司馬懿讀什麼書？

解剖少年司馬懿

司馬懿今年十六歲，表面看來至今接受的都是正統的儒家教育。但是如果要深刻理解司馬懿成年後的性格和作為，我們必須深度考察一下他的閱讀範圍和興趣。

一個人的閱讀範圍和興趣，可以深深決定或者反映這個人的內在性格和精神。想瞭解一個人，就看他讀什麼書。比如正在讀本書的讀者，一般來講都是智慧與美貌並重、英雄與俠義的化身。

考察漢末人的一般閱讀書目，肯定與經書脫離不了干系。五經之中，司馬懿所喜歡讀的，我們也不妨做一個猜測：《易經》和《春秋》。

《易經》中包含了人地的大智慧，可以使人掌握宇宙的平衡之道。《春秋》近乎一本政治、軍事案例教程。前面講過，這兩本書是漢朝人的高階讀物。

晉朝最喜歡八卦的《搜神記》作者干寶對司馬懿的評語是「行數術以御物」，意思就是以易理來駕馭紛繁的世務。司馬懿勸諫曹操「聖人不能違時，亦不可失時」，乃是活用《易經》的原理。《易經》裡「乘時順變」的思維方式影響了司馬懿整整一生，使他總能抓住機遇占據上風。

司馬懿讀《春秋》，也有證據可循。他在後來對曹爽的定罪書上，引用了「君親無將，將必誅焉」的《春秋》大義，可見對《春秋》很熟悉。

儒家著作而外，司馬懿對道家也頗有心得。他在晚年曾經告誡子弟：「盛滿者道家之所忌。」縱觀司馬懿一生，很有一點道家的權謀與風骨。

另外，我們千萬不要忘記司馬家的軍人血統。

無論是他的遠祖司馬卬，還是爺爺的爺爺司馬鈞，都是著名的將領。從曾祖開始，才棄武習文。但是先祖們的軍人基因，遺傳到司馬懿這一代仍然有所體現：一是身材高大，以至於司馬朗十二歲應試童子郎的時候，被人誤以為是成年人，而司馬懿本人也是「天挺之姿」；二是家裡留下了許多兵書戰策。

我們可以想像一下：司馬懿有一天在家裡閒著沒事，就跑進儲物間，在塵土堆積之中探寶（小孩子普遍愛幹這個事情）。他發現了一副甲胄，那是祖上征戰時穿的；他發現了武器，飽舔刀頭血的利器；還發現了一堆發黃的卷冊：兵法。

塵封已久，重見天日。

戰鬥是男人的天性。這些祖先留傳下來的不祥之器，一定激發了埋藏在少年司馬懿心底作為一個男人的狂野和熱血。

司馬懿熟讀兵法，幾能成誦。他後來有一次與曹爽論戰，說：「兵書曰：成敗，形也；安危，勢也。」這裡引用的話，正是活用了《孫子兵法・勢篇》的論斷。

另一次則是應對東吳侵略軍的御前會議上，司馬懿分析形勢：「《軍志》有之：將能而御之，此為縻軍；不能而任之，此為覆軍。」《軍志》，是一部現在已經失傳的古兵書。類似的內容，《孫子兵法》也作了引用，由此可見司馬懿對各種兵書戰策的熟悉程度。

一個人的早年閱讀足以在一定程度上決定此人的一生。我詢問過幾位朋友，他們讀的第一本書是什麼。結果驚奇地發現，該書內容幾乎都與他們現在所從事的工作或學術興趣相關，甚至與其性格也有莫大關聯。如果您有興趣，不妨也回憶一下您讀的第一本書。古人云「慎始」，為孩子挑選第一本書，可不慎哉！

閱讀兵法、史冊和《易經》長大的司馬懿，其性格與他的兄長和諸弟有所不同，就成為順理成章的事情了。

孟子曰：「知人論世。」我們再從之前的敘事中考察一下司馬懿的成長經歷，會發現有這樣幾個特點：

第一，司馬懿沒怎麼接受過父親的教育和關懷。根據史書記載的蛛絲馬跡，司馬朗的成長，是父親一手帶起來的。而到司馬懿出生之後，正是司馬防事業的上升期。司馬防作為京官，長期在京城任職，而司馬兄弟則在家鄉成了留守兒童，這對於司馬懿的心靈和人格的健全是有隱蔽而深遠的影響的。

第二，司馬懿自小就生活在哥哥的陰影之下。司馬朗成名早，是遠近聞名、光芒四射的神童。光芒的背後是陰影，司馬懿就生活在這樣的陰影裡。別人提到司馬懿的時候，一般不會叫司馬懿，而是稱呼他為「司馬朗的弟弟」。沒有名字的生活是苦悶的，但也足以塑造出一種低調而陰鬱沉穩的性格來。

第三，司馬懿的成長時期，社會劇烈動蕩。他出生之前，兩次黨錮之禍使得社會風氣虛偽而道德敗壞；六歲的時候，黃巾起義；十一歲，董卓進京，關東諸侯軍起，司馬朗領著他四處逃亡。後來，司馬朗被曹操請去當官，司馬懿頂替兄長的角色，成為全家的頂梁柱。這就養成了他獨立而重實利的性格和取向。

漢末衰世，已經是一個大醬缸，白絲進去，黑布出來，每個人都無處可逃。逃避的，成為隱士；反抗的，成為烈士。純粹的儒生，已經無法生存和立足。只有掌握生存法則，才能在這口大醬缸中左右逢源。

既然選擇活著，就要生存下去；既然選擇入世，就要混出名堂。這就是亂世的血酬定律，這就是醬缸的生存法則。

儘管司馬懿是標準的官二代，卻毫無紈褲子弟的不良習氣；儘管他的家族以忠君愛國的儒學世代傳家，司馬懿卻沒有那麼迂腐。他無師自通了道家的權謀和兵家的手段。

具有這些不為人知品格的司馬懿默默成長。《學記》云：「獨學而無友，則孤陋而寡聞。」司馬懿這個時候的良師益友，除了他的兄長司馬朗以外，還有一位高人奇士。

這位高人，正是孔明。不過他不姓諸葛，姓胡。

5

藏於九地之下，方能動於九天之上

正宗臥龍胡孔明

洛陽城裡花如雪，陸渾山中今始發。

洛陽城南，坐落著陸渾山。春秋時期，秦、晉滅陝西境內的陸渾戎族，把陸渾族人遷徙到河南洛陽附近，陸渾山就此成為華夷交雜的聚居區。由於王化未開，民風淳樸而落後。日出而作，日落而息，帝力於我何有哉？

在這樣一座好山裡，居住著一位有經天緯地之能的隱士。

此人姓胡名昭，字孔明。胡昭也曾是個少年奇才，學富五車、滿腹經綸。也許目睹了太多的荒唐，也許親歷了太多的慘劇，胡昭獨自深味著這濃黑的悲涼，他只覺得他所在的並非人間。與積極入世的司馬懿不同，胡昭選擇了另一條道路：隱逸。

世人皆走陽關道，我偏要過獨木橋。誰的去路好，唯有天知道。

胡昭先在冀州隱居，當時北方最大的軍閥袁紹慕名而來，請胡昭出山。胡昭不想成為廟堂之上的祭品，惟願自由地在泥塗中打滾。他連忙跑回家鄉潁川，躲避袁紹的騷擾。是金子總會吸引淘金者，第二位大淘金者曹操慕名而來。曹操以他一貫的強硬風格，用行政命令強制胡昭出山。

胡昭答應一見曹操。

胡昭分明一介布衣，他的來訪卻讓曹操感到彷彿是種恩賜。兩人相對而坐，這是權勢與風骨的較量，國家強制與個人自由的對峙。

胡昭開門見山：「我胡某不過是一介野生，不堪軍國之用，請放我回去。」

這明明是狄奧根尼（Diogenes, 404BC-323BC）面對權勢滔天的亞歷山大（Alexander the Great, 356BC-323BC）時，不屑地麻煩亞歷山大「請別擋住我的陽光」的口氣。

曹操有成人之美的雅量，慨歎：「人各有志，義不相屈。」這是對另一種生活態度的尊重，這種尊重來自曹操，天底下最有資格表達這種尊重的人。

國家的力量，終於也有無法干涉的領域。

胡昭第三次搬家。這次，他索性搬進陸渾山裡，過起了「源水看花入，幽林採藥行」的隱居生活。相比起袁紹、曹操，還是陸渾山裡未開化的山民更貼近人性的本真。

胡昭結廬在人境，躬耕樂道，以經籍自娛，平時練練書法，與閒雲野鶴為伴。胡昭的書法是一絕，在漢末三國是殿堂級書法大師。他擅長行草，所書作品為當時士大夫爭相臨摹，連平時練字扔進字紙簍的隻言片字都可以賣個好價錢，史稱「尺牘之跡，動見模楷」。

風往北吹。胡昭隱居在陸渾山的消息，傳到司馬懿的耳中。司馬懿難捺結識這位世外高人的少年心性，登門拜訪。

相見之下，格外投緣。

司馬懿與胡昭切磋經史、指點江山，疑義相析、奇文共賞。司馬懿從這位師者身上，學到了經史的修養和隱逸的氣息。成名後的司馬懿一直有一種「隱逸情結」，當始於此。

與司馬懿一起拜訪胡昭的，還有一位潁川的周生。史書上沒有記載他的名字，但是這位無名氏差點兒要了司馬懿的命。

梁子是怎麼結下的，史書沒有記載。我們不妨做如下猜測：

周生應該也是來拜訪胡昭的。大家一起切磋的過程中，周生可能感受到了司馬懿這位來自河內的少年鋒芒畢露的才華。自古云汝潁之間多奇士，可是自己這個潁川士人的風頭居然全被司馬懿搶光了，是可忍孰不可忍？

屢次遭受到來自少年司馬懿的打擊和輕蔑之後，周生羨慕嫉妒恨融化成一種終極的情感——殺意！

周生聯絡了幾個人，決定謀害司馬懿。司馬懿蒙在鼓裡，消息被胡昭得知，胡昭大吃一驚。

他早就發現周生不是什麼善男信女，但沒有料到事態已經嚴重到了要死人的地步。

司馬懿今天又要來訪，周生今天也要行動。司馬懿打北邊來，周生打西邊來，凶殺現場也許將在陸渾山某個幽僻的山腳。

事不宜遲，胡昭迅速向西趕去。他一路徒步翻山越嶺、渡河涉險，終於在崤山的山谷截住了殺氣騰騰的周生一夥。周生知道胡昭的來意，自然不肯罷休，執意要殺司馬懿。

胡昭抱著普救眾生的大慈悲，曉之以情，動之以理，以至於泣下沾襟。草木尚且為之搖落，何況周生一介凡軀？周生終於化解了胸中的仇忿，放下屠刀，長歎一聲：要不是你，今天司馬懿非死不可。

胡昭心思縝密，怕周生反悔，便和周生指著道旁一棵棗樹發誓。周生拔刀砍棗樹說：如果我周某仍要害司馬懿，下場有如此樹！（昭因與斫棗樹共盟而別）

起誓之後，周生打道回府。胡昭再連忙趕回陸渾山的居處，司馬懿在此等候多時了。胡昭絕口不提剛才的事情（口終不言），與司馬懿言笑如常，盡歡而散。

胡昭終身隱居不仕，以漫長的人生踐行了自己的信念。他終年八十九歲，在司馬懿死前一年去世，是三國著名的壽星。（《三國志・管寧傳》）這位與諸葛亮同字的胡孔明，向我們詮釋了「臥龍」的真諦。

儘管胡昭一言不及周生之事，但司馬懿想必也有所察覺。鋒芒畢露，會招來殺身之禍。因此，不單要隱斂身形，即便才華也應當深藏不露。這才是老師胡昭的「隱」之道啊！

也許是紀念，也許是巧合，數年之後司馬懿的兩個兒子先後出世。一個叫司馬師，一個叫司馬昭。師昭，司馬懿以這一獨特的方式，向胡昭致敬。

這是後話。此刻，司馬懿開始加強自身的修養和韜晦的功夫，以圖通達「隱藏」的真諦。

「隱藏」也是一種品格，是坤德，是地道。藏於九地之下，方能動於九天之上。司馬懿衣褐其外，藏玉其中，和光同塵於亂世，不求聞達於諸侯。

深藏不露的人最怕被人看穿。偏偏這時候，有一位人物指著司馬懿說：「此非常之人也！」

被人看穿兩次

說此話者，乃是楊俊，河內人，與司馬懿是同郡的老鄉。此公以眼毒著稱，看人不走眼。這天，楊俊看到十六歲的少年司馬懿，覺得此子不同尋常，於是稱讚道：「此非常之人也！」（《三國志・楊俊傳》）

眼毒不毒？

有人會說：毒個屁，司馬懿當然是非常之人了，天生臥龍諸葛亮都鬥他不過，他可是將來要開創大晉王朝的宣皇帝、真命天子他爺爺啊！

這個思路不對。

我們讀史，常看到有些大牛人，小時候並沒有什麼事跡，但後來做出了大成績，史家就追認說他從小如何如何了得。這叫「後見之明」，別稱馬後炮、事後諸葛亮，不是歷史的思維方式。

歷史的思維方式是這樣的：按照英國一位著名歷史學家柯林烏（Robin George Collingwood, 1889-1943）先生的觀點，要學會使用「移情」的思考方式，將過去的事情在你的心靈中重演。說白了，就是角色代入：假如你是司馬懿十六歲時的同時代人，你可以把司馬懿想像成你的鄰家小弟，那麼請你判斷，隔壁司馬家的老大司馬朗和老二司馬懿，誰更有出息？

一個是少年神童，大亦了了；一個是終日讀書，悶聲不響。一個年紀輕輕，見識已經超越本地豪強李邵，跟全國名人董卓對過話，多次保全宗族性命，前途未可限量啊！另一個……反正除了個子大沒別的優點，據說前些天還差點兒被同學給弄死了。

誰是非常之人？

如果你給出答案是司馬朗，恭喜你，你已經學會歷史的思維方式了。

如果你給出答案仍然是司馬懿，恭喜你，你也是非常之人。

好吧，其實以上所說只是歷史的思維方式的第一重境界；而楊俊所持的，乃是第二重境界：見微知著。

《易經·坤卦》云：履霜堅冰至——踩著霜，就應該想到堅硬的冰快凍起來了。怎麼知道的？憑過去經驗的總結，達到一定的火候，就可以洞察極其幾微的徵兆。

楊俊憑藉的正是這樣一門工夫。這門工夫在漢末有專門的名號，叫做「品藻」、「品題」、「品鑒」、「品評」或「人倫」。這門工夫來源於一項制度和一次事件。

制度叫做「察舉制」，是漢朝的人才選拔制度：由地方向中央推薦精英人才。當時還沒有後世的公務員考試制度，這就非常考驗地方官員的眼力了，從而逼出了這門工夫。

事件就是前面講的「黨錮之禍」，簡單來講是士大夫聯合起來反對宦官及其爪牙，從而形成了「清流」和「濁流」的區別。如何鑒別並褒揚清流、貶抑濁流，也就成了一項風氣，這風氣叫「清議」，是漢末清流對抗濁流的輿論鬥爭。

所以漢末看人特別準的人物很多，比如我們所熟悉的水鏡先生司馬徽，再比如主持「月旦評」（每月初一集中品評人物的活動）的許劭。楊俊也是其中一位。

如果劉備聽到別人這樣的誇獎，也許會驚訝地問：「您也知道世間有我劉備這麼一號人物嗎？」典型的渴望出名受寵若驚。

如果曹操，就算別人不誇獎他，他也要去逼迫那人誇獎他一番，然後大笑而去，典型的強橫譎詐一代雄主。

而司馬懿卻心頭一凜。

怎麼理解這種心態？如果勾踐正在臥薪嘗膽，他最怕別人誇他有雄心壯志；如果豫讓正在隱姓埋名打算行刺，他最怕在鬧市之中被人認出說「豫讓君久仰久仰」；如果曹操在感歎雞肋，他最怕被人揭穿欲罷不能的心事；如果劉備正在菜園子裡種菜韜光養晦，他最怕被人指著鼻子說：「今天下英雄，唯使君與操耳！」

老子都裝鱉成這德性了，你還能看出我的英雄氣來？太假了吧？

司馬懿如果手頭有權，一定要動殺機了。可他現在只是一介布衣，所能做的，唯有進一步和光同塵、加強修煉。

終於，覺得修煉得小有火候的司馬懿有一天出關，正看到大哥司馬朗跟一位客人在堂上聊天。司馬懿收形斂跡，默默路過……同時聽到客人正在對司馬朗高談闊論：

「令弟聰亮明允，剛斷英特，不是你所能趕得上的啊！」（《晉書‧宣帝紀》）

司馬懿震驚了，抬起頭看這客人是何方神聖。司馬朗也震驚了，別過頭看自己的弟弟是何方神聖。

司馬兄弟四目對接，司馬朗看到的是驚慌失措、灰頭土臉的老二司馬仲達。

司馬朗扭回頭哈哈大笑，不以為然。

司馬懿卻心頭大震，因為他看清了來人的面目，知道剛才那句讚語定非虛言。

因為這位客人名叫崔琰，將來是曹操帳下主管人事選拔的頭號人物。

6 仕途評估：第一桶金不等於終南捷徑

第一桶金

漢末選拔人才，還沒有統一的公務員考試，很大程度上取決於社會輿論。輿論如果把某個人捧上了天，地方政府就有察舉他的責任，中央政府就有征辟他的義務。

酒香不怕巷子深，何況還有崔琰這樣的重量級廣告明星代言。司馬懿儘管深藏不露，仍然被河內郡的官方獵頭給盯上了。

司馬家族是河內響噹噹的世家大族，司馬家的二公子要出仕，這正是巴結司馬家族的大好機會，何樂不為？獵頭把消息報告上去，當局立即推舉司馬懿擔任上計掾。

建安六年（二〇一），二十三歲的司馬懿挖到了仕途的第一桶金，出任河內郡的上計掾。

上計掾這個職位，究竟有沒有前途？一言難盡。我們還是先來瞭解一下漢末的一般晉升體系。前面講過，漢朝的太學生畢業之後，有一次畢業大會考，成績分甲乙二等，甲等入中央為郎官，乙等下基層當吏員。郎官如果做得好，會下基層掛職鍛煉，比如擔任某地方縣令之類，然後再升遷為郡守或者直接調回中央，前途是最光明的；吏員做得好呢，有機會進中央為郎官，也就是說在晉升過程中比甲等考生慢了一步。當然，為郎為吏，除了太學生的考試，還可以由中央和地方察舉。漢朝這種晉升體系，對社會影響巨大，錢穆先生稱之為「郎吏社會」。

上計掾，是吏不是郎。但是，上計掾是吏中的肥缺。簡單來講，如果說郎是第一等，吏是第二等，那麼上計掾就是二等中的頭牌。

上計掾擔任什麼工作呢？這需要瞭解一下漢朝的上計制度。黃仁宇先生批評中國古代沒有數目字管理，其實這個觀點大可商榷。漢朝的上計制度，就是一種典型的數目字管理。

上計，顧名思義，就是統計了相關資料，向上彙報。舉個例子，假如你是溫縣的縣令，你在每年大約七八月份的時候，要統計了今年溫縣的戶數人口、錢糧收入、財政開支、治安情況等等有關數據，製作成一本「算簿」或者叫「計簿」，畢恭畢敬地上交給河內郡的上計掾司馬懿。司馬懿彙總了各縣的計簿，進行核對和驗算，然後整理成郡級的計簿，在十二月份親自跑到京城洛陽，呈遞給司徒，甚至有時候皇帝會親自接見上計掾。這些計簿，就是中央對今年各項情況進行總結、考核地方政績、出臺政府工作報告向皇帝彙報以及進行來年預算的基本依據。

因此，上計掾的選拔，必須符合以下幾項條件：

第一，形象好氣質佳。因為上計掾經常要跑到京城去，對外代表本郡形象。司馬懿身材高大，相貌想必也比較堂堂，符合這項條件。

第二，口才出眾。上計掾要隨時應對上級的詢問和責難，因此必須口才了得，時刻能夠為本郡遮醜爭光。司馬懿反應敏捷，機變百出，符合這項條件。

第三，數學優秀、心細如髮。上計掾的工作，主要是面對各種數據，驗算其正誤、核算其真偽，一旦算錯，是有罪的。司馬懿從小接受數學方面的教育，並且心思縝密，這方面也沒有問題。

上計掾的前途如何呢？這個有點兒不好講。西漢沒有專職的上計掾，一般由郡丞臨時擔任，地位不可謂不高；東漢上計事務職業化，設立了專門的上計掾。設立之初，地位很高，進京時可享受諸侯王般的禮遇，可以專門住宿在各郡的駐京辦（郡邸寓）。

由於上計掾多能說會道、形象出眾的人才，所以往往被中央看中，直接留下擔任郎官。「計吏拜官」成為仕途的一條終南捷徑。

可惜，這條終南捷徑早就被堵死了。

審計員or數學家

漢桓帝的時候，下命令：「今後嚴禁留上計掾在中央為郎官。」（《後漢書・楊秉傳》）當然也不是沒有例外。比如前不久漢獻帝流落長安，社會治安極其混亂，各地的上計掾都不敢出門了；惟獨潁川郡的上計掾劉翊，冒著生命危險，在兵荒馬亂、強人出沒的東漢大地上千里走單騎，經歷了九九八十一難終於來到長安進貢。備受冷落的漢獻帝一看，居然還有人想著朕，激動得熱淚盈眶。大喜之下，提拔劉翊為議郎。

但是這種特例，難以複製。除非你有孫悟空的本事，或者劉翊的傻勁兒。前者，司馬懿沒有；後者，司馬懿不想有。

現在的上計掾有什麼前途呢？我們來看兩個活生生的例子。一個是勤勤懇懇的審計員，一個是號稱「算聖」的大數學家。

前途之一：審計員。

這位審計員，叫師饒。你查遍古書，也不可能找到他的名字，因為他的名字是在一九九三年隨著尹灣漢墓的出土才為人所知的。

師饒，是西漢末年一位東海郡的功曹史，擔任過上計的任務，相當於今天的審計員。墓室裡出土了大量他生前製作的計簿。這位兢兢業業的小審計員，生前默默無聞，死後不為人知，甚至連名字都留不下來，只能長眠於地下。

這就是司馬懿未來的前途之一。

前途之二：數學家。

就在司馬懿擔任上計掾的這一年，山陽郡有一位七十多歲的老人，正在老眼昏花地觀測星象、審定他耗費畢生心血製作的《乾象曆》，爭取把誤差縮減到當時人類最頂尖的科技水平所能控制的最小範圍內。這位老人叫劉洪，是漢末最傑出的數學家、天文學家。

劉洪是皇室的遠親，從小表現出卓絕的數學天賦，因此被任命為上計掾。他在上計掾的任上，鑽研數學，最後發明了「算盤」，被譽為古老東方的電腦，他本人也被後世稱為「算聖」。

劉洪，是上計掾界的一個傳說。司馬懿如果也有這樣的數學天分，他也許可以成為第二個劉洪，被今天的我們拿來炫耀我中華文明燦爛輝煌比歐洲領先多少多少年。

當然，上計掾還有別的前途。比如鄭玄，後來成了經學家；比如公孫瓚，後來成了土霸王。但是，他們都不是通過正常的晉升途徑上去的。要想真正出人頭地，絕不能走尋常路。

路是人走出來的。

走的人多了，也便沒了路。

這兩條，永遠是仕途的鐵律。

更何況，司馬懿所擔任的上計掾，乃是漢朝的小吏。漢朝早已經名存實亡，當漢朝的小吏鐵定沒有前途，只能當塊跳板。是金子總會發光，是懷才不遇者的自慰；錐子必須放進口袋，才會脫穎而出。所以，司馬懿接下了這份差事。他的考慮可能有三個：

第一，紙上得來終覺淺，絕知此事要躬行，鍛煉實際工作能力。

第二，在工作中以突出的表現博取更大的獵頭的關注。

第三，伺機而動，尋找真正有實力的老闆。

司馬懿認認真真幹著上計掾的差事，不確定自己的未來究竟是審計員還是數學家。這時候，影響司馬懿命運的人出現了。

他，是本朝的司空。司空府一紙文件發到河內溫縣，點名要司馬朗和司馬懿這兩位司馬家族最優秀的公子。

誰能有這樣的氣魄？

曹操。西元二〇一年的曹操。

7 待價而沽：退一步，求的是進一萬步

曹操一請司馬懿

曹操今年四十七歲，正當年富力強。曹操剛剛在去年的官渡之戰中打敗北霸天袁紹，成為中原獨一無二的霸主。

曹操拔劍四顧，睥睨天下；麾指所向，試問有誰還能抵擋？

當然，逃跑的袁紹和他的幾個兒子還在北方苟延殘喘，有待於我去趕盡殺絕；周邊的一些小軍閥已經開始瑟瑟發抖考慮前途問題了，有待於我去開導馴化；可恨的劉備，官渡大戰的過程中一直像蒼蠅一樣騷擾後方，有待於我去拍死；東南半壁，以前的主子孫策剛死，現在掌握在小年輕孫權手裡，有待於我去嚇唬嚇唬他，爭取兵不血刃拿下江東。嗯，統一全國看來只是時間問題

了。

曹操收斂思緒，打算趁袁紹新敗、即將揮軍北上追殺窮寇的這個空檔兒，辦幾件事情。比如，二十八年前，當時的京兆尹司馬防提拔我做洛陽北部尉。那是我曹操這輩子第一個官銜。如今，聽說司馬防的兒子們很有出息，該是投桃報李的時候了。

曹操打定主意，派人來司馬家征辟已經到了出仕年齡的司馬朗和司馬懿。

司馬朗今年已經是三十一歲（《三國志》作二十二歲，錯）的大齡青年，修身齊家的功夫相當了得，概然有治國平天下之心。有此機會，欣然出仕，在曹操的司空府當了一名屬官。

這是當時的正常仕進路線：三公屬官——地方縣令首長——中央中高級官員。

對於正在等待跳槽時機和實力派大老闆的司馬懿來講，這當然是不可多得的機會。所以，司馬懿選擇的是——

拒絕！

等等！我沒聽錯吧？司馬懿連基層小吏上計掾都欣然出任，為什麼居然會公然拒絕當今天下最強大的頭號霸主曹操的聘請？

不但如此，司馬懿連已經到手的上計掾也一起拋棄，索性辭官回家。他拒絕曹操聘請的理由也很神奇：我得了風痹，也就是嚴重的風濕病，嚴重到長年累月下不了床。

司馬懿莫不是失心瘋了？

當然不是，他有自己的考慮。

如果和大哥一起上仕，那麼大哥憑著他的名氣（老神童）和身分（司馬家長子），升遷速度必然在我司馬懿之上。

退一萬步講，即便憑藉能力能趕超大哥，曹操府中的要職都已經被荀彧、荀攸、郭嘉、賈詡、程昱這些傳說中的超一流謀士占據了。我在別人眼中，不過是個靠老爸的關係進來的紈褲子弟罷了，有什麼資格去和他們爭？

而且，就目前的天下形勢來講，袁紹雖然新敗，但似乎還沒有到一蹶不振的地步；袁曹之爭，鹿死誰手，尚未可定。當今之世，君擇臣，臣亦擇君。選擇一個老闆，就是一次風險投資。如果急著應曹操的征辟，一旦袁紹翻盤，這項風險投資就要泡湯。

更何況，曹操並不是一個理想的老闆。在他手下，世族與寒族一視同仁；甚至由於曹操本人出身並不是太光彩，乃是宦官的乾孫子，寒族的代表，所以在曹操的手下，寒族人士更受到青睞，世家大族受到一定程度的打壓。我司馬懿身為河內司馬氏的代表，自然不可貿然追隨曹操。

再者，大哥司馬朗已經在曹操手下，我司馬懿還可以觀望觀望，看哪家老闆有潛力。看今天的局勢，未必那麼容易人下一統。我兄弟數人，各保一家，豈非給我司馬家族上了多重保險？

司馬懿高臥病榻。他要放長線，釣大魚。

使者領著司馬朗回到曹操府第。曹操見只領回來一個人，顯然對沒領回來的那個更感興趣。他心不在焉地吩咐人事經理給司馬朗安排了一份職位，接著饒有興致地想知道司馬懿的情況。

使者說，司馬家的老二得了風痹，不能起床。

風痹？曹操一笑，論裝病我是祖宗！我曹操十幾歲就能裝中風把我叔父玩得團團轉，你區區司馬懿瞞得過我？

你有沒有親眼見司馬懿臥床不起？

沒有，屬下只在前堂，未曾去後房。

你現在去刺探一下，看他是不是真起不來了。

是。

慢……你後天去刺探一下。

是。

使者離去，曹操對這個學自己十幾歲時候把戲的二十好幾的年輕人產生了莫名的感覺。居然使出裝病這麼幼稚而富有想像力的辦法，年輕真好啊！

耐心的較量

使者領著司馬朗走後，司馬懿直挺挺地躺在床上不動彈。

司馬懿的新婚妻子張春華提醒司馬懿可以起床了。張春華是本地一名地方官的女兒，剛和司馬懿成婚。

司馬懿仍然不動。

據一位吃飽了撐著的專家統計，人的一生中平均每天要撒四次謊，男人要撒六次謊。我們都有過撒謊的經驗，自然知道圓謊的重要性。所以，如果是一般人騙曹操說得了風痹起不了床，當然也會躺在床上裝病。過了一會兒，找個丫鬟問：使者走了沒？丫鬟說走了，就伸個懶腰起床，嘴裡還要罵罵咧咧。

這是一般人的水平，司馬懿不是一般人。司馬懿撒的謊，一定要等到謊言被戳穿的危險性徹底消失，才會罷休。

因為得風痹而不能當官這樣的謊言，被戳穿的危險性什麼時候才會消失呢？

答案是：風痹痊癒的時候。

再問：風痹多久能痊愈？

再答：最起碼得好幾年。

其實，是不是撒了裝病的謊，就必須一直躺在床上呢？不是，關鍵看你欺騙的對象是誰。如果像四十七年後詐病騙曹爽的話，就沒有這個必要。

但這次撒謊的對象是曹操。撒謊是要看對象的，對象不同，代價就不同。

所以司馬懿既然撒了這個謊，就有義務在床上躺個幾年來圓謊。這就是撒謊的代價。這樣的代價值得不值得？待會兒咱們會專章分析。反正現在的司馬懿只能老實躺在床上。

事實證明，司馬懿這樣做是對的。第三天，曹操的使者來了，像一個輕功絕頂的武林高手，隨風潛入司馬家府邸，悄無聲息飄到司馬懿「病榻」的窗前。司馬懿看到了映在窗紙上的黑影

——使者故意沒有躲藏，直接站在了窗前觀察司馬懿。

司馬懿躺在床上，巋然不動。使者站了很久，司馬懿躺了很久。耐心的較量。

比耐心的話，相信中國歷史上沒有人能與司馬懿抗衡。曹操親來，我尚不懼，況你小小使者乎？

果然，使者敗下陣去。當然，他並不知道自己敗下陣去，而是覺得已經圓滿完成了老闆交代的任務，凱旋歸去。

司馬懿吁了口氣，但他不知道是否還會有第二個使者，只好耐心躺著，誓把床板躺穿。

這一切，都被正打算進來送飯菜的張春華看在眼裡。她漸漸明白了夫君的用意。

使者回去稟報曹操，曹操有點納悶。

無論從政治、軍事還是文學來看，曹操都是個天才。天才都極為自信，甚至自負，自負的人不願意輕易承認自己錯了。曹操已經認定司馬懿在裝病，而使者居然稟報司馬懿確實風痹在床，不能動彈。在曹操看來，使者的回覆等於搧了自己一個耳光。

沒有我曹操猜得對不對的問題，只有他司馬懿裝得像不像的問題。

你繼續去司馬懿家門口蹲點，曹操吩咐。

這……請問蹲到什麼時候？

他病多久，你就蹲多久。

是……

使者很鬱悶地離去了。對於這樣一位古怪而多疑的主公，他不能多問什麼。但他在心底咬死，主公這次真的多疑了。

曹操是位成功人士，成功人士都很忙。曹操的注意力不可能一直停留在一個名叫司馬懿的莫名其妙的小夥子身上。他馬上要出兵掃平袁紹的殘餘勢力了，司馬懿不過是他戎馬倥傯之餘的小遊戲而已。

我曹操府中辦事員成千上萬，隨便派出萬分之一就足以玩死你。而你如果想跟我玩，就請拿出百分之百的誠意來！

曹操北上。而司馬懿府中，十三歲的少女張春華殺人了！

8

一隻鳥不肯叫，司馬懿會等牠叫

十三歲少女殺人事件

事情的經過是這樣的。這天天氣晴朗，司馬懿吩咐下人們把自己的藏書拿出去曬一曬，以防發霉生蟲。他自個兒照常躺在床上。

突然，暴雨滂沱。司馬懿是愛書之人，他對書的喜愛，是本能性的，不受大腦控制，直接由神經作用於肢體。

司馬懿一躍而起，跑到院子裡搶救藏書。

院子的一角，一個剛剛進來的婢女近距離目擊了這一切：風痹已久、癱在床上的司馬懿突然身手矯健地在雨中收書。婢女嚇得捂住了嘴，跑出門去。司馬懿忙著收書，沒有察覺。另一個剛剛進院子的人卻看到了。

司馬懿的妻子張春華。

張春華尾隨婢女出去。過程有點血腥，此處刪節數百字。總之，張春華親手把婢女做掉了。具體怎樣處理屍體，我們不得而知。我們只知道，根據史書記載的推算，張春華今年大約十三四歲。

張春華做掉了婢女以後，冷靜地親自做飯。從此以後家裡不再請婢女和下人，一切家務都由張春華一手承擔。

我始終覺得中國歷史上有些夫婦是絕配，比如劉邦和呂雉，再比如司馬懿和張春華。有其夫必有其婦。

司馬懿得知此事以後，對妻子大為器重。從此也更為謹慎，認真裝病。

這一裝就是好幾年。

這裡有幾個問題，我們來澄清一下，不感興趣的朋友請直接跳過看下一節：

第一是司馬懿裝病裝了多久的問題。

關於這件事情，書上沒有明確的說明。涉及此事的，首先是《晉書・宣帝紀》：「漢建安六年（二〇一），郡舉上計掾。魏武帝為司空，聞而辟之。帝知漢運方微，不欲屈節曹氏，辭以風痹，不能起居。魏武使人夜往密刺之，帝堅臥不動。及魏武為丞相，又辟為文學掾，敕行者曰：

『若復盤桓，便收之。』」曹操做丞相，是建安十三年（二〇八）的事情。從建安六年首次征辟司馬懿，到建安十三年第二次征辟，間隔七年。中間司馬懿沒有任何行事可記載，說明他這段時間可能一直臥病；而七年之後，曹操說「若復盤桓」，說明司馬懿這段時間一直「盤桓」著。

其次張春華的傳記裡提到的曬書事件：「嘗暴書，遇暴雨，不覺自起收之。」這次暴雨不可能是曹操征辟當天發生的事，而應該是長期裝病中的某一天的突發事件。由此也可見司馬懿是長期「臥病」。

另外《太平御覽》引的臧容緒《晉書》殘本，記載有所不同。該書說曬書事件被使者發覺，使者回稟曹操，曹操下令強迫司馬懿出仕。這顯然是把時間間隔長久的兩件事情合併在一起了，與本傳不符，不可信。不過這也說明，曬書事件之後，強迫出仕之前，無事可敘。

所以結論是，司馬懿雖然未必臥病七年之久，但長年裝病是沒有疑問的。

第二是究竟司馬懿有沒有裝病騙曹操這樣一件事。

有學者提出，《晉書》關於司馬懿裝病之事是虛構的。原因是為了美化司馬懿，說他忠於漢室，不願出仕奸賊。理由有二：一，司馬懿的父親司馬防、兄長司馬朗、堂兄司馬芝都已經在曹操帳下了，司馬懿也沒有理由產生對抗情緒；二，司馬懿當時寂寂無名，曹操沒理由派刺客強迫他出仕。（見張大可等著《三國人物新傳》）

這裡這位學者混淆了兩個問題。

第一，《晉書》所記載的司馬懿裝病躲避出仕是事實判斷，司馬懿不出仕的原因是價值賦予。原因可能是後人虛構的，但事實卻是板上釘釘的。因為同樣的事實不僅見於〈宣帝紀〉，還見於張春華的傳記。如果說〈宣帝紀〉中還只是順帶一筆美化司馬懿，那張春華的傳記中，四分之一的篇幅都在描述此事，難道也是虛構？把這段虛構去了，那張春華幾乎就無事可敘了。前引臧容緒的《晉書》殘本，也記載了這件事。多書有徵，難道都是美化？不能因為看到〈宣帝紀〉裡有「不欲屈節曹氏」這樣的鬼話，就連「辭以風痹，不能起居」這樣的真話也不信了。所以，此事的斷案是：事實描述基本正確，動機描述有美化之嫌。

司馬懿裝病不出仕的動機，可能有兩個：首先，自抬身價；其次，袁紹雖敗但實力仍在，北方局勢並不明朗，天下未知鹿死誰手。女怕嫁錯郎，男怕入錯行。此時貿然出仕，投錯主公，影響的是一輩子的命運。

第二，所謂的「魏武使人夜往密刺之」，不是派刺客去刺殺，而是派探子去刺探。這件事，臧容緒《晉書》描述得比較詳細：「魏武遣親信令史，微服於高祖門下樹蔭下息……令史竊之，具還以告。」可見是刺探而不是刺殺，更不是有些民間傳說的「針刺」。

曹操強迫司馬懿出仕，未必是因為他能力多強名頭多響。這要結合漢末的社會風氣和曹操的行政風格來看待。漢末的真名士淡泊名利或者假名士沽名釣譽、拒絕朝廷的征辟已經成為了一種時尚。翻開《後漢書》，類似記載比比皆是。而曹操厲行名法之治，對於拒絕征辟的行為深惡痛絕。再加上曹操本人雄猜多疑的性格，自然有可能強迫司馬懿出仕。

書歸正傳，司馬懿的「病情」時好時壞，在床上斷斷續續躺了七年，不知何時方是個盡頭。

這七年，曹操已經蕩平北方，殺光袁紹的子弟，還兵鄴城、榮升丞相了；這七年，兄長司馬朗已經在基層鍛煉、歷任三地縣長，最後當上丞相主簿（秘書長）了。

這七年，自己卻在床上躺了七年，肌肉功能都要退化了。司馬懿有沒有後悔自己的選擇，我不清楚。但我想，他應該明白了一點：不要輕易和曹操鬥。

北伐歸來、春風得意的曹丞相，究竟有沒有忘記七年前那個裝病在床的司馬家老二呢？

答案是——當然沒有。

曹操二請司馬懿

之前七年，曹操以一個詩人的激情和浪漫，指揮了一場波瀾壯闊的北伐。袁紹的青、幽、并、冀四州地盤，被一一打平。曹操大軍回來的路上，特地取道碣石。在這觀海勝地，東漢末年唯一有資格看海的英雄曹操望著吞吐日月、波瀾壯闊的大海，一種望見宇宙本原的感受油然而生，胸中豪氣慜鬱已久，不吐不快：

東臨碣石，以觀滄海。
水何澹澹，山島竦峙。
樹木叢生，百草豐茂。

秋風蕭瑟，洪波湧起。
日月之行，若出其中；
星漢燦爛，若出其裡。
幸甚至哉，歌以詠志。

回到鄴城，曹操就收到了來自漢朝廷的任命通知，榮升丞相。他提拔了近兩年官聲甚佳的司馬朗為主簿，又任命名士崔琰擔任丞相西曹掾，主管選拔人才。崔琰自然念念不忘十四年前見過的司馬家老二，連忙向曹操推薦。而曹操帳下的首席謀主荀彧，竟然也力薦司馬懿。

其實不需要你們推薦，我也早想再會會他了。

曹操找來當年那位使者：還記得司馬懿吧？

使者心想：廢話，這七年來我就沒幹別的。

你去把他請來吧，我要任命他為相府的屬官。曹操頓了頓又說：「如果他還不肯來，就逮捕之。」（若復盤桓，便收之）

使者心想：老大，我就喜歡你玩乾脆的。

使者來到司馬懿府第，驚奇地發現三十歲的司馬懿正喜氣洋洋坐在堂上恭候。

七年了，太久了。再不出山，天下都要統一了。天下統一了，就沒我司馬懿什麼事兒了。

使者一怔，揉了揉眼睛：這就是我監視了七年的司馬懿？前兩天還氣息奄奄，怎麼這病說好就好了？

丞相命我來征辟閣下，丞相還說，如果你……

我去！

使者後面的話被噎了回去。他永遠不會明白，聰明人之間是不必把話說透的。

七年之前，曹操沒有征到司馬懿，七年之後斷然不會仍征不到。曹操用不了的人，斷然不會讓他活在世上。

日本的一個段子，放到三國仍然適用：一隻鳥不肯叫，怎麼辦？曹操會逼牠叫，劉備會求牠叫，司馬懿會等牠叫。

但是，聽起來「等」似乎是最被動的辦法。如果曹操遲遲不來第二次征辟司馬懿，那這七年、甚至司馬懿的一輩子，豈不是白費了嗎？

不會的。司馬懿的「等」，不是消極的等待。因為他心中有數：曹操有必用我司馬懿之理。

曹操與袁紹的抗衡，一定程度上是寒族勢力與世族勢力的抗衡。曹操用人不拘一格，多有案牘小吏、行伍軍人被提拔到高位的。而曹操本人，更是所謂「閹宦之後」，為世族所鄙視。所以，曹操必須拉攏一批世族在他帳下，以表現出他的政府向所有人開放，爭取更多的人站到自己這一邊，團結一切可以團結的力量。而河內司馬氏，無疑是當地世族的一大代表，屬於必須爭取的對象。這是其一。

司馬朗在曹操的府中任職，在人事任用上能說得上話。而從名義上講，曹操還是司馬防的門生故吏，自然應該用司馬懿。這是其二。

其他與司馬氏交好的世族，自然也不會錯過這個保舉司馬懿、進而與司馬氏進一步修好的機會，以延續世世代代的交情（所謂世交），比如崔琰和荀彧就出手了。這是其三。

以曹操的用人風格，目前為止還真沒有過他用不上的人才。他一定不會輕易放過這個七年前曾經拒絕過他的年輕人。這是其四。

那，回到老問題：犧牲七年時間，代價是不是太高了？

司馬懿如果當年直接出仕，官位難以凌駕兄長之上。司馬懿拒絕平庸，他永遠追求直逼目標的捷徑；儘管有時候這捷徑看上去反而像繞遠路，但最後的事實總能印證司馬懿的判斷。因為有兩句老話，一句叫「以退為進」，另一句叫「欲速不達」。

更關鍵的是，司馬懿第一次如果直接應徵，則根本無法在廣大應徵者中引起曹操的注意。注意力資源，有時候是比官位更重要的資源，是一種官場晉級的潛在資源。得到上級的器重，職未必高，權一定大；如果被上級忽視，職再高，卻可能是個虛位。在中國當官，如果以為職位的高低就等於權力的大小或者油水的肥瘠，那就太天真了。

況且，《易傳》上說：「潛龍勿用，陽在下也。」作為未出茅廬的司馬懿，直接出山和荀彧、荀攸、賈詡、郭嘉、程昱這些超一流的謀士們PK，顯然不是明智的選擇；這七年，司馬懿並沒有白躺。他大量地讀書，有了更深的體悟；他修養身心，把韜光養晦的功夫修煉到了極致。

十年磨一劍，今朝試鋒芒。

潛龍出山，司馬懿終於有機會直接挑戰相府的智囊們，開始自己的官場生涯了。

第二章

終日乾乾

他搭上了曹丕這把登天之梯

曹操以選拔太子為契機，把這個活動搞大，逼重臣們表態。雖然選太子貌似曹操的家事，但是誰對曹操的家事越熱心，一定程度上也表明誰對曹操繼承人的篡漢大業越支持。這是高水準的指鹿為馬的好把戲。司馬懿看出來了。因此他違背了「不干預君王家事」的古訓，積極奔走於其中，一方面是為自己進行無本萬利的風險投資，一旦將來曹丕掌權自己可以榮華富貴；另一方面則是做給曹操看，表明我司馬懿堅決擁護您的子孫繼承您的事業。

1 新人裝啞巴：在老闆面前，懂得克制自己

兩個鬱悶的男人

司馬懿終於進入了相府。

過去七年，他對時局有著深刻的洞察，也對前途有著美好的設想。曹操的丞相府，有著催人奮進的環境和良好的激勵機制，充滿著壓力與機遇，是青年人奮鬥的好地方。與那些腐敗沒落的政府不同，在這裡，家世是沒有用的。要想出人頭地，就得靠自己的功勞去博取功名。曹營的老牌謀士，程昱在與呂布作戰時保住根據地立下巨功，荀彧勸挾天子以令諸侯成就奇謀，荀攸、賈詡、郭嘉在官渡之戰中都有著出色的表現。

要想超越這些人，有沒有機會？

有！機會就在眼前。

眼前，曹操已經蕩平北方，西北的馬騰、韓遂和東北的公孫氏，都不足為慮；南方，益州的劉璋和漢中的張魯，都是自守之賊，剩下荊州劉表和江東孫權，老的老少的少，絕不是曹操的對手。劉備倒是有些能耐，不過他現在一沒兵二沒地，寄寓荊州朝不保夕。所以，現在只要曹操揮軍南下，很有可能一戰而統一天下。對於剛入府的新人司馬懿而言，要想在人才濟濟的丞相府迅速出人頭地，沒有比這更好的機會了。

如果有機會跟著曹操出征，憑藉自己的謀略，想必不難博得曹操的青睞。再加上曹操用人不問資歷只看功勞的風格，說不定可以一舉超越那些老牌謀士！

司馬懿躺在床上的時候經常這樣想，現在他不這麼想了。

因為他的官職是文學掾。

漢朝的文學，含意和今天不同。不是進行小說散文之類文藝創作，而是「文獻學術」之謂。曹操看中的，是河內司馬氏經學傳家的家學淵源。他想讓司馬懿用經學去教育自己的兒子。

哪個兒子呢？曹丕。

所以，文學掾只不過是個負有教育職能的低級文職官員，根本沒有機會從軍出征。

身懷絕學卻沒有機會上戰場一展才華，反而被安排在大後方教育一個毛頭小夥子。等曹操凱旋，改朝換代，自己或許也能隨著百官一起得些封賞，將來終老在一個中級官員的位置上吧？

司馬懿內心異常鬱悶。

比司馬懿更鬱悶的是曹丕。

曹丕今年二十出頭，是曹操的次子。

曹丕的母親卞氏出身倡伎之家，原本是曹操的小妾。曹操的長子曹昂，一向受父親喜愛；可惜（對曹丕來講是幸虧）在宛城為了掩護父親與張繡的嫂子通姦而戰死了。曹昂的母親丁夫人因為兒子的死大哭大鬧要上吊。曹操豈是怕老婆的人，不勝其煩之下就把丁夫人廢掉，把卞氏扶正。

但在卞夫人的四個兒子之中，曹丕也並不得父親寵愛。他的二弟曹彰，勇猛善戰，深得曹操喜歡，愛稱他為「黃鬚兒」。他的三弟曹植，才高八斗，最得曹操器重，當眾誇他「在幾個兒子裡最能成大事」（兒中最可定大事），看來暗有要立為接班人的意思。另外還有個幼弟曹沖，聰明伶俐，小小年紀就以「曹沖稱象」的神奇故事聞名天下，最得曹操疼愛。

曹操的兒子們，個頂個的優秀。曹丕生活在一群極其優秀的兄弟中間，從小就得不到父親的關愛。為了吸引父親的注意，曹丕費盡了心機。他學騎射劍術，可謂出類拔萃，但始終不是曹彰的對手；他雅好文章，詩賦兼通，但始終被曹植的光芒所掩蓋。曹丕內心自卑到了極點。

最關鍵的是，曹操本人也並不認為曹丕優秀。

今年年初，司徒趙溫想保舉曹丕當官。這對於曹丕來講，是踏入仕途的絕佳機會，所以他心裡美滋滋的，對未來充滿了憧憬，決定借此機會大展拳腳。

但是曹操卻出人意料地公開表示反對。他冷冷地上奏說：「趙溫保舉我曹操的兒子，明顯是想討好我，人才選拔工作不實事求是。」（溫辟臣子弟，選舉故不以實）曹丕當官的美夢泡湯，趙溫也被罷免。

對未來滿懷期待的曹丕當頭被潑了一盆冷水。

憑我自己的本事，也可以讓三公辟舉，難道僅僅因為我是你曹操的兒子，反而要受這種不公平的待遇？曹丕不敢言只一肚子鬱悶。

更鬱悶的事情還在後頭。古代君主出征，太子監國。曹操雖然還不是什麼君主，但以前出征總還是讓曹丕留守。這次曹操南下，居然不再讓曹丕留守後方。在政治敏感度極高的曹丕看來，這無疑是個危險的信號。世子留守的殊榮，不知道還能享受多久；岌岌可危的第一接班人地位，不知道哪天就要轉手；曹丕想找個人來傾訴，卻不知道向誰張口。

這時候，同樣一肚子鬱悶的文學掾司馬懿來了。

史上最無恥的自傳

建安十三年（二〇八）秋，七月流火的日子，曹操揮軍南下。三國歷史上最華麗的智謀盛會——赤壁之戰一觸即發。

司馬懿有沒有參與這場千載難逢的盛會呢？很遺憾，史書沒有記載。沒關係，我們來考一考。

司馬懿這時候是丞相府的文學掾，職務是教育曹丕。名義上相當於曹丕的老師，實際上相當於曹丕的幕僚。所以，司馬懿有沒有參與赤壁之戰，很大程度上取決於曹丕的行蹤。

那曹丕有沒有參與呢？很遺憾，同樣沒有明確的記載。不過，一些字裡行間的證據，可以說明問題。

首先，曹丕當太子後寫了一篇在文學批評史上很有地位的〈典論〉，其中有一段自傳性質的記載，堪稱史上最無恥的自傳，我們後面還要提到；現在先看〈典論〉裡曹丕的一篇日記：

某月某日，晴

今天，我們的軍隊南征駐紮在曲蠡，尚書令荀彧叔叔奉命來犒勞大家。我正在教弓箭手們怎麼完成高質量的射擊呢，荀彧叔叔插話說：「聽說你精通左右開弓、同時射擊，雙槍曹丕果然不是浪得虛名啊！」我說：「那只不過是小把戲。荀叔叔您還沒見過我騎在快馬上用嘴銜箭搭弦、從脖子後面開弓射箭、俯仰都能射中移動靶的功夫呢！」（項發口縱，俯馬蹄而仰月支）荀叔叔笑嘻嘻地說：「哇，這麼厲害呀！」（彧喜笑曰：「乃爾！」）

曹丕怎麼向射箭門外漢荀彧吹噓，我們不管；這裡提到「軍隊南征駐紮在曲蠡」，曲蠡是許昌南面潁川郡的潁陰縣。這裡，正是當年曹操由許昌出兵，「直趨宛、葉」（《三國志・荀彧傳》）而下荊州的必經要道。所以這次南征，就是西元二〇八年赤壁之戰的南征。

我們還可以從曹丕別的作品裡找證據。曹丕〈感物賦〉說：「喪亂以來，天下城郭丘墟，惟從太僕君宅尚在。南征荊州還過鄉里舍焉。」南征荊州的時候，曹丕回老家住過。〈述征賦〉則直接坐實了這次南征：「建安之十三年，荊楚傲而弗臣，命元司以簡旅，予願奮武乎南鄴，伐靈鼓之硼隱兮，建長旗之飄搖。」

所以綜上，曹丕參與了南征。司馬懿作為曹丕這時期幾乎唯一的輔佐人員，推定他也參與了南征是有理由的。

再來解決一個問題，為什麼曹丕和司馬懿的個人傳記裡都沒有記載這次事情呢？原因很簡單，因為兩人在這次南征中沒有什麼表現，所以無事可記。

沒有表現不等於沒有收穫。司馬懿跟著曹丕的隊伍一起南下。

司馬懿現在對曹丕還不熟悉，正如曹丕不清楚父親給自己派來的這個文學掾究竟是什麼身分。良師？益友？還是監視自己的眼線？

所以表面上是參見世子、先生免禮之類分別展現敬畏和親和的客套話，背後是兩個警惕的靈魂在充滿敵意地互相打量。

除了儘快研究曹丕這個課題，司馬懿還必須迅速地瞭解自己的競爭對手、曹營的其他謀士。天才郭嘉幾年前在北征烏桓的征途中病死了，首席謀主荀彧這次照例坐鎮後方。不過他臨行前給曹操建議了基本的先期戰略：「表面上兵出宛、葉，暗地裡精兵急行軍，打閃電戰。」（可顯出宛、葉而間行輕進，以掩其不意）這個建議被曹操全盤採納，荀彧在曹營的影響力可見一斑。

不過還好，司馬懿這次出仕正是靠荀彧一力舉薦。看來與這位汝潁世族的領袖人物搞好關係，不是難事。

八月，曹操急行軍兵出宛、葉，進入荊州境內。在強大的兵力和糟糕的健康雙重壓迫下，荊州的老主人劉表一命嗚呼。小兒子劉琮繼承父親的政治遺產。

九月，曹操抵達新野，劉琮舉州投降。劉備領著軍民繼續逃亡。曹操親率精銳騎兵五千人，一日一夜強行三百里，在當陽長坂追上劉備。劉備的軍民家眷被殺得落花流水。同樣，在這裡上演了趙雲單騎救主、張飛拒水斷橋兩齣好戲。逃跑專家劉備得到關羽和劉表大兒子劉琦的接應，到夏口喘息。

曹操大軍進抵劉表的重鎮——江陵。經過兩個月急行軍的大部隊在此進行整頓，清點並接管戰利品。

七月出兵，九月兵不血刃占領荊州、打垮劉備。「出其不意、攻其不備」這樣的話，司馬懿在兵書上看得多了，但是在一代軍事天才曹操手中實際應用起來的效果，仍然給他留下了極其深刻的印象。

但是有人居然站出來潑曹操的冷水了。

這人居然是曹營謀士中從來不主動出謀劃策的賈詡。

賈詡之謀

賈詡一貫表情木然，泥塑木雕一般坐著，從來不主動獻計。這次是破天荒的頭一回，也是史料記載中他在曹魏謀士生涯的唯一一次主動獻計。

賈詡背書一般木木地說：「明公昔破袁氏，今收漢南，威名遠著，軍勢既大；如果能以劉表荊州舊有的底子進行整頓，扎實地搞好安撫工作，那麼不必興師動眾，就可以讓孫權拱手來降了。」（若乘舊楚之饒，以饗吏士，撫安百姓，使安土樂業，則可不勞眾而江東稽服矣）

曹操不以為然。

賈詡見曹操不以為然，也不堅持己見，默默地坐回了自己的位置，重新變成了一尊泥塑木雕。

不獨曹操不以為然，幾百年後的裴松之給《三國志・賈詡傳》作注的時候一樣不以為然，還跳出來大肆批評：「當時西北有馬超、韓遂的後顧之憂，荊州士民也只服劉備和孫權。這時候不趁大好形勢立馬拿下江東，更待何時？後來之所以赤壁戰敗，主要是天數。總之賈詡這個獻計是錯的！」不可否認，裴松之先生對賈詡很有成見。他在該傳的末尾再次跳出來指責賈詡不配和荀彧、荀攸合傳。其實，一個重要原因在於裴松之的時代是講究門第的時代，而賈詡出身寒族，在他眼裡自然不配跟貴為世族領袖的二荀合傳。

書生輕議塚中人，塚中笑爾書生氣。

司馬懿很清楚，賈詡這個謀略是赤壁一戰中曹操智囊團提出的含金量最高的謀略。

第一，曹操一下子吃下荊州這麼大的地盤，必須要花時間慢慢消化。強咽不行，必須靠「養」。

第二，曹操要和孫權作戰，必須靠水師；曹操自己的水師不行，必須靠原屬劉表的荊襄水師。荊州新破，荊襄水師的戰鬥力和忠誠度都無法保證，必須靠「養」。

第三，曹操軍隊新到南方，水土不服難免發生疾病甚至可怕的瘟疫。仍然必須靠「養」。

第四，曹操坐守荊州（或者派將領留駐亦可），而不主動出擊，就可以逼孫劉被動出擊，「致人而不致於人」，以逸待勞。

第五，曹操坐鎮荊州，劉備就沒有立足之地，也阻斷入川的去路；劉備沒有實力，孫權自然孤掌難鳴。至於西北的馬超、韓遂，完全是觀望之徒、烏合之眾，曹操不去收拾他們，他們絕對不敢主動跳出來沒事找抽。

這實在是一個王翦滅楚的翻版計謀。賈詡如此高妙的計謀，能看出其精妙之處的大約也就司馬懿了吧！

另一件事情，使司馬懿發現了曹操的弱點。

益州軍閥劉璋見曹操占領了荊州，連忙派屬下張松來向曹操示好。張松這人，五短身材，其貌不揚，而且早就想賣主求榮，於是借此出使機會企圖把益州賣給曹操。

曹操見了張松，心裡很不高興。益州難道沒人了，派這麼一個活寶作為外交官來見我曹操？

曹操的主簿楊修是個大才子，誰也沒服過，卻惟獨佩服張松。他在接待張松的宴席上，曾經拿出曹操寫的兵書給張松看。張松翻了一遍，就能全文背出（松宴飲之間一看便暗誦）。楊修對張松這樣過目成誦的本事大吃一驚，力勸曹操辟用張松為屬下。

曹操理都不理。辟用你？我曹操帳下謀士如雲，哪缺你這個三寸釘醜八怪？我曹操現在眼看要拿下江東了，下一個就是你主子劉璋。還是叫你主子洗乾淨脖子，等著挨宰吧！

張松受了冷遇，一氣之下回了益州，回頭又把益州賣給了劉備，這是後話。

一失足成鼎足三分。

司馬懿搖了搖頭，看來天下不好取了。司馬懿又點了點頭，看來曹操的弱點在於，關鍵時刻難以克制自己，頭腦容易發昏。浪漫主義的情緒太濃重，會戰勝理性主義。這大概就是一個詩人軍事家的氣質吧。

要想成大事，就必須克制自己；像賈詡一樣，克制自己。

這時候有探子來報：孫權派魯肅聯絡劉備，劉備派諸葛亮前往江東。可能孫劉兩家要聯合。

諸葛亮？這是司馬懿第一次知道世間還有諸葛亮這樣一號人物。

司馬懿沒有料到，多年以後，正是這個諸葛亮成了他難分伯仲的對手；更沒有料到，正因為他戰勝了諸葛亮，他的名字才家喻戶曉婦孺皆知。

雖然，在那些傳說中，他是作為諸葛亮的陪襯人物出現的。

瘟疫・東風・火

曹操聽到消息，哈哈大笑：劉備窮極無路，竟去投靠孫權；他不知道孫權和荊州劉表是世仇？看來劉備要被孫權幹掉了。屬下們紛紛搖著尾巴稱是。

賈詡在發呆，司馬懿在裝啞，唯有程昱站了出來：

「丞相無敵於天下，孫權不是您的對手。但是劉備有英名，關羽、張飛都是萬人敵，狡猾的孫權一定資助劉備來抵禦我軍。看來劉備又殺不了了。」（權必資之以禦我。難解勢分，備資以成，又不可得而殺也）

曹操再一次沒有聽進程昱的話。他浪漫的腦袋現在已經開始醞釀詩歌，等凱旋之時一吐為快了。

時間進入了十二月，曹操的軍隊由於水土不服，爆發了可怕的瘟疫。瘟疫在軍中迅速蔓延，曹操的大軍非戰鬥減員十分嚴重，戰鬥力迅速下降。就連曹操的愛子曹沖，也染上了瘟疫，在軍醫的精心調護之下仍不見好。曹操急得像熱鍋上的螞蟻，團團轉。

曹操軍出現破綻，對於孫劉聯軍來講正是天賜良機。接下來的戰事很簡單，形勢逆轉很迅猛：

周瑜部下黃蓋詐降，借著突然刮起的東風火燒曹操的船隻。

曹操這時候已經無心戀戰，率部取道華容步行逃跑。前方道路泥濘不堪，軍隊難以通行；周瑜和劉備在後面水陸並進追趕。

曹操下令：得了瘟疫的士兵在前面負草填路，後面的騎兵加速前行。得了瘟疫的士兵大多體力不支，倒在地上，人馬紛紛踩踏而過。死者甚眾。罕見的人間慘劇，定格了的災難大片。

在這悲慘到窒息的時刻，曹操突然放聲大笑。司馬懿在部隊後面，隱隱約約聽到曹操大笑：「劉備，也算是我的一個對手。但是腦子太慢。如果早點在這一帶放火，我就掛了！哈哈哈！」（劉備，吾儔也。但得計少晚；向使早放火，吾徒無類矣）

這時候，部隊後方遠遠的火光沖天，顯然是劉備的陸軍放的火，不過已經沒有威脅了。

在這樣危急的時刻，還能笑得出來，曹操果然不是尋常人物。

趁著曹操大軍逃命的間隙，我們來解決一個問題。好多三國迷問：如果司馬懿參與了赤壁之戰，為什麼不出謀劃策呢？

有一位成功的企業老總對我說過，如果你剛到公司，作為一個新人，三年之內不要提任何建議。踏實做事就可以了。三年之後，也請有保留地提建議。

原因是什麼呢？有這樣幾個。

第一，你剛到公司，對公司不瞭解；即使提建議，往往也是空想。

第二，你這麼聰明，提這麼好的建議，把一班老員工比如荀攸、賈詡、程昱置於何地？你將來怎麼跟同事打交道？

第三，老闆會怎麼看你？小夥子很想顯聰明，而且功利心很強，想往上爬。

有沒有例外？當然有，比如諸葛亮在劉備手下，就出謀劃策，出盡風頭。原因照樣有這樣幾個：

第一，劉備是去請諸葛亮當高級管理人員的，而曹操只不過把司馬懿弄進來當個低級文員。

第二，劉備的廠子很小，人事關係簡單，而曹操的公司很大，人事關係複雜。

第三，諸葛亮的老闆是劉備，以仁德寬厚著稱；司馬懿的老闆是曹操，以多疑猜忌聞名。

在這樣的公司，給這樣的老闆提建議，找死吧？借著這樣的機會，搞好同僚關係、摸清老闆性格，順便再多學一些實戰經驗，才是實在的。

曹操終於逃到安全的地方。這時候，身懷重病、歷盡顛簸的曹沖再也支撐不住，死了。這位天才少年給我們留下了一則曹沖稱象的經典故事，生命永遠地定格在了十三歲。

似乎是冥冥中有什麼安排，司馬懿的長子在這一年出世，取名司馬師。

中年喪子，曹操放聲痛哭。他哭得如此之哀痛，明眼人都能看出，他不僅僅在哭曹沖。曹丕勸父親節哀順變。曹操瞥了一眼兒子，冷冷地說：「這是我的不幸，你們的大幸。」（此我之不幸，而汝曹之幸也）

曹丕頓時滿面通紅。

把一切看在眼裡的司馬懿，終於看懂了曹丕。

2 低頭做司馬，人前勿露「狼顧之相」

暗戰

有時候，司馬懿也很嫉妒那個素未謀面的諸葛亮：這傢伙比我小兩歲，卻已經在赤壁之戰這樣的重量級戰役中出盡風頭。而我司馬懿，至今不過是個低級文官，不知何時方有出頭之日。

不過，他現在已經找到了比戰爭更快速、更便捷的進身之階。這個階梯，就是曹丕。

曹操遲早要稱王稱帝，也遲早會榮登極樂。他所留下的龐大政治遺產由誰繼承，這是一個大問題。就目前來看，曹丕繼承的機會顯然很大。如果將來曹丕上位，一朝天子一朝臣，在曹丕時代最得勢的人肯定不是曹操時代立下汗馬功勞的人，而是為曹丕上位出過最多力氣的人。

一個集團新老首腦交替之時，正是集團內部勢力重新洗牌、重新排座次之日。所以，中國歷史上往往出現「內朝」、「外朝」的區分——外朝是老主公留下的班子，內朝是新主公自己的人；外朝在新主公的時代，往往有位無權，敬而遠之；而內朝才是新主公的心腹，權力炙手可熱。

你在老主公時代沒有上佳的表現沒有關係，好好看準一個新主公候選人並力挺他上位，正是一步登天的捷徑。

司馬懿決定放棄曹操時代，爭取曹丕時代。

司馬懿在以經學教育曹丕之餘，也指引他積極結納朝中重臣和少壯派新人。根據史書記載，老臣荀彧、荀攸、鍾繇，正當得勢的人事主管崔琰、毛玠，都在曹丕的拉攏之列。而新人陳群、吳質、朱鑠，也被曹丕深自結納。這三個人，後來和司馬懿一起，被稱為「太子四友」。不過，除了四人中做人高調的吳質以外，另外三人在曹丕上位的過程中究竟起了什麼作用，已經沒有記載了。

關於司馬懿的作用，史書只留下了一句「每與大謀，輒有奇策」，至於都有哪些奇策，都已經出我之口、入君之耳，爛在了司馬懿和曹丕的肚子裡。

通過這一句記載，我們有理由相信，曹丕即位前後的策略奇謀，大多出自司馬懿，至少司馬懿也是重要的知情者和贊成者。因此，後文中會寫到曹丕奪嫡上位的不少重大事件，雖無史料直接證實，但可以看做是司馬懿在這一時期的傑作。

同時，史書只留下了一句「每與大謀，輒有奇策」，也可以看出司馬懿為人之低調。低調做人，高調做事，是司馬懿處世的基本準則。

司馬懿與曹丕關係越來越親密，自然逃不過曹操的法眼。老謀深算的曹操決定驗一驗司馬懿的成色。

有一次，曹操給司馬懿交代任務，司馬懿領命離去。

曹操眯起眼睛盯著司馬懿高大的背影若有所思，忽然叫了一聲：

仲達！

司馬懿轉過頭來，望著曹操。

曹操一怔，眼睛裡掠過一線殺機。

沒事了，你下去吧。

司馬懿疑惑不解，出去了。而曹操卻坐不住了。

曹操精通相術，相術上說，有一種相叫「狼顧之相」：回頭看人的時候，整個身子朝前不動，腦袋一百八十度向後轉。據說有「狼顧之相」的人都不會安為人臣。

司馬懿剛才就做了這個高難度的回頭動作！

曹操找來曹丕談心，意味深長地告誡他：「司馬懿很危險，不會甘為人下，將來一定會干預你的家事，你注意一些。」（司馬懿非人臣也，必預汝家事）

曹丕此時正和司馬懿處在蜜月期，回頭就把這事告訴了司馬懿。司馬懿從此更加兢兢業業幹事，夜以繼日辦公，以至於餵馬這樣的事情都親自動手。（勤於吏職，夜以忘寢，至於芻牧之間，悉皆臨履）我以前看張國良先生的三國評話《千里走單騎》，裡面說餵養護理赤兔馬的是司馬懿，還覺得是小說家言、無稽之談。現在想來，也是淵源有自。「司馬」如今真是名副其實了。

由於司馬懿的勤懇敬業和為人低調，再加上曹丕的一力保舉，他很快由文學掾轉黃門侍郎轉議郎轉丞相府東曹屬，最後升到丞相府主簿。

司馬懿平步青雲的這段時間，發生了幾件大事：

建安十六年（二一一），傀儡天子漢獻帝任命曹丕為五官中郎將，為丞相副（帝國的二把手）。如此看來，曹丕的世子地位似乎穩如泰山了。

同年，西北馬超、韓遂終於造反，曹操求計於賈詡；賈詡木木地說了四個字：「離之而已。」曹操用離間計，導致西北軍內訌，馬超大敗。

同年，劉備入川。

同年，司馬家再添新丁——次子司馬昭出生。

建安十七年（二一二）春，傀儡天子漢獻帝命曹操贊拜不名，入朝不趨，劍履上殿，一如漢朝蕭何故事。

給司馬懿震動最大的是，建安十七年底，曹營首席謀主荀彧，死於隨曹操東征孫權的途中。

死因：自殺。

荀彧的非正常死亡

荀彧，字文若，是汝潁世族的代表。他祖父荀淑，是老一輩的名士。荀淑有子八人，號稱「八龍」，平均水平比司馬氏的「八達」還高。

荀彧少舉孝廉，為漢官。他是個很乾淨的人，甚至有潔癖。荀彧好熏香，久而久之身帶香氣。《襄陽記》載：「荀令君至人家，坐處三日香。」

他的潔癖，還體現在政治上。董卓進京，自為相國，贊拜不名，入朝不趨，劍履上殿。荀彧立即棄官如草芥，深藏身與名。

二十九歲，這位乾淨、低調而身帶香氣的男子，終於邂逅了命中的主公曹操。從此以後，他消失在曹操的幕府之中，成為曹操背後的一個影子。每當曹操在戰場上戰無不勝，背後總有一個文弱的身影，在給他運糧、徵兵，默默地支持。

曹操為的是開創霸業，荀彧想的是興復漢室。

同床異夢，殊途同歸。

悲劇的種子，也許在兩人親密無間的蜜月期就已深深埋下。

荀彧前後為曹操保舉了很多人才，司馬懿的入府，正是荀彧的功勞。因此，司馬懿對荀彧印象很好，他把荀彧列為自己暗中學習的師長。不過，荀彧不能帶兵打仗，是其一個缺憾。司馬懿覺得，自己不能像荀彧一樣，一輩子站在幕後；有機會定要像祖先一樣，立功疆場。

建安十七年（二一二），曹操贊拜不名，入朝不趨，劍履上殿。荀彧似乎從主公身上，看到了當年董卓的影子。他憂心忡忡，不知如何是好。

本年的五月，一些大臣在曹操的授意下，勸曹操進位為魏公，加九錫。表面上看不過是一種禮儀待遇，更深層意義上看，則是王莽以來的一個潛規則：加九錫是篡位的信號。

荀彧坐不住了。

一向低調而謙讓的荀彧居然臉紅脖子粗地指責勸進的大臣：「主公興義兵以匡扶朝廷，秉忠貞之誠，守退讓之實；君子愛人以德，不應該如此。」

荀彧很清楚，自己實際指責的是誰。

曹操更清楚，荀彧實際指責的是誰。

曹操很生氣。兩個貌合神離了大半輩子的男人，終於要說再見了。

這年，曹操出兵打孫權，荀彧照舊留守後方。彷彿和以前一樣的親密無間。

有點不一樣的是，曹操突然要求荀彧去前線勞軍。荀彧很意外。他心中忐忑不安，卻不好多問什麼。他似乎有些預感，臨行前把自己的文書手稿全部焚毀。他與曹操之間的一切機謀密劃、一切因緣際會，都化作嫋嫋青煙，隨風散去。

荀彧剛走到壽春，曹操又來了命令：您不必到前線來了。荀彧感到不知所措。

荀彧死在了壽春，時年五十歲。

怎麼死的？說法很多，羅列如下：

《三國志》版本：「彧疾留壽春，以憂薨。」憂病而死的。

《魏氏春秋》版本：「太祖饋彧食，發之乃空器也，於是飲藥而卒。」猜出曹操的啞謎，自殺。

《獻帝春秋》版本：「彧卒於壽春，壽春亡者告孫權，言太祖使彧殺伏后，彧不從，故自殺。」曹操因為荀彧之前隱瞞漢室中的反曹謀劃而忌恨於心，荀彧自殺。

總之，荀彧非正常死亡。而且與曹操有莫大干系。

王佐之才成絕響，人間不見荀留香！

後來，功成名就的司馬懿在回憶往事的時候，曾經這樣讚歎荀彧：「我親耳所聞、親眼所見這近百年來的人物，沒有及得上荀令君的。」（吾自耳目所從聞見，逮百數十年間，賢才未有及荀令君者）

那是後來司馬懿的感慨，如今司馬懿所得到的，是血淋淋的教訓。反對曹操篡漢的人，即便勞苦功高如荀彧者，一樣難逃死亡的下場。司馬懿原先不知道如何在曹操手下自處，總覺得戰戰兢兢。現在他明白了。

不怕領導不腐敗，就怕領導沒欲望。

一個領導，總有一些欲望。比如曹丕的欲望是當太子，曹操的欲望是篡漢。但表現形式不是。就表現形式而言，曹丕是在曹操面前表現傑出，曹操是跟一干大小軍閥鬥。如果司馬懿能幫助曹丕表現傑出，幫助曹操打倒大小軍閥，當然很好，也能得到他們的青睞，但畢竟隔靴搔癢、事倍功半。

所以，不妨直奔目標。

荀彧沒有白死，給司馬懿留下了血的教訓。司馬懿決心以河內世族子弟的身分，積極推進曹操的篡漢大業。這個活兒，風險低，回報高，比沙場搏殺、帷幄決計，更能帶來豐厚的效益！

建安十八年（二一三），荀彧屍骨未寒，曹操晉爵魏公，正式在漢帝國內建立了國中之國——魏國。但出人意料的是，曹操並沒有指定繼承人是誰，反而饒有興致地對兩個最優秀的兒子曹丕、曹植進行了一系列的考試。

司馬懿明白，奪嫡的戰鬥開始了。

3 組織考察，也是一門技術活

競選開始

曹操是位很有想法的父親。

古代對政治遺產繼承人有很明確的規矩：立子以長不以賢——立大兒子，不立最優秀的兒子。但是所謂規矩，都是約束凡人的，在曹操這樣不按常理出牌的人眼裡，就是廢紙一張。

曹操想要考驗一下曹丕、曹植兩個兒子的才能，以確定自己的繼承人。這是一件技術活，玩好則罷，玩不好難免自焚。袁紹和劉表都是前車之鑒。

但是曹操和袁紹、劉表不同，袁紹、劉表優柔寡斷，不能儘早確立繼承人，所以把事情搞得很被動；曹操決定主動挑起兩個兒子之間的較量，以觀察孰優孰更優。

從之前的情況來看，曹操一直把曹丕作為唯一的繼承人來培養。引起曹操改變想法的原因有兩個：

一是魏國（諸侯國）的建立使曹操可以合法地考慮繼承人的問題了；

二是——曹植實在太優秀了，太像年輕時的自己了。

曹植，字子建，濁世翩翩佳公子，自屈原、司馬相如以降直到李白出世之前中國歷史上最負盛名的才子。如果說曹操是三百年一出的君主，曹丕就是五十年一出的皇帝，而曹植則是五百年僅出的大文豪。他在中國歷史上的文名，幾能掩蓋父親的地位。至於比起曹丕，則完全是皎潔明月與腐草螢火的區別。

但是現在，這位放蕩不羈的未來文豪被趕鴨子上架，要與自己的兄長一較高下了。權力欲並不強的曹植有點不情不願。

曹植自小就顯露出了過人的文學天分，十歲能誦詩論詞賦數十萬言。有一次，曹操微笑著看小曹植的文章，看著看著面容嚴肅起來，最後抬起頭喝問：「這是你找哪個槍手寫的？」小曹植雙膝跪地，說：「我言出為論，下筆成章。信不信當場試驗，我怎麼會去找槍手呢？」（顧當面試，奈何倩人）

建安十七年（二一二）春，歷時三年的面子工程銅雀臺終於落成，曹操領著兒子們和一群當時最傑出的文人登臺遠眺。興致勃勃的曹操命兒子們各寫一篇賦。其餘的兒子都清楚，這是在考曹丕和曹植呢，俺們只是配角，於是都埋頭作思索狀。曹丕還在皺眉頭咬筆管搜腸刮肚，曹植已經落筆成章了。曹操取去一看，文采粲然可觀。

這件事觸動了曹操的心弦。第二年曹操晉爵魏公，太子一位空缺。他開始對兩個兒子進行或公開或秘密的考試。

幾位受曹操器重的心腹，都在同一時間收到了來自曹丞相的絕密文件（密函），內容是關於兩個兒子誰可繼承大統。這幾位心腹都理解曹操「密函」的良苦用心，同樣心照不宣地秘密給出了自己的答案。有一個人是例外——人力資源專家崔琰。

崔琰在大庭廣眾之下公開答覆（露板）曹操：「蓋聞春秋之義，立子以長，加五官將（曹丕時任五官中郎將）仁孝聰明，宜承正統。琰以死守之。」曹植是崔琰的姪女婿，崔琰卻毫不偏袒曹植。

曹操見崔琰居然公開回應自己的密函，咬著牙讚歎崔琰的公正公開（貴其公亮），憤怒的殺機把頭髮都憋紅了。

崔琰，你的生命到頭了。

以崔琰的「露板事件」為導火線，奪嫡戰役正式打響。先知先覺的曹丕和不情不願的曹植兩位候選人的身邊，迅速聚攏起兩個為著不同目的走到一起來的競選集團。

曹丕集團核心成員是「太子四友」。

一號：陳群

陳群是汝潁世族的代表，著名成語「難兄難弟」之「難兄」陳紀的兒子（詳情請翻閱《漢語成語詞典》「難兄難弟」詞條），時任侍中領丞相東西曹掾。他對歷代制度瞭如指掌，人生理想是集歷代制度之精華，創設一套行之百代的良法。

二號：司馬懿

司馬懿就不必多介紹了吧！此時職位是丞相主簿。

三號：吳質

吳質當時是朝歌的縣長。優點是有文才，精算計，擅長揣測心理；缺點是過於張揚，性格刻薄，名聲很臭。

四號：朱鑠

此君史無記載，只知道他很瘦，且性急。

曹丕集團的周邊成員及擁護人還有荀攸、鍾繇、毛玠、崔琰、邢顒，以及曹操晚年的一位寵姬……

總體來講，曹丕得到了以陳群為首的汝潁世族的擁護。汝潁世族因多是世家大族的緣故，在曹操的帳下基本扮演行政文官和謀士的角色，與軍界絕緣，幾乎是碰不到兵權的。這一方面反映了汝潁世族人才的特點，另一方面也反映了曹操對於世家大族防範之嚴。

相比起陣容華麗的曹丕集團來，曹植集團的核心成員卻只有兩個半人。

曹植連負三局

曹植集團核心成員的兩個人是丁儀、丁廙兄弟，半個人是楊修。丁儀的父親丁沖，是曹操的舊友兼老鄉，沛國譙縣人。沛國譙縣是曹操的老家，以此地帶為中心，形成了一個與汝潁世族對立存在的譙沛集團。

譙沛集團的核心成員多為曹操的親屬，或姓夏侯或姓曹；從出身看，他們多是地方上的豪強，與象徵著文化和權力的世族難以比擬；從在政權中的分工看，他們又多擔任軍界的要職，成為曹氏政權的柱石。

既然曹操的老鄉目前在朝廷任職的大多是武將，文官實在不多，號稱「令士」的丁儀和他弟弟丁廙便算是另類了。既是故人的兒子，又是譙沛集團少有的文化人，曹操出於平衡派系和壓制汝潁世族的考慮，很想提拔和重用丁氏兄弟。

曹操初聽聞丁儀的名聲，就想把女兒嫁給這位故人的公子。

曹丕從斜刺裡殺出來阻攔：「女孩子找男朋友，當然要找帥哥。丁儀是個獨眼龍，怎麼能把俺妹嫁給他？還是把妹妹嫁給夏侯惇叔叔的兒子吧！」（女人觀貌，而正禮目不便，誠恐愛女未必悅也。以為不如與伏波子楙）

曹操聽了這話，就打消了念頭，把女兒嫁給了夏侯惇的兒子。

後來曹操親見丁儀，一聊之下，發現此子果然是年輕一輩的人中龍鳳，大加讚歎：「不要說他是獨眼龍，哪怕雙目失明我也應該把女兒嫁給他啊！」（即使其兩目盲，尚當與女，何況但眇）

世上沒有不透風的牆。丁儀聽說是曹丕壞了自己的好事，怒從心頭起惡向膽邊生：好，這個梁子咱們算結下了！於是拉著弟弟丁廙找到曹植，成立曹植競選團。

丁儀這時候的官職是主管人事的西曹掾，是曹操面前的大紅人。

為什麼說楊修是半個人呢？其實楊修與曹丕、曹植兄弟私交都不錯，也並不願意老跟曹植黏在一起。只是他的智商實在太高，曹植時常找他應付父親出的考題，所以不得已成了曹植集團的半個人。

值得一提的是，司馬懿的三弟司馬孚這時候也已經出仕，也任文學掾，但教育的對象卻是曹植。曹植恃才傲物，謙謙君子司馬孚看不過去，經常極力勸諫，搞得曹植很不愉快。所以司馬孚不能算曹植集團的核心成員。

作戰雙方介紹完畢，戰鬥開始。

第一回合：智力搶答。

曹操現場提問，讓二子回答。曹丕的回答中規中矩，曹植卻每次都應聲答出，答題思路清晰、語言表達能力突出，簡直可以打滿分。曹操覺得納悶，推查之下，發現是楊修幫助曹植預先做的押題和參考答案，曹植背熟了來回答，自然能得高分。曹操很惱火。

戰果：曹植作弊，判負。

第二回合：完成出城門的任務。

曹操命曹丕、曹植各出鄴城的一個城門，暗中又叮囑守門官不要讓他們出去。曹丕走到城門口，被守門官阻擋，沒辦法，灰頭土臉回來了。曹植遇到守門官阻擋，拔出寶劍一劍刺死，大踏步走出城門。曹操又驚又喜，誇讚曹植：你殺人不眨眼的樣子很有你爸爸年輕時候的神韻啊！後來明察暗訪，發現又是楊修給曹植出的主意。曹操的怒氣值上升。

戰果：曹植又作弊，負兩局。

第三回合：檢舉與反檢舉。

楊修挨了兩悶棍，異常鬱悶：難道曹丕就完全沒有靠別人幫忙？於是他派人日夜查探。終於有消息稱曹丕每天把集團三號人物吳質藏在裝布的大筐裡運進府中議事。楊修喜出望外，報告曹操。曹操身邊明顯有曹丕的眼線，連忙告訴了曹丕，曹丕很害怕，問吳質，吳質說：「這事小菜一碟，明天你真的運一車布進府就好了。」曹丕依計而行。果然遇到曹操檢查，查出來筐裡沒有吳質，只有布。楊修鼠輩，竟敢挑撥我們父子？曹操的怒氣值爆滿。

戰果：楊修「誣衊」競爭對手，負三局。

以上雖然曹植連負三局，但作為裁判的曹操，無非得到兩個印象：一、楊修插手我曹操的家事太深了，而且有把我的寶貝兒子曹植帶壞之嫌疑；二、曹植華而不實。

所以曹植雖然連負三局，卻對奪嫡之爭沒有決定性的影響。曹操的內心，仍然偏向這個才華橫溢、有乃父當年之風的兒子。

但是沒有機會繼續比試，曹操又要披掛上陣，遠赴漢中征戰了。原因是，織席販履的大耳賊劉備居然拿下了益州，有了根據地！

司馬懿第一次以軍事參謀的身分，跟隨曹操出征。

4 進諫之妙：有所不為，而後可以有所為

令人生畏的同事

曹操軍營的第一代謀士，郭嘉死得早，荀彧在三年前自殺了，荀攸去年病死了。老狐狸賈詡下了班就關上大門，跟別人也沒有來往，儼然要做朝中的隱士（闔門自守，退無私交）；程昱也交出了兵權，閉關不出（自表歸兵，闔門不出）。

老謀士都在凋零。

曹操決心在晚年培養一批第二代謀士，培養重點對象是劉曄、蔣濟、司馬懿。這次出征，劉曄和司馬懿就在軍中。

劉曄，字子揚，是漢朝皇室之後，揚州人氏。

那時候，對揚州人的印象是「輕俠狡桀」。劉曄一生，四個字占盡。

劉曄七歲的時候，其母病終，死前對劉曄說：「你爸爸的小老婆不是個好東西；你要是能除掉她，我就瞑目了。」

劉曄成長到了十三歲。十三歲正是不顧後果的年紀，對付一個侍妾足矣。為了讓母親瞑目，劉曄提著一把刀入室把侍妾活生生砍死，把腦袋割下來送到母親墳前祭奠。

這不是故事的正文，正文在下面。

劉曄長到了二十幾歲的年紀，被地方上一個黑社會老大鄭寶看中。鄭寶要挾劉曄做他的狗頭軍師。鄭寶是廬江郡地界上的一個小軍閥，嘯聚了一萬多人在巢湖，雖然聲勢浩大一時，但鐵定沒有前途。劉曄自然不肯投奔一個水寇，便有了除鄭寶之心。他設下鴻門宴，找了幾名項莊，約定在鄭寶喝醉以後下手。

黑社會老大鄭寶帶了幾百個保鏢赴宴，一切按計劃進行。

突然，出現了計劃外的情況——鄭寶不喝酒，環頭四顧，警惕得很。項莊們不知道怎麼辦，一時傻了眼。

劉曄一不做二不休，自己動手拔出佩刀殺死了鄭寶，把腦袋提出來招撫了鄭寶的小弟們。鄭寶控制的這條街自然就作為劉曄的見面禮歸屬了另一個大佬劉勳。以鴻門宴殺人不是新招，但在項莊無法代為捉刀的情況下項羽親自動手，恐怕比較罕見。後來劉勳被孫策打破，北歸曹操，劉曄就入了曹操的幕府。

年紀輕輕就把殺人當兒戲的劉曄，其膽略俠風絕非尋常謀士所能望其項背。曹操出征張魯時，劉曄與司馬懿同任主簿，既是同事，又是競爭對手。遇上這樣的競爭對手，誰不膽寒？

這次曹操要打的人是張魯。

張魯是個軍閥，道教祖師爺張道陵的親孫子，利用宗教形式割據漢中已經近三十年了，統治手法很有一套，毛澤東在上世紀五〇年代就曾把《張魯傳》印發全黨學習，說有原始社會主義的味道。

漢中是由四川盆地兵出中原的北門戶，也是中原遏制益州的南大門，戰略地位本就十分重要。再加上劉備剛在去年攻占益州，對於曹操而言，攻占漢中勢在必行。

漢中四圍崇山峻嶺，在大平原上廝殺慣了的曹操在這裡行軍很不習慣。再加上軍糧運輸又跟不上（誰叫你逼死了荀彧呢），曹操有了退心，下令撤軍。司馬懿暗笑：曹操的浪漫主義又犯了，總在關鍵時刻掉鏈子；不過這次軍糧確實已經不足了，而張魯守軍又虎視眈眈於前方，強行攻打難免出問題，退軍不失為一個萬全之策。

大軍正在撤退，此時身在後軍督軍的劉曄，聽到消息快馬加鞭來到前營，喘息未定對曹操說了四個字：「不如致攻！」（不如盡力進攻）劉曄分析：

第一，我軍糧道不繼，返途又漫長，退軍的話，一樣損失很大；萬一張魯再偷襲其後，像當年張繡做的一樣，那豈不是完蛋了？

曹操開始後悔撤軍，劉曄接著分析：

第二，不過好在丞相英明，命令大軍假裝撤退。現在我軍已經開始撤退，敵人必然守備鬆懈；我們正好利用這個機會突然殺個回馬槍！丞相真是好計謀啊！

曹操摸著鬍子，內心一片得意，連忙派出將領乘險夜襲，張魯守軍果然懈怠不防，被殺個措手不及一潰千里。曹操順利拿下漢中。

漢中之戰，劉曄這位令人生畏的同事大出風頭，在與司馬懿的競爭中先拔頭籌。司馬懿卻並不在意。

人的一生會有很多對手，如果對於每一個對手的每一次成功都耿耿於懷，那將是一件非常累的事情。即便是嫉妒，也要有策略；事無巨細地嫉妒，只會導致心臟病。快速應對戰爭中的突發事件、兵行險著是劉曄的長項，嫉妒是嫉妒不來的。如何揚長避短，才是司馬懿應該考慮的問題。

軍事不僅僅是戰爭那麼簡單，功夫在戰外。司馬懿的長項在於把握大局，料斷大事。

面對劉曄的無限風光，一向沉穩的司馬懿也難以按捺內心深處作為一個男人的好勝之心。

司馬懿決定進諫。

得隴望蜀

曹操吃著張魯的糧食做成的早飯，得意洋洋，完全沒有進一步擴大戰果的打算。此時，劉備在益州根基未穩，而孫權又在和劉備鬧矛盾，劉備本人率領相當數量的一支軍隊，正遠在荊州與孫權對峙。不趁此時拿下巴蜀，更待何時？連一個業餘的三國愛好者讀史至此都會大呼可惜，而曹操卻在沒心沒肺地吃早飯，實在不可思議。

司馬懿決定進諫。司馬懿來曹營七個年頭了，沒有過突出的表現，現在他卻決定進諫。

進諫並不是一門藝術，伴君才是一門藝術。「進諫」只不過是為了完美地完成伴君這門藝術，所可選擇採用的技術戰手段之一而已。「不進諫」則是另一個選項。

司馬懿這七年，只不過選擇了「不進諫」而已。支持這個選項的理由有幾個：

一、曹操心機深重，對臣下尤其是文臣，極盡猜忌。

司馬懿作為河內名士的代表，又有「狼顧」之類傳說，也在猜忌之列。給這樣的主公獻策進諫，說不定什麼時候就逆了龍鱗，死都不知道怎麼死的。

二、司馬懿的工作性質很特殊。

司馬懿來相府七年，擔任的官職長期都是行政官員，而且位置敏感，比如教育曹家下一代的文學掾、擔任皇帝顧問的議郎、掌管相府人事工作的東曹屬等。無論是對曹操立嗣問題說三道四，還是在皇帝面前搬弄是非，抑或就人事工作大放厥詞，後果都不堪設想。一句話，這幾個職位都是只需要你做事、不需要你說話的職位。

三、司馬懿是相府的新丁。

從新丁到老鳥，需要一個過程。在這個過程中，搞好人際關係、熟悉工作環境、提升業務能力、摸清領導脾氣，才是關鍵的。

然而，現在不同了。

從工作性質來看，司馬懿是謀士，謀士的天職是進諫獻策；從資歷來看，司馬懿算是相府的老人了，有一定發言權；從領導要求來看，曹操這次帶司馬懿出來就是鍛煉新人，你再來個徐庶進曹營——一言不發，就不合時宜了。

想定之後，司馬懿出列，沉聲道：「益州根基未穩，劉備遠在荊州，這是避實就虛、出奇制勝的大好機會。我軍拿下漢中，益州已然震動；如若趁機進兵，一鼓作氣，最易成功。聖人不能違時，也不失時。」

曹操看看司馬懿，大笑著說了一句既經典又押韻的話充分顯示了他的文學修養和浪漫主義：「人苦無足，既得隴右，復欲得蜀！」說完饒有興致地看著司馬懿。

司馬懿沒有多餘的話，默默退下。聽完司馬懿的進諫，之前還沉浸在成功的喜悅中的劉曄表情嚴肅起來。他聽出了司馬懿此計的厲害之處。劉曄看了一眼這位沉默的同僚：你怎麼不再堅持堅持？

司馬懿兩眼看地，垂手而立。

劉曄心想，你不堅持進諫，可別怪我搶功了，於是急頭白臉地補位，繼續進諫：「咱們打下漢中，蜀人望風破膽，益州傳檄可定。以丞相之神明，趁著這機會取蜀易如反掌。如果稍有遲緩，諸葛亮明於治而為相，關羽、張飛勇冠三軍而為將，蜀民既定，據險守要，則不可犯。今不取，必為後憂啊。」

曹操眯起眼來，認真打量自己面前的這兩位年輕謀士，腦子裡各種複雜的變數在翻江倒海：漢中如此險固，蜀道之難更可想見……糧草是個大問題……孫權會不會在東邊騷擾……朝中的擁漢反曹勢力不在少數，如果我遲遲不歸……劉曄是漢朝皇室宗親，司馬懿有狼顧之相，這兩個人極力攛掇我取蜀……

腦海裡塵埃落定，曹操擺擺手，拒絕聽取劉曄的意見。

劉曄心急火燎，給司馬懿使眼色，想一起再力諫。司馬懿低眉順目，不動聲色。

進諫的目的很多，讓主公接納並非唯一目的。只要能夠表明我的姿態，顯示我的能力，足矣。如果一味強諫，主公勢必心中不喜，是其一；即便主公接納，萬一不如我所料，後果嚴重，是其二；即便如我所料，亦顯示出我的智力水準在主公之上，功高震主，是其三。強諫有三不利，當然不可為。只懂進諫，永遠只能是一名卓越謀士；懂得不諫之妙，方能位極人臣而無虞。

劉曄啊，沙場決機，我不如卿；宦海權謀，卿不如我。曹操之憂，不在劉備而在蕭牆之內也！

謀士的最高境界

曹丕很著急。

之前的奪嫡鬥爭，我曹丕可謂占盡上風。弟弟曹植，不但連負三局，而且甚至無心戀戰。如此看來，自己的世子之位可謂穩如泰山。但問題是，自己偏偏有位不按常理出牌的父親！

曹植的表現那麼差，父親在不久前出征時，居然讓曹植留守！更要命的是，曹操對曹植說：「我事業剛起步的時候，正是二十三歲；你今年也二十三歲了，要好好加油哦。」（今汝年亦二十三矣，可不勉與）

換在普通人身上，不過是父親對兒子的口頭勉勵而已；可是放在曹操身上就不同了。你的事業是什麼事業？王霸之業啊！你要曹植加油是什麼意思？這不就差明說他是你的繼承人了嗎？

曹丕簡直想不通，自己這個弟弟究竟哪裡如此吸引父親。無論是朝中的口碑、行政的手段、還是領兵作戰的能力，甚至政治野心，我曹丕哪裡不勝他一籌？曹丕簡直覺得，如果將來曹植上位，連是否忍心逼漢帝下臺都是個疑問。

曹丕有時候心想，是不是弟弟的文才打動了父親。於是他也附庸風雅，設「五官將文學」一職，把建安七子中的徐幹、應瑒等一大批文人墨客都聚攏在自己帳下，大搞文學沙龍。

曹丕又彙集了一批名儒，編撰了中國史上第一部百科全書——《皇覽》。曹丕生怕自己的才華不被曹操知道，就寫了一本自傳——《典論》的〈自敘〉，說自己六歲學射箭、八歲能騎馬射移動靶，文能通五經、四部、史、漢、諸子百家之言，武能以甘蔗擊敗劍術高手……為了達到傳播的目的，曹丕像發傳單一樣把這本自傳到處送人，想必當時朝中人手一份。甚至連大江對岸的孫權和張昭，都莫名其妙地收到了曹丕快遞送來的這本限量版簽名本自傳，請他們雅正（以素書所著《典論》及詩賦餉孫權，又以紙寫一通與張昭）。

什麼手段都使上了，什麼手段都用完了。

建安二十一年（二一六），曹操晉爵魏王。

王太子一位，依舊空缺。

曹丕實在沒轍了。他找來自己的智囊團商議。剛剛脫下戎裝、從漢中趕回來的司馬懿提示：何不請教下賈詡？

賈詡，這個連司馬懿內心都要暗罵一聲老狐狸的人，最近幾年每天下班準時回家、關上大門杜絕一切社交活動，為兒女結親也盡找些地位平常的人，避免結交高門，再加上很少出謀劃策，儼然已經成了朝中的隱士，久已淡出人們的注意範圍了。

找他？有用嗎？

當然有用。賈詡在魏王心目中的地位可不一般。也許賈詡是唯一一個被魏王暗中視作智力足以與己分庭抗禮的人吧。能智的人，不在魏王眼中；能愚之人，才入魏王法眼。賈詡就是這樣一個能智慧愚的人。

曹丕登門拜訪賈詡，開門見山：請問怎麼才能贏？

賈詡是涼州人士，既非曹操初起兵時的嫡系，又非汝潁世族或譙沛集團的成員，所以在朝中格外謹慎，明哲保身。如今曹丕親自登門，賈詡也有些意外。不過，老主公看來壽數不多了，是時候為子孫經營在下一朝的生路了。

賈詡木木地回答：「願將軍恢崇德度，躬素士之業，朝夕孜孜，不違子道。如此而已。」說完閉嘴，不再多言。

司馬懿聽完，心頭一驚：賈詡這老狐狸，智謀之術已臻化境！剛才這番話，聽上去極其稀鬆平常，只不過是教曹丕要修德養身、勤勤懇懇、遵守為子之道而已。但事實上，在這奪嫡之爭的白熱化時節，在奇謀譎詐縱橫往復的關節點上，誰能表現出一種誠懇、樸實的清新之風，方是獲勝的正道。而作為最終評審的曹操，本人正是用計的老祖宗，一切妙計譎策在他面前都不過是跳梁小丑而已。索性反其道而用之，以德服人，說不定反而能奏奇效。

重劍無鋒，大謀似誠，這才是謀士的最高境界啊！

相比起賈詡這番話來，吳質之前為曹丕出的謀略，只不過是小孩子的把戲罷了。只是賈詡這番話聽上去過於樸素，甚至近乎套話，不知曹丕能否領會呢？

曹丕完全心領神會，所以他起身告辭了。如果說曹植繼承了父親的絕世文才和浪漫氣質，曹丕則繼承了父親的政治權謀和實用主義。

曹丕明白，此行的目的已經全部達到。

此行目的有二：一、希望賈詡能支持自己；二、希望賈詡能給一些具體的建議。就第二點而言，賈詡剛才這番話的內容已經給了自己明確的建議：修德養性，返璞歸真，以誠懇取勝。至於第一點，賈詡能接見自己，並且願意給出回答，這個行為本身就已經表明他願意支持自己。

三個聰明人，互相心照不宣。

機會很快就來了。曹操要出征，曹丕和曹植送行。三軍將士整裝待發，曹植興致高昂，在大軍面前發表即興演講，出口成章，贏得一片掌聲與喝彩。

這時候，在旁邊久久不語、情緒低落的曹丕終於再也「控制」不住自己的感情，在眼眶裡打轉許久的淚水奪眶而出。

曾經威嚴而不可一世的父親，如今已經老了，微微佝僂的軀體、斑白的兩鬢和眼角的皺紋，都在提醒著他：這位帝國最有權勢的人，也不過是個普通的老人而已。然而征戰在即，自己身為兒子卻無法替父親分憂。相會不久，又當遠離，臨別涕零，但願這次父親仍能戰無不勝，像往常一樣平安歸來！

曹丕哭到動情處，拜倒於地。三軍踟躕，眾人欷歔，孤雲為之徘徊，天地為之含悲。曹操望著哭拜馬前的兒子，心中也不禁悲不自勝，情動於衷。

看來曹植雖然文采出眾，到底不如曹丕誠懇踏實啊。曹操心中的天平終於開始向另一側傾斜。

哭拜於地的曹丕淚眼矇矓中偷偷望見父親的神情，心頭暗喜：三弟啊，比文采，也許我遜你一籌；論演技，影帝這個稱號我要定了。

太子爭奪戰終於要接近尾聲了。為曹操傾斜的天平最終加上決定性砝碼的有兩個人：一是賈詡，二是曹植。

5

風險投資，有時也需要「干預君王家事」

奪嫡之役塵埃落定

曹操終於點名要見賈詡。光線昏暗的堂上，只有他們二人對坐。連侍臣和婢女都退下了。

曹操看著賈詡，賈詡呆若木雞。曹操開口了：你看曹丕和曹植，誰適合當太子？說完，等候賈詡的回答。

靜謐。能聽到心跳的靜謐。

賈詡彷彿神遊物外，置若罔聞，繼續保持呆若木雞的造型。

曹操有點不高興：「跟你說話呢，怎麼不回答？」

賈詡「啊」的一聲，如夢方醒，忙不迭地道歉：「不好意思，我剛才在想別的事情，沒反應過來。」

曹操問：「想什麼？」

賈詡一臉歉意：「想袁紹、劉表父子的事情。」（思袁本初、劉景升父子也）

曹操渾身打了個激靈：對啊，早年間的大軍閥袁紹和劉表都因為寵愛少子，而導致國破家亡，可謂殷鑒不遠。在選接班人的問題上，自己可謂一直有些感情用事，現在該是理性思考的時候了。

曹操陷入了沉思。賈詡欣賞著曹操沉思的表情。看來到底沒有辜負曹丕所託。

關鍵時刻，曹植又犯事了。

在奪嫡期間，與緊鑼密鼓積極行動的曹丕不同，曹植反而任性而為、飲酒不節，經常喝到大醉。這天，不知是因為喝醉還是別的緣故，曹植縱馬驅車出司馬門。

自西漢以來，司馬門歷來就與暗殺、政變、陰謀有不解之緣，地位極其敏感，因此成為王宮中禁衛最為森嚴的一門，光把守此門的禁軍將領就有八人之多。按照漢家制度，除了天子以外，任何人都只能徒步進出司馬門，即便太子也不例外。而曹植居然在光天化日之下在司馬門飆車！

曹操震怒。他立馬處死了掌管宮室車馬的公車令。對於太子的人選，他的內心終於不再有半點猶豫。

建安二十二年（二一七），曹操冊立曹丕為魏王太子。司馬懿、司馬孚為太子中庶子。太子中庶子，是與太子可以朝夕相處的最重要屬官。

司馬老二、老三升官的同時，征吳大軍的前線突然傳來噩耗：大哥司馬朗感染瘟疫，病死軍中。司馬懿得此消息，如遭雷擊。

原來司馬朗由丞相主簿而升任兗州刺史，常年惡衣蔬食，一心為民。這一年，他隨從夏侯惇的軍隊親臨前線。軍中爆發瘟疫，司馬朗親自巡視，給病人問醫送藥、噓寒問暖。連日來的操勞，終於使他也病倒了，最終不治身亡。

大哥於自己而言，是兄長，是導師，更是暗中較量的競爭對手。無論人生的哪個階段，大哥都領先自己一步。如今眼看有機會迎頭趕上，卻突聞如此噩耗！難道上天注定我司馬懿一輩子也無法超越你？

大哥安息，司馬家復興的重擔，我將一肩挑過。

死者已矣，生者前行。不管如何，歷時多年的太子爭奪戰終於塵埃落定。

如果分析一下曹丕勝出的原因，傳統看法有這樣幾個：

第一，曹丕的智囊團質量遠遠勝於曹植。

曹丕的幕僚，司馬懿的老奸巨猾大家有目共睹，陳群是汝潁世族的代表人物，吳質智計過人、表現活躍，都是玩政治的老手。相比之下，曹植的幫手丁儀、丁廙人緣極差，做事又過於張揚；楊修始終對曹植若即若離，並不熱心。而且這三人都是以文辭見長，至於玩政治，近乎白癡。

第二，朝中曹丕的支持率遠遠高於曹植。

朝中重臣前後得到曹丕拉攏或為他說話的有荀攸、賈詡、鍾繇、毛玠、崔琰、邢顒等等。至於曹植，則不但不主動拉票，而且還把自己陣營的人推到敵人陣營中去：邢顒是當時名士，人稱「德行堂堂邢子昂」。曹操傾慕其人，任他為曹植的家丞。邢顒對曹植任性而為的作風看不過去，屢屢勸諫，曹植依舊我行我素。總之兩人合作很不愉快。以至於在曹操立嗣的問題上，邢顒最後居然力挺曹丕。

另一方面，曹植的幕僚人際關係也極差。作為曹植集團核心成員的丁儀，在朝中屬於暴發戶式的新貴，不但氣焰囂張，而且得罪了一批老人。如果曹植上位、丁儀得勢，朝中局勢能否穩定，也是曹操不得不考慮的問題。

第三，曹植本人能力有限。

傳統認為，曹植雖然才高八斗，但是實際的政治才幹和軍事才能實在有限。在奪嫡這樣殘酷而複雜的宮廷鬥爭中，表現實在令人大跌眼鏡。所以，他雖然在曹操的感情傾向上本來占有絕對優勢，但卻行為不檢、任性而為，輸掉了整個的鬥爭。

如果讓這樣的人成為魏國未來的主人，如何得了？所以曹丕勝出實在是眾望所歸。

既然曹丕不但從身分上看是第一繼承人，而且從能力上看亦是不二人選，為什麼曹操還要大費周折，冒著成為袁紹、劉表第二的風險，在與劉備、孫權爭天下的緊要關頭，忙裡偷閒在兩個親兒子之間挑起一場搶奪太子寶座的爭鬥呢？

曹操自有他的劇本。

孤獨的曹植

按照曹操的劇本，他以太子的寶座為誘餌，試圖達到三個目的：

曹操的第一個目的是考驗滿朝文武，看看他們究竟站在曹魏一邊，還是站在漢室一邊。

曹操如今已經近乎把漢室架空，他手下的文武，有相當一部分都是漢室舊臣。曹操下一步，試圖使自己的繼承人在位極人臣的階段上更上一層樓。那麼，讓臣下擺明立場，已經成為當務之急。

但是，曹操不好直接問大家：你們支不支持我兒子篡位呀？因此，曹操以選拔太子為契機，把這個活動搞大，逼重臣們表態。雖然選太子貌似曹操的家事，但是誰對曹操的家事越熱心，一定程度上也表明誰對曹操繼承人的篡漢大業越支持。

這是高水準的指鹿為馬的好把戲。司馬懿看出來了。因此他違背了「不干預君王家事」的古訓，積極奔走於其中，一方面是為自己進行無本萬利的風險投資，一旦將來曹丕掌權自己可以榮華富貴；另一方面則是做給曹操看，表明我司馬懿堅決擁護您的子孫繼承您的事業。

曹操的第二個目的是借機抬高譙沛集團的地位。

前面提過，譙沛集團是曹操起家的嫡系，是以濃郁的鄉黨觀念、豪強身分和軍界權力組合起來的曹魏的重要政治派別。可以說，相比起世家大族的汝潁集團來，譙沛集團才是曹操真正信得過的嫡系。

不過可惜的是，由於階級身分和文化水準的關係，譙沛集團多為武人，少有能在內朝掌握機要的人物。丁儀兄弟可算其中的另類。因此，曹操借此機會抬舉曹植的地位，也就相應抬舉了丁氏兄弟的地位。萬一曹植繼任，則丁氏兄弟正好借此機會上位，將政權牢牢掌握在譙沛集團手中，從而可以起到打壓世家大族的效果。

曹操的第三個目的，才似乎是這場奪嫡的正題：考驗曹丕和曹植，究竟誰更適合做太子。可惜曹操打錯了算盤。因為他的這個完美的劇本由於缺少了一個人的配合而顯得漏洞百出，甚至埋下了曹魏覆亡的種子。

這個人，就是曹植。

首先我們不妨評估一下歷史上真實的曹植的水平。這對我們認識曹植，以及認識這場所謂的「太子之爭」會有更大的幫助。

一、軍事水平：

曹植對自己的軍事水平非常自信。他在若干年後的給魏明帝曹叡的一份上疏（〈太和二年疏〉）中說：我過去跟著武帝（曹操）南征北戰，對行軍用兵的神妙已窺堂奧；如果陛下能讓我統兵作戰，即便不能生擒孫權活捉諸葛亮，也當俘虜他們的高級將領，殲滅他們的偽軍（雖未能禽權馘亮，庶將虜其雄率，殲其醜類）。

這並非不著邊際的吹牛，曹植的軍事水平獲得過曹操的認可。建安二十四年（二一九），關羽水淹七軍、威震華夏的危急關頭，曹操曾想派曹植統率大軍救援前線守將曹仁。

二、政治水平：

同樣是魏明帝時期，當時的司馬懿已經隻手遮天、萬人之上。然而曹植的一封上疏，差點將司馬懿這麼多年來的苦心經營和偌大家底全盤廢掉，可見曹植的政治敏感度和議政能力。這裡埋個伏筆，按下不表。

三、學術水平：

當時有位令曹操垂青的名士邯鄲淳，「博學而有才章」。他與曹植有過一次會面，曹植與他聊天文（混元造化之端），聊物理（品物區別之意），聊歷史（論羲皇以來賢聖名臣烈士優劣之差），聊比較文學和文學史（頌古今文章賦誄），聊政治學和行政管理學（當官政事宜所先後），聊軍事（論用武行兵倚伏之勢）。一直聊到大家都閉嘴，沒人能接得上話為止（坐席默然，無與抗者）。邯鄲淳大開眼界，回去之後三月不知肉味，見人就贊曹植是「天人」。

由此可見，曹植乃是一個罕見的文武全才。只不過他的文學才華過於耀眼而掩蓋了其他能力而已。

解釋只能有一個：曹植不願意鬥。早在戰鬥開始前，他就認輸了。

仔細觀察之前的比試可知，面對來自父親的各種考驗和試題，相比起曹丕的積極行動來，曹植都只是被動「應付」而已，幾乎不曾有過主動出擊。為了不成為父親劇本中的傀儡演員，曹植甚至在選拔太子的關鍵時刻故意縱酒狂歡、放浪形骸，犯下許多令人瞠目結舌的低級錯誤。

曹植應付曹操，楊修應付曹植。

楊修身為曹操的主簿，與曹丕、曹植關係都很不錯。楊修曾將一柄名劍贈與曹丕，楊修死後曹丕還睹物思人，可見兩人的關係並非如人們想像的你死我活的政敵。而曹植與楊修的交往，主要在於文學交流；曹植也因楊修的機敏而請求他協助自己應付一些來自父王的考驗，楊修礙於人情自然不得不爾。但是楊修察覺到太子之爭的政治敏感性，也一度打算脫離「曹植集團」，但是怎奈何曹植幾次三番來求教。面對曹植的純潔和天真，楊修只好一聲長歎，金盆洗手之事也不了了之。

因此，真正努力試圖利用這個機會有所作為的，是與曹丕結下梁子的丁儀兄弟。丁儀不但積極為曹植出謀劃策，還利用職務之便害死了公開支持曹丕的崔琰，可謂機關算盡。可惜的是，與曹操一樣，丁儀完全沒有料到曹植對於爭奪太子之事非但毫無興趣，甚至還有意避之。丁儀發現這一點時早已經騎虎難下，唯有把自己大好的政治前途白白搭在曹植身上。

權力欲望極強的曹操、曹丕、丁儀，都難以理解世界上有這樣一種人，他沉醉於美好的文學世界而不願自拔；他興之所至，會主動請纓願為百夫長、長驅蹈匈奴；他任性起來，會醉臥沙場君莫笑、斗酒十千恣歡謔。他發於南海而飛於北海，非梧桐不止，非練實不食，非醴泉不飲，對曹丕爪下的那隻腐鼠根本不屑一顧。

他就是曹植，一個徹底的浪漫主義者，一個與濁世格格不入的性情中人。

前不見屈原，後不見李白；念天地之悠悠，獨愴然而涕下。

天才曹植在這個時代是孤獨的。

曹丕終於坐上了太子的寶座，他喜不自禁地摟著身邊人的脖子說：「您知道我有多高興嗎？」被摟的這個人叫辛毗，辛毗覺得曹丕的反應不大對勁，回去講給女兒聽。女兒聽完，說：「魏國的國祚，大約長不了吧？」

同樣察覺到這一點的，可能還有司馬懿。何必從曹丕身上看出魏國的國祚短促？如果不處理好眼下的各種危機，恐怕連曹操都要死於非命吧。

因為劉備的兵鋒銳進於西，關羽的軍勢耀武於南，甚至連首都也由一位醫生發起了叛亂。

6 借力使力，打人不一定要伸出自己的手

司馬懿的自宮計

醫生叫吉本，是許都的太醫令。吉本與忠心漢室的名臣金日磾之後金禕、司直韋晃、少府耿紀一起，想出了一個極其大膽的陰謀。

劫持漢獻帝、暗中聯合關羽、推翻曹操。

此時曹操身在鄴城，留守許都的是丞相長史王必。王必是曹操起家時的「披荊棘時吏」，辦事沉穩可靠。要攻擊這樣一個人物，只有靠出奇制勝。

建安二十三年（二一八）正月，許都籠罩在辭舊迎新的氣氛之中。深夜，忙碌了一天的人們都已睡去。吉本等人趁著夜色火燒王必的府第，帶領千餘人攻擊留守的官兵。這突然襲擊把王必打了個暈頭轉向，肩頭還中了一箭。王必沒奈何，只好在部下的保護下倉皇逃離許都。

然而叛軍的主力只不過是吉本的宗族，實在沒有經驗。他們在近乎空城的許都四處叫喊著衝殺了整整一個晚上，居然也沒有鬧出大動靜來。清晨，王必聯絡在許都附近屯田的軍隊，把吉本的叛亂打平。過了沒幾天，王必傷重而死。

消息報告到鄴城，曹操震怒。

曹操已經老了，但是最近卻沒有一件能讓他省心的事情。去年，益州的劉備派張飛、馬超等將領進攻漢中，已經派曹洪前往協助夏侯淵抵禦；荊州關羽的軍勢日益壯大，聲威直達許都，原以為有曹仁坐鎮南方，不會有問題。沒料到關羽還沒動手，自己內部先起了叛亂，而且是在許都、皇城根下！耿紀是自己一手提拔的官員，韋晃也是丞相府的屬官、自己的親信，居然全都叛亂！

曹操下令對許都進行了血腥的清洗，因為這次事件而遭滅門之禍的世家貴族不計其數（衣冠盛門坐紀罹禍滅者眾矣）。同時，曹操還下令把許都的百官都押解到鄴城接受審查。

司馬懿看得出來，曹操受到的打擊是巨大的。

司馬懿今年剛剛榮升為軍司馬。丞相曹操集軍政大權於一身，故有軍政兩大助手，主政的是長史，就是剛去世的王必，主軍的正是擔任軍司馬的司馬懿。

自來世家大族在曹操帳下少有軍界人物，司馬懿的軍司馬一職雖然並沒有獨立的兵權，但實在可算是個例外了。這表明曹操對司馬懿軍事才能的認可和栽培，更表明曹操對司馬懿已經十分放心了。

那就讓這種放心來得更猛烈些吧！

司馬懿借著這個機會，向曹操提了一個建議，一個會得罪很多世家大族的建議。這個建議就是：加強屯田。

這個建議，對於曹操而言固然是壯陽，但對世家大族的司馬懿來講，卻無異於自宮。

屯田作為曹魏的一項基本國策，在曹操起家階段就已經開始了，基本內容是動用官方力量藉以耕作、蓄糧。這項農業政策對於曹操的成功可謂居功至偉，但也很不受世家大族歡迎。

世家大族需要雇傭一批農民或者說農奴，在他們的私家莊園上耕作。這些收成，是維持一個世家大族運作的經濟基礎。在亂世，單個的農民成為「散戶」，一旦遇到天災人禍就要家破人亡。所以農民們往往選擇把田地讓與世家大族，然後委身於世家大族的蔭庇之下為他們耕作，以求有一口飯吃。

散戶減少，大戶吃飽。大戶們中飽私囊之後，往往隱瞞自己的具體所得和掌握的人口，往上虛報數字，逃稅漏稅。這樣一來，政府沒有直接控制的人口和土地，就很難有充足的財政收入。這就是政府和世家大族的矛盾之一。

你不給我人和糧食是吧？好，沒關係，我自己動手豐衣足食！

曹操採取的辦法是大興屯田——以一定的優惠政策，吸引「散戶」以及流民到自己所掌握的土地上開荒耕作。曹操並行著民屯和軍屯兩種形式，「民屯」顧名思義就是讓以上所說的「散戶」和流民耕作，實質上是與世家大族爭奪勞動力和土地，嚴重傷害了世家大族的既得利益。

司馬懿作為河內世家的代表，居然主動倡議加強屯田，毫無疑問是在向曹操表忠心。但是，這一舉措會不會遭到世家大族的敵視呢？

答案是：不會。因為司馬懿建議的是加強「軍屯」。軍屯，是以軍隊且耕且守，以農養戰。這些軍人本來就是政府直接控制的人口，當然不會損害世家的利益。

表面看是自宮計，實則一舉兩得。

曹操採納了司馬懿的建議和他的忠心。但是新的擔憂又來了：劉備已經正式大舉犯邊。安得猛士兮守四方？年老多病的曹操望了望滿朝的文武，沒有一個可以徹底放心的嗎？征戰了一輩子，居然開始厭倦這種殺伐。

但是樹欲靜而風不止，曹操不得不強打精神，親自西征。

司馬懿啊，你也跟著走吧。

一個可怕的男人

建安二十三年（二一八）十月，曹操大軍剛剛抵達長安不到一個月，宛城守將侯音叛變歸附關羽。

關羽的聲勢愈加浩大。

曹操對於漢中之戰的戰意更加沮喪，遙控命令曹仁圍攻宛城。

建安二十四年（二一九），鎮守漢中的大將夏侯淵被斬殺，劉備軍大捷。

曹操聞得此訊，更加惆悵。司馬懿看得出來，曹操，這位近百年來最偉大的軍事家，早已過了自己用兵如神的軍事生涯黃金時期，步入了暮年。打仗不光是拚腦子，拚兵力，更是對雙方主帥意志力的考驗。已經六十五歲的曹操，在對勝利的渴望和戰鬥的意志方面，已經不可能是小他六歲的劉備的對手。

果然，曹操三月才姍姍進入漢中，潦草地打了幾場仗，到五月就匆匆離開了漢中回到長安。漢中，對於孤不過是塊雞肋，對於你劉備倒是塊肥肉。既然如此，你拿去吧，像個暴發戶一樣如飢似渴地拿去吧。

劉備老實不客氣，奪取了漢中，又命令義子劉封和將軍孟達把上庸一併拿下。地盤擴張之後，劉備進位為漢中王。

曹操第一次感到無能為力。老了，真的老了。

荊州方面，關羽受了劉備的鼓舞和指令，終於大舉北伐，包圍曹仁於樊城。曹操派名將于禁統領七軍救援曹仁，兩軍僵持在樊城。

秋天的霖雨，連綿不絕，一任階前點滴到天明。在這花果飄零的季節，曹操隱約產生一個怪異的想法：自己熬不過這個冬天了。

不祥的秋雨，果然給曹操帶來了不祥的消息。前方戰報：秋雨連綿，漢水氾濫，七軍皆沒；龐德被斬，于禁歸降，曹仁告急；梁、郟、陸渾一帶的寇賊殺死縣令，群起回應關羽！

曹操大吃一驚：萬萬不曾料到跟隨自己多年的名將于禁，居然在這關鍵時刻變節歸降了敵軍！而一向不很親重的龐德，居然能夠守節而死！

曹操懷疑起了自己的判斷力。他任命曹植為南中郎將，行征虜將軍，南下救援曹仁。

司馬懿驚出一身冷汗：曹操怎麼會重新起用近乎被廢的曹植？而且還授予兵權？難道太子的地位又要有反復？

誰也不知道曹操為什麼會下這個命令，身在鄴城的太子曹丕想必也極度緊張。但是曹植根本無意激化自己與兄長的矛盾。他再一次用酒消弭了干戈、解決了問題：出兵前夕，曹植喝得爛醉如泥。

司馬懿和曹丕，都鬆了一口氣。

一醉泯恩仇，杯酒釋兵權。

曹操徹底放棄了曹植。他終於做了個清醒的決定：改派徐晃領軍救援曹仁。曹操已經沒有了當年遙控合肥之戰那樣的意氣風發，他沒有任何教令事先給徐晃。他只能指望徐晃有神勇表現，抵擋住關羽的兵鋒。除此之外，他已別無所能。

他就像一個平凡的老人一樣，只能等待別人的幫助。

甚至於，他已經惶恐到想要遷都——許都如今暴露在關羽的攻擊範圍之內，實在是非常危險。

司馬懿輕歎一聲：魏王已經糊塗了。如今關羽得勢，威震華夏，許都以南群起回應，看似形勢對我方極度不利；但是這不利的形勢之下，表面聲勢浩大的關羽背後其實有一個致命的隱患啊！魏王居然看不出來，看來魏王真的老了。

司馬懿挺身而出，勸阻曹操：不能遷都。

曹操望著這個阻止自己決議的人：是你啊，賴在床上七年也不肯來見我的司馬老二；上一次在漢中，也是你勸我一鼓作氣拿下益州。如果你到了我這個年紀，不知道還能不能保持現在的幹勁呢？

曹操示意司馬懿說下去。

司馬懿說：「于禁等為水所沒，非戰攻之失，於國家大計未足有損。」

對啊，我被眼前的假象迷惑了：關羽雖然聲勢浩大，但不過是「聲勢」而已，對於我軍並沒有多少實際的損害；而于禁也不過是被洪水打敗，而非敗於關羽之手。看來，克服目下的「恐關症」才是振作的第一步啊。

司馬懿看曹操有所動容，接著說：「劉備、孫權，外親內疏，關羽得志，權必不願也。」

嗯，不錯。孫權與劉備一向矛盾重重。這幾年，都是我曹操的外部打壓使得這兩隻刺蝟抱成一團，實際上他倆恐怕早就被對方身上的刺扎得不行了吧。如今劉備西線大捷，關羽中路得勢，唯有孫權在東線屢屢受挫，早就慦一肚子氣了。而且聽說，孫權與關羽之間也有個人恩怨……

謀士蔣濟也出列，附議司馬懿：「可遣人勸孫權躡關羽之後，許割江南以封孫權，則樊城圍自解。」

江南本來就不在我曹操手裡，以「許割江南」這樣的空頭支票，誘使孫權當黃雀消滅關羽，以解樊城之圍，同時激化孫劉矛盾，真是一石二鳥的絕妙好計！

曹操振奮而起，吩咐使者前往江東；俄而，又失落地頓坐下來，望著年富力強的司馬懿和蔣濟：世界是你們的啦。不過，有一些舊的恩怨，還要靠我這個將死之人來個了斷。

楊修，你的死期到了！

7 能和大家打成一片的人，就只有領導

楊修必死無疑

楊修如果成功了，就是司馬懿；司馬懿如果失敗了，就是楊修。

楊修和司馬懿實在有著太多的相似之處。同樣是名門世家之後，父親同樣是漢朝高官，同樣在曹操手下做到了主簿的位置，同樣在太子之爭中支持了一位候選人……

但是楊修現在要趕在曹操之前去死，而司馬懿則將在曹操死後飛黃騰達。不是命運作弄人，而是性格決定命運。

楊修是弘農楊氏的後裔，弘農楊氏是漢末第一流的大世家。楊修的父親楊彪是漢朝的司徒、太尉，位極人臣。因為家世的緣故，楊修二十五歲就被曹操器重，納入府中。

楊修並非單靠老爹的官二代，他本人才氣縱橫、辦理政事甚是得心應手，成為曹操的重要助手（總知外內，事皆稱意）。楊修成為曹操門下的大紅人，曹丕、曹植以及朝中百官爭相抱著各種目的來巴結交好。楊修是個不懂低調和拒絕的人，就與大家都打成一片。

玩政治，要站對班子。和大家都打成一片，就等於沒有站班子。更何況，能和百官打成一片的人，有且只能有一個：曹操。曹操見楊修與文武百官打成一片，又不斷教唆曹植在太子之爭中作弊，自然動了殺機。

漢末最強權的人物曹操不願意看到在自己死後，在自己的兒子手下出現一個強勢而黨羽眾多的人物。

更何況，楊修的父親楊彪是親漢派，楊修本人又是袁術的外甥。袁術是漢末一個大軍閥，當年與曹操幹了好幾次仗，最後被曹操逼死。

這樣一個人物的存在，當然是隱患。何況，楊修所支持的曹植，已經失寵。曹操再也沒有任何顧忌。他在生命的最後時刻下令：誅殺楊修。

楊修死了。

司馬懿彷彿看到了一個失敗的自己可能有的下場。他清楚，已經油盡燈枯的曹操正在振作最後的力量處理後事。在這青黃交接的關鍵時刻，自己不可有絲毫的大意和馬虎，必須小心謹慎地送好曹操這最後一程。

這邊廂楊修剛死，後方鄴城又起了政變，為首的是西曹掾魏諷。魏諷口才之了得，史書上用了四個字來形容：傾動鄴都！這次，魏諷在後方利用他極其了得的口才煽動起一夥人來陰謀顛覆曹操的魏國政權。幸好坐鎮鄴城的太子曹丕處理及時，把魏諷之亂鎮壓下去。相國鍾繇引咎辭職。

魏諷之亂再次給予曹操沉重的打擊。這次魏諷的政變，參與者有張繡的兒子、王粲的兒子、劉廙的弟弟……他們的父兄都是我軍府中的元老啊，他們當然也應該繼承我曹家軍府的香火，如今這些二十上下的年輕人、鄴城軍府權貴的子弟們，居然站到我曹操的對立面去，險些成為我曹家政權的掘墓人！

殺戮吧！以殺戮來震懾這些不知好歹的人，在鮮血上建立新的時代！鄴城政變，牽連受誅者好幾千人。

曹操現在才知道，自己給兒子留下的可能並不是一座固若金湯的江山，而是一個千瘡百孔的爛攤子。有那麼多的事情，我都已經來不及處理了。不過曹操已經從曹丕對鄴城政變的處理中隱約看到了兒子的沉穩和大器。

如今為父能替你做的，唯有解決關羽這位老對手了。

大約二十年前，彼時正待與袁紹決戰的曹操打垮劉備，生擒了關羽。曹操仰慕關羽的武略和為人，拜之為偏將軍，禮遇甚厚。關羽卻不忘故主劉備，斬殺河北名將顏良以報效曹操，封金拜書而去。曹操也不勉強，兩個風華絕世的男人心有默契地成就了一番千古佳話。

二十年過去，彈指一揮間。這兩位當年風華絕世的男人，都已經步入暮年。這兩位老人之間的恩怨，沒必要留到下一代了，就在今天來個了斷吧。

前線的徐晃遲遲沒有新的突破，曹操決定親自提兵南下，與風頭正盛的關羽決一死戰。眼看曹操老夫要發少年狂，司馬懿極其擔心。如果這位垂暮的老人老馬失蹄，在這最後的軍事行動中受挫，曹操本就衰弱的身體勢必受到致命的打擊；一旦魏王歸天，加上前線的軍事不利，則後方本就風雨飄搖的局勢必將更加混亂。這對即將繼承大統的曹丕將會極為不利！

幸好，侍中桓階站了出來，加以力阻。曹操在生命的彌留時刻居然心明眼亮，聽取勸阻，兵壓前線而按兵不動，以達到威懾敵軍而給己方將士壯膽的戰略目的。

不必曹操出手，關羽已經自己走到了人生的終點。

曹操時代的終結

關羽水淹七軍，一戰而擒于禁、龐德這兩員《三國志》有傳的名將，放眼漢末三國，堪稱絕無僅有。同時，關羽將敵前的宣傳工作和敵後的策反工作做得有聲有色，宛城的叛變、許都的兵變、鄴城的政變，以及陸渾一帶的民變，都與他有關。

一時之間，關羽威震華夏。

但是關羽一直覺得有點怪。許都明明已經風雨飄搖了，曹操卻並不遷都。究竟是哪位高人在那邊堅定曹操誓不遷都的決心？

關羽百思不得其解，形勢開始逆轉。

守城專業戶曹仁鎮守的樊城久攻不下，徐晃的救兵又到了，戰局變得更加膠著。突然傳來消息呂蒙白衣渡江，後方守將麋芳、士仁反水。關羽只得率軍撤退，倉促逃竄經過麥城。

從威震華夏到敗走麥城，區區三個月而已。關羽以超乎常人的驕傲，取得了大於自己能力的成功；也以超乎常人的驕傲，招致了大於自己缺陷的失敗。

這位一代名將最後的結局，是在率領十餘騎試圖逃返益州的時候，被孫權軍擒獲，斬首。

身臨前線、壓兵觀戰的曹操本來就患有嚴重的頭風病，這次出征更是加劇了病情，幾乎已經難以下床。他最近總是想起這一年來死去的人。夏侯淵死了，魏諷死了，楊修死了，龐德死了，關羽死了，聽說這次孫權方面擒拿關羽的首功呂蒙也死了。

我呢？是不是也快死了？

報！

曹操勉強睜開眼來，見是一名文吏。

荊州的百姓和在漢川屯田的軍民太逼近邊疆，是否把他們遷往內地，請魏王定奪！

曹操不耐煩地閉上眼，牙縫裡迸出一個字：遷。

魏王，萬萬不可遷。

曹操無奈地再度微睜雙眼，看這個膽敢與自己唱對臺戲的是何許人也。

原來是司馬懿啊。曹操突然想到郭嘉，那個年輕的天才謀士。那是一個多麼適合託孤的人選啊，既沒有可惡的世家背景，又充滿天馬行空般的智慧。而且，他有那麼多可愛的小缺點，生活毫不檢點；這樣的臣子倒是能讓人主放心。不像眼前這位司馬懿，完美得令人害怕。

司馬懿並不知道曹操意識流般的臆想，他低頭望著這位斜倚在病榻上的老人，這個老人曾經代表了這個時代的高度，是自己一度仰望過的天底下最有智謀、最有權勢的人。而如今，他是那麼的無助，那麼的弱小，就這樣孤零零地斜倚在病榻上，受著自己的俯視。

司馬懿腦海翻騰萬千，而語調一如既往地平穩，剖析一如既往地犀利：「荊楚輕脫，易動難安。關羽新破，刁民正在藏竄觀望，留下的全是良民。如今把良民遷走，既傷害良民的感情，又使那些處於觀望階段的刁民不敢回來，會影響地方上元氣的培養和生產的恢復。」司馬懿講完，頭也不抬，靜候曹操的答覆。

曹操以殘存的一點清醒的判斷力認可了司馬懿的建議，有氣無力地說：就按軍司馬說的辦。還有，撤軍吧，回洛陽。

曹操剛回洛陽，關羽的大好頭顱也被孫權差人用木匣子裝好，快遞到了洛陽。這時已經是建安二十五年（二二〇）的正月了。

與關羽的頭顱一起到來的，還有孫權稱臣的文書。文書上表達了孫權希望曹操能百尺竿頭更進一步、取漢獻帝而代之的良好願望。

這封文書撓中了曹操的癢處。曹操看完文書，似乎病情輕了很多，精神煥發地把文書讓左右的近臣傳著看。他自己哈哈大笑——雖然因為病情嚴重，笑的聲音很微弱了，但還是能讓人從視覺上看出他在大笑。曹操笑著說：「這小子想把我放在爐火上烤啊！」（是兒欲踞吾著爐火上邪）說完，笑眯眯地觀察各位的反應。

司馬懿心裡清楚，表忠的時候到了，連忙說：「漢運垂終，殿下十分天下有其九。孫權稱臣，正是天人之意。您不該再謙讓了，不妨直接繼承大統。」

曹操不說話，繼續眯縫著眼睛看別的臣僚，彷彿看一群猴子耍把戲一般。

桓階、陳群一干人等紛紛爭先恐後地表示大王您應該立馬登基當天子，否則不但我們不答應，廣大人民群眾恐怕也不會答應。

曹操這才像個心滿意足的小孩子一樣滿意地大笑起來：「如果天命真的在我這兒，那我做周文王好了。」西周文王，一生以三分之二的天下服事紂王，直到他兒子周武王，才真正成為天子。

司馬懿暗暗鬆了口氣：看來曹操還沒有老糊塗。如果他真在這生命最後的關頭，拚死過把皇帝癮的話，自己可就沒有擁立開國皇帝的元勳之功了。

之後不久，曹操死了。

對，漢末最強橫的英雄、五千年歷史中空前絕後的奸雄曹操，就這樣死去了。關於政治和軍事方面的大略，一句遺言也沒有。死得如此突然，如此猝不及防，如此不負責任。他的死亡正如他的一生，任性而頑皮，叫人琢磨不透。

自漢末以來二十多年，歷史一直是以曹操為中心運轉的。如今這個中心的突然缺位，留下的權力真空令人窒息。

天塌了！得到曹操死訊的官員們惶懼不安，聚集痛哭。

倒是司馬懿，感到一種莫名的興奮和輕鬆。直到曹操死去，司馬懿才發現曹操生前給他施加了多麼巨大而無形的壓力。

如今，該我大展拳腳了！

第三章

或躍在淵

謀國先謀身，小心被領導玩死

謀國謀軍，是為大謀；大謀的能力，標誌著一個謀士的水準。而如果只能大謀、不能小謀，那你充其量也只能是一個謀士而已。司馬懿清楚，獻策的目的不能太大公無私；獻策並不是為了讓採納者成功，而是為了讓自己成功。更重要的是，司馬懿懂得謀身。一百次成功的獻策，只能說明你業務素質良好，可以按照常規途徑加官進爵；而一次成功的政治押寶，就能說明你是自己人，可以按照非常規途徑實現仕途三級跳外加撐杆跳。

1 責任與能力不符，是一切政治災難的源頭

新領導的五個難題

如果不能有效評估曹操留下了什麼，就不能正確評價曹丕這個人物的歷史作用。

曹操起家靠的是汝潁世家和譙沛武人，如今這個格局依然保留。南北朝的高歡為了平衡漢人和鮮卑人的矛盾，哄漢人：「鮮卑人是你的保鏢，幫你打仗，保你安寧，你何必討厭他們呢？」又哄鮮卑人：「漢人是你的奴僕，給你做飯，幫你料理後方，你何必欺負他們呢？」汝潁世家和譙沛武人之間的矛盾，與之近似。

曹操時期，兩個集團分工很明確：汝潁世家管後勤和內政，譙沛武人掌握軍權、南征北戰。但是曹操對於世家大族，一直採取一個不明顯的打壓政策。孔融、荀彧、崔琰、楊修之死，都是

例證。軍權對於汝潁世家來講，乃是不可染指的禁臠。既然掌握不了槍桿子，光靠嘴皮子是打不倒曹操的，汝潁世家只好不敢言而敢怒。

荀彧是汝潁世家老一代的領袖，荀彧死後，汝潁世家逐漸團結到新一代領袖——陳群的周圍來了。曹丕上位，汝潁世家出力不少。作為支持曹丕獲得競選勝利的集團，汝潁世家當然希望在新政權中有更高的位置。

但是曹丕也並不想疏遠譙沛武人。曹丕雖然忌恨與自己爭奪太子之位的曹植，甚至恨及其他兄弟，但畢竟與自己血緣關係相對疏遠的各位夏侯氏、曹氏的叔伯兄弟，是曹魏政權的有力柱石。夏侯氏、曹氏的新一代中，曹休、曹真和夏侯尚都是與自己從小玩大的好夥伴。新政權的建立，必須有他們的位置。

兩個集團都想在新政權中獲得更高的位置，而資源卻總是稀缺的，這樣問題就棘手了。以前兩個集團之所以相安無事，實際上是靠曹操的個人威信和魅力壓服下去的。如今在高壓撤離的情況下，如何調處好汝潁世家和譙沛武人的關係，這是曹操給曹丕留下的第一個難題。

第二個難題在於內部的分裂隱患。

曹操雖然完成了統一北方的宏業，但實際上有些地方並沒有完全收服。第一個是遼東公孫氏，自董卓時代起就割據一方；曹操討平袁紹殘餘勢力的時候，公孫氏表示了臣服。曹操當時也懶得興兵徹底搞定這支勢力，於是公孫氏作為曹魏內部的一個獨立王國，父死子繼，存在至今。但畢竟公孫氏僻處遼東，對中原影響不大，只要不出現野心人物，採取羈縻政策足以保證其安穩。

真正的麻煩在於青徐豪霸。青徐豪霸當前的帶頭大哥是臧霸。

臧霸毫無疑問是漢末的一個狠角色。他十八歲就率眾劫囚車、做強盜；後來在徐州軍閥陶謙手下，討伐黃巾軍。他把俘虜來的黃巾軍收編，和孫觀、吳敦、尹禮幾個兄弟建立了自己的武裝。從陶謙到劉備，從劉備到呂布，從呂布到曹操，徐州幾次易主，臧霸的武裝卻一直安安穩穩地獨立存在。曹操討伐呂布的時候，臧霸還不時給曹操搗亂，搞得曹操很是頭疼。曹操掃平呂布，索性把臧霸和他的兄弟們封為青州、徐州的郡國守相，並把青、徐二州託付給臧霸。

由此，青、徐二州便近似曹操政權內部的一個半獨立的鬆散邦聯，而這邦聯的頭頭就是臧霸。臧霸獨立到什麼地步呢？有一次，曹操手下兩個將領叛亂，跑到臧霸的地盤上尋求庇護。曹操讓劉備做中間人，請臧霸把這兩個叛將交出來。臧霸說：「我臧霸之所以能自立一方，就是因為能罩著小弟。請您回去告訴曹公，這兩個人我不願意交出來。」（霸所以能自立者，以不為此也。霸受公生全之恩，不敢違命。然王霸之君可以義告，願將軍為之辭）

儼然一副黑幫教父的做派。

青、徐二州與孫權毗鄰，緊挨前線，一旦生變，後果不堪設想。臧霸這股勢力的存在，無疑是顆定時炸彈。

第三個難題，是太子之爭的後遺症。

太子之爭中，曹丕的弟弟曹彰雖然明確表示不參與競爭，惟願做一名軍人戰死沙場，但是這位能夠徒手與老虎搏鬥的直爽漢子內心是暗暗支持曹植的。作為軍人的曹彰，很看不慣曹丕的陰險伎倆。而曹植，雖然當初競選失敗，但誰能保證在曹操去世的關鍵時刻不起覬覦王位之心呢？畢竟這個位置當初離你是那麼近啊。

第四個難題，如何控制朝中的情緒和可能的動亂。

曹操是政權運作的主心骨，他的突然逝世，野心家將為之振奮，軟弱者將為之沮喪。曹操死在洛陽，曹丕身在鄴城。如何身居鄴城而控制好朝中的情緒，制止擁漢派或擁植派以及其他派別的野心家所可能製造的動亂，也是一道棘手的考題。

最後一個難題，也是最麻煩的一個：曹家奪取漢室天下，已經是箭在弦上不得不發。就算我曹丕不願意奪取漢室天下，那些企圖雞犬升天的大臣們也絕對不會答應。但是究竟採用什麼辦法，使得政權交接可以付出最低的代價，這也是個麻煩。

五個難題，一一擺在曹丕的面前。曹操可以一死了之，曹丕卻不得不挖空心思。他雖然雄武不及父親，心思的細密卻有過之。他將把這五個難題有條不紊地解決，而後世卻因此對曹丕產生了深深的誤會，誤認為曹丕僅僅是一個凡庸的守成之君。

歷史上真正「安居平五路」的是曹丕，而非演義中裝神弄鬼的妖人諸葛亮。

下面，讓我們來領教一下曹丕的手段。

喪·亂

曹操死時，曹丕遠在鄴城，還沒有得到父親的死訊。但帝國的中心洛陽已然亂成了一鍋粥。如今洛陽城中，官職最高的是主簿兼諫議大夫賈逵。賈逵是河東人士，早年間在官渡之戰中有傑出表現，被曹操看重，與夏侯尚一起作為第二代軍事人才來培養。賈逵與司馬懿的亡兄司馬朗關係密切。

因此，曹操死後的洛陽城，主持大局的是賈逵，而擔任助手的正是司馬懿。他們面臨的第一個問題是：要不要發喪？

曹操的死亡，過於突然，如果發喪，恐怕要引起天下騷動。內部的不安定因素爆發，外部的孫權、劉備趁勢進攻，後果將不堪設想。因此，有人主張秘不發喪。

司馬懿清楚，紙包不住火，而接班人曹丕正遠在鄴城。身處這樣的敏感之地，本就容易引來外界不友好的猜測。一旦秘不發喪，則更是自置嫌疑之地。

但是司馬懿並不把這些告訴賈逵。他冷眼看著賈逵的表現，想掂量掂量這位同僚究竟有多少分量。

賈逵果然有兩把刷子，立即對外公布曹操的死訊，並著手安排護送曹操的靈柩入鄴城。秘不發喪的壞處是把矛盾隱蔽化，公開死訊的壞處是使矛盾公開化。洛陽城中一支軍隊得到曹操的死訊後，公開敲鑼打鼓擅自撤出洛陽，企圖返回故鄉。

這支軍隊是臧霸的人。

臧霸為表忠心，專門派遣了一支軍隊在曹操手下。這支軍隊的大本營在青、徐一帶，早就思家如渴。如今曹操一死，自然都嚷嚷著分行李散夥，你去你的花果山，我回我的高老莊。

以前的鄴城政變和許都叛亂，可從來都沒有軍方的勢力參與；如今，居然連軍隊都動亂了。如果不給這支軍隊來個下馬威，先例一開，其他軍隊也人心思亂，整個北中國將倒退回軍閥割據時代！

因此，許多人都主張派人堵截這支擅離職守的軍隊，如果有不肯聽從者殺無赦！

司馬懿心裡明白，這是個餿主意。打狗也要看主人。這支軍隊的主人是臧霸，臧霸是青、徐二州實際上的主人，占據著小半壁江山。一旦出動軍隊攻擊這支亂軍，將會引發曹氏政權的內訌。這是取死之道。

但是，倘若聽任這支軍隊擅自離開，後果更壞。

實在是個棘手的難題。賈逵，你打算怎麼辦？

英雄再次所見略同。

賈逵下令：不可阻止這支軍隊返鄉；同時沿途各州縣要保障他們返鄉途中的食宿，積極穩妥地協助他們返回故鄉。

好老辣的手段！如此一來，這支軍隊的擅離職守，就變成了在政府安排下有組織、有紀律的常規軍事調動了。消弭大亂於無形，賈逵果然是個人物。司馬懿逐漸對賈逵另眼相看。

賈逵找到司馬懿，誠懇地說：仲達，你河內司馬氏一向儒學傳家、深通禮儀，魏王的喪事恐怕還要勞駕你親自辦理。

司馬懿點點頭：沒有問題。

辦這樣一個喪禮對於司馬懿而言簡直是牛刀殺雞、游刃有餘。但司馬懿並不因此而有絲毫懈怠。他作為喪禮的總指揮，拿出百分之百的精力與心思，認認真真地把整個喪禮辦得井井有條、得體合禮。

司馬懿一向如此：別人交給我什麼事，我就辦什麼事，辦精，辦細，辦妥。不要去爭與地位不符的權力，有權就有責，責任與能力不符，是一切政治災難的源頭。

與此同時，鄴城也已經得到了曹操的死訊。太子曹丕萬萬沒有料到父王死得這麼突然。曹丕一直生活在這位偉大父親的陰影之下，如今父親突然死去，他才發現，之所以覺得自己生活在陰影下，是因為父親那並不偉岸的身體一直都在蔭庇著自己。如今父親已逝，不知將有些什麼樣的突來風波，又會有怎樣未知的恐懼？

曹丕骨子裡亦是個縱情之人。昨天，父親還言笑晏晏；今天，父子便人鬼殊途。儘管曹丕玩膩了權謀變詐，看慣了陰謀詭計，一想到與父親在一起的歷歷往事，仍然情不自禁，放聲痛哭。

請太子殿下節哀順變。

咦？這不是仲達的聲音嗎？你怎麼會在這兒？彷彿聽到司馬懿的聲音，曹丕頓時感到心裡踏實，抬起淚眼望去。

原來是太子中庶子司馬孚，司馬懿的三弟。司馬孚來曹丕身邊已經三年了。

司馬孚一如他兄長般老成穩重，所不同的是有一種澄澈清新的氣質。司馬孚以一種近乎訓斥的口吻說：「君王晏駕，全天下都在盯著太子殿下；您理當上為宗廟，下為萬國，主持大局，怎麼能像匹夫一樣哭孝？」

司馬孚說話還是那麼不中聽啊！曹丕收斂眼淚，用哭過的更加清澈的眼睛看著司馬孚：「卿言是也。」

曹丕不哭了，鄴城的百官卻依然三五成群地紮堆痛哭，不知是表演給曹丕看，還是真傷心。司馬孚轉向百官，聲音提高一個八度，厲聲道：「今君王去世，天下震動；當務之急是早立嗣君，哭有什麼用？」聽了司馬孚的呵斥，百官肅然。

穩定情緒，這還只是通過了曹操之死的第一個考驗。曹操死前，秘密派出快馬召一個人來洛陽，而這個人現在已經領著軍隊來了，也給曹丕和司馬懿帶來了第二個考驗。

曹丕恩仇記

來者正是鄢陵侯曹彰。

曹彰是曹丕的二弟，自幼勇猛好兵。他雖然早就宣布退出太子之爭、冷眼旁觀，但是感情上傾向於曹植。父親死前，他正坐鎮西部重鎮長安。接到父親派來的快馬召見，曹彰連忙整束行裝，往洛陽趕來。途中，得到洛陽方面的消息，曹操已經歸天。曹彰痛哭一場，急忙趕到洛陽。

曹彰先找到弟弟曹植，煽風點火：「父王臨死前緊急召我回來，估計是想要立你為王。」沉浸於喪父之痛的曹植，對政治早已心灰意冷，繼續消極退讓：「不可。袁氏兄弟就是教訓。」

曹植無意王位之爭，曹彰卻難以咽下這口氣。他對曹丕爭奪太子之位時的陰險伎倆多有耳聞，所以要替弟弟打抱不平。曹彰頭腦發熱之下，直接趕到喪事現場，找到主管人賈逵，質問：「先王的玉璽在哪裡？」

問玉璽，很容易讓人誤會有異志。只有豪爽的曹彰，敢明目張膽毫不忌諱地問出這麼一句自惹嫌疑的話，但賈逵卻不得不鄭重回答：「太子在鄴城，國家已經有繼承人了。先王的玉璽，恐怕不是您應該過問的。」

賈逵的回答不卑不亢，把曹彰頂得無話可說，只好作罷，轉身去父親的靈柩前致哀。

賈逵見曹彰沒有進一步發難，鬆了口氣，司馬懿卻並不敢放鬆。他知道，只要魏國一日沒有立新王，野心家就一日不會消停。三弟啊，你究竟在幹什麼，怎麼還不勸太子即魏王大位？

鄴城，曹丕也正為這事頭疼。司馬孚勸他立即即位，以防夜長夢多；但是大臣們卻說，魏王即位必須等候朝廷的詔命。畢竟從名義上來講，此時魏國還只不過是漢王朝下的一個諸侯國而已。但是朝廷的詔命遲遲不至，曹丕急得如熱鍋上的螞蟻。尚書陳矯站出來，說：「魏王的死地，遠在洛陽，天下恐慌。在這非常時刻，太子應該立即即位，不必按常規程序等待朝廷的任命。」司馬孚也力催曹丕即位，曹丕這才痛下決斷，即位為王。巧得很，曹丕剛即位，來自漢天子的任命狀也到了，任命曹丕為大漢帝國新任丞相、魏王國新任國王、冀州新任州牧。曹操的全部政治遺產，就此合法地由曹丕繼承。

曹丕即位為魏王，漢帝國也隨即改元為「延康」，這是本年中的第二個年號。

長達二十五年的「建安」，這個滿載著風流和殺戮、夢想和風骨的時代終於謝幕。無數曾經鮮活的生命永遠地定格在了建安時代，能走出建安時代的人，都是勝利者。

本年度最大的勝利者曹丕剛剛即位，賈逵和司馬懿即扶柩入鄴城。曹丕與司馬懿這對戰友分隔一年多，今日終於重逢。這一年，實在發生了太多的事情。分隔之前，兩人尚是師友相稱，親密無間；重逢之後，卻已經君臣相殊，恍若隔世。

但是曹丕和司馬懿彼此心裡都清楚，自十二年前那次命定的邂逅以來，他們的命運就已經捆綁在了一起。他倆早已心有靈犀，默契非常，彼此之間再也無需多一句廢話。因為，如今司馬懿離不了曹丕，曹丕更是比任何時候都需要司馬懿。

曹丕上臺，有恩報恩，有仇報仇。他把幫過他的賈詡，封為太尉；當年的太子四友，陳群為昌武亭侯、尚書；司馬懿為河津亭侯、丞相長史；吳質和朱鑠各有封賞。

曹丕接著命令他的兄弟們，各自回各自的封國，並且專門派「監國謁者」予以監視，實際上等於把諸侯們軟禁在各自的封地之上。曹彰憤憤不平；他原以為憑自己的本事和功勳，會得到將軍的職位，如今居然和其他諸侯一樣回領地，一氣之下不辭而別。

曹丕懶得理會這個頭腦簡單的弟弟，他更在意的是另一位弟弟——曹植。曹植既已返回封地，曹丕命令監國謁者嚴密布控、嚴加看管，嚴禁曹植擅自踏出封地一步。

解決完曹植，曹丕把陰狠的目光轉向丁儀：我父王只殺楊修而不殺你，是礙於你父親的情面；如今我與你之間，唯有仇恨而已。獨眼龍，當年你差點把我搞下去，如今我曹丕願十倍報之！

自從曹植失勢那天起，丁儀就已經惶惶不可終日了。曹丕即位為魏王後，有人暗示丁儀自殺。丁儀儘管自知死期不遠，但求生的本能仍然令他作出最後的掙扎。他找到與曹丕關係很鐵、如今任中領軍的夏侯尚，叩頭哀求夏侯尚為自己求情。夏侯尚並非鐵石心腸，但知道在這件事上並沒有辦法，也只有望著丁儀的可憐模樣流淚而已。

曹植回封地的消息傳來，丁儀知道自己最後的羽翼也失去了。他動過自殺的念頭，但幾次嘗試都放棄了。其實丁儀何妨死了呢？如今他的活著，已然比死更痛苦了。

奉曹丕旨意的使者領著劊子手們來到丁儀府上的時候，吃驚地發現，原本風流倜儻的丁儀已經形銷骨立、沒有人形了。只有那眼珠間或一輪，還可以表示他是一個活物。

丁儀快要被自己嚇死了。這一天終於來到，丁儀反而鬆了一口氣。

與丁儀一起被殺的，還有他弟弟丁廙，以及丁氏家族所有的男性成員。

初步解決了曹植、徹底解決了丁儀之後，曹丕正打算緩口氣盤算一下改朝換代的步驟問題，「太子四友」之首的陳群卻拿著世家大族們開出的條件找上門來了。

這個條件，就是實行「九品官人法」，一項將會深刻影響中國歷史五百年的史上最具爭議的制度。

2 人事選拔：九品官人法是個好辦法

九品官人法是如此重要，以至於我們有必要花兩節的筆墨來好好講講這項制度。可以毫不誇張地說，這項制度的提出，將在未來建立起一種古今中外絕無僅有的社會形態。

一項牛制度的誕生

一項牛制度的誕生，絕非一兩個天才人物頭腦風暴的結果。

曹丕即位為魏王，沒有事先向漢朝廷申請；而漢朝廷方面也有一項小小的舉措引起了曹丕的重視：結束建安，改元「延康」。

改換年號，在古代實在是家常便飯的事情。漢獻帝的先祖漢武帝在位期間，一共換了十一個年號；這項世界紀錄直到唐朝才被「誰說女子不如男」的武則天打破——武則天換年號跟換衣服似的，二十年換了十八個年號。

但是漢朝這次改元，非同凡響。早不改，晚不改，偏偏在曹操死的同一個月改。「建安」這個年號對於曹家來講具有特別的意義，幾乎象徵著曹操的發跡史。毫無疑問，從曹丕方面來看，他十分希望「建安」就是漢朝的最後一個年號了。但是漢朝偏偏改元「延康」——延續小康的局面。

氣死你不償命。

這次改元，不啻於漢朝廷對魏王國的一個小小的挑釁。這當然不會僅僅是傀儡漢獻帝的主意，更有可能是他身邊那些漢臣的點子。

漢朝廷雖然已經被壓縮、被邊緣化了，但是仍然百官俱全。而且，從漢高祖算起，漢王朝是一個具有四百多年歷史的王朝，近古以來所未有。這樣一個王朝，無疑還具有大批潛在的支持者。曹操在時，這些支持者只能潛水；曹操一死，有些人就忍不住要冒泡了。

「延康」就是他們冒的第一個泡泡。

曹丕現在想的是如何以最小的代價改朝換代。古來改朝換代無非兩種模式：一是武力征討，二是和平禪讓。在父親曹操已經打下的基礎上，武力征討漢朝顯然是吃飽了撐的沒事找事，既不現實也沒必要。剩下的選擇就是和平禪讓。但是有一個重要問題：人事。

漢王朝的官員選拔，採取的是察舉制：由地方郡一級的行政單位向中央推薦優秀人才。但是這種制度搞到後期，弊病叢生。當時的小朋友唱歌謠挖苦察舉制：「舉秀才，不知書；舉孝廉，父別居。」地方上全是靠人情關係，推舉出來很多人渣垃圾。這種人渣垃圾，如今大批量充斥在漢朝廷中。而魏王國的人才選拔，都是十分嚴格的；如果搞和平禪讓，就不能不吸收相當一部分漢朝舊官。因此，如何甄別並淘汰掉漢朝廷的人渣垃圾、淘出真金，成為第一個大問題。

漢朝舊官，對漢王朝既有名分又有感情，孔融、荀彧之輩都是例子。如果把漢朝忠臣吸納進新朝，簡直相當於招納了一批內奸。如何甄別並淘汰這批忠臣，這是第二個大問題。

曹丕考慮這兩個大問題的時候，陳群也在思考。

陳群是東漢末年著名的名士家庭後裔。爺爺陳寔是老一代天下聞名的大名士，名氣大到什麼地步呢？舉一個數據就知道了：他去世時，葬禮來了三萬多人，占到當時全國總人口的千分之一左右。他爸爸陳紀也是名士，前面說過，「難兄難弟」中的「難兄」就是這位仁兄。

陳群在這樣一個家庭中成長起來，他對於漢朝末年的一項風尚可謂十分熟悉。這項風尚前面提到過，叫做「品藻」。當時汝南的許劭、許靖兄弟，每月初都舉辦一個叫做「月旦評」的交友沙龍，點評各色人物。被評價比較高的人物，等於鯉魚躍龍門，立馬身價百倍。所以當年，年輕的曹操就軟硬兼施逼許劭給了自己一個「治世之能臣，亂世之奸雄」的評價。

這種風尚在各地都很盛行，甚至某些著名的評價被改編成兒歌讓兒童們傳唱，比如天下模楷李元禮、不畏強禦陳仲舉、天下俊秀王叔茂……由人及物，連讚揚馬的歌謠都有：「人中呂布，馬中赤兔。」

這樣造成了什麼惡果呢？由於一經名人點評，立馬點鐵成金、身價百倍，於是沽名釣譽之徒就乾脆安坐在家裡等朝廷請他們出來當官。東漢末年的社會輿論格外強悍，一堆中產階級閒著沒事成天抨擊政府。大夥兒一看，這麼優秀的人才都在家待業，政府也太腐敗啦！於是一起罵街。政府被罵得受不了，迫於輿論壓力頂著口水來請這廝出來當官。

注意，這時候被請的人還不能輕易出來當官。因為當官是一件很掉價的事情，當隱士才是高貴的行當。所以這廝得做足功夫，端架子裝腔作勢嚴詞拒絕出山。官府一看請不來，那說明的確是重量級的人才了，徵召的規格一次比一次高。這廝一看，出價夠高了，差不多了，那就出山吧。於是只好「勉為其難」地出山當官。甚至有的還要裝腔作勢的，官府只好拿了擔架來他家，強行把他抬上擔架送上公車直接去官府上任，那架勢那場面跟醫院捉精神病人差不多。

漢末就是這樣一個精神錯亂的時代。官府威信掃地，民間沽名釣譽。

所以曹操出來，一掃頹風。你不出山？整死你！比如當年二請司馬懿，你要是肯出山，坐辦公室；你要是不肯出山，坐大牢。要想在我曹操面前擺譜？可以，請用生命做代價。

這樣，政府的威信就建立起來了，代價是知識分子（在漢末就是世家大族）尊嚴掃地。

另一方面，曹操用人不拘一格，而且還公開喊出口號：唯才是舉！我就喜歡不仁不義、不忠不孝之徒！不管你是和嫂子私通，還是為了官爵連老娘都可以不要，連老婆都可以殺掉，只要你有一技之長，我曹操的幕府就對你開放！

如此一來，曹操的府中奇能異才之士車載斗量，但是一向重視綱常倫教德行的世家大族更覺得自己豬狗不如。

陳群一直在思考，如何既不降低政府的威信，又能提高世家大族的地位，保障世家大族的利益，從而創建一項傑出的用人制度。

有一天，冥思苦想的陳群突然靈光一閃：如果政府就代表世家大族的利益，那豈非就能兩全其美？陳群想定之後，花了很大的功夫制定出一套精美的制度，於是找到曹丕。

正在思考如何淘汰漢臣中的垃圾和不合作者、從而建立新朝的曹丕看到陳群的到來，喜出望外：陳群啊，我也等你很久了。

詳解九品官人法

陳群對曹丕說：「天朝選用，不盡人才。請設立九品官人法。」曹丕眼睛一亮：好啊！但是請問，什麼叫九品官人法？

為了深入細緻透徹地講解九品官人法，我們來舉一個某甲為例。

某甲要想當官，首先得找到郡裡的中正，讓他給自己做一份人才評估鑒定書。「中正」是由郡裡的地方官推舉的，一般由本地有名望且看人精準之人擔任。中正手下，想必還有一個人才評審委員會，他們見了某甲，展開細緻的評審工作，比如看面相、調查家庭背景和某甲個人的簡歷，向街坊們瞭解某甲平時的品行和才能。

然後，評審委員會會出臺一份鑒定報告，報告上有以下三項必不可少的內容：

一、家世。你是哪一著姓的子弟，祖上有沒有當過大官的？

二、狀。即對道德、才能的簡要評語。比如曹魏的吉茂的「狀」是「德優能少」，西晉的孫楚的「狀」是「天材英博，亮拔不群」，等等。

三、品。即鑒定人才所屬檔次的結論。「品」分為上上、上中、上下、中上、中中、中下、下上、下中、下下，共九品。其實這種分法，早在東漢班固寫的《漢書》裡就有了，《漢書》中的〈古今人表〉把天地開闢以來近乎所有的歷史人物都分成九品，可謂大手筆。

假如某甲得了個「上下品」，即三品，是不是就可以去做三品官了呢？不是。

的確，在曹魏時期創設了一項流傳後世、一直到清朝滅亡才廢除的制度：官品九品制。也就是把官員分為九品，比如三公一品官、大將軍二品官、九卿三品官……我們今天所熟悉的詞語「七品縣令」、「九品芝麻官」就是打這兒來的。

但是某甲所得的這個中正評定的「三品」，並非「官品」而是「鄉品」，也就是官方認可的人才評價而已。要把評價轉換為實際的官品，還必須經過正常的入仕途徑。

所以，某甲就可以回家待著了，等待官府根據各地人才評審委員會評定的人才等級來一一量才錄用。

當然，上來不會就給你個三品官當。根據日本學者的研究，起家官品與你所獲得的「鄉品」之間，一般差三到四品。也就是說，某甲作為三品的人才，可以獲得六品或七品的官職；通過自己在官場上的奮鬥，再慢慢爬到三品官的位置。

這就叫九品官人法。九品官人法牛在哪裡呢？

首先，把東漢以來一直為民間掌握的社會輿論評價人物的風尚通過制度的形式收歸國有，從而大大提升了政府的威信。這樣一來，政府再也沒有義務迫於輿論壓力低三下四地去求某位大賢人出仕了。相反，你想當官嗎？那就主動去求郡裡的中正官吧。

其次，入仕的途徑一定程度上可以被世家大族所壟斷。評定鄉品的重要依據是家世和德行，這兩項指標都對世家大族有利；而郡中正一般都是由世家大族的人物擔任，自然也會偏向世家大族的利益。

第三，九品官人法初起時還有一項重要功能，即評價所有在朝官員的品級。這項功能主要是針對漢朝舊官的。這樣一來，就相當於把漢朝的官員們通通用篩子細細篩過一遍，取其精華去其糟粕，擇優進入即將成立的新的王朝。

應該說，九品官人法是作為魏國初建時的一項權宜之計提出的，後來由於科學可行而予保留。

時隔多年之後，司馬懿在這個制度上加了一個「零件」，而正是這個「零件」，幾乎徹底地改變了九品官人法的性質。

這個「零件」就是州大中正。

九品官人法初起時只有郡中正而沒有州中正。州、郡雖然同為地方行政單位，但性質大大不同：郡更多具有地方自治團體的色彩，而州則是中央的派出機關。因此，司馬懿設立州大中正以後，整個制度的樞紐就從地方轉而掌握在中央的手裡了。

中央也有世家大族，中央的世家大族與地方不同。魏晉時期，勢力只能達到郡一級的世家大族，叫做「豪右」；而勢力能滲透到中央的，則可以稱之為「士族」，或者「門閥」。

士族門閥漸漸掌握人事選拔和任免的權力，則皇帝無為於上，豪右憤懣於下，至於平民百姓，則壓根沒有他們什麼事兒。這樣一個以士族門閥為核心而運轉的社會，將漸漸浮出水面。這樣一種社會形態，引起了史學界的極大關注，無數史學家以無數精力和天才般的構想試圖來解釋這個獨特的社會形態，至今方興未艾。

當然，這些都是後話，也是始作俑的司馬懿所始料未及的。畢竟一項制度的演變浸潤，是一個長時段的過程；而長時段的過程，往往比任何突發的事件更能潛移默化社會的運勢。

曹操留下的五個難題，曹丕已經解決了兩個半。有了九品官人法的支撐，汝潁世家前途有了保障，已經成為曹丕稱帝的潛在支持者了；但譙沛武人卻還眼巴巴地盯著曹丕。而在曹操去世時擅離職守差點鬧出大亂子的那支青州兵的幕後老大臧霸，顯然是稱帝的最大不安定因素。

收拾臧霸和安撫譙沛武人，兩件事情風馬牛不相及。但是收拾殘局漸入佳境的曹丕，偏偏要畢其功於一役。

3 不堅持己見，讓事實去證明你是對的

南征之意不在酒

延康元年（二二〇）似乎特別漫長。

上一年中，曹、孫、劉三家在襄樊鬥法，孫權成為年度最大贏家。孫權奪取荊州之後，非常興奮，進一步打擊劉備在荊州的殘餘勢力。曹丕看著孫權的軍隊在自己的眼皮底下來來回回地穿梭、活躍，十分擔心南部的防吳重鎮襄陽、樊城。

去年，襄陽、樊城慘遭關羽水淹兵攻，早就殘破不堪。如今孤零零地懸在孫權軍的進攻範圍之下，顯得非常突兀。朝中官員建議乾脆放棄襄陽、樊城，退守宛城，以收縮防線、減輕防守的負擔。

新任丞相長史司馬懿不同意。他對襄樊一帶的地理形勢和戰局再清楚不過，去年正是司馬懿阻止曹操內徙荊北百姓，如果此時廢棄襄樊，則等於前功盡棄。

司馬懿勸諫：「孫權剛剛打敗關羽、得罪了劉備，正要向我們示好，斷然不敢侵略襄、樊。襄陽是水陸之衝、禦敵要害，不可輕棄。」

曹丕並沒有聽進去司馬懿這番話。滿朝的軍事要員、打仗專家都建議我放棄襄樊，你仲達雖然智謀過人，卻也不過是行政文員而已。玩政治他們不行，玩軍事你不行。打仗的事情，還是交給專家們決斷吧。

於是曹丕聽了打仗專家們的話，命令襄、樊守將曹仁把襄、樊二城付之一炬，燒掉了事。司馬懿依然不堅持己見。

如果領導不採納你的建議，下策是用言辭證明領導是錯誤的，上策是讓事實去證明領導是錯誤的。司馬懿採用的是上策。

孫權很配合司馬懿，兵馬過界時果然只打劉備的兵，對曹丕秋毫無犯。曹丕這才對司馬懿刮目相看：原來你不僅是政治的長才，而且在軍事上也頗有一手！

上一年，無論對曹、孫、劉哪家來講，都是名將死亡年：劉備折損了頭號名將關羽，如斷一臂；孫權的第三代軍事統帥呂蒙病死，一同過世的還有軍界重要的人物孫皎、蔣欽；至於曹家，夏侯淵、龐德戰死，于禁被俘。如此一來，培養新一代的軍事統帥成為當務之急。

在這名將凋零的時節，司馬懿的軍事才幹有如青蔥的春色，映入了曹丕的眼簾。

但曹丕當前要辦的事情有三件：第一，提拔曹真、曹休、夏侯尚三位年輕的俊才擔任軍界要職，完成曹魏軍界換血，安撫譙沛武人；第二，解決臧霸這股半獨立勢力；第三，為改朝換代尋找契機。

曹丕想到了父親加官進爵的常用套路：先出去打一仗，得勝歸來以後加官進爵獎賞自己。曹丕如今已經是大漢丞相、魏王、冀州牧，如果能打一仗，得勝歸來就可以名正言順地再上一層樓：稱帝。

所以，南征無疑是改朝換代的最佳契機。

延康元年（二二〇）六月，曹丕在鄴城東郊舉行大規模的閱兵式和長達二十天的軍事演習，爾後揮軍南下，征討孫權。

有一位不識時務的度支中郎將霍性勸諫曹丕。他誠懇地提出：曹操剛死，你還在守孝期，不應該發起這樣大規模的軍事行動。曹丕一怒之下，把這個搗亂鬼殺頭。

踏著霍性的屍體，六軍南征。

這是一次只許成功不許失敗的征伐。這次行動要做給朝廷看，讓他們知道我曹丕並不滿足於一人之下；這次行動要做給譙沛武人看，讓他們知道只要跟著我曹丕混，榮華富貴唾手可得；這次行動要做給臧霸勢力看，讓他們知道我曹家的軍事實力並不會因為父王的去世而有絲毫損失，你們最好乖乖待著不要輕舉妄動；這次行動更要做給天下人看，讓他們知道我曹丕完全有能力走出父親的陰影，成為你們新的主人！

這次征伐有很多目標，唯一不成為目標的，反而是征伐的對象——孫權。

老奸巨猾的孫權對此心知肚明。但是他並不想就此示弱。

孫權剛剛吃下荊州，完成了父兄兩代人以來的夢想，野心膨脹得很。再加上長江天險，打水戰是我江東孫家的家傳絕學、拿手好戲。你爸尚且從我手裡討不到半點便宜，你更是嫩著呢。

來吧，曹丕，我願與你會獵於長江之上！

天上掉下個孟子度

仗真的打起來，孫權才發現形勢對己方不利。以前荊州在劉備手裡，孫權的對曹防點只要重點把守巢湖一帶就可以了，所以曹操「四越巢湖不成」；如今老鼠吃大象一下子把荊州吃下還來不及消化，整個長江中下游幾乎都成了需要防守的戰線。曹休等少壯派軍官分兵三路來攻，孫權左支右絀，招架不住了。

孫權終於吃到了沒有盟友的苦頭，然而劉備如今是敵非友，正紅著眼打算給關羽報仇呢，說不準什麼時候突然沿江而下捅自己一刀。

能屈能伸，大丈夫也。孫權派出使者向曹丕稱臣求和，使者帶來的是一封書信、一份貢品單、兩個俘虜。

書信中，孫權以一向謙卑而略顯滑頭的外交措辭表達了求和稱臣的誠意。貢品單很豐厚：

優質大號的珍珠一百筐、黃金接近一噸、馴養的大象公母各一頭、會說話的鸚鵡一批，以及其他珍玩上千個品種，放得大船裡都裝不下。

兩個俘虜是當年關羽水淹七軍時曹魏方面被活捉的要員，後來孫權打敗關羽，兩個俘虜就轉手到了江東，如今孫權再把他們送回來，已經是轉到第三手了。

孫權很清楚：你曹丕並不是想滅我江東，只不過想贏得一場軍事勝利而已；那我就讓你贏得體體面面、風風光光。如果你還堅持要打，那我孫權的江東水師可不是吃素的，願意奉陪到底。

曹丕接到禮品單，很高興。此行的目的可謂全部達成：既向天下炫耀了武力，也探了青、徐二州的虛實震懾了臧霸，又讓曹休這樣的年輕將領獲得了露臉的機會，可謂一舉多得。更想不到的是，你孫權還這麼客氣，給我送來這麼多好玩的。

笑納，收兵！

回去的途中，意外收穫源源不斷。一些原本還在觀望中的半獨立勢力，如今徹底投向了曹丕的懷抱。第一個是西部的氐王楊仆，帶領本氏族從劉備的地盤上脫離出來，歸附曹丕；第二個是劉備的重要將領孟達。

孟達，字子度，原來是益州軍閥劉璋的部下，後來投在劉備麾下，負責與劉備的養子劉封一起鎮守上庸。

這次關羽敗亡，孟達按兵不救，又與劉封鬧了矛盾，自感在劉備手下前途黯淡，便始終在觀望究竟投奔孫權還是曹丕。如今曹丕南征成功，孟達不再猶豫，帶領部曲四千餘家投奔曹丕。

這對曹丕來講，簡直是天上掉餡餅的好事。

孟達容貌出眾，才氣過人，他的魅力深深吸引和打動了曹丕。曹丕心情大好之餘，給孟達封了一大串如散騎常侍、建武將軍、平陽亭侯之類的頭銜，還把上庸、新城、房陵三郡併為一郡，任命孟達為太守。

曹丕的算盤打得很好：孟達這樣的敵軍高級將領來投誠，必須厚加賞賜，以給天下人作個榜樣，吸引其他人來投我曹丕；而且，三郡如今還在劉備手中，我開個空頭支票讓孟達自己去取，如果取不到則收他到中央做官以免在地方生亂，如果取到則擴大了我的疆土。

但是有人不這麼看。此人正是劉曄，曹魏第二代謀士的佼佼者。劉曄現在擔任行軍長史兼領軍，急待在新君面前有所表現。

劉曄跳將出來潑曹丕的冷水：「孟達雖然有那麼一點才能，但不過是為勢所迫、為利所驅，才來投降咱們，根本不可能感恩懷義。新城郡位於孫、劉之間，一旦生變，將是國之大患啊！」

曹丕正沉迷於對孟達的欣賞之中，根本聽不進劉曄的勸說。劉曄被拒絕，很懊惱，左右一看，看到丞相長史司馬懿，就攛掇司馬懿進諫。司馬懿也覺得孟達此人很有問題，便站班出列：「大王，孟達此人，言行傾詐，不可授以邊疆之任。」（言行傾巧，不可任）

曹丕不耐煩地揮揮手。不是我不聽你們的，而是當前不得不如此做。如果不重用孟達，如何能使海內歸心？

曹丕派徐晃、夏侯尚協助孟達進攻上庸劉封，孟達意氣揚揚，領命而去。臨別，曹丕拉著孟達的手，拍著孟達的背：好好幹啊，我等你。

司馬懿不再勸諫。他目送孟達離去。歷史將證明司馬懿是對的。

八月份，大軍回去的路上經過曹操的老家譙縣。曹丕心情歡悅之極，下令在譙縣大擺筵席，設歌伎樂舞，酒水免費不限量供應，請三軍將士和家鄉父老敞開了喝。大家一邊看戲聽音樂，一邊開懷痛飲，盡歡而散。

吃完宴席，曹丕帶著醉意在故宅門口立碑紀念。嗯，叫誰寫碑文好呢？當今天底下誰的文筆最好？

當然是我弟弟曹子建！

曹丕把形同囚犯的曹植叫出來：來，給哥寫個碑文。好好寫，寫好了有賞！

曹植誠惶誠恐，揮筆寫下歌功頌德的碑文。曹丕又令篆書舉世無雙的鍾繇寫碑額，八分書天下第一的梁鵠抄寫碑文。這塊碑被稱之為「三絕碑」。喝高了的曹丕聽到這個名字很不高興：只有天下最有權勢的人才能調動這三個人製造一塊碑啊，這塊碑應該叫「四絕碑」才對！

司馬懿在一邊看著得意的曹丕，心裡卻十分冷靜：殿下您現在還不是天下最有權勢的人，因為還差一個步驟——禪讓。

4 秀場：政治家是玩出來的

一幕精彩的獨角戲

曹丕從小就聽過禪讓的故事：上古時候的大聖賢堯、舜、禹因為有著美好的品德和不朽的功績，受到天下人的愛戴，通過禪讓來得到帝位。後來禪讓的事情倒也不是沒有，只不過受禪讓者沒有高尚的德行，所以下場都很悲慘。

最典型的是兩漢之交的王莽，受漢帝的禪讓，結果天下反叛，身死國滅，為天下笑。

曹丕自忖德行不足以侔五帝，因此對禪讓還有點惴惴不安：這事能成嗎？

曹丕心裡沒底，是因為沒人捧場；一旦有人捧場，捧著捧著你就暈了。首先跳出來捧場的是左中郎將李伏。

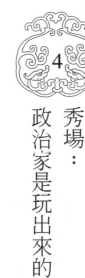

李伏原是張魯的部下，剛剛歸順曹家不久，正急著要進行政治投機。他一瞧，文武百官都很扭捏，沒人出來勸進，那我上吧！於是敢為天下先地跳將出來，引用神秘預測學著作《玉版》的預言，勸曹丕稱帝。

曹丕一看，李伏？你分量太輕啦。於是斷然拒絕：「我德行淺薄，何能當此？慚愧慚愧！不過你這份上書很有意思，可以公布出來讓大家討論討論。」（以示外。薄德之人，何能致此，未敢當也）

李伏的上書一公開，大家就心領神會了：好你個李伏，居然搶在我們之前勸進！得，我們也不能落後。於是侍中劉廙、辛毗、劉曄，尚書令桓階，尚書陳矯、陳群，黃門侍郎王毖、董遇聯名上書，先發表了看李伏上書的讀後感，接著追溯了漢末以來天下大亂的歷史，證明漢朝已經失德，最後懇請曹丕登基稱帝。

曹丕再次斷然拒絕：「壯的小牛像老虎，惡草的幼苗似莊稼，有些事似是而非，今天的情況就是如此。」表示我曹丕雖然貌似上天指定的下任皇帝，但究竟是不是呢？潛臺詞是：你們有沒有過硬一點的證據來證明我是真命天子呀？你們要給力一點呀！他下令把自己這番話公布出去，再讓百官研究討論。（宣告官寮，咸使聞知）

給力的人來了。太史丞許芝對歷代以來所見的關於曹丕今年要當皇帝的預言作了一個學術史的回顧，引用了《易傳》、《春秋漢含孳》、《春秋玉版讖》、《春秋佐助期》、《孝經中黃讖》、《易運期讖》、《春秋大傳》、《京房易傳》等眾多典籍以及故白馬令李雲上書等官方舊檔案，綜合運用了比較學、訓詁學、文字學、讖緯學、預測學以及猜謎語的研究方法，向曹丕證明：你就是真命天子！

許芝說完，洋洋得意於自己的淵博學識。曹丕也聽得心潮澎湃，但面子工程還得做足，於是繼續拒絕：「上天不會降祥瑞給無德之人，而我正是天底下最缺德、最卑賤的人（吾德至薄也，人至鄙也）。你這樣的話，只能聽得我心發顫來手發抖（心栗手悼）。我寫過一首詩：『喪亂悠悠過紀，白骨縱橫萬里，哀哀下民靡恃，吾將佐時整理，復子明辟致仕。』這表達的是我的真心實意，我將誓守諾言。把這首詩抄給大家學習吧，讓大家明白我的心意。」

辛毗、劉曄、桓階、陳矯、陳群這些人一看急了：差不多就行了，您這是要幹嗎呀？真不想當皇帝呀？於是聯名二次上書，曹丕依然拒絕。

司馬懿也坐不住了。

司馬懿原本並不想上書。他已經為曹丕當選太子立下了汗馬功勞，沒有必要再通過這些手段來和李伏、許芝之流邀名爭寵。但是他也受不了曹丕一而再、再而三的推辭。知道的說您這是在演戲，不知道的萬一以為您是真謙讓，弄假成真了怎麼辦？不行，得上書。

司馬懿聯合了鄭渾、羊祕、鮑勳、武周幾個侍御史，一起上書。話還是那些歌功頌德的話，了無新意。

曹丕再度拒絕。

仲達啊，難道連你也不明白我的心意嗎？禪讓這齣大戲，演到現在為止，還缺少一位主角呀！

司馬懿明白了。他把目光瞄向洛陽的深宮。的確，如果缺了這位主角，禪讓就只是曹丕和魏國的百官們一廂情願的獨角戲罷了。

深深的皇宮中，那位主角，終於有所表示了。

原來這就是禪讓

劉協，大漢帝國現任皇帝，今年四十歲。

劉協坐在皇帝的位置上穿著龍袍跑龍套已長達三十年，送走了董卓，送走了王允、呂布，送走了李傕、郭汜，送走了楊奉、董承，送走了曹操。

眼看你們起高樓，眼看你們宴賓客，眼看你們樓塌了。

劉協也曾作過掙扎。他前令董承奉衣帶詔討賊，後令伏完密謀誅殺曹操。可惜兩位岳丈成事不足敗事有餘，家破人亡。

劉協寵愛的董貴人，懷著身孕，被絞殺了；劉協的太太伏皇后，藏在牆壁的隔層之中，被揪著頭髮拽出下獄，死因至今不明；劉協的兩個兒子，都被灌飽了毒酒，死狀慘不忍睹。

皇帝做到這個份上，求為普通農夫以享天倫之樂而不可得，簡直是人間慘劇！

劉協早就不想幹了。曹丕君臣在外面搞那套喧喧嚷嚷的禪讓把戲，他並不是不知道。他只是冷眼看著，看你們這些跳梁小丑在沒有朕的參與下要演出什麼樣的醜劇！

曹丕派去暗示劉協的使者早就來了好幾撥了。劉協感到一點點快意：至少在這齣戲中，朕是必不可少的主角！

看夠了人間冷暖，習慣了世態炎涼，劉協這才派出使者，向曹丕下達正式禪讓的冊命書。

曹丕驚喜地接到漢天子的詔書，嚴詞拒絕，誓死不肯接受。他表示，如果漢朝廷要強迫我做皇帝，我就跳東海自殺！（義有蹈東海而逝，不奉漢朝之詔也）

劉協聽到回信，恨不得現在就下詔讓曹丕跳海自殺。但他現在沒有生死予奪的權力，只有繼續禪讓的義務。

劉協下第二道禪讓詔書，請曹丕順應天命民心。

桓階、劉廙等部下實在坐不住了，氣勢洶洶地上書死諫，紛紛譴責曹丕的謙讓只顧自己的道德，不顧百姓的死活。

曹丕的回應是：「急什麼？我想辭讓三次，得不到批准再說。」（冀三讓而不見聽，何汲汲於斯乎）

劉協無奈，下第三道禪讓詔書，相國華歆、太尉賈詡、御史大夫王朗聯合九卿等四十六人上書勸進。曹丕三讓皇位。

「三讓」已經結束，公卿百官們勸進的熱情更加高漲，群情洶湧一致要求曹丕即位稱帝，不可再推辭。劉協也不失時機地下達了第四道禪讓詔書。

曹丕很無奈，說：「我原本是想終身吃粗糧過苦日子，可是你們一定要說『天命不可拒，民望不可違』，我能有什麼辦法呢？下不為例吧。」曹丕下達最高指示：挑個好日子吧。

桓階連忙說：「巧了！經過太史令精確的天體物理學的計算，明天就是好日子！」

曹丕這次終於不再長篇廢話惺惺作態，回覆了一個字：「可。」

西元二二〇年十月二十九日（陽曆十二月十一日），曹丕終於接受漢帝的禪讓，即位稱帝。國號魏，改元黃初（本年的第三個年號），廢丞相而虛設三公，權力歸於尚書臺。

舉辦完隆重的禪讓典禮，滿頭大汗的曹丕鬆了鬆領帶，對身邊的人說了這麼一句很有「古史辨派」味道的話：「舜、禹之事，吾知之矣。」

原來這就是禪讓，原來我就是舜、禹。

事實證明，司馬懿的苦心經營，沒有白費。曹丕稱帝的最大受益者不是希望通過勸進來亂拍馬屁的李伏、許芝之流，而是當年的太子黨。

司馬懿被任命為尚書，不久再任命為督軍兼御史中丞。御史中丞的職責是監察百官，曹丕剛剛即位，生怕有變，因此派司馬懿擔任這樣的腹心重任，充分顯示了司馬懿在新朝的地位和皇帝的信任。督軍亦是監察官員，只不過是軍職。這是曹丕認可了司馬懿的軍事才幹後的一種表示。司馬懿的爵位，也由亭侯而上升為鄉侯。

轉過年來，曹丕又升司馬懿為侍中、尚書右僕射。此時「三公」都已經只是尊榮的閒職，國家真正的權力在尚書臺。尚書臺自東漢以來就已經是帝國軍政事務的核心處理機構，有「天下樞要，皆在尚書」的說法。尚書臺的首腦叫做「尚書令」，副職長官叫做「尚書僕射」。

曹丕把尚書令的位置給了太子四友之首的陳群，尚書僕射的位置給了司馬懿。司馬懿十餘年的隱忍蟄伏，今天終於修成正果，實現了仕途上的三級跳。

其餘兩名成員，吳質為中郎將、督幽并軍事，朱鑠為中領軍。

陡然升到高位，有些人就開始作威作福。比如吳質。

某日，曹丕宴請各位重臣。席間，看到肥胖的曹真和瘦削的朱鑠，吳質刻薄的幽默感就上來了，把說相聲的叫來，讓說一段「論肥瘦」的相聲（質召優使說肥瘦）。

曹真這人開不得玩笑：我堂堂皇室宗親，讓你吳質肆意取笑？朝吳質怒吼：「吳質，你想激我跟你動刀嗎？」

吳質輕蔑地掃一眼曹真，按劍道：「曹真，你不過是砧板上的一塊肥肉而已（汝非屠几上肉），我吳質吞你不用搖喉，嚼你不用動牙，你還敢仗恃身分驕橫跋扈？」

朱鑠也忍不住了，起身說：「陛下可不是叫我們來供你取樂的。」

吳質顧叱朱鑠：「朱鑠！你膽敢擅自離座！」

朱鑠惱怒之極，又不敢發作，便拔劍砍地。這場宴席不歡而散。

司馬懿冷眼旁觀，知道吳質這人也就到這個位置打住了，不可能再有大出息。

有些人，身分卑微的時候能夠謙虛謹慎，一旦到了高位，原形畢露、得志便猖狂。不過，這樣的人物盡可以好好利用。因為他們的眼界實在狹隘，他們已經過了人生上升的黃金期，他們的眼裡沒有理想與追求，只剩虛榮和利益。所以司馬懿暗地裡與吳質加緊聯繫，互通有無，把吳質培植成自己的人。

司馬懿不是吳質這樣的人物。司馬懿清楚，如今只是事業剛剛起步的階段，尤須戒驕戒躁、穩紮穩打。尚書僕射的位置，只是起點，遠非終點。

這就是真正的王佐之才與暴發戶之間的區別。

心胸決定視野。司馬懿似雲中之鶴，他視野之廣闊絕對不是吳質這隻井底之蛙所能夢見的。

隨著司馬懿的事業剛剛起步，歷史也終於在這一年正式進入了三國時代。

5 為人臣之道：小心被領導玩死

三國是個什麼玩意兒

三國，是中國歷史上一個特殊的階段。前此不曾有過三國，後來更不曾有過三國。

三國並非簡單的三個政權之謂。中國歷史上同時並存三個政權的時代並不罕見，譬如秦滅六國之四國後，中國版圖上有秦、燕、齊三國；南北朝時期，中國版圖上有北周、北齊、陳三國；北宋時期，西夏、遼、宋的並立也為時不短……因此，三個政權並立並不就是「三國」。

那麼，三國究竟是個什麼玩意兒？

三國，指涉的是三種政權組織模式，以及附著其上的文化、經濟模式。

先看孫吳。孫家立足江東，江東本土素有土著的若干大家族，其中尤其以張、朱、陸、顧四大家族為其翹首。其他如全氏、吳氏、虞氏、賀氏等，也都具有相當的實力。

這些家族實力強大到什麼地步呢？家裡依附人口成千上萬。這些依附人口，從事生產的農奴稱之為「僮僕」，從事軍事作戰的私兵稱之為「部曲」。每家每戶都占據了大片的田地莊園，家裡關上大門就是一個小型市場——史書上叫「閉門為市」。

所以，這些家族不僅占據了東吳的經濟資源，而且還占據了軍事資源——幾乎每個大家族都有著相當數量的私兵。擁有經濟、軍事兩大資源的大家族，就有實力向上層叫板，要求擁有相應的政治地位。

而孫家只不過是個寒門素族。當年孫堅試圖向吳氏小姐（也就是後來的「吳國太」）求婚時，吳家就因為孫堅門第太低而予以拒絕。

所以，說到底，孫家只不過是因其武力被江東各大家族看中，而選為他們的代理人而已。在這樣的情況下，東吳其實是個「宗族聯盟政權」，一切以江東各大家族利益為上。在這個前提下，就不難理解東吳歷來的國策：保持江東割據地位，不積極進取，只消極防禦。

蜀漢的情況明顯不同。蜀漢內部分為三撥勢力，一撥是劉備入川帶進去的老人，代表人物是諸葛亮、關羽、張飛、趙雲等，他們占據了蜀漢政權的核心地位；一撥是劉焉、劉璋時代的益州新貴，他們大多也不是益州本土人士，在蜀漢的地位也舉足輕重，代表人物有法正、李嚴等；第三撥是益州的土著。益州土著豪強不如江東大家族那樣有實力，早在劉焉、劉璋時代就遭到了打擊，劉備時期繼續對他們以打壓為主。

蜀漢以漢朝的正統繼承人自詡，漢賊不兩立、王業不偏安，因此勢要收復中原、光復漢室。在這樣的國策之下，蜀漢就不得不實行高度的集權專制，把政治、軍事權力收歸中央，甚至地方礦產也全由中央壟斷，厲行「名法之治」，打擊異己分子。

唯有如此，才能做到全國上下同心同德，社會高度同質化，從而在最大程度上集中起有限的國力，一次又一次地出祁山、一次又一次地伐中原，給國力雄厚的魏國造成巨大的威脅。

相比起吳、蜀來，曹魏的情況要複雜得多。曹魏內部，既有蜀漢的因素——掌握軍事、政治權力的寒族譙沛集團，又有東吳的成分——壟斷了社會資源和輿論導向的世族汝潁集團，因此統治者就不得不在這兩者之間尋找一個保持平衡的黃金分割點。

曹操時代，行政風格近似蜀漢，厲行名法之治，打擊世家大族。但是到了曹丕時代，深深認識到了皇權與世家合則兩利、離則兩傷，不得不向世家大族示好，九品官人法就是最典型最重要的制度體現。

從這時候開始，曹魏政權逐漸由高度集權的蜀漢型，過渡向宗族聯盟的孫吳型，曹操時期的對外擴張戰略，逐漸演變成維穩保守戰略。但是曹魏本身的特性和複雜的國情，又決定了其不可能是兩者的簡單複合，而必將走出第三條道路來。

所以，誰再說中國古代只有一種政體，就是君主集權專制政體，那只能說明他的無知和武斷。僅僅三國時期，就向我們呈現了三種政治統治的模式。

這才叫「三國」。

由於曹魏國力之強大、疆域之遼闊、人口之眾多、文化之昌明，曹魏所走出的這第三條道路，很大程度上將會是未來整個中國要走的道路。摸著石頭過河，可不慎哉！

但是改變這種三國鼎立局面的機會也並不是沒有。眼下，就有一個重大的契機到來了。在最近兩年裡持續吃悶虧的劉備，賠了兄弟又折兵的劉備，再也坐不住了。劉備不是光會哭的孬種，歷史已經證明，任何人得罪了劉備都難以有好下場。

之前的寂靜，是因為即將發作。而沉寂兩年的劉備一旦發作，任何人都不能無視他。因為今天的劉備，已經是坐擁天府之國、麾下雄兵數十萬，擁有天才「臥龍」諸葛亮輔佐，擁有三國最豪華武將集團的一代雄主。

曹魏黃初二年（二二一），劉備在成都即位稱帝，國號為「漢」，改元章武。隨後，提重兵出三峽，要吞滅東吳、為愛將關羽報仇！

一場牽動三國的重大戰役，一觸即發。

〈洛神賦〉的真相

黃初二年（二二一）四月初六，漢中王劉備得到錯誤情報，誤以為劉協已經遇害，於是在成都即位稱帝，發表重要文章宣告天下。

文章的主要內容有兩項，一是痛罵曹操、曹丕父子，二是聲明漢王朝並沒有就此退出歷史舞臺，因為還有我大漢皇室的後裔劉備在。

不過說實話，劉備這次稱帝並不痛快，因為稱帝的形勢很不好。

劉備今年六十一歲。與他拚了半輩子的曹操，去年死了。三十多歲的孫權和曹丕在他看來，都不過是晚輩而已。作為劉備半輩子的老對手，曹操的死令劉備感到一種寂寞。

而作為劉備半輩子的好兄弟、好助手，關羽的死令劉備心底的仇恨熊熊燃燒。

此仇不報非君子。

趙雲等一些重臣勸諫劉備，要認清對手，不要興師討伐孫權以破壞聯盟，劉備斷然拒絕。

你們根本不是關羽的兄弟，當然不懂得這種斷臂之痛！

聰明的諸葛亮乖乖地噤聲了，他知道在這樣的情況下劉備只聽得進去一個人的話，這個人就是與關羽一樣擁有老資格的張飛。

可惜，一代名將張飛沒有機會再縱橫沙場了。他在出兵前夕被兩個部下暗殺，割取了首級作為見面禮獻給孫權。

對於張飛之死，劉備沒有痛哭憤怒，只是蒼涼地感歎了一聲「噫，飛死矣」。然而諸葛亮明白，沒有人再能勸阻劉備。事到如今，諸葛亮也只能把事情朝好的方面想。他清楚，對於偷襲荊州的事件，無論如何都必須給孫權一定的教訓。通過這種教訓，既保持國威，又能取得與孫權議和、重新締結聯盟的談判籌碼。

這想必也應該是主公所想的吧？

的確如此。自古以來的戰爭，大體都是為了實現一定的政治或經濟目的，很少有直接以推翻敵方政權、傾覆人國為目標的。劉備東征，絕沒有想過、也不可能一舉消滅孫權。他所想的，應該就是為關羽報仇、奪回失去的土地，最好再能擴大戰果，為下一次衝突的到來占據有利的位置。

劉備積極地籌備戰爭。而曹丕，卻為了一樁家務事大為頭痛。

曹丕的後宮，有一位知名度非常高的女性甄氏，民間稱之為甄洛、甄宓或者甄姬。

自古燕趙多美女，甄姬就是燕趙故地出身的美女。她自小見識高妙，喜讀詩書，她的一位哥哥調侃她要當「女博士」（當作女博士邪）。

這裡說的女博士可不是第三種性別，而是才貌俱佳的新女性。當時河北地界最強大的霸主袁紹聽聞甄姬的美名，把她納為兒媳婦，給次子袁熙做太太。

建安九年（二〇四）八月，曹操打破鄴城，曹丕搶先進去收拾戰果。曹丕來到袁家的府第，看到一位年長的貴婦人坐在地上戰戰兢兢，一位少女趴在貴婦的腿上瑟瑟發抖。貴婦人是袁紹的太太劉氏。

曹丕和藹地說：不要害怕，我們曹家軍一向關照女性俘虜。接著看看那位少女，又說：「抬起頭來，讓我瞧瞧！」

少女正是甄姬，她緩緩抬起頭來。

梨花帶露，國色乍現。

曹丕一時看得呆了。少女見這位陌生男子盯著自己，惶恐地避開他的目光。最是那一低頭的溫柔，像一朵水蓮花，不勝涼風的嬌羞。

曹丕今日方信，原來人體內真的有個器官叫做「心弦」，否則，是什麼東西在胸中顫動不已呢？

劉氏太太在旁邊看到曹丕的目光，明白自己可以活下去了。

曹操聽說了曹丕得到甄姬的事，笑罵道：「我打袁紹，就是為了這小子！」（今年破賊，正為奴）隨後，就為兒子明媒正娶，把甄姬納入曹丕的後宮。

基於美貌產生的愛情故事，往往隨著時間流逝而轉成悲劇。時間無情地銷蝕著甄姬的容貌，而曹丕的花心也逐漸綻放。李貴人、陰貴人、劉協的兩個女兒，一個接一個地進入曹丕的後宮，曹丕應接不暇。甄姬受到了冷落。

此去經年，應是良辰美景虛設。便縱有千種風情，更與何人說？

真正給予甄姬以致命打擊的，是郭女王。

郭女王是曹丕的貴嬪，智計過人。她父親從小就驚歎：我這個女兒是女中之王！所以給她起了個霸氣的字，叫「女王」。郭女王雖然也容貌姣好，但相比起老一代的美女甄姬，她的資本是年輕。郭女王吃著青春飯，把甄姬排除在曹丕寵幸的範圍之外。

甄姬受了冷落，難免有所怨言。郭女王把甄姬的怨言，添油加醋地彙報給曹丕，曹丕大怒。盛怒之下，曹丕居然命令甄姬自殺！

甄姬死了。據說郭女王怕甄姬托夢喊冤，就在她的口中塞滿糠秕；又嫉妒她的容貌，就把她的頭髮散開，遮蓋住臉。

南有二喬，北有甄姬。一代美女，下場如斯！

後人不甘於甄姬失敗的婚姻，而編造出曹植與甄姬的叔嫂戀。這個令人不勝欷歔的美麗故事最早見於李善為《昭明文選》作的注裡面。

故事的具體情節雖然荒誕不經，但恐怕並非純屬捕風捉影，正史的字裡行間似乎也暗示著這段千年前的孽緣曾經發生過。

就在甄姬死的這年，負責監視曹植的使者上書說曹植突然舉動失常，每日酗酒悖慢、劫脅使者。曹丕貶了曹植的爵位。

就在甄姬死的次年，曹植寫作〈感鄄賦〉。鄄指鄄城，是曹植當時的封地。但是漢魏之時，鄄、甄音同形近而相通，因此〈感鄄賦〉就是〈感甄賦〉。曹植所感之「甄」，恐怕確有所指。

後來，魏國的皇帝認為〈感甄賦〉名字不雅，改名〈洛神賦〉，更有此地無銀三百兩的嫌疑。因洛神又名宓妃，所以甄姬才有了甄宓、甄洛之類的名字。

有人說甄姬大曹植近十歲，以此作為二人不可能有戀情的證據。這只能說是太不解風情了。

曹植與甄姬究竟有沒有戀情，虛無縹緲。信有信無，隨君所好。美人易老，文章千古。我們謹節摘〈洛神賦〉的佳句，來領略千餘年前甄姬的絕世風華：

翩若驚鴻，婉若遊龍。髣髴兮若輕雲之蔽月，飄颻兮若流風之回雪。穠纖得中，修短合度。肩若削成，腰如約素。延頸秀項，皓質呈露，芳澤無加，鉛華弗御。雲髻峨峨，修眉聯娟，丹唇外朗，皓齒內鮮。明眸善睞，靨輔承權，瑰姿豔逸，儀靜體閒。柔情綽態，媚於語言。凌波微步，羅襪生塵。動無常則，若危若安。進止難期，若往若還。轉眄流精，光潤玉顏。含辭未吐，氣若幽蘭。

這一年，郭女王害死了甄姬。這一年，郭女王是勝利者。但是，智計過人的郭女王並不知道，她已經被一個沉默寡言的十六歲少年盯上了。這個少年，將讓她不得好死。

這個少年叫曹叡，是甄姬唯一的兒子。

被領導玩死的于禁

臧霸今年五十多歲了，他對人生已經沒有太多奢望，只想安安穩穩地保住現在的地位和利益，安享晚年。

人到五十歲的時候，都難免會有類似的想法。司馬懿可算是個例外。

臧霸年少時也算一個風雲人物：劫過囚車，當過土匪，打過黃巾，戰過曹操。如今臧霸名義上是曹魏的鎮東將軍，實際上則掌控著曹魏的東部疆域，獨霸一方。

這樣的局面保持了很多年，曹家與臧霸一直相安無事。現在，臧霸深深感受到了來自曹丕的猜忌與威脅。

首先是宗親曹休的官職變遷。曹休在曹丕稱帝這一年，官職由中領軍轉領軍將軍、再遷鎮南將軍、再遷鎮東將軍領揚州刺史、最後都督青、徐二州。

都督青、徐二州，表示曹休對於青、徐二州有了最高的軍事領導權。也就是說，曹休一年之內官職連跳四級，已經成為臧霸的頂頭上司了。

臧霸感受到來自曹丕的壓力後，急於表忠，便對頂頭上司曹休慨然表示：「如果給我臧霸步騎萬人，我必能為國家抵禦孫權、橫行江表！」

臧霸的話傳遞到曹丕的耳朵裡，曹丕聽到的不是忠心，而是野心：你臧霸都已經是五十多歲的老頭子了，還雄心不減當年，口氣這麼大？

曹丕最近閒著無聊，唯恐天下不亂。他心想，劉備這個窩囊廢會不會出兵打孫權呢？想來想去想不明白，就主持群臣討論。群臣討論的結果是不會打。大家說：「蜀是小國家，名將只有一個關羽。關羽掛掉了，蜀國又擔憂又害怕，哪還敢再打？」

「當然會打！」

大家一看，是一貫的反對派劉曄。劉曄說：「蜀國雖然弱小，但是劉備想打腫臉充胖子，以顯示國力強大，所以會打，這是其一；劉備和關羽，名雖君臣，恩猶父子，關羽死，劉備一定會報仇，這是其二。」

按照以往的預測準確率來講，大家應該覺得劉曄是個神人而相信他的預測了，也許是出於嫉妒吧，這次大家照例不信。

事實的發展，再次給了不信劉曄的人一記響亮的耳光。

劉曄，就是這麼神！

曹魏黃初二年、蜀漢章武元年（二二一）秋七月，天地肅殺的時節，劉備率領大軍出三峽，征討孫權。

魏國君臣緊張地關注著戰事，猶豫著自己應該有什麼動作。

孫權派使者來了。使者照例帶來一封孫權的措辭極其謙卑的信，重申支持一個魏國的立場，表示願意臣服。使者還帶回來一個超重量級的人物：于禁，當年被關羽水淹七軍以後投降的戰俘于禁。

于禁是曹操時代的『五子良將』之一，一代傳奇名將。于禁用兵，沉毅威重，以軍紀嚴明、所戰必克著稱，在曹操帳下專門負責鎮壓叛軍，有如一柄好用的快刀。

如今，快刀于禁已經鈍了。他與關羽作戰，天時不利而敗，一時貪生而降。于禁在東吳飽受侮辱，有時候常常想，當初被關羽捉住時還不如死了算了。于禁被俘虜，僅僅一年多，當年的一頭青絲，如今鬚髮皓白，形容憔悴。只有心靈已經死去的人，才會這副模樣；于禁的心，早就死了。

現在踏上魏國的故土，看到熟悉的故人，于禁的心忽然又漸漸熱絡起來了。也許新帝即位，會給我這個未亡人以戴罪立功的機會，到時候，我將重返沙場，挽回作為一個軍人的尊嚴和榮譽！

于禁抱著這樣的幻想見到了曹丕，拜倒在地，頻頻叩頭，痛哭流涕。這位年過半百、飽經戰陣的老將，居然在曹丕面前哭得像個受盡了委屈的孩子一樣。周圍人都為之動容。

曹丕和顏悅色地扶起于禁：老將軍辛苦了吧？老將軍受委屈啦。來，給老將軍看座！

于禁看著和藹的曹丕，心想一定要肝腦塗地，以報答新帝之恩。

曹丕笑眯眯地對于禁說：老將軍，國家是不會忘記你們老一輩的功勳戰績的！最近國家發生了很多事情，老將軍也要先好好休整一下，保重身體啊！將來國家有事，還要倚重您這樣的老將軍呢！對了，朕的父王去世時沒有見到老將軍，一直引為憾事啊。要不，您現在去高陵掃墓，看望一下他老人家？

于禁欣然領命，趕往鄴城高陵。主公啊，你生了一個好兒子！我于禁就算豁出這把老骨頭，也要保衛曹家的江山！

于禁走後，曹丕趕緊找來心腹：去，找幾個畫匠，星夜趕往高陵，趕在于禁到之前在陵屋的牆壁上畫滿畫！

請問畫什麼畫？

曹丕拈鬚微笑：就畫關羽水淹七軍、龐德視死如歸、于禁貪生怕死屈膝投降的故事。畫得生動一點。

是。

幾天後傳來消息，老將于禁在鄴城惱羞成怒、氣滿胸膛，發病而死。

千年之後，司馬光讀史至此尚且忍不住說：曹丕對於于禁，廢之可也，殺之可也，畫陵屋而辱之，沒有個君王的樣子。

與司馬光同姓的司馬懿，也就這一事件再次深深領教了曹丕的刻薄。為子之臣，不亦難乎？看來以後要繼續戒驕戒躁，韜光養晦。

就在曹丕玩死于禁的時候，神算子劉曄忍不住了。堂堂一國天子，居然挖空心思算計自己的臣子，而對如今風雲突變的天下大勢熟視無睹！

劉曄再次找到曹丕，獻上了三國時期最高明、最狠毒的一條計策！

6 謀國先謀身，別被自己邊緣化

孤獨的謀士——劉曄

劉曄這個人的確很神。

一方面，他在曹營眾謀士之中算無遺策，是第二代謀士中的佼佼者；另一方面，他卻始終不得重用。從曹操到曹丕再到將來的曹叡，沒有一個皇帝真正地信任他，他也不信任任何一個皇帝。

劉曄自以為是漢室皇族的遠親，難以得到曹家的信任。但實際上，在司馬懿看來，劉曄真正的問題在於只懂謀國，不懂謀身。

謀國謀軍，是為大謀；大謀的能力，標誌著一個謀士的水準。而如果只能大謀、不能小謀，那你充其量也只能是一個謀士而已。譬如老一代謀士中的程昱，心知自己不擅長謀身，索性早早退休以避禍，還屬於結局好的。如楊修之輩，下場可謂淒慘。

劉曄的問題就在這裡。劉曄自恃料事如神，對於人情關係、政治投機，全不在意，以為單憑能力足以令君王青睞，令同僚側目。

的確，你料事如神大家都看在眼裡。可是你越是料事如神，不就越顯出我們愚呆蠢笨？全世界就你一個聰明人，我們都是大傻瓜？我們偏偏不聽你的！

所以，劉曄一次次料事如神，大家也一次次照例不聽他的。

相反，司馬懿在謀的境界上，比劉曄高出不止一籌。司馬懿不如劉曄對於軍國大事如此敏銳而洞察，所以獻策並不多。但是司馬懿不多的幾次獻策，卻都能被君主採納、發揮出最大功效，使大家對他印象良好。因為司馬懿清楚，獻策的目的不能太大公無私；獻策並不是為了讓採納者成功，而是為了讓自己成功。

更重要的是，司馬懿懂得謀身。一百次成功的獻策，只能說明你業務素質良好，可以按照常規途徑加官進爵；而一次成功的政治押寶，就能說明你是自己人，可以按照非常規途徑實現仕途三級跳外加撐杆跳。

另外，劉曄是曹魏政權中少有的揚州人，又不懂得拉幫結派，所以自始至終都只能是一個人在戰鬥。而司馬懿作為河內世族，積極與汝潁世家和并州人士聯繫，在朝中培植起自己的勢力。到了曹叡時代，劉曄仍然只是孤身一人，而司馬懿則已經是實力最強的政治派別的掌門人。

所以，從曹丕稱帝的黃初元年（二二〇），直到曹丕駕崩的黃初七年（二二六），司馬懿沒有任何一次史有明文的精彩獻策，但到曹丕駕崩時，託孤的重臣只會是司馬懿，不會是屢屢獻策而屢屢不被採納的劉曄。

劉曄早就被邊緣化了。把他邊緣化的，與其說是別人，不如說是他自己。

在劉備大舉攻吳的關頭，孫權獻書稱臣的大好形勢下，劉曄再次站出來潑大家的冷水，彰顯他的聰明智慧，反襯曹丕和其他謀士的白癡愚蠢。

不過，劉曄的此次獻策，實在堪稱三國史上最經典、最具殺傷力的策略。曹丕如果採納，那他將提前六十年實現中國的統一。我們來仔細賞析一下劉曄的精彩獻策。

劉曄說：「孫權無故求降，必有內急。他之前殺關羽、取荊州，把事兒做得太絕了。孫權怕劉備震怒，舉國來攻；又擔心我們趁火打劫，所以索性向我們稱臣，以免兩面受敵之苦。」

劉曄一番話，把孫權的動機挖掘得入木三分，如果孫權在現場聽到劉曄的分析，一定心驚肉跳。但是現在的聽眾是曹丕和眾魏臣，他們聽得昏昏欲睡。

劉曄繼續分析：「如今天下三分，魏國最強。吳、蜀只能互相幫助，才能免於滅亡。而他們居然還有閒情逸致互相掐架，這是老天要亡他們了。我們應該趁此機會直接渡江攻打吳國的心臟地區。蜀軍打他們的外延地帶，我們攻他們的心臟地區，要不了幾天，吳國一定完蛋。」

如果剛才的分析還只是讓孫權心驚肉跳，那這段話足以使他紫髯倒立、碧眼流血。江東三代苦心經營的偌大基業，劉曄這幾句話的確足以使之灰飛煙滅。那蜀國呢？且聽劉曄的繼續分析：

「即便把吳國的一半割給蜀國，蜀國也獨木難支，遲早滅亡，何況蜀國只得到吳國鳥不拉屎的外延地帶，而我們得到的是富庶繁榮的心臟地區？」

聽到這個分析，估計連憤怒中的劉備都可以清醒了。但是曹丕依舊執著：「人家都稱臣了，我還打他，多不厚道。我想先接受吳國的臣服，然後偷偷地襲擊蜀國的後方，你看怎麼樣？」

你的計策無非是鷸蚌相爭、漁翁得利嘛，我曹魏作為漁翁，先取鷸還是先取蚌，無損於你這個計策的精髓吧？聰明如曹丕，也只能看出劉曄此策的第一層精妙之處，而難以得其精妙之髓。

劉曄斬釘截鐵予以了否定：不對。

曹丕被噎到了，氣鼓鼓地問：你倒是說說，哪裡不對？

劉曄說：「從地緣政治的角度看，蜀遠吳近，伐蜀不如伐吳；從軍事心理學的角度看，劉備處於盛怒狀態，一旦看到我們幫他滅吳，肯定更加來勁，我們的計策就可以得逞；而孫權處於清醒狀態，一旦看到我們幫他滅蜀，考慮到東吳的長遠利益，一定會停止內訌，與劉備聯合一心對外，那此計就難以成功了！」

司馬懿聽到此處，喟然長歎：絕妙好計！

一曲肝腸斷，天涯何處覓知音？

反正知音不是曹丕，曹丕不僅受了孫權的降，而且還封孫權為吳王。

劉曄再次苦苦諫諍，曹丕索性把耳朵閉起來：不聽不聽我不聽。

機會轉瞬即逝，能不能抓住，只在一念之間。戰事很快分出了勝負。劉備自赤壁之後戰無不勝，是因為有關、張、馬、黃、趙在前衝鋒陷陣，有龐統、法正為他運籌帷幄、決勝千里，有諸葛亮在後方提供後勤服務。而今，五虎名將死了一大半，鳳雛落馬、法正歸天，劉備辛辛苦苦幾十年、一夜回到赤壁前，除了軍隊，一無所有。年邁的劉備被初出茅廬的陸遜火燒連營，倉皇逃回白帝城。

劉備把白帝改名永安，永遠安定的意思。在馬上飄零了一輩子的劉備，終於再也不想打仗了。

司馬懿望著南方，似乎隱隱看到沖天的焰火。

看來，一個時代真的已經落幕了。

曹丕舞劍，意在臧霸

孫權的臣服，有一件事情一直令曹丕不大痛快：孫權儘管口頭謙卑，進貢的禮品也捨得下血本，但在派太子入魏國為人質的問題上，始終拒絕。曹丕封孫權為吳王，又想封孫權的兒子孫登為萬戶侯，請孫權送孫登來受封，孫權拒絕了。孫、劉之間的戰役結束，曹丕舊事重提，孫權再次拒絕。

高人與一般人的差別在於，高人可以預見事態的發展，而一般人要等到事件發生的時候才能明白。

拒絕高人劉曄建議的曹丕，直到此時才終於明白：孫權不是真心臣服！

曹丕決定亡羊補牢——出兵南征。他找來神算子劉曄商量：之前你不是讓朕南征孫權嗎？朕這就南征去。曹丕心想劉曄一定舉雙手支持這次軍事行動。

劉曄的心思，曹丕你別猜。劉曄舉雙手外加雙腳反對南征孫權。

劉曄對於曹丕之前不採納他的驚世妙計耿耿於懷、怏怏不樂，沒好氣地說：「孫權新得志，上下齊心，阻帶江湖，不可倉卒制服。」

曹丕的逆反心理又上來了，照例把劉曄的話當耳旁風：你說不能打，朕偏偏要打！

司馬懿看著鬱悶的劉曄，心裡一樂：劉曄啊，這次你就算錯了。陛下何嘗是要滅吳？他打著別的算盤呢。

曹丕大起三路軍渡江攻吳：

西路軍遠臨江漢，最高統帥曹真，部下有夏侯尚、張郃、徐晃，戰略目的是包圍南郡，隔斷吳、蜀之間可能出現的新聯盟，並威脅吳國新都武昌；

中路軍兵出濡須，最高統帥是曹魏百戰名將曹仁，濡須是魏、吳的老戰場；

東路軍兵出洞口，最高統帥曹休，部下是張遼，以及臧霸。

在這次戰役中，曹休擔任征東大將軍，並且「假黃鉞」。

曹魏統兵將領，威權高低可以分為四等：最低一等，假節，戰時可殺犯軍令的普通人，臧霸在曹操時代即被授予「假節」的威權，而成為一名「節將」；次高一等，持節，平時可殺無官位的普通人，戰時可殺二千石以下官員；再高一等，使持節，平時也可殺二千石以下官員；最高一等——

假黃鉞！

假黃鉞是代表天子出征。具體有什麼威權呢？根據《古今注》：「賜黃鉞則斬持節將。」換句話說，曹休擁有在戰時斬殺臧霸的權力。

很多平時需要通過繁瑣的司法程序和政治運作才能處理的問題，戰時可以通過簡單的手段直接解決。曹丕企圖通過這次戰役，一舉解決盤踞青、徐二州的臧霸勢力。

這才是曹丕的真實意圖。

臧霸不是傻瓜。他在江湖上成名的時候，曹丕還在娘胎裡呢。臧霸決定重振當年之勇，以戰場上的傑出表現來博取曹丕的信任。年過半百的臧霸率領本部輕舟五百、敢死隊一萬人，拿出不要命的精神瘋狂拚殺。來迎戰的吳兵嚇了一跳：怎麼碰上這麼位打仗不要命的主兒？丟盔棄甲，大敗虧輸。

臧霸首戰獲勝，立馬請命乘勝追擊、強行渡江作戰。曹休把臧霸的請命上呈給曹丕。曹丕淡淡地回覆：不必了，撤軍吧。

臧霸鬆了口氣。拚了這把老骨頭，終於解除了曹丕的疑忌。

之後，曹丕親自東巡，臧霸前往朝見，曹丕沒收了臧霸的兵權，把他請到洛陽，高官厚祿。

橫行一世的臧霸，晚年只能在洛陽城備位充數而已。不過，他也起碼可以得保天年，死後哀榮無限。

這算最好的結局了。

曹丕杯酒釋兵權，青、徐二州的潛在割據勢力被消除，曹操時代的歷史遺留問題終於得到解決，北中國實現了統一。當然，東北的公孫家族仍然盤踞一方，不過暫時對大局無礙，曹丕把一頂車騎將軍的帽子給了公孫氏如今的掌門人公孫恭，算是安撫。

除了消滅臧霸勢力外，此次南征還實現了一個目的。我們來看看作戰前後一些主要將領官職的變化：

曹真，原任官鎮西將軍，南征時官拜上軍大將軍、都督中外諸軍事，假節鉞，戰後再升為中軍大將軍；

曹休，原任官中領軍、鎮南將軍，南征時官拜征東將軍、假黃鉞，督二十餘軍；

夏侯尚，原任官中領軍、征南將軍，南征時升任征南大將軍，戰後假節。

與曹丕從小玩大的這批曹氏宗親個個位居顯要，曹丕不動聲色地實現了軍界大換血，曹魏第二代軍事統帥成功上位。

還是那句話，許多平時難以辦到的事，戰時都可以輕鬆實現。

因為，戰時的集權程度是最高的。

司馬懿深明箇中三昧，所以他試圖往軍界邁步。但是這一步始終邁得很曖昧：好不容易在曹操時代做到軍司馬，曹丕一即位又做回丞相長史的文職去了；好不容易在曹丕稱帝後做到督軍，轉眼局勢穩定又做回尚書右僕射的文職去了。

軍權，就是曹魏政權最後的禁臠了，嚴禁外人染指。看來，曹氏、夏侯氏這樣的譙沛集團、宗親重臣領有軍權的鐵律，還是難以打破啊！

山重水複疑無路，柳暗花明又一村。

黃初六年（二二五），曹丕突然拜四十七歲的司馬懿為撫軍大將軍，假節，領兵五千。

儘管只是領導區區五千名士兵的兵權，但司馬懿榮膺高級軍職，簡直如魚得水。

從這五千名士兵起步，年近半百的司馬懿終於將開始他人生的黃金時代！

7 當好官太太，讓司馬懿都為你折腰

張春華絕食事件

司馬懿之所以得掌軍權，是因為夏侯尚死了。

夏侯尚是曹丕的布衣之交，從小玩大的好朋友。所以曹丕即位之後，立馬把夏侯尚提拔到征南大將軍的位置上，屯駐宛城，負責長江中游的防務。夏侯尚年紀輕輕，便成為曹魏第二代軍事統帥中一顆冉冉升起的將星。

然而這顆將星在四十左右正當年富力強的年紀突然隕落了。

事情的緣由是這樣的：夏侯尚有個愛妾，十分討人喜歡，地位大有凌駕正室之趨勢。而正室，是宗室之女。可能這位公主有天找曹丕發牢騷，曹丕憤怒之下，居然下令把夏侯尚的愛妾絞死！

夏侯尚也是個多情種子，為此痛哭流涕，乃至精神恍惚，不能理事。夏侯尚常常想起和愛妾一起的那些甜蜜日子和美好笑容，常常獨自一人去愛妾的墳頭看青草。

沒有多久，夏侯尚已經形銷骨立，臥床不起了。曹丕恩准夏侯尚回洛陽，派名醫緊急救治。名醫只能治身，不能治心，對夏侯尚的病，表示無能為力。

曹丕親自前往慰問這位兒時的好友，握著夏侯尚的手痛哭不已。夏侯尚沒有一絲表情。

夏侯尚就此死去。生不能為比翼鳥，死後願做連理枝。夏侯尚在另一個世界終於能與他真正愛的人長相廝守。

夏侯尚的突然去世，軍界立馬出現一個巨大的權力真空。曹丕環顧宗室子弟，沒有一人的威望和能力足以填補此空缺。曹丕不得已，只好把候選人的範圍擴大到自己的心腹。

表現出傑出軍事才能的司馬懿，入了曹丕的法眼。

曹丕升任司馬懿為撫軍大將軍、假節，領兵五千，加給事中、錄尚書事，留守許昌，鎮撫百姓並負責軍資補給、督後臺文書。

幸福來得太快，就像龍捲風。一連串的重量級官銜突然砸到司馬懿頭上，司馬懿有點不適應。等司馬懿穩過心神，他決定推辭掉這些官職。

日中則昃，月滿則虧。司馬懿深知官場亦是如此。周易六十四卦，唯有一個卦，六爻皆吉——謙卦。司馬懿走到今天，正是靠了「謙」之道。司馬懿當即向曹丕表示：臣不敢接受這些官職。

曹丕語重心長地對司馬懿說：「朕日理萬機，夜以繼日，實在忙得連喘口氣的工夫都沒有。讓你擔任這些官職，並不是賜予你的榮耀，而是要你替朕分憂。」

這不是對你的政治考驗，你也不要假惺惺推脫了，叫你幹你就幹吧。

話說到這個份上，司馬懿才安心受命，從此更加兢兢業業。

人不是鐵打的，一人工作二十五個小時誰也吃不消。司馬懿一下子增加了這麼多工作量，儘管身體不錯，可還是累病了。

許久沒出場的太太張春華來探病了。張春華上次出場，才十三歲，正當豆蔻年華，惹人喜愛；如今已是四十左右的年紀，人老色衰，不再得司馬懿的歡心。司馬懿所寵愛的，是年輕的愛妾柏夫人。張春華由此不但被夫君疏遠，而且關係並不融洽，夫妻之間似乎已經沒有感情可言。

但是張春華還是出於妻子的關心，來看望司馬懿。

司馬懿又躺在病榻上。張春華記起二十多年前的那天，司馬懿也是這樣躺在病榻上。只不過，當年年輕的司馬懿是裝病，如今年過半百的司馬懿是憂勞成疾。

張春華一陣心酸，感慨歲月不饒人。

司馬懿見張春華來，心裡很不痛快。平時跟我打冷戰，這時候才知道來看我？我還以為我就算死了你也不會來了！司馬懿病中心情不好，刻薄的話語脫口而出：「可惡的老東西，何必勞駕

你來看我？」（老物可憎，何煩出也）

張春華的一片好心被當做驢肝肺，又氣又怒，摔門而出。

張春華十三歲就敢殺人，絕非尋常女子，哪裡受得了這等欺負？回來越想越氣，遂決定：絕食自殺。

司馬懿得到家人的通報，並不理睬。面目可憎的老東西，你餓死算了！

轉過天來，家人又慌裡慌張來通報：夫人仍然絕食！

司馬懿眼皮都不抬。

家人接著說：兩位少爺也加入絕食行動！

司馬懿一躍而起：什麼？

司馬師和司馬昭都是張春華為司馬懿添的香火，如今已經十幾歲了，被司馬懿當心頭肉一樣寵愛。

司馬懿那個心疼呀，趕緊跑到兩位少爺房裡：我的小心肝呀，你們怎麼不吃飯？

司馬師和司馬昭齊聲回答：媽媽不吃，我們也不吃。

司馬懿沒有辦法，只好拉下老臉，來找張春華。

啊，春華，仲達向你道歉。來到你門前，請你睜開眼，看我多可憐。今天的你我怎樣重複昨天的故事，我這張舊船票還能否登上你的破船？

司馬懿在門口低聲下氣，軟磨硬泡，苦苦哀求。好半晌，張春華才打開門來：我餓了。

張春華在史書上一共出現兩次，卻都是如此彪悍的形象，令人不得不深深佩服這位能令司馬懿折腰的奇女子。

但是，探究一下司馬懿夫婦的內心：他們之間真的已經沒有感情了嗎？我想不是的。通過當年的殺人事件和後來的傑出表現，張春華真正扮演了司馬家賢內助的角色，贏得了司馬懿最充分的信任。他們的關係，已經遠遠超越一般男女的情欲與夫妻的恩愛，而上升到一種親密夥伴的關係。

因此，即便不得寵幸，張春華在司馬家的地位，絕非僅靠姿色得寵的柏夫人之流所能撼動。風波好不容易平息，司馬懿向老婆求饒的軼事傳得沸沸揚揚，大夥兒都說司馬懿怕老婆。司馬懿一張老臉依舊一臉平靜，鎮定地對外闢謠：「老東西有什麼好怕的？我是擔心餓壞了我的兩個寶貝兒子！」（老物不足惜，慮困我好兒耳）

四十八歲的司馬懿病終於好了，而四十歲的曹丕卻走到了他人生的終點。

託孤

曹丕稱帝的第六個年頭，再次南征孫權。他順利地解決了曹操留下的五個難題，卻惟獨被長江彼岸的孫權在外交上玩得團團轉，實在心有不甘，因此屢屢南征，屢屢無功而返。

這是他即位以來第四次南征，也是他人生的最後一次南征。

曹丕照例留司馬懿以撫軍大將軍的身分鎮守許昌後方。即位以來，司馬懿一直從事後勤工作，任勞任怨。曹丕也有點過意不去，特意對司馬懿說：「朕最擔心的就是後方，所以把後方委託給卿。曹參雖然有戰功，但畢竟比不上負責後勤的蕭何。使朕沒有後顧之憂，不正是愛卿的偉功嗎？」

司馬懿呵呵一笑：你這就見外了，咱倆誰跟誰呀，還用說這些？我辦事，你放心，你就放心去吧！

曹丕放了心，升任當年的太子黨一號人物陳群為鎮軍大將軍，帶在身邊，親自南征。曹丕的每次南征，都搞得像炫耀武力的閱兵式。這次又把十幾萬軍隊沿江一字排開，那場面那傢伙，那是相當壯觀。鑼鼓喧天，鞭炮齊鳴，紅旗招展，人山人海。

可惜，河裡結冰了，船下不了水。冰還結得不嚴實，人馬不能通行。

對面東吳的士兵嚴陣以待：哥們，你嚇唬誰呢？這是要打仗的架勢嗎？

曹丕望著茫茫大江，感慨道：「嗟乎！這是老天強行分隔南北啊！」無計可施，只好返回。大江對於曹魏是不可逾越的天塹，對於能舟善水的東吳人來說可就如履平地了。東吳大將孫韶看著曹丕離去的背影就來氣：你把我這兒當公共廁所嗎？想來就來，想走就走？他派部將高壽，帶領五百名敢死隊員，偷偷渡江抄近路攔截曹丕，殺他威風。

高壽領命渡江，帶五百兒郎一路趁夜急行軍，望見曹丕的儀仗隊，發動突然襲擊。曹丕大吃一驚，連忙逃跑。高壽也就是嚇他一嚇，並不打算打硬仗，就撿了曹丕丟下的羽蓋、副車這些儀仗用品凱旋。

曹丕這一驚嚇吃得不小，精神一直有點恍惚。屋漏偏逢連夜雨。路上，幾千隻戰船又開進了死胡同，擱淺在淺水灣裡行走不了，曹丕簡直都打算把船通通燒了算了。謀士蔣濟說：我有辦法。曹丕就把戰船留給蔣濟，自己先恍恍惚惚往司馬懿鎮守的許昌而來。

蔣濟在後方，把船聚攏在一起，然後挖出幾條通往淮水的通道，並在另一端築起土壩，把湖水攔截住。等湖水蓄積得差不多了，蔣濟下令突然毀壞土壩，湖水洶湧而至，把船沿著挖好的水道沖進淮水。蔣濟統領這支船隊踏上了歸程。

曹丕來到許昌，正要進門，許昌的城門突然崩塌。曹丕又受了驚嚇，加上戎馬勞頓，生起病來，就臨時決定不進許昌，給司馬懿留了道口諭：「朕在東邊，你就管西邊；朕在西邊，你就管東邊。」意思是我不進許昌，直接回洛陽了。東邊的事務，就託付給你了。

曹丕來到洛陽，這時候已經是黃初七年（二二六）的正月。之後的幾個月，曹丕的病時好時壞，挨到五月份，病情已經很糟糕了。曹丕立了與甄姬所生的兒子曹叡為太子。曹丕一共九個兒子，已經死了四個，剩下的都體弱多病，看上去也活不長久。只有曹叡，身體健康。儘管曹丕因為他母親的緣故不想立曹叡為太子，但也沒有別的人選。曹叡當太子，沒有太大的懸念。

曹丕知道自己的病情沒有挽救，緊急召回中軍大將軍曹真、鎮軍大將軍陳群、撫軍大將軍司馬懿，在洛陽城崇華殿的南堂交代後事。

曹丕抬起一個手指指著曹真、陳群和司馬懿，虛弱地對曹叡說：「有說這三位壞話的，萬萬不可聽。」曹叡點點頭。

曹丕還想對三人交代點什麼，卻想不到說什麼好。我曹丕在位期間，歷代有可能的亡國因素，都已經被我扼殺在搖籃之中了。

漢有七國之亂，我曹丕嚴格監視諸侯王，防兄弟如防賊，雖然留下了刻薄的罵名，但總算消除了隱患；

秦有宦官當權，漢有常侍亂政，我曹丕一上臺就下令嚴格限定了宦官所能達到的最高官職，對其嚴加防範，此亦不足為患；

後漢外戚跋扈，我曹丕早在四年前就下令婦人不得干政，外戚不得輔政，違者天下共誅之，看來外戚也不能成為禍患了。

想來想去，曹丕簡直覺得大魏王朝固若金湯，不可能再有什麼亡國因素了。於是曹丕只好交代了一些諸如要忠心輔政、早日殄滅吳蜀之類的套話。

曹丕回顧自己四十年的一生，幾乎一半是在宮廷的勾心鬥角中度過的。為了博得父親的喜愛，自己犧牲了多少率真和天性，苦苦偽裝，學習了那麼多技藝，僅僅是為了炫耀給別人看而已。

在任七年，只不過解決了父親遺留下來的五個難題，真正的建樹，乏善可陳。將來的史官，不知道要怎樣在史書中評價我呢。明主？庸主？昏君？

唉，都到這臨死的關頭了，我怎麼還在關心別人的評價呢？我這輩子，能不能純粹地為自己做一件事？

曹植啊，有時候我真羨慕你。你可以那麼率性地醉酒，率性地寫詩，率性地痛哭，率性地大笑。而我……

我當了皇帝以後，一首詩都寫不出來了呀！

向風長歎息，斷絕我中腸！

黃初七年（二二六）五月，魏文帝曹丕在洛陽駕崩，終年四十歲。二十出頭的曹叡，即位為帝。司馬懿以排名最末的託孤大臣身分，輔佐新帝。

歷史照舊發展，太陽照常升起。而司馬懿的人生卻即將掀開新的篇章。

第四章

龍戰於野（上）

真正的權威，有且只能有一個

龍多不治水，人多不管事。真正的權威，有且只能有一個。儘管從官銜和權力上看，司馬懿已經是西部軍區至高無上的權威，但論到對蜀作戰的經驗與戰績，張郃的威望恐怕就要高那麼一點點了。張郃這樣的老將，適合獨當一面，但絕不適合屈居人下。獨當一面時，張郃可以是令敵軍聞風喪膽的百戰將星；屈居人下時，張郃只能是倚老賣老、令人生厭的釘子戶。不除掉這個老釘子戶，我司馬懿如何能夠成為西部軍區說一不二、至高無上的真正權威？

1 君臣保持適當距離，才能保證威嚴和神秘性

小秦始皇——曹叡

司馬懿漸漸感到，曹叡這個小皇帝不是簡單的角色。

曹丕臨終前，給曹叡安排了曹真、陳群和司馬懿三位輔政大臣，曹叡上臺以後，並沒有把腹心大任都交託給這三位長輩。

從禮節上講，曹叡對他們畢恭畢敬；從權力上看，他們原來幹啥，現在還幹啥。

這位二十出頭的年輕皇帝，一上臺就已經把中樞大權牢牢把握在自己手裡了。

更讓人捉摸不透的是，至今都沒有朝廷重臣與曹叡有過深入接觸。

曹叡在東宮時，不像他爹曹丕那樣交遊廣泛，而是深居簡出。再加上他本來就口吃，而且沉

默寡言，跟外人更是少有來往。即位之後，司馬懿受封舞陽侯，爵位高隆，但職權不變。自從託孤之後，他也很少見到曹叡。

群臣議論紛紛，不知道這位新君是個怎樣的人物。司馬懿卻不禁暗暗讚歎：君主與臣下保持適當的距離，正能保證其威嚴和神秘性。看來這小皇帝年紀輕輕，卻深得馭下之道啊！

曹家有王初長成，養在深宮人未識。

突然有一天，劉曄一大早被召進宮去，直到傍晚時分才出來。門口早就聚滿了不明真相的圍觀群眾，大家紛紛詢問：「怎麼樣？咱們陛下是什麼樣的人物？」

劉曄很久沒有得到這樣的重視了，環顧四周，清清嗓子，說：「可以比作秦始皇、漢武帝一類的人物，才能略有不及罷了。」（秦始皇、漢孝武之儔，才具微不及耳）

劉曄看人，確實精準。曹叡可以說是史上最被低估的皇帝之一，也是一個謎一樣的人物。

曹叡的身世首先成謎。根據《三國志》的記載，他終年三十六歲，死於西元二三九年；逆推出生時間，當在西元二〇四年，歷史上的建安九年。建安九年八月，曹操攻克鄴城，曹丕乘亂納甄姬。即便曹叡生於年底，那也是曹丕得到甄姬之後四個月的事情。根據醫學常識來推斷，甄姬在見到曹丕之前，已經懷了六個月的身孕。

甄姬是袁熙的妻子，袁紹的兒媳婦。如此推來，那麼曹叡就是袁紹的孫子，而非曹操的孫子！

但是，以曹操之精明，曹丕之刻薄，如此大事豈會不知？裴松之為《三國志》作注，根據〈文帝紀〉和〈明帝紀〉對曹叡受封武德侯年份的矛盾記載，推出曹叡應當是生於西元二〇六年，終年三十四歲。

雖然小道消息更抓人眼球，但是歷史就是歷史，不容肆意八卦。

曹叡是曹操的第一個孫子，自然格外得到祖父的疼愛。曹丕後來的幾個兒子都早夭，曹操更加把曹叡當成掌上珠、心頭肉，對他說：「你是我曹家的第三代傳人啊！」從此，時常把曹叡帶在身邊，放在謀士堆裡，讓他觀摩學習權謀的運用和軍事的知識。

可以說，曹叡也是曹丕當選太子的一顆重要籌碼。但是曹丕卻一度不想立曹叡為太子。

緣故還是在於曹叡的生母——甄姬。

甄姬死前，把曹叡託付給曹丕的另一個妾李夫人；然而曹丕卻令沒有子嗣的郭女王撫養曹叡。

仇人相見，分外眼紅。

曹叡雖然不知母親被賜死的詳細內幕，但也隱隱知道與這位養母郭女王脫不了干系。但是他克制了最初的仇恨與憤怒之後，作出了一個決定：要以一百分的孝順，博得郭女王的歡心。

曹叡現在還不是太子，不是太子就當不了皇帝，當不了皇帝就不可能有機會為母報仇，因為仇人是當今天子最寵愛的女人。

君子報仇，十年不晚。

從此，曹叡每天早晚向郭女王請安，分外孝順；而郭女王因為沒有兒子，也想在晚年找個靠山，居然就把曹叡當自己的親生兒子般慈愛有加。

母慈子孝，其樂融融。曹丕看在眼裡，也很欣慰。但他絕想不到，這天倫之樂背後洋溢的，居然是一個十幾歲少年的隱忍與殺機。

有一天，曹丕帶著曹叡騎馬打獵。突然，一隻母鹿領著小鹿掠出，曹丕眼疾手快，箭似流星正中母鹿。曹丕興奮地大喊：快！快射小鹿！

曹叡卻黯然神傷，丟下弓箭。

曹丕眼睜睜看著小鹿逃走，氣急敗壞責問曹叡：為什麼不射？

曹叡默默地說：「陛下已殺其母，臣不忍復殺其子。」

說完，潸然淚下。鹿猶如此，人何以堪？

曹丕聞得此語，如遭電擊，弓箭脫手落地。一種對於甄姬的內疚之情油然而生，轉化為對曹叡的深深疼愛。

終於，曹叡毫無懸念被立為太子。

這些故事，司馬懿也有耳聞。他聽到劉曄的評價，更是心驚膽戰。秦始皇、漢武帝是什麼樣的人物？年少即位，擺脫太后的干政，清洗朝中的權臣，政自己出，雄橫無匹。

貴為太后的郭女王恐怕不會有好日子過了。在這個年輕人面前，自己恐怕也要更加勤懇才行。內政難以掌大權，不妨設法利用如今的軍職，在軍界有所突破。畢竟，君王的鞭策再長，總不可能在軍事上也親力親為吧？

事實證明，司馬懿想錯了。秦皇、漢武何如人也？吞六國、驅匈奴，哪件不是赫赫戰功？

曹叡這個剛登基三個月的小秦始皇，寶座還沒坐熱，就體現出了他卓越的軍事才華。

諸葛丞相借刀

曹丕五月份死，孫權八月份就帶領大軍圍困江夏。

古人云：「兵不伐喪。」孫權的字典裡沒有這個概念，孫權只知道什麼叫兩面三刀、趁火打劫、落井下石。

江東的長項在於水戰，這次孫權居然敢棄舟上岸圍困江夏，氣焰不可謂不囂張。江夏守將文聘的告急文書飛到曹叡的案頭，滿朝文武群情激奮，紛紛請戰救援江夏。

司馬懿抬眼看這位年輕君主的反應。

曹叡穩坐不動，聽大臣們喧嚷。

等大家情緒平復了，曹叡說了三個字：不出兵。

文武皆驚。江夏乃是南防重鎮，一旦丟失，非同小可。

於是又是一陣譁然。

情。

曹叡坐在上面，冕旒擋著面孔，看不清是什麼神情。司馬懿猜想，曹叡一定在欣賞群臣的表情。

爭吵完了，曹叡才開始解釋。他說話有些口吃，但是在司馬懿聽來，這種口吃卻加強了他不容置疑的語氣：「東吳素習水戰，卻敢棄舟上岸，是趁我不備。如今已經和文聘相持不下，那『攻其不備』的戰略意圖就已經失敗了。再加上他是攻，我是守，守城比進攻容易得多，孫權打不了多久的。」

司馬懿在心裡暗喝一聲彩。不愧他從小在曹操的軍帳中成長起來，見識如此高明。

曹叡看看滿朝鴉雀無聲，接著說：「況且，朕之前已經料到孫權可能要趁機來攻，早已派了治書侍御史荀禹前往邊境勞軍。荀禹雖是文臣，但也頗有武略，應該不會辜負朕的期望。」

果然，荀禹得知孫權圍困江夏，發動周邊縣裡的兵勇千人，登山舉火以為疑軍。孫權久攻不下，又以為援軍已到，倉皇撤退。

孫權一計不成，又生一計，派諸葛瑾、張霸入寇襄陽。曹叡果斷命令司馬懿還擊。

這是司馬懿軍事生涯的處女戰，只能成功，不能失敗。司馬懿領兵到襄陽，觀察發現：諸葛瑾雖有盛名於吳，但是用兵迂緩、沒有奇策。司馬懿立即發動強攻，諸葛瑾敗走，張霸被斬殺。

司馬懿小試牛刀，打了個漂亮仗。

本年年底，曹叡給諸位元勳升官晉爵：曹休為大司馬，曹真為大將軍，陳群為司空，司馬懿為驃騎大將軍。同時，讓司馬懿都督荊、豫二州軍事，屯駐在曹魏南方戰區的大本營宛城。這等於讓司馬懿完全接替了夏侯尚所留下的位置。

驃騎大將軍位僅在人司馬、大將軍之下，司馬懿已經成為軍界第三號人物。處女戰顯然已奏奇效。

萬象更新，升官發財，皆大歡喜。惟獨有個人不高興。

新城太守孟達。

孟達自七年前投奔曹魏以來，就被授予新城太守的位置，坐鎮曹魏西南邊陲，自成一方勢力。他當年來時，深得曹丕器重，又與夏侯尚交好，可謂官場得意。如今，曹丕駕崩，夏侯尚病死，孟達逐漸感到自己在曹魏很孤獨。

幾年前，上庸地界的地頭蛇申儀，也歸降曹魏，受封為魏興太守，就安插在孟達左近。孟達與申儀關係一向不佳，申儀常常上書說孟達壞話。朝廷雖然沒有什麼動向，但是孟達感受得到來自朝廷的不信任。

孟達想回家了。

就在這時候，孟達收到了來自蜀漢方面的書信，寄信人是李嚴和諸葛亮，蜀漢的兩大軍政巨頭。

之前，蜀漢丞相諸葛亮一直在忙著平定南中。自從關羽失荊州以來，蜀漢一直在走下坡路，內部危機重重。通過諸葛亮超人的才能和同僚下屬們同心同德，終於把各種難關一一攻克。蜀漢勉強立國不倒。

南蠻叛亂時，諸葛亮親自五月渡瀘、深入不毛，攻城攻心、收伏蠻王孟獲，得到「南中永不復反」的承諾後，撤兵回來。

回來途中，遇到從曹魏方面投降過來的李鴻。諸葛亮和李鴻閒聊，聊到孟達的近況，李鴻說：「孟達剛投降魏國的時候，有人謠傳丞相您要殺孟達全家，幸虧先主沒聽取。孟達當時就駁斥謠言，說：『諸葛亮不會做出這樣的事情。』」諸葛亮聽了，對在座的費詩說：「回成都以後，我得給孟達寫封信。」（還都當有書與子度相聞）

費詩一聽，難道丞相還幻想著招降孟達？當即勸諫：「孟達這小子，既背叛劉璋，又背叛先主，這種反復無常的小人，給他寫什麼信！」（反復之人，何足與書邪）

諸葛亮默然不答。

諸葛丞相心思深沉縝密，豈是你區區費詩所能猜透的？諸葛亮在想李嚴。

蜀漢內部，既有劉備從外面帶來的集團，也有劉焉、劉璋時代留下的班子。前者主要是荊州集團，後者主要是東州集團。劉備死前，考慮到派系平衡，以荊州集團的諸葛亮、東州集團的李嚴，為兩大託孤重臣。

自從劉備死後，諸葛亮軍政大權在握，東州集團地位一落千丈。李嚴感受到了這種境況，他希望能加強本集團的實力。這對諸葛亮來講，可不是個好消息。

諸葛亮倒並非為了打壓政敵，他只是覺得，蜀漢是小國，國內必須同心同德，才能高效率地凝聚起力量來對魏國造成威脅。如果內部再分派系玩內耗，必將亡國。

在這樣敏感的時刻，久已淡出蜀漢人視野的孟達，重新出現。孟達原是劉璋舊部，屬於東州集團的人物，與李嚴私交甚密。如果孟達回歸，帶回來的還會有上庸、新城、房陵三郡和三郡的軍隊，東州集團實力無疑將大大增加。而喜歡玩內鬥的李嚴，必將更加不受約束。如此一來，怎能完成北伐大計，如何能夠消滅曹賊？

但是，另一方面來講，孟達歸心似箭，對蜀漢是件好事，自己沒有理由加以阻止。李嚴最近也在詢問關於勸誘孟達回歸之事，看來勸降孟達已是箭在弦上、不得不發。

如何是好？

誰說諸葛一生惟謹慎、不肯弄險？丞相的險招玩得出神入化、爐火純青，高明到不著痕跡。

諸葛亮思量已定，決心向曹魏借刀。

2 先斬後奏，置之死地而後快

計中計

李嚴在蜀漢政權的地位日漸尷尬。

白帝託孤之時，明明是兩位託孤重臣，如今無論軍事、政治還是外交大權，都在諸葛亮手中。自己所負責的，不過是後勤打雜而已。

人人都說諸葛丞相公平，我看是排斥異己、任人唯親！

李嚴想到了孟達。當初在劉璋部下，兩人就私交很好；後來劉備時期，孟達出降曹魏，其實也是被荊州集團排擠出走。李嚴留下來，忍辱負重，終於取得了今天的地位。

然而，今天這樣的地位，看來也要朝不保夕了。李嚴開始思念孟達。如果孟達能夠回歸蜀漢，兩人聯手，足以制衡諸葛亮而不至於讓他荊州集團一黨獨大、為所欲為！

李嚴抱著試試看的心態，向諸葛亮提議勸誘孟達回歸。李嚴心知諸葛亮肯定要極力反對，然而此事從表面看來對我蜀漢有百利而無一害，你要是反對，正好把你的私心彰顯於天下！

沒想到諸葛亮一口應承：好啊！

諸葛亮還說：李將軍，你與孟達關係甚好，此事由你出面，再合適不過。

李嚴心中暗喜，得到諸葛亮的首肯，立即給孟達寫了封信：「我和孔明一起，受到先主託付的重任，憂深責重，思得良伴。」信中隱晦地表達了自己在朝中受到排擠的尷尬現狀，希望孟達回來助拳。

孟達收到李嚴的來信，心中無限感慨，燃燒起了回蜀漢與李嚴並肩作戰的勃勃雄心。不久，又收到了諸葛亮的來信，「往年南征，歲末乃還，剛好與李鴻會於漢陽，才得到你的消息，不勝感慨。嗚呼孟子，當年實在是劉封侵犯您在先，破壞了先主的待士之義。我追思你我平生之好，依依東望，所以送來這封信。」諸葛亮的信，一如既往的叮嚀周至，思念之情洋溢於字裡行間。

孟達心想：看來蜀漢是歡迎我回去的。

孟達派人回信，給諸葛亮送去一塊玉玦，表明自己歸意已「決」。

諸葛亮收到來信和玉玦，點點頭，找來心腹郭模：你去詐降曹魏，助孟達一臂之力。

郭模領命要走。諸葛亮像想起了什麼似的，又叫住郭模：對了，你此去要經過魏興郡。魏興太守申儀，也是從蜀漢這邊降過去的，孟達回歸之事不可以瞞著他。你順便把這事跟他說說，希望他也能一起回歸吧。

遵命。

諸葛亮送走郭模，這才鬆了口氣，開始回顧自己的整個計劃有沒有什麼漏洞。盤算一遍之後，發現只有一個問題：上庸、新城、房陵三郡地勢險要，易守難攻。即便孟達反叛，萬一魏國派來征討的將領是個庸才，只怕倉促之間也難以打敗孟達。

曹魏會派出怎樣的演員，來配合我這個完美的劇本呢？

郭模詐降曹魏，經過魏興。魏興太守申儀，是三郡的地頭蛇，在本地很有宗族勢力。他原本還有個哥哥申耽，被調到京城當官，其實近乎軟禁。申儀明白，在三郡的地界上，我就是土霸王；離開了三郡，我就什麼都不是。所以他死死盤踞於此。

申儀和孟達關係很糟糕。他屢次上書朝廷，說孟達有反意。奈何沒有確鑿的證據，朝廷並不理會。怎樣才能抓到孟達造反的把柄呢？申儀苦苦思索。

踏破鐵鞋無覓處，得來全不費工夫。蜀漢方面有個郭模過來投降曹魏，路過魏興。郭模對申儀說：您知道孟達要回蜀漢的事吧？

申儀眼睛一亮：不知道哇。

嗨，這您都不知道？孟達和諸葛亮書信來往那叫一個頻繁，孟達還給諸葛亮送了塊玉玦。玉玦是什麼意思您知道不？決！我意已決！

申儀眯起眼睛。

送走郭模，申儀回頭就給屯駐宛城、管轄本片區的司馬懿上書，把郭模的話原原本本說了一遍。

司馬懿得到申儀的密報，興奮異常：孟達呀孟達，七年前我除不了你，今日終於可以除你而後快！

司馬懿生怕孟達得知郭模洩露此事而提前造反，趕緊先給孟達寫一封信以穩住他，派加急快馬送去新城；另一方面籌備軍馬尋找戰機；同時派要員把此事上報朝廷。

孟達接到郭模，才知道郭模已經把造反的事洩露給了申儀，大吃一驚，便考慮要不要把反叛的日期提前。正在猶豫，忽然接到司馬懿的來信：「孟將軍過去棄暗投明，國家對您十分器重，把西南防事委託給您，信賴之心日月可鑒。蜀人對您切齒痛恨，諸葛亮屢屢想討伐您，只愁沒有機會。我聽說郭模講您要反叛，這可不是一件小事，諸葛亮怎麼可能當做兒戲，輕易洩露？顯然是敵人用的離間計，朝廷是不會中計的，請不要擔心。」

孟達讀完信，心裡一塊石頭終於落地。然而又對司馬懿信中那句話耿耿於懷：對啊，我要反叛這樣的大事，諸葛亮怎麼會這樣輕易地透露給申儀呢？孟達百思不得其解。

不過即便司馬懿真的要來討伐我，我也不怕。一來，宛城離洛陽八百里，離我這兒一千二百里。司馬懿先派人去洛陽請示天子，再率兵來攻打我，一來一去得一個多月時間，那時候我早就城防堅固、援兵到來了；更何況，我三郡地勢險要，萬夫莫開，司馬懿肯定不敢親自來。如果司馬懿不來，其他人來我都不怕。

孟達計較已定，便按部就班開始籌備造反事宜。

諸葛亮、司馬懿、孟達，三方勢力都已經準備就緒。好戲開場。

二十四天擒孟達

孟達完全想錯了，司馬懿根本不打算得到朝廷的許可再出兵，他要來個先斬後奏。

司馬懿的參謀們建議，孟達還沒有造反的跡象，不如先觀望觀望再行討伐。司馬懿對這一意見嗤之以鼻：「孟達沒有信義，蜀漢也並不十分相信他真的要叛魏；趁蜀漢不信任孟達之際，趕緊解決問題，才是要緊的。」

司馬懿親率大軍，倍道兼程，一路急行軍一千二百里，八天之後已經在上庸城下安營紮寨。

孟達望著城下一夜之間突然出現的黑壓壓的軍隊，感受到了刻骨銘心的恐懼。我孟達也算身經百戰，卻還從來沒有遇到過如此行軍神速的對手。來者必是司馬仲達無疑！

孟達雖然心慌，但仍憑恃著上庸的險固而打算負隅頑抗。上庸城三面環水，城下修築了一道木柵防禦工事，要想攻破可謂千難萬難。更何況，我孟達在此三郡七年之中，早已經和吳、蜀二國都建立了密切的聯繫，二國絕不會坐視我滅亡，援兵不日就將到達。

到時候，看是我孟達死，還是你司馬懿亡！

可憐的孟達根本想不到，吳、蜀的軍隊已經來不了了。司馬懿剛抵達城下，就分兵在安橋、木闌塞兩處駐防。司馬懿又讓申儀帶領本部兵馬前往木闌塞，布置防蜀的第二道防線。斷絕孟達的一切後路，司馬懿要來個甕中捉鱉。

吳國還真發兵來救援孟達了。不過吳兵本來就是來湊個熱鬧，發揚孫權一貫的趁火打劫風格。這群兵油子一到安橋，發現魏軍早已嚴陣以待，自然沒有戰意。有油揩就揩一把，沒有的話也犯不著為你孟達打硬仗。吳兵駐紮在安橋附近打醬油。

蜀軍則壓根不想救孟達。沒錯，諸葛亮把孟達給賣了。諸葛亮本就鄙視孟達的為人，欲除之而後快；更何況，他也不想讓孟達回歸蜀漢壯大李嚴的勢力，更不想讓這顆不定時炸彈長期存在於蜀、魏交界處。

所以，諸葛亮借司馬懿的刀，要除掉孟達。諸葛亮當然也象徵性地派出援軍，抵達木闌塞，一看魏軍在此布防嚴密，也就持觀望態度了。

也就是說，孟達只能獨自面對司馬懿這個可怕的對手。

孟達以前單聽人說，司馬懿的政治手腕很高明；如今才知道，司馬懿的軍事能力何止是高明，簡直是可怕。

在常人看來難以突破的上庸城，司馬懿就在孟達的眼皮底下先渡過繞城的河水，再突破圍城的木柵，輕而易舉地直抵城下，有條不紊地開始攻城。沒有什麼奇謀秘計，每一個動作都像軍事教科書般標準，但已經足以讓久經戰陣的孟達不知所措。

司馬懿把大軍分作八支分隊，從八個不同的角度對上庸城展開鬼神般猛烈的攻勢。

孟達終於感受到上庸城陣陣輕微而沉悶的撼動了。

孟達突然感到害怕。這個一生反叛三次、被世人唾罵為反復小人的男人，終於感到害怕了。孟達一直以為自己早就豁出了生死，在害怕的這一刻，他才知道，他有強烈的求生欲。

如果這是一場噩夢的話，就讓它早早地醒來吧！

讓噩夢醒來的人出現了，他們是孟達的外甥鄧賢和部將李輔。他們並不是處於絕境之中的孟達的救世主，但他們也許是飽受兵火之苦的三郡百姓的救世主。

司馬懿不知用了什麼手段，勸誘鄧賢、李輔做內應。在攻城戰進行到第十六天的時候，鄧賢和李輔打開城門，迎進魏軍。

孟達是怎麼死的，沒人知道。總之當戰事結束的時候，他的頭顱已經擺在司馬懿的帥案之上了。

被孟達自詡為「金城千里」、離開司馬懿駐地一千二百里之遙的上庸城，連行軍到打破，只花了二十四天而已。

司馬懿把孟達的首級送往洛陽，曹叡下令將之焚燒於首都洛陽市中心的十字路口。群臣鼓舞，以為司馬懿建立了一樁不世奇功。

只有司馬懿自己清楚，事情到這裡還沒有完。

三郡的問題，不在於孟達一個人，而在於這裡已經形成了一派勢力。如果不剿滅這股勢力，即便殺死了孟達，也會有新的野心家崛起，此地仍將不得安寧。當年孟達降魏，帶了四千家部曲過來，都屯駐在上庸。經過七年的休養生息，戶口數又有增加。司馬懿下令徹查，清點出孟達勢力在此地居然一共有七千多家！

司馬懿奏請朝廷，將這七千多家全部強遷往東北的幽州，獲得許可。孟達的勢力清洗乾淨，司馬懿回到駐地宛城。

申儀長舒了一口氣。孟達已死，司馬懿也沒有拿我申儀開刀。三郡又是我的天下啦！正當申儀洋洋自得之際，司馬懿派人來傳話了：申太守，本帥取得如此勝利，各地郡守都給本帥送來賀禮，怎麼單單你不親自來送禮呢？

申儀沒有辦法，備了一份厚禮前往宛城。司馬懿一見申儀，突然翻臉，喝令左右把他拿下，細數他的一切罪過，將這第二個孟達押解往洛陽。

兵不血刃，又除掉了一個地頭蛇。

儘管這一仗打得非常漂亮，司馬懿卻始終沒有成功的快感。他隱隱覺得，自己不過是在這整個過程中充當了別人的一枚棋子而已。孟達儘管是個名人，但卻根本不是自己的對手。能激發起我司馬懿戰意的等量級對手，放眼天下也許只有本次孟達事件的總導演、安居成都的諸葛丞相吧？

司馬懿並不知道，諸葛亮此時並不在成都。幾天之後，司馬懿才知道諸葛亮的行蹤。而當他知道諸葛亮行蹤的時候，整個天下都已震動！

3 拖不起輸不起，只能險中求勝

永遠的子午谷奇謀

諸葛亮早在司馬懿擒斬孟達的上一年，就已經悄悄帶了大軍北駐漢中，打算對魏國有所行動。

曹魏太和二年、蜀漢建興六年（二二八）的春天，諸葛亮做好了一切準備，決定出兵。出兵之前，蜀漢高級將領就戰略戰術問題與諸葛亮展開一場爭論。在看這個爭論前，我們先瞭解一些地理知識。

蜀漢由漢中發兵攻打曹魏，可以進攻的對象有兩個：一是西邊的隴右，二是東邊的關中。出兵的路線比較多，至少有四條路：最西邊有祁山，可以攻打隴右；略東是散關一線，出散關面對的是魏國的陳倉；再往東有褒斜道，當年曹操取漢中就是走的這條路，褒斜道的出口坐落著一座郿城，是當年董卓修建的，魏國將其修築成軍事據點，屯駐了軍隊；褒斜道往東，有子午谷，子午谷出口就是關中第一重鎮長安。從西往東，離長安的距離越來越近。

諸葛亮試圖取道最西邊的祁山一線，先取隴右為基地，穩紮穩打，蠶食魏國西陲疆土。

但有人卻對此不以為然。

持不同意見的是蜀漢丞相司馬、涼州刺史魏延。

魏延是劉備時期留存下來的為數不多的將星之一，早在劉備時代就受重任坐鎮漢中，對這一帶的地理可謂十分熟悉。魏延經過長期實地考察和軍事研究的結論是：直接取道子午谷，全取關中。

諸葛亮儘管胸中已經有了全盤的北伐計劃，但仍示意魏延說下去。諸葛亮謹慎周全，希望聽聽魏延這樣經驗豐富的將領的意見，來對照出自己思考的盲點。

魏延首先鄙視了當今鎮守關中的統帥夏侯楙：「根據可靠消息顯示，夏侯楙年紀輕輕，一介紈褲子弟，憑藉著夏侯惇兒子的身分、又是曹操的女婿，才得到了這樣的官職，實際上既怯懦又愚蠢。」（《三國志．魏延傳》注引《魏略》）言下之意是，不抓住這樣出奇制勝的好時機，不但對不住皇上的信任，甚至都對不起夏侯楙的無能啊！

諸葛亮不說話。他心知夏侯楙無能，因此才選擇這個時機發動北伐。但是夏侯楙即便無能，他部下也有郭淮這樣的良將，僅此一點不足以成為發動奇襲的理由。

魏延見諸葛亮在沉吟，繼續說：「請給我精兵五千，攜帶糧食的後勤兵五千，從褒中出發，沿著秦嶺往東進入子午谷，再向北，十日之內可以到長安。夏侯楙見我神兵天降，一定嚇得棄城逃跑，城中只剩一些文官，很好對付。我趁此機會鎖定潼關，禁絕關中與東方的聯繫。至於糧食問題，我打破周邊郡縣，可以就食於敵。丞相您率領大軍從褒斜道來，二十多天就可以會師。這樣，咸陽以西一舉可定，整個關中就是我們的囊中之物了！」

諸葛亮不言語。打仗有風險，出兵須謹慎。諸葛亮並不是沒有想到這條路，他只是覺得如此做風險太大了。

首先，子午谷這條路並非什麼密道，而是當時盡人皆知的一條通往關中的要道。儘管地勢險絕，使用不多，但魏軍萬一在此設下守軍，魏延軍必將全軍覆沒。

其次，即便此路沒有守軍，但行路實在過於凶險，蜀漢雖以山地兵著稱，行走這樣一條年久失修的道路，難免出現計劃外的非戰鬥減員。

第三，即便安然兵出子午谷，抵達關中，經過如此高強度急行軍的軍隊哪裡還有什麼戰鬥力？失去戰鬥力的軍隊進攻重鎮長安，即便夏侯楙是個廢物，勝算又能有幾成？

第四，魏延出子午谷，糧食只能一次帶足，不可能靠後方補給。如果糧食帶多了，影響行軍速度，奇襲效果難以達到；如果帶少了，對士氣和戰鬥力影響巨大。到關中再就地取糧食，就要攻打周邊郡縣，一旦攻打不下，長安的守軍再予出擊，兩面夾攻，仍然是個死。

諸葛亮細細推敲，步步算定，決心不冒此風險，於是笑對魏延說：「將軍膽氣可嘉，不過此計過於危懸，不如兵出平坦大道，先取隴右，是為十全必克而無虞。」

魏延獻計不成，悵恨不已。

千古而下，多少讀書人讀史至此，都為之扼腕悵恨，覺得諸葛亮過於謹慎而失此良機。的確，蜀漢作為小國，不能與曹魏這樣的大國拚綜合國力，只能指望出奇制勝。從這個角度來看，諸葛亮的所謂「十全必克」其實是「十全必敗」。個別戰場上的小收穫，不足以彌補整個戰略的失誤。

然而從另一個角度來看，蜀漢作為小國，賠不起。曹魏死個萬把人，一點元氣都傷不到。根據蜀漢滅亡之時的統計，蜀漢士兵不過十萬左右，再除去分布各地的守軍，更是捉襟見肘。魏延開口就要一萬精兵，不是小數目。對於魏延而言，不過是軍事冒險，即便失敗，馬革裹屍、報國而已。但是作為蜀漢最高軍政長官的諸葛亮，就不得不盤算一旦失敗所可能對蜀漢造成的打擊了。蜀漢經過關羽、劉備的兩次大敗，已經再也輸不起了。

那麼，諸葛亮不用子午谷奇謀，究竟是對是錯？

答案是：沒有答案。

歷史上多少謎案，正因為沒有答案，才更增添其魅力。子午谷奇謀也終將繼續激發無數三國迷的推演、類比、考證乃至口水戰，而成為永恆的話題。

拖不起，又輸不起，這就是蜀漢的兩難境地。處於這兩難境地之中的諸葛丞相，卻試圖以他的天才，明知不可為而為之。

諸葛亮再次反復推敲了自己的計劃，覺得沒有大的問題，便下了以下幾道命令：

派細作和前線軍民放出風去，說我諸葛亮要親率大軍兵出褒斜道，直取郿城。

蜀漢碩果僅存的名將趙雲與頗有軍事長才的鄧芝帶領一支軍隊，配合之前的放風，大模大樣兵出褒斜道，進入箕谷，然後屯駐不動，吸引敵軍主力部隊。

先鋒馬謖，帶領軍隊在前繞過祁山，直接攻取街亭，在街亭建立基地，等候大軍到來。

其餘眾將，與我諸葛亮一起，帶領大軍圍困祁山，爾後進與馬謖會合！

三路蜀漢軍隊，如鬼魅般分頭出動，而對手曹魏卻還完全蒙在鼓裡。諸葛亮感到一絲緊張，心中默默祈禱：天佑大漢。

事實證明，這的確是諸葛亮最有希望成功的一次機會。

西線有戰事

站在曹魏西陲放眼南望，可以看到橫亙的秦嶺。這綿延險要的山脈，既堵住了曹魏吞蜀的野心，也禁絕了蜀漢北上的欲望。

至少魏國人都是這麼一廂情願地認為的。自從關羽、劉備相繼死去之後，蜀漢再也沒有實力主動向魏國挑釁。上次兩國開戰，還是七八年前關羽北伐的時候吧？所謂「漢賊不兩立」，所謂

「收復中原」，看來不過是蜀漢的精神自慰罷了。

魏蜀交界，這裡的山脈靜悄悄。

曹叡卻提高了警譽。他的案頭，已經接到一份密報，說諸葛亮將親率大軍兵出褒斜道、直取郿城。群臣不信蜀漢敢橫挑強鄰，曹叡卻寧可信其有。

當前關中軍區的總司令夏侯楙，曹叡對他再清楚不過。這個姑父完全是仗著家世以及與先帝曹丕的交情，才得以升任現在的軍職，實際上除了搜刮民財以外一無所長。

曹叡早就對這個姑父頭痛不已了：父親啊父親，你怎麼會讓這樣的人占據如此重要的位置？但是礙於親情和維護父皇的權威，曹叡不好輕易撤換夏侯楙。如今看來，倒是個機會：不管諸葛亮出不出兵，都可以借此機會把夏侯楙換掉。曹叡決定調動曹真的軍隊，前往郿城加強守備。

曹真帶兵到了郿城，派出探子偵查。探子果然回報：在箕谷發現敵軍，數量不明。曹真心中暗笑：諸葛亮啊諸葛亮，你保密工作未免也做得差了點。於是下令：全軍候命，等待敵軍出谷，迎頭痛擊！

然而敵軍沒有出谷的跡象。曹真很納悶。突然得到消息：諸葛亮親率大軍圍困祁山！蜀漢一支分隊進抵街亭！

壞消息接二連三到來：

報！天水反叛，歸降蜀漢！

報！南安郡已經落入蜀漢手中！

再報！安定郡軍民造反，城頭樹起蜀漢的旗幟！

曹真到這時才明白，諸葛亮用的是聲東擊西之計。然而他不敢輕離郿城。萬一箕谷裡的這支敵軍也是一支主力呢？更何況，皇上交給我的任務可是駐守郿城。不能救援祁山，不算過失；要是郿城失守，才是重大過錯！

曹真鐵了心駐守郿城，他把應對祁山、街亭兩路蜀軍的希望寄託於曹叡身上。

曹叡果然迅速地對這突發事件作出了反應。面對滿朝的恐慌，他在朝會中發表重要講話：「諸葛亮本應該仗著蜀漢地勢險要而防守，那咱們拿他沒辦法；如今膽敢主動前來，正犯了兵法『致人而不致於人』的大忌。何況他貪圖已得的三郡，知進而不知退。這正是打敗他的最佳時機。」

穩定了人心，曹叡親點老將張郃，給他五萬騎兵、步兵，授權他監督原駐關中的各路軍隊，前往對付諸葛亮。

張郃出發之後，曹叡親自離開洛陽、駕臨長安，坐鎮於此穩定軍心。

張郃早在袁紹手下就已經是一代名將，投效到曹營後更深得曹操器重，南征北戰立功無數，可謂百戰名將。但是張郃從來沒有帶過這麼多的軍隊。曹魏一向只以宗室為統帥，至於異姓將領如張遼、徐晃之輩，即便功勞再高、能力再強，也不過為一個偏將而已，不能為統領大軍的方面大員。

曹叡如今點張郃為帥，授予如此高規格的兵權，可謂破例。張郃光榮之餘頓感時間緊、任務重、壓力大，馬不停蹄趕往前線。

張郃來到前線觀察形勢。他像個老練的獵手，迅速發現了街亭的這支先頭部隊正是蜀軍的七寸所在。

街亭河谷開闊、南北山勢險要，按理是個進可攻、退可守的好地方，難怪諸葛亮派遣先頭部隊占據此地。然而眼前這位先頭部隊的統領不知是何許人也，居然放棄街亭的大好地勢，把軍隊屯駐在附近的南山之上。

張郃下令：圍困南山，斷絕一切南山的水道，渴死他們！

南山上這支軍隊的主將，正是馬謖。馬謖是劉備時期名臣馬良的幼弟，足智多謀，能言善辯。當年諸葛亮南征，馬謖提出「攻心為上」的戰略，與諸葛亮不謀而合，由此深得器重。諸葛亮把馬謖常年帶在身邊作為參軍，十分重視他的意見，同時也有意把馬謖作為接班人培養。

這次首出祁山，諸葛亮放著老將魏延、吳懿等人不用，拔擢馬謖為先鋒，也有讓馬謖鍛煉實戰能力的良苦用心。諸葛亮安排了老成持重的王平擔任馬謖副手，以防萬一。

馬謖首次獨立帶兵，未免有點激動。他知道先帝劉備當年曾經評價自己「言過其實，不可大用」。他不知道先帝憑什麼作出這樣的評價，他決心以自己的行動來證明給所有人看，我馬謖是個可大用之才！

馬謖觀察了街亭的地形，覺得此地地勢開闊，難以進行有效防守。反觀周邊的南山，如果屯駐其上，則進可將街亭納入防禦範圍，退可保大軍無虞。

於是馬謖下令，全軍駐守南山！

在王平眼裡，馬謖是個秀才。王平雖然斗大的字識不了一籮筐（其所識不過十字），但是憑自己的軍事經驗本能地覺得，秀才馬謖的這個命令有問題。王平勸諫馬謖不可上山，馬謖把大老粗王平的話當耳邊風。

南山上的軍隊忽然發現，自己已經被包圍了。更可怕的事情在後頭：水道斷絕。蜀軍每日頂盔冠甲從事高體力作業，卻沒有水喝，立馬軍心大亂。馬謖嘗試著派兵丁下山，卻被亂箭射回。

蜀軍陷入了絕望的境地。已經有人陸陸續續開始向魏軍投降，以求一口水喝。

張郃看蜀軍軍心潰散，戰鬥力大減，便下令養精蓄銳已久的魏軍發動總攻。

馬謖無數次從書上看到「秋風掃落葉」、「兵敗如山倒」這樣的詞語，但他今天在名將張郃的親自示範下，通過現場觀摩才真正明白了這兩個詞語究竟是什麼意思。馬謖的處子秀，就這樣以完敗告終。他心知諸葛亮軍法嚴明，不要說政治前途，即便自己性命也難保。絕望的馬謖企圖出逃，被軍隊執法官員捉回。

也不是所有部隊都在潰散。王平率領的那支分隊，有條不紊地撤退，彷彿大敗壓根不曾發生一般。張郃向來秉承「窮寇莫追」的原則，也對王平心存忌憚，便不予追擊，王平安全撤離。

曹真見前線大捷，也就不再蝸居郿城，下令全軍出擊在箕谷裝腔作勢的趙雲軍隊。趙雲寡不敵眾，決定撤退。他燒毀棧道、親自斷後，不許士兵扔下半點軍糧輜重，所以這支分隊也沒有什麼損失。

曹真趕跑了趙雲，回師順利收復三郡。諸葛亮見大勢已去，長歎一聲，下令挾持了一千多家曹魏居民，返回蜀漢。曹真見諸葛亮退去，便也班師回朝。班師之前，他預測諸葛亮下一次出兵會攻打陳倉。曹真沒有让陳倉留多少軍隊，他只是留了一員將領。曹真相信，這員將領在守城方面等於千軍萬馬。

這員將領叫郝昭。

回去之後，諸葛亮追究起責任來，揮淚斬殺馬謖及另兩個馬謖的部將，自貶三級，趙雲也受到一定的降級處分。惟獨此戰表現搶眼的大老粗王平，被大加封賞。

諸葛亮蟄伏隱忍，吸取教訓，冷靜地尋覓再次出擊的時機。

西線戰事打得如此繽紛璀璨，令中線最高軍事統帥司馬懿技癢不已，但他忍耐住了；而東線最高軍事統帥曹休則忍耐不住立功心切，於是主動出擊東吳。

這時，離他的死期只剩下不到四個月。

4 下不犯上，無條件執行上級指示

胎死腹中的平吳戰略

到今天為止，司馬懿還沒有與蜀漢交過手。相比起陌生的山地作戰來，他對對吳作戰更有心得。

曹叡詢問過司馬懿：吳、蜀兩國，先滅哪一個比較好？

司馬懿的回答是：吳國有比較明顯的漏洞，應該滅吳。

曹叡眼睛一亮：哦？自從赤壁之戰以來，曹魏就沒有在對吳作戰中占到過便宜。曹丕四次南征，都是臨江歎息，無功而返。司馬懿卻說吳國有明顯的漏洞，曹叡來了興趣：說下去。

司馬懿說：「吳國覺得我朝不習水戰，所以敢在長江中游的東關、夏口一帶隨便布置一些散兵。自古以來，擒賊擒王、攻敵攻心。東關、夏口，就是吳國的心喉。如果以陸軍虛張聲勢攻打皖城，把孫權主力吸引過去，然後以水師直撲夏口，乘虛而入，神兵從天而墜，破之必矣！」

曹叡心中暗叫一聲好！

司馬懿這個戰略，大有創新。以往魏、吳交戰，主戰場無一例外在長江下游；如今司馬懿把進攻矛頭指向中游的夏口，出其不意可收奇效，這是第一個創新。

以往魏國打吳國，都是十萬大軍熙熙攘攘前往攻打，吳國可以好整以暇、以逸待勞，所以往往相持不下，仗還沒打戰意全無；如今司馬懿建議以「聲東擊西」的策略，佯裝攻皖城而實際取夏口，這是第二個創新。

以往魏國進攻的主力兵種是陸軍，如今司馬懿建議以水師為作戰主力，在前兩個創新的前提下，足以消弭魏國水師的劣勢而起到意想不到的效果，這是第三個創新。

曹叡肯定了司馬懿的想法，令他回宛城駐守，加強水師的操練，瞅準時機可以將此新戰略付諸實踐。

將領可以專心致志執著於一個問題，君主卻必須每天面對各方面的情況。

司馬懿走後，曹叡收到了東線最高軍事統帥曹休的密報。曹休來信上說，東吳的鄱陽太守周魴有心投誠我大魏。曹休建議，利用此次機會策應周魴來投，再見機行事擴大戰果、獲取對吳作戰的勝利。曹休在信的末尾再三強調，這是千載難逢的好機會，萬望陛下批准。

曹叡心動了。

司馬懿的新戰略固然不錯，但只不過是紙上談兵；如此大好的機會擺在眼前，怎能輕易放過？曹叡命令群臣討論。

蔣濟率先提出反對意見。蔣濟說：「曹休深入敵方，與孫權的精兵對峙，而容易遭到斷後，我看不到有什麼利處可言。」

曹叡思考了一下，否定了蔣濟的意見。斷後的問題，可以通過軍事部署來解決。曹叡受了司馬懿之前「聲東擊西」戰略的啓發，心想：我何嘗不可以來個「聲西擊東」？不不，應該再複雜一點，是「聲西、中，而擊東」。

曹叡下令：

建威將軍賈逵、督前將軍領豫州刺史滿寵、東莞太守胡質等人，領豫州兵團，由中路攻打東關；

驃騎大將軍司馬懿，領荊州兵團，由西路攻打江陵；

大司馬、揚州牧曹休，領揚州兵團，由東路直撲皖城，策應周魴投誠、見機行事擴大戰果。

曹休異常興奮。

曹休從小就深受器重，被曹操讚譽說：「此吾家千里駒也！」曹操晚年，將曹休當做帥才來刻意培養。曹休十多歲的時候曾因為喪父而攜帶老母在吳地生活過很長一段時間，對東吳情況很熟悉。所以，曹丕即位後一直讓他從事揚州一帶的防務，主持對吳作戰。曹休在東線最高軍事統帥的位置上，一直表現穩健，打過一些小勝仗。

曹丕駕崩、新帝即位以來，西線的曹真收復三郡有功，中線的司馬懿擒殺孟達更是表現搶眼，曹休也禁不住急欲立功了。但是江東水師確實不是浪得虛名，曹休實在沒有把握在他們的手上討到便宜。

就在這毫無頭緒之際，對岸來了一封書信。書信的落款是周魴，東吳的鄱陽太守。周魴表示，在東吳受夠了孫權的打壓，感到沒有政治前途，願意棄暗投明。

曹休立功心切之際，判斷力銳減，但還是對此信將信將疑。他一方面回信探問，另一方面派出密探前往鄱陽打聽消息。

兩人的書信往來，從五月份進行到七月份，周魴前前後後來了七封信。最後幾封，周魴說最近吳國的眾將都分散在各地，此地防禦空虛，正是發動進攻的大好機會。

密探也回來報告，說近幾個月來孫權時時派遣使者到鄱陽去為難周魴，以至於周魴都親自在城門口割下頭髮以謝罪。身體髮膚，受之父母。周魴堂堂一方太守，竟至於斷髮取信於孫權，可見他在東吳的處境確實不大如意。

曹休打定主意，便給中央上書請戰，得到了曹叡的首肯。曹叡還派了司馬懿和賈逵兩路大軍為他的輔助。這等於是傾整個曹魏之力助曹休成此不世之功了。

天時地利人和俱全，此功不建，我曹休枉生人世！

曹休黯然退場

司馬懿很不高興。

他給曹叡獻上對吳作戰的新戰略後，回宛城便秣馬厲兵，積極備戰。同時派出細作，打探東吳方面的動向。他打算在自己任上，取得對吳作戰的重大突破。

然而，曹休來搶功了。曹休不但搶功，而且還打破了原先擬定的新戰略，仍然要從舊戰場入手。皇上不但對曹休予以支持，還命令司馬懿從西路進攻東吳，以配合曹休。

司馬懿對此很不痛快。

但是司馬懿不能說什麼。曹休乃是皇室宗親，又是當今曹魏大司馬，軍界的天字第一號人物。疏不間親，下不犯上，這乃是同朝為官的鐵律。司馬懿決定無條件執行上級指示。

曹休要是成功了，我也趁機分一杯羹；曹休要是失敗了，在我仕進道路上的一道障礙也算去除了。

但是司馬懿又隱隱覺得，此次周魴投降事件沒有這麼簡單，東吳方面不可能對此一無知曉。無論如何，還是保住實力為是。司馬懿下令荊州兵團緩慢而謹慎地行進。與他討伐孟達時八日行軍一千二百里的神速一對比，就知道司馬懿在消極怠工。

司馬懿猜對了，周魴還真沒這麼簡單。

前幾個月，東吳鄱陽太守周魴接到孫權的指示，讓他找幾個本地著名的土豪宗帥，去詐降曹休，以引蛇出洞，然後把曹休軍的有生力量一網打盡。

周魴回覆孫權：土豪宗帥靠不住，如此重大而艱巨的任務，還是交給在下吧。

孫權同意。

然後兩人就心有默契地演起「苦肉計」：孫權不時派使者來反復刁難周魴，周魴被逼無奈，只好斷髮自辱以謝罪。人人都覺得，周魴在江東簡直受盡凌辱，而且沒有出路。

放長線，釣大魚。曹魏軍界最大的魚曹休果然上鈎了。

孫權趕緊把駐守荊州的陸遜、駐守彭城的朱桓、駐守九江的全琮，以及他們統領的軍隊通過水路、陸路秘密調動回來。孫權本人也趕到皖城，親自坐鎮指揮。

東吳名將雲集，只等捕捉大魚。

孫權又派士兵從西路的安陸出擊，以分散曹魏的注意力，起到聲東擊西的效果。沒想到這一招弄巧成拙，曹魏的高人把孫權的用意看穿了。

高人正是蔣濟。

蔣濟得到前線這一軍事消息，趕緊稟報曹叡：「吳軍在西路展示兵力，顯然是西路已經空虛了，所以故意迷惑我們；那西路的兵力上哪去了呢？肯定是調往東路了。請趕緊調各路軍隊救援曹休！」

曹叡被點醒了，趕緊下令：司馬懿停止推進，原地駐紮；賈逵立馬率領軍隊，火速救援曹休。

司馬懿樂得看曹休的好戲，立刻原地駐紮。賈逵在進軍的時候，已經得到前方探子帶回的消息：中路吳軍並沒有派重兵把守。賈逵心知不妙，曹休危矣！正在此時，得到天子急詔：速速前往與曹休會合！賈逵當機立斷，水陸兼程，向東趕去。

只有曹休一個人蒙在鼓裡。他正喜滋滋地行進著，然而前方遇到的不是周魴的降軍，而是東吳繼周瑜、魯肅、呂蒙之後的第四代天才軍事統帥兼第一名將——陸遜。

曹休這時候才知道上當，但他觀察了一下，陸遜的軍隊並不多。曹休仗著自己兵精糧足、人多勢眾，咬咬牙：打！

曹休沒有蠻幹，他在這樣不利的境地下還能安排下兩路伏兵，然後主力隊伍且戰且退，回到駐地石亭。

陸遜更不是等閒之輩。他的左右兩路還有朱桓和全琮，各率三萬人合攏過來，輕易把曹休布置的小小伏兵打掉，然後挺進石亭。陸遜料定此戰必勝，派出一支分隊由側面轉到曹休軍隊的後方，切斷魏軍退路。當時已經是深夜。

魏、吳雙方頭號軍事統帥狹路相逢，石亭注定要成為曹休的傷心地。

敗局的開始，產生於一個魏軍士兵歇斯底里的尖叫。

在軍營這種人多擁擠、空間狹小、精神壓力強大到令人窒息的地方，士兵們的心理狀態是很差的。無論是打勝仗的高度興奮、打敗仗的無比沮喪，還是臨戰的緊張和恐懼，都使士兵們的精神處於崩潰的邊緣。而黑夜，則足以使這種崩潰的情緒再度強化。

這樣的時刻，一個士兵的崩潰，一聲歇斯底里的尖叫，便足以使這種恐懼、狂亂的氣氛迅速蔓延，人們開始處於一種非理性狀況下，一種力圖擺脫軍紀束縛的瘋狂渴望徹底發洩出來。逃跑、破壞、互相殺戮和狂吼亂叫，充斥整個軍營。

這種屢屢見於史書的現象叫「夜驚」。這天晚上，曹休的石亭大營就發生了夜驚。十萬大軍頓時喪失戰鬥力。陸遜、朱桓、全琮撿了個現成便宜，全面掩殺。曹休拋棄所有的戰略物資一路撤退，只求活命。

但是對於曹休來講，活命也已經是奢望了，因為退路已經被陸遜事先切斷。曹休仰天長歎：天亡我也！

奇怪的是，切斷後路的吳軍突然開始撤離，一條寬敞大道彷彿上帝的恩賜般從天而降，呈現在曹休面前。曹休心智已經混亂，心想難不成又是陸遜的計謀？

原來是賈逵趕來了。賈逵從東關一路趕來，路上捉到幾個吳兵俘虜，一打聽才知道曹休已經戰敗，吳軍在後方埋伏了軍隊切斷曹休後路。部將們建議：我軍兵少，不如就地等待援軍，再前往救援曹休大人。賈逵說：吳軍不知道會有我們這支軍隊，所以切斷後路的分隊人數不會很多。我們出其不意，可以救出曹休。於是緊急行軍趕到此地，多設旌旗鼓號，吳兵果然嚇跑。

曹休狼狽逃回魏國。此戰東吳大獲全勝，消滅魏軍一萬多人，俘獲軍糧輜重無數。順帶提一句，在本次戰役中立下奇功的周魴，有個著名的兒子，就是經典兒童故事「周處除三害」的男一號周處。

曹休被孫權和陸遜玩得團團轉，平白遭受如此大的損失，羞愧難當，上書謝罪。曹叡因為曹休是宗室的緣故，沒有追究。

曹叡寬恕了曹休，曹休卻無法寬恕自己。他越想越氣，背上發疽。背疽的發作，多由於腑臟氣血不調、火毒內攻，滿背瘡頭，潰爛成片，膿腐漸出。這種毛病的引發，是因為七情內傷。

曹休就這樣把自己給氣死了，在歷史的舞臺上黯然退場。

曹休氣死的一個直接後果，是司馬懿終於有機會和夢寐以求的對手諸葛亮在沙場上一決雌雄！

5 從容進退，善敗者不亡

高科技攻城戰

曹休之死，大司馬的位置空了出來。按照魏國的慣例，頂替此位置的毫無疑問是現任大將軍曹真。而接曹真的班，當然也只能是驃騎將軍司馬懿。

曹休之死，使得軍事人才本就寥落的曹魏更加捉襟見肘。曹叡在曹休死後不到一個月，居然下令公卿近臣各推舉良將一名。然而良將並不是學校培養出來的，而是在沙場上通過實戰的搏殺煉出來的。

當今曹魏夠格稱得上良將的，只有曹真、司馬懿、張郃區區數人而已。無論孫權還是諸葛亮犯邊，都只能靠他們左撲右擋。

蜀漢建興六年（二二八）年底，諸葛亮得知曹魏為了應對石亭之戰，幾乎所有主力都調遣在東邊，西方空虛，於是再次提重兵出散關。

橫亙在諸葛亮大軍面前的，是一座小而堅固的城池：陳倉。

諸葛亮微微一笑。在他本次北伐的精心策劃中，陳倉關只需要在強大軍事力量的壓迫下，派人勸降即可。如果勸降不成，則攻取之。這只是一個小問題，計劃的重頭戲是後面的部分。

諸葛亮早就調查過了，陳倉的守將叫郝昭，是太原人。郝昭部下只有一千多個兵，而且陳倉守戰的器具很少。

這種小城池，在諸葛亮往年的用兵生涯中，一般都是望風而降的；如今郝昭居然沒有主動投降，已經有些出乎諸葛亮的意料了。不過沒關係，按計劃一步一步來。

第一步，諸葛亮叫來靳祥。靳祥是郝昭的老鄉，早年間與郝昭私交甚好。諸葛亮這次出征帶上靳祥，就是想利用他勸降郝昭。

靳祥單人匹馬出發前往陳倉城。他在諸葛亮面前把牛皮吹得震天響，說什麼「我和郝昭是過命的交情，勸降就是一句話的事情」；然而只有他自己心裡最明白，郝昭這小子從小就是個牛脾氣，認準了的死理十頭牛也拽不回。

靳祥心裡有點打鼓。他來到陳倉城下，叫門。早就有小兵報告郝昭。

郝昭今年三十八歲，從軍快二十年了。他長期在河西負責防事，最擅長守城戰。今年初，曹真把自己留在陳倉，並叮囑要防備諸葛亮的突然襲擊。郝昭興奮異常。他早就聽說諸葛亮是一代軍事奇才，有心挫一挫諸葛亮的威名。

高手過招，想必分外有趣。

但是郝昭萬萬沒有想到，諸葛亮年初撤兵，年底就捲土重來了。果然是一代軍事奇才，能在短短半年之內就從軍事大利中緩過勁來！郝昭越來越興奮，他下令部下加緊修繕防禦工事，製造防禦器械，隨時準備應對突來的襲擊。

更讓郝昭摸不到頭腦的是，兵丁來報，諸葛亮派了一個人到城下來叫門。打仗又不是請客吃飯，怎麼這樣雅致，這樣從容不迫、文質彬彬，這樣溫良恭儉讓？

郝昭登城看看來者是誰。

靳祥。

郝昭明白諸葛亮的用意了。但他明知故問：你來有何事？

靳祥見郝昭肯搭理，覺得成功了一半，便用太原話激動地喊：我是來幫你的！諸葛丞相十萬大軍兵臨城下，郝兄，識時務者為俊傑，趕緊棄暗投明吧，金銀珠寶大大的有！

郝昭一看左右的兵丁，眼神都變了。郝昭心知穩住軍心為上，立馬朝城樓下喊話：「魏國的法律，你是熟悉的；我的為人，你是清楚的；我郝昭受國家重恩，死而後已。你不必廢話，叫諸葛亮來攻城就是！」說完話下城，任靳祥喊破嗓子也不搭理。

靳祥灰溜溜回來，把郝昭的話一五一十告訴諸葛亮。

諸葛亮大感意外：哦？看來這郝昭倒是條漢子。不過，這也許是他故意擺出高姿態，想保住面子？又或者他不清楚我軍的實力所以才敢如此囂張？

諸葛亮思索已畢，對靳祥說：麻煩你再走一趟，就說你們陳倉根本不是我們的對手，請不要白白送死。對了，你喊大聲一點，務必讓守城的士兵都聽到。

靳祥領命而去。諸葛亮對靳祥此去並不抱希望，不過是讓他去打打心理戰而已。諸葛亮趕緊整點軍械，下令三軍準備出戰。

靳祥又到城下，把諸葛亮交代的話喊了一遍。郝昭急了，趕緊拉弓搭箭瞄準靳祥，大聲喊道：「我郝昭認識你，這弓箭可不認識你！」靳祥落荒而逃。

靳祥回來見到諸葛亮，正要哭訴，諸葛亮不耐煩地擺擺手，示意你可以退下了。

郝昭啊，你還真是吃了豹子膽，敢以區區陳倉城阻攔我諸葛亮的大軍！螳臂擋車、蚍蜉撼樹，是之謂也。

諸葛亮下令全軍攻城。

諸葛亮帶領的蜀兵，在當時絕對是全球最牛高科技裝備的軍隊。所以此次陳倉攻防戰，也有幸成為了一場三國高精尖作戰武器大會展。

諸葛亮首先推出的是雲梯和衝車。

雲梯，是傳說中的發明家魯班發明創造的，經過了諸葛亮的改良。這種雲梯，下部是一輛車子，車身前有防盾，車下有輪子，可以行駛。車身上有一副折疊的木梯，利用絞索和槓桿，可以打開梯子，長度即增加一倍。梯子盡頭有鐵製搭鈎，勾搭在城牆上則敵軍難以推卸。後面的士兵只要擎著盾牌防止敵人弓箭射擊，就可以緣著梯子爬行，攀登上敵軍的城牆。

蜀漢的特種兵早就經過了反復訓練，爬起雲梯來跟現代的消防隊員一樣如履平地。

衝車，是一種巨型裝甲攻城塔戰車。這種戰車，分上下兩層或更多層。下層站著大力士，往前推車，車周身安裝有車輪。上層站攻城士兵，使用撞木撞城。車的外表用沾濕的牛皮包裹，使敵軍無法扔火把燃燒車內士兵。

諸葛亮下令：雲梯和衝車一齊上陣，上登城樓、下撞城門！

在蜀軍士兵看來，用這樣的高科技武器攻打小小的陳倉城，簡直有點高射炮打蚊子——小題大作了。但是諸葛亮正決定通過這樣誇張的打法打出蜀軍的威風，打垮魏軍的信心，使其他城池可以不戰而降。同時，他還想順便試驗一下這些武器有沒有什麼缺陷，以便今後的改良。當然，他還有一個隱藏的目的：好好教訓一下郝昭這個無名小卒，叫他領教我諸葛亮的手段！

諸葛亮惟獨沒有想到，自己會在這場攻防戰中失敗。

守城專家郝昭

雲梯和衝車的使用，的確夠拉風。

最起碼，這種巨型攻城武器的使用可以對守軍的心理產生有效震懾。而且迄今為止，對於如何防禦「雲梯」這種攻城武器，仍然無解。

那是因為沒有遇到郝昭。

郝昭果斷地祭出了一項前所未有的武器——火箭。所謂火箭，是用油浸漬過的麻布等易燃物，綁縛在箭上，點燃後迅速射出。根據史書的記載，這是中國歷史上也是人類歷史上首次使用「火箭」。

一支支火箭猶如飛蝗一般迅速射出，為數不少牢牢釘在雲梯的木梯上面。正在急速攀援的蜀軍士兵見勢不妙，但已經晚了。火箭上的星星之火迅速蔓延到整個雲梯，雲梯迅速變成了懸在空中的一條條火龍，發出低沉的怒吼。

攀援在雲梯上的蜀軍，燒死者無數。

觀戰的諸葛亮心頭一沉。他再看衝車的戰況時才發現，守城士兵拿出一個個巨大的磨盤，用麻繩穿在磨眼裡，往下拋擲，狠狠砸在衝車之上。砸完一下，再拉回去，重新砸。幾輪狂轟濫炸之後，衝車基本毀折無用了。

諸葛亮咬牙切齒，同時派出三支分隊：

第一組，用袋子裝滿泥土，填入護城河，將之完全填平為止；

第二組，挖地道，通往城內以發動偷襲，裡應外合消滅敵軍；

第三組，使用井闌直接攻擊城內，以殺傷敵軍有生力量同時掩護第一、第二組作業，分散敵軍防守精力！

三組領命而去，諸葛亮眉頭緊鎖：小小陳倉就逼我使出全部手段，倘若曹魏所有城池都如此難纏，還談什麼收復中原？

第三組開始推出「井闌」。井闌，相傳是戰國墨子的發明，乃是一種移動箭塔。井闌全部由原木組裝而成，高數十米，底部安裝有輪子可以緩慢推行；頂部有塔樓，士兵站在上面居高臨下，可以直接越過城牆向城裡射箭。這種攻城武器本來就已經足夠駭人，更叫人心膽俱裂之處在於，塔樓上的士兵使用的是諸葛亮改良後的獨門秘器——十發連弩！

連弩是上古即有的武器。弩與弓不同，弓需要使用者有很強的臂力，瞄準的時間也極其有限；而弩則下部安裝有扳機，將弩箭上弦之後可以隨時瞄準目標，輕輕一扣扳機，就可以射出弩箭。

前代最強的連弩，是三連發的，可以同時射出三支箭。而經過諸葛亮改良後的連弩是十連發的，可以同時射出十支箭！另外，尋常的弩箭都是木製的，殺傷力有限；而諸葛亮改良的連弩，弩箭都是鐵製的，可謂無堅不摧。（以鐵為矢，矢長八寸，一弩十矢俱發）

諸葛弩配上井闌，可謂冷兵器時代的機關槍，當之無愧的第一大殺器！

蜀軍攀登上井闌，開始向城內射擊。守城的士兵果然被殺傷無數，剩下的迅速撤離城頭。第一組蜀軍趁機將已經準備好的成千上萬的土袋扔進護城河，眨眼之間護城河就已經天塹變通途。

後備蜀軍一擁而上，將陳倉密密匝匝圍困了三層。第二組蜀軍開始挖掘地道，試圖通進城裡。

通天掘地立體式進攻，誓要拿下陳倉城！

然而井闌上的蜀軍漸漸停止了射擊，開始向城裡張望。諸葛亮覺得奇怪，正待發問，射擊隊的頭目爬下井闌，稟報：丞相，敵軍在城中築有一座內城，城牆厚實。現在敵軍已經全部撤進內城，連弩不能奏效，請丞相定奪！

諸葛亮一驚。立體式進攻，碰上了縱深式防禦，大殺器連弩只好啞火了。沒有辦法，看來只能把希望寄託在地道兵身上了，先攻破第一重外城再說。

然而地道仍然在挖掘，不知道已經挖掘到哪個位置了。諸葛亮估算時間，按理早就應該挖到城內了，怎麼遲遲沒有動靜？

大家在外面死等。連弩停止了射擊，陳倉的守軍也都蹤影全無，整個現場像定格了的無聲電影一般，滿目瘡痍，然而又充滿殺機。

諸葛亮暗叫聲：不妙！他心知地道兵已經有去無回了。

的確，地道兵早已在城內全軍覆沒。郝昭事先已經在城內橫著挖了一圈又寬又深的壕溝，蜀漢的地道兵挖地道挖著挖著突然之間捅開一層薄土：咦？怎麼已經見到天日了？

還沒等他們適應耀眼的陽光，等候在壕溝旁邊的魏軍早就用撓鈎把他們一個一個搭上來，一刀一個剁掉了。

前方的諸葛亮和郝昭土掩火攻不亦樂乎，坐鎮後方的曹真已經得到消息了。他趕緊派將軍費曜、王雙帶領重兵前來增援，同時又擔心不是諸葛亮的對手，星夜派人前往洛陽求援。

求援信到了洛陽，曹叡高度重視，馬上派加急驛馬召回對蜀作戰很有經驗的名將張郃。張郃趕回洛陽，曹叡欽點三萬精兵給張郃，並派出自己的禁衛軍為張郃的警衛隊。曹叡擺酒席給張郃餞行，席間不無擔心地問張郃：「該不會將軍你到的時候，陳倉已經失守了吧？」

張郃掐指一算，諸葛亮攻陳倉到現在已經十多天了，於是笑著說：「諸葛亮深入無糧。臣趕到的時候，估計諸葛亮已經退了。」

張郃嘴上很硬，心裡卻不免打鼓，不等用完酒席，日夜兼程、急如星火往陳倉趕去。

到今天為止，圍攻陳倉已經二十多天了。諸葛亮前幾天還心急如焚，如今已死了心。蜀軍還在象徵性地攻打陳倉，但諸葛亮心裡明白，此城已經拿不下來。即便能拿下來，意義也已經不大了。一來，我十萬大軍頓挫於此孤城之下，士氣損折嚴重；二來，糧草已經吃完了。

諸葛亮得到前方探馬急報，曹真方面派了援軍前來。諸葛亮一聲長歎：沒料到我諸葛亮居然敗給了郝昭這個來歷不明的傢伙，此次北伐又成泡影！

郝昭已經二十多天沒怎麼合眼了。從最初迎戰諸葛亮的激動興奮，到後來戰爭白熱化階段的麻木，如今只剩下吊著神經的身心俱疲。蜀軍攻城的方法，可謂層出不窮，而郝昭早已經捉襟見肘。如果我郝昭也像你諸葛亮一樣坐擁十萬大軍、器材兵械取之不盡，那勝負之數或未易量！

可惜我只有一千子弟兵，這近一個月來還死傷大半。可惜我防守之具早已經用完，不但連城

中百姓家裡的農用工具都徵用一空，而且連城中墳墓裡的棺材都挖掘出來當木材使用了！（數發塚，取其木以為攻戰具）

望著身邊滿面血污、滿眼血絲而兀自戰鬥不已的士兵和鄉親們，郝昭忽然發現了戰爭的殘酷與可怕。

我再也不想打仗了。

忽然有一天，沒日沒夜的進攻停止了。郝昭窩在內城中，仍然保持高度警惕，不敢探出頭去看。他不知道足智多謀的諸葛亮又在用什麼詭計。然而，忽然有人叫門。

出去查看的士兵回來驚喜地叫著：郝將軍，自己人！

郝昭不信。他現在就像一隻受傷的狐狸一樣，不再相信任何人。他小心翼翼爬出內城，親自趴在城牆殘壞的箭垛間隙裡往下看，他看到了熟悉的軍裝和面孔，是費曜帶領的援軍到了！

幾十天來高度緊張的神經一下子鬆弛下來，郝昭渾身虛脫、精力耗盡，一陣天旋地轉暈倒過去。

曹眞主動出擊

費曜來救援陳倉城的時候，另一員魏將王雙卻本著宜將剩勇追窮寇的精神向著退卻的蜀軍追來，他想殺諸葛亮一個措手不及，以在軍事史上揚名立萬。

歷史上太多了這樣不知深淺的人物，這樣的人物給諸葛亮當炮灰都不夠格。

兵法有云：「善敗者不亡。」毫無疑問，諸葛亮就是一位善敗者。

無論在前線作戰怎樣受挫，諸葛亮的軍隊從來不會一潰千里，而是有秩序撤退。同時代的一個人評價諸葛亮的軍隊「止如山，進退如風」。事實上，無論面對魏國的名將張郃、曹真、郭淮、郝昭還是司馬懿，諸葛亮都可以從容進退，如入無人之境。

王雙趕上諸葛亮的時候，諸葛亮早就已經前軍變後軍，擺好了進攻的陣形。蜀軍圍攻陳倉二十天不下，早就憋了一肚子悶火，都把王雙看成發洩的對象，只等諸葛丞相一聲令下。

諸葛亮雖然臉上沉穩依舊，但肚子裡也是無名火起，立馬下令進攻，大破追擊的魏軍，斬殺王雙。

蜀軍解決了王雙，繼續從容撤退，安全返回漢中，尋覓下一次出擊的機會。

陳倉城，張郃的援軍就像港片裡的警察一樣，趕到現場的時候一切問題都已經解決了。張郃驗證了自己的判斷。

防守陳倉城的最大功臣、三國第一守城專家郝昭，卻一病不起。他已經在這次攻防戰中精疲力竭、心力耗盡。儘管來自皇上的各種封賞接二連三到來，郝昭卻已經無緣享受。他在臨死前交代兒子：「我做將領十幾年，今天才知道將領當不得。如今我離開祖墳很遠，那隨便安葬在哪裡都無所謂了。東南西北都可以，你隨便找個地方把我埋了吧。」

說完，年僅三十八歲的郝昭如一個遲暮老人般油盡燈枯，離開人世。願他來生與軍事無緣，生在不用打仗的太平盛世。

郝昭可以不再打仗了，諸葛亮卻還必須為興復漢室而汲汲奮鬥。開了年的春天，蜀將陳式出現在曹魏西陲。他帶領軍隊攻擊武都、陰平二郡。

陳式的舉動，引起了雍州刺史郭淮的關注。

區區陳式，無名小卒，也敢犯我邊境？郭淮感到不可理喻，趕緊點起本部兵馬，直撲陳式而來。

魏軍氣勢洶洶而來，陳式卻不慌不忙，繼續攻打著武都、陰平，完全無視郭淮的存在。郭淮由憤怒，到詫異，到恐懼，最後全軍撤退。

郭淮發現了隱藏在陳式背後的那位巨人。正是出於對這位巨人的高度信賴，無名小卒陳式才敢在面臨郭淮率領的強大魏軍時從容不迫。

這位巨人當然是諸葛亮。

諸葛亮率領大軍在建威出現，虎視眈眈盯著郭淮。

一個眼神，就足以使曹魏名將郭淮喪膽，這就是諸葛亮的實力。

郭淮逃跑，諸葛亮和陳式輕易拿下武都、陰平二郡，蜀漢領土向西北推進了一大片。這是諸葛亮北伐以來的第一次大捷，蜀漢朝廷高興之餘，借機讓因街亭之戰自貶三級的諸葛亮官復原職。

面對諸葛亮的頻繁出擊，負責曹魏西部防區的曹真表示壓力很大。

本來曹真對諸葛亮的出擊就已經應接不暇，現在諸葛亮取得了武都、陰平二郡，魏、蜀邊境線變得更長。一年前準確預測諸葛亮將從陳倉出擊的曹真，如今完全猜不到神出鬼沒的蜀軍下一次會從哪個山旮旯裡突然殺出來。

與其擔驚受怕、被動防守，不如主動出擊、讓諸葛亮擔驚受怕。

這一年，曹叡升任曹真為大司馬，以頂替曹休留下來的空缺；曹真原先的官職大將軍，則由驃騎大將軍司馬懿來接班。司馬懿成為曹魏軍界當之無愧的二號人物。

司馬懿繼續在宛城駐守，對西線的盛大戰事彷彿熟視無睹。而曹真終於耐不住寂寞了，新官上任三把火，他向洛陽方面遞交了自己的戰略計劃。

曹真說：「蜀漢接連入侵我國邊境，我主張主動討伐蜀漢。我率一軍從斜谷殺入，其他數路大軍多管齊下，可以保證勝利。」

曹叡照例把這份計劃下發群臣討論，陳群表達了強烈的反對意見。陳群說，當年先帝曹操攻打張魯的時候，就是走的斜谷，路途險阻無比、糧運完全跟不上。

曹叡問曹真的意見，曹真覺得陳群是書生之見，但又不好反駁，就重擬了一份計劃，把主要進攻路線定為子午谷。

曹叡接到修正版計劃，再次下發群臣討論，陳群又提出反對意見。曹叡不置可否，把陳群的反對意見整理成書面稿，附在詔書後面發給曹真參考。曹真立功心切，已經受不了書生陳群一而再再而三的反對，索性拿著曹叡下達的詔書當做出兵的依據，果斷決定出兵。

糧草、戰甲、兵械陸續準備周全，帶甲戰士也已經整軍待發，時為太和四年（二三〇）的七月份。曹叡在洛陽親自召開誓師大會，為將士們送行。曹真表示，不破蜀漢誓不還。

曹真抵達長安，展開部署：

名將夏侯淵的將門虎子偏將軍夏侯霸擔任前鋒，率軍先行；

後將軍費曜留守後方；

其餘再抽兩支分隊，一路仍走斜谷，一路進攻武都，以牽制蜀漢機動兵力；

自己則親率主力部隊，由子午谷南下，與各路軍馬會師於蜀漢漢中郡的首府南鄭縣！

司馬懿方面，也已經接到曹叡的旨意，要求他率領本部荊州兵團沿漢水而上，從上庸的西城開始，到南鄭與曹真會師。

司馬懿接到命令，不知為何突然想到了曹休。這注定又是一場不可能勝利的戰役。看來，在大司馬這個位置上的人，都會陰差陽錯頭腦混亂啊。大司馬這個位置，該不會是專門給我姓司馬的留的吧？

司馬懿搖頭苦笑，整點軍馬出發。好歹，這也算是我司馬懿第一次跟諸葛亮的接觸。

6 高手過招：不動聲色，亦步亦趨

蜀漢的備戰

曹真的伐蜀計劃是今年剛想出來的，然而針對曹真伐蜀計劃的防禦體系，諸葛亮在去年就已經基本建設完畢了。魯迅說《三國演義》「欲狀諸葛之多智而近妖」，殊不知歷史上的諸葛亮本就是一個軍事妖人。

諸葛亮去年冬天在漢中首府南鄭的東西各建了一座軍事要塞：漢城和樂城。這樣一來，漢中郡就面向入蜀的多條通道形成了犄角之勢的彎月形防禦體系。

死守，從來不是諸葛亮的軍事哲學。即便戰略上的防守，也必須輔之以戰術上的進攻。曹真出兵漢中，後防必然空虛。諸葛亮決定派一支奇兵從新奪取的陰平出發，繞到敵軍的大後方去。

但是，諸葛亮手頭的兵力有限，連防禦都很困難，再分散兵力去進攻，實在沒有把握。上哪裡去弄兵呢？諸葛亮思來想去，把眼光瞄向了江州的李嚴。

李嚴以劉璋舊部的身分投在劉備手下，深得器重，與諸葛亮同為白帝託孤的兩大重臣。他手頭握有蜀漢近三分之一的軍隊，駐紮江州。蜀漢東部地區，李嚴呼風喚雨、隻手遮天。

但是李嚴也很苦惱，他認為自己已經被中央邊緣化了。當初自己與諸葛亮同為託孤重臣，如今諸葛亮是蜀漢軍政無可動搖的一把手，而自己卻蝸居江州一隅，相形之下怎不令人憤懣？李嚴咬定了諸葛亮任人唯親、排斥異己，但是沒有辦法。誰叫人家是劉備的嫡系荊州集團的帶頭大哥呢？

李嚴也動過腦筋，要擴大東州集團的勢力，為自己的小弟們謀福利。所以前不久，他就試圖拉東三郡的孟達歸國以壯大本集團的政治軍事力量。可惜，孟達這個傢伙敗事有餘，居然被司馬懿給打掉了，李嚴十分鬱悶。為今之計，只有牢牢巴在自己這一方小小的山頭，努力自保才是上策。

就在這個時候，諸葛亮突然派人前來，說曹真分兵多路準備伐蜀，請求李嚴親自帶兵北上協助防禦。

李嚴當然不願意。我李嚴在江州，要風得風要雨得雨，離開江州可就什麼都不是了。誰能保證你諸葛亮不是為了剷除異己，所以使出這調虎離山之計？前一段時間，諸葛亮北伐，就打算調動李嚴北上鎮守漢中，李嚴就以要割四川東部五個州建立巴州歸自己統轄為交換條件，這近乎明目張膽提出要進行蜀漢政權內部的軍閥割據，諸葛亮嚴詞拒絕。

這一次，李嚴再次拒絕。他回信給諸葛亮旁敲側擊：「聽說曹魏的司馬懿啊什麼的，都已經開府了呀……」

開府，指某一級官員成立府署，自選下屬和吏員。蜀漢至今只有諸葛亮一人開府，現在李嚴等於在向諸葛亮索要獨立的人事任免權，以與諸葛亮分庭抗禮。

諸葛亮何許人也，怎能不明白李嚴打的這點小算盤？諸葛亮略一沉吟，計劃就誕生了。諸葛亮是下棋的絕頂高手，步棋頂常人七八步用，沒有一步廢招。諸葛亮不僅要抵禦魏軍的進犯，還要利用這次機會除去內部的割據勢力。

諸葛亮立馬向李嚴開出兩項誘人的條件：

一是驃騎將軍。驃騎將軍是軍銜中僅次於大將軍的一級，而蜀漢至今沒有設大將軍，所以等於李嚴是蜀漢最高將領。

二是讓李嚴的兒子李豐擔任江州督軍，在李嚴外出期間總督江州的一切事務。也就是說，諸葛亮向李嚴承諾，我只是調你的軍隊一用，江州仍然姓李，仍然是你的勢力範圍！

諸葛亮唯獨不給李嚴開府的權力。孔子曰：「唯名與器，不可假人。」諸葛亮怎會不通其中的道理？

李嚴心滿意足了。平白無故得了驃騎將軍這樣的高位，後方又有兒子管著，還有什麼不可放心的？李嚴立即率領兩萬江州兵，北上漢中，與諸葛亮會合。

諸葛亮得到李嚴的支援，手頭可調遣的兵力就富裕了。他作出部署：鎮北將軍魏延、討逆將軍吳懿，率領一支偏師，從陰平深入曹魏的南安郡，偷襲曹魏後方。諸葛亮自己親率主力部隊，列陣於南鄭東北的成固、赤坂，坐等曹真到來。

成固、赤坂背靠沔水，無論運兵、運糧，都可以借助水力，十分方便。而且無論出子午谷的曹真，還是從西城而來的司馬懿，要想抵達南鄭，都必須先經過成固、赤坂，因此這就是諸葛亮布置的第一道具有攻擊性的防線。

即便突破了頭道防線，後面還有以漢城、樂城為左右兩翼的南鄭縣，防守體系不可謂不嚴密。

蜀漢建立了完備的防禦體系，以逸待勞坐等曹魏數路大軍翻山越嶺而來。老天也來湊熱鬧，淅淅瀝瀝下起了秋雨，為這場即將開始的大戰擂鼓助威。

大霖雨，又見大霖雨

司馬懿拖拖拉拉從西城出發。他一面率領荊州水師溯漢水而上，一面派陸軍在岸邊一路披荊斬棘、翻山越嶺，慢騰騰地挪動在巴山蜀水之間。表面上是「水陸並進」，實際上是水師跟著陸軍，消極怠工。

司馬懿對此次戰役根本不看好，一見下秋雨，便更加有數：曹真此去，能夠全師而退便是奇功一件，遑論攻城略地、消滅蜀漢了。

從七月份出發，到九月份班師，司馬懿的軍隊兩個月間行軍不到五百里，與他三年前八日行軍一千二百里再次形成鮮明對照。

司馬懿以這種實際行動，蔑視著曹真的蠢計。什麼時候才能讓我司馬懿不受蠢人的掣肘，全權指揮軍隊，與諸葛亮來場一對一的決戰？

《晉書・宣帝紀》上說司馬懿抵達了朐忍，朐忍在巴東，與原定會合地點南鄭南轅北轍，所以〈宣帝紀〉完全是為尊者諱。諱什麼呢？當然是諱他消極怠工。

老謀深算的司馬懿一路磨洋工，年輕氣盛的夏侯霸卻終於率先抵達了漢中。夏侯霸的父親夏侯淵乃是曹魏名將，當年被蜀漢大將黃忠斬於陣前，葬身於漢中的定軍山下。夏侯霸念及殺父之仇，分外眼紅，率領先鋒隊一路玩命前進，終於出山谷而抵達漢中。

夏侯霸第一次在如此崎嶇的山道上行軍，再加上自從出師以來連綿的秋雨，路上一腳踩空跌下懸崖身亡的魏軍士兵不計其數。夏侯霸報仇心切，才能排除萬難行進至此，然而軍隊也早已經士氣低下、體力耗盡，基本喪失戰鬥力了。

好不容易穿越出狹窄的山道後，夏侯霸面臨的是一片水茫茫的天地。士兵都已經累了，對於地形又實在不熟悉，夏侯霸下令：三軍將士，於山谷中紮營休整，等候命令。

夏侯霸在休整，蜀軍可沒有閒著。夏侯霸抵達的這個地方，前方不遠就是蜀軍的軍事據點——興勢圍。興勢圍的探子發現了前方魏軍的蹤跡，急報守將。守將十分興奮，立馬下令出擊。

蜀軍就像發現了獵物的狼群一般，迅速出擊。連日行軍疲憊不堪的魏軍士兵在睡夢中被長官喊醒，睡眼惺忪地拿起兵器，本能地去迎戰蜀軍。無論體力還是精神狀態，魏軍都不是對手。措手不及之下，魏軍被這來歷不明的小股敵人殺得落花流水。

少將軍夏侯霸以一排防禦用的鹿角為屏障，與潮水般湧來的蜀軍廝殺。他吼叫著，揮舞著武器，砍倒一個又一個撲上來的蜀軍，自己也身中數創、血染征袍。夏侯霸不知道黑暗中還有多少蜀軍在殺來，心中頓生一股絕望：難道這漢中郡，注定要成為我父子兩代人的葬身之所嗎？

在這生死存亡的關鍵時刻，援軍終於穿越峽谷到來了。蜀軍占了便宜，知趣地撤回興勢圍，準備防禦。夏侯霸撿了條命。

這次興勢圍遭遇戰，是曹真伐蜀正面戰場的唯一一次戰鬥。

狹長的入蜀山道，把魏軍的人數優勢化解為零，攻勢被迫停滯。曹真現在還身在險絕的子午谷中，與眾將士一起徒步在濕滑的山道上。暴雨傾盆，沒日沒夜地下著。水汽、霧氣交織成白茫茫的一片，根本無從看見前方的道路。士兵們只能摸著峭壁、用腳一點一點地試探前路，大家就像盲人一般，用最原始的觸覺保證自己的生命安全。

除了滂沱的雨聲，就是偶爾士兵墜入懸崖的慘叫和其他士兵的驚叫。此外便是沉默，死一般的沉默。

曹真懊悔不已。他年輕時曾經跟隨曹操、夏侯淵來漢中打過仗，但並沒有覺得蜀道有多麼難走。如今卻只能直呼「噫吁嚱、危乎高哉」！

是蜀道變難走了，還是自己老了？

前方探子回報，前鋒夏侯霸在谷口遭遇蜀軍的襲擊。想到這漫漫長途之後，還有以逸待勞的蜀軍磨刀霍霍，曹真頓覺進退兩難。他開始後悔這次草率的伐蜀行動。

曹真回首望洛陽，他現在多麼希望曹叡能夠收回成命，下令班師！

連續下了一個多月的大霖雨已經引起了洛陽方面的高度重視。曹魏眾臣對於秋天的大霖雨有著心理陰影，若干年前于禁率領的七軍，就是毀滅於秋天的一場大霖雨。

一開始就反對伐蜀的陳群，借機向曹叡進諫，請求下令班師。太尉華歆、少府楊阜、重臣王朗的兒子王肅，也一起上書請求曹叡收回成命。各地上報的訊息也支持著他們的勸諫：連月大雨，伊、洛、河、漢諸條大河一起氾濫！

曹叡沒有辦法。最近這一個月的秋雨，使他的心情糟透了。曹叡喜好營建宮室，這一點為他的大臣們所屢屢勸諫，也遭後代史家詬病，但是曹叡就是好這一口。然而一個多月的秋雨，建築工程都進展緩慢甚至不得不停工。曹叡由此想到前方的戰士，心裡更不是個滋味。

那就班師吧。

攀援在絕壁之上的曹真大軍接到詔書，沸騰了。他們後隊變前隊，往回撤離。儘管想到來時的漫漫長途心裡就發顫，但是比起前方虎視眈眈的蜀軍來，難於上青天的蜀道頓時顯得沒那麼可怕了。

東邊，整整兩個月都在裝模作樣砍樹開路的司馬懿軍隊，也得到通知，快樂地撤退了。

蜀軍將士透過茫茫秋雨，遙望撤退的魏軍，臉上露出了得勝的笑容。這個濕漉漉的秋天，真好。

曹真雖然無比懊喪，但心想總算這次沒有折損什麼兵力，稱不上戰敗。他並不知道，蜀漢的一支奇兵，由魏延和吳懿率領，已經悄悄潛入曹魏南安郡的境內。

眞正的對手

最早得到蜀軍出現在南安郡這個消息的人，是雍州刺史郭淮。

郭淮大吃一驚：我曹魏數路大軍正在全面進攻蜀漢，諸葛亮怎麼還騰得出軍隊來偷襲我軍後方？郭淮來不及搞清楚這支蜀軍究竟是從哪裡冒出來的、人數是多少、統軍將領又是誰，他的第一反應是出兵。

郭淮並沒有把握獨立消滅這支蜀軍，他派人向費曜求援。費曜是曹真留下駐守關中的大將。曹真留下他的用意，是防備羌胡的侵略。他接到郭淮的求援，一萬個不相信蜀軍居然有餘力而且有膽量派出奇兵直接打到曹魏本土來了。

費曜儘管將信將疑，還是帶著關中兵團的留守將士，與郭淮會合。費曜與郭淮一合計，覺得必須主動出擊，打掉這支蜀軍。因為，一來這支偷襲部隊的人數不可能太多，二來一旦讓這支軍隊在境內久留必生禍患。

費曜和郭淮出兵了。曹魏軍隊主場作戰，人數又占絕對優勢，來者即便三頭六臂，也難逃我曹魏的天羅地網！

費曜和郭淮只考慮了對手的兵，而沒有考慮帶兵的將，這將成為他們致命的失誤。

因為率領這支蜀軍的將領，是魏延。

魏延在劉備時期就已經表現活躍，如今更是蜀漢碩果僅存的百戰名將、諸葛亮之下的第一打仗好手！

魏延在蜀漢，其實很憋屈。想當初，他的身分僅僅是劉備手下最低級別的軍官。入川戰役表現英勇，被劉備相中，破格提拔他擔任本應由張飛擔任的漢中太守。然而自先帝劉備死後，魏延的地位就不再上升了。隨著老一代名將關羽、張飛、馬超、黃忠、趙雲，一個個戰死的戰死、病亡的病亡，魏延放眼天下，覺得自己再無敵手。憑著這種豪氣和對軍事才能的自負，魏延常常希望擺脫諸葛亮的節制、獨自率領一支軍隊，按照自己的想法打仗。然而諸葛亮以兵少為名，不予許可，搞得魏延無比鬱悶。

這次曹真伐蜀，諸葛亮居然破例給了自己一支軍隊。雖然人數不多，但好歹由我魏延全權指揮！魏延意氣風發，決定打個漂亮仗。

蜀漢的兵種，是適合於山地作戰的步兵；步兵在大平原上顯然不是曹魏鐵騎的對手。魏延審時度勢，把決戰地點選在了陽溪——南安的一個山谷之中。

費曜和郭淮，不明就裡地帶著鐵騎進了山谷。高頭大馬在這地形複雜的狹小山谷之中，無論轉圜還是衝殺，都十分不便。而蜀漢山地兵機動性的優勢被大大強化了，再配上獨門密器、騎兵殺手——十連發的諸葛弩，想打敗仗都難。

費曜、郭淮慘敗，魏延大獲全勝。奇襲的目的已經達到，魏延悄悄地走了，正如他悄悄地來。他揮一揮戰旗，留下一片血染的風采。

魏延回國之後，等待他的是久違了的鮮花和榮譽：征西大將軍、假節、南鄭侯。

而曹真回國之後，等待他的是眾人不敢言而敢鄙視的目光。曹真羞赧難當，加上旅途勞頓，病了。到下一年三月份，曹真病死。

說來諷刺，自從去年撤軍之後，天氣立馬放晴，連續六個月的豔陽高照、沒有一滴雨水。到今年曹真死，才又開始下雨。

曹真的結局，簡直是曹休的翻版。

所不同的是，曹真留下了一個兒子，來繼承自己的政治遺產。

這個兒子，叫曹爽，司馬懿未來最危險的對手。

負責西部防事的曹真病危，曹丕時代上位的曹魏軍界的四大巨頭（曹真、曹休、夏侯尚、司馬懿），終於只剩下司馬懿一個。

司馬懿身在宛城，心早已經飛到了長安。自從破孟達之後，司馬懿已經整整三年沒有正經打過仗，手早就癢癢了。放眼天下，夠格當我司馬懿對手的，怕也只有「臥龍」諸葛亮一人了吧。

司馬懿不動聲色地期待著。

諸葛亮果然又來了。而且為了克服屢次困擾蜀軍的糧食問題，諸葛亮此次啓用了他的最新發明——木牛。

木牛究竟是什麼東西，目前仍然沒有定論。基本來講，可以分為兩大流派：自動機械派和推車派。

推車派認為，木牛就是獨輪車或者一種四輪車，可以在狹窄的山道上行進，比較能夠節省人力。然而，獨輪車早在漢代就已經產生了，何必等到現在發明？

裴松之的注倒是引用了製造木牛之法，但是由於專業術語過多，而且沒有圖樣示範，我們很難復原這種神奇的運輸工具。

自動機械說也絕非無稽之談。根據《南齊書．祖沖之傳》的記載，科技天才祖沖之就復原並改良了諸葛亮的木牛流馬，描述是這樣的：「以諸葛亮有木牛流馬，乃造一器，不因風水，施機自運，不勞人力。」祖沖之版的木牛，是一種自動機械。祖沖之離三國大約兩百年，他對諸葛亮木牛流馬的理解想必不至於太離譜。

而且，近年來各地能工巧匠已經紛紛製造出了不靠人力、電力而能自動行走、負重數百斤的木牛流馬，雖然未必是諸葛亮木牛的簡單復原，起碼可以說明一個問題：以諸葛亮時代的技術水平，完全有可能製造出基本不靠人力而能自動行走的新型運輸工具「木牛」來。

諸葛亮這次不是孤身而來，他招誘了鮮卑族的首領軻比能，從側翼給曹魏製造威脅。而他本人，則率領大軍圍困曹魏西部軍事重鎮祁山。

祁山的戰報發到洛陽，曹叡立即下令司馬懿將駐地由宛城轉到長安，負責西部戰區的防務。司馬懿欣然領命。他一直在默默期待著與諸葛亮的交手。因為沒有對手的高手是寂寞的，而放眼天下，只有諸葛亮才是他真正的對手！

古人把有帝王之命者，喻之為「龍」。司馬懿在後世被追封為晉宣帝，是為真龍。諸葛亮早年蟄伏隆中，被譽為「臥龍」，亦被同時代人贊為諸葛家族龍虎犬之「龍」。

如今，魏、蜀雙龍終於首次相會於沙場之上，傾情上演三國軍事史上最高水準的巔峰對決。

7

龍多不治水：真正的權威，有且只能有一個

麥子爭奪戰

諸葛亮再度北伐，圍困祁山。祁山守將賈嗣、魏平告急。鮮卑軻比能也率領軍隊在北地出沒。

曹叡趕緊召集群臣，商議對策。一撥人認為，蜀漢來犯根本不用放在心上，因為他們有致命的糧食問題難以解決，要不了多久就會退兵；一撥人反對，說我國境內的上邽是產麥區，蜀軍萬一搶割麥子，就可以解決糧食問題了。

甚至有人創造性地提出：我們搶在蜀軍之前，把上邽的生麥子都割了扔掉吧，採取這種堅壁清野的戰略可以使蜀軍不戰而退。

這種餿主意居然堂而皇之在曹叡面前提出，可見曹魏群臣對諸葛亮畏懼到了什麼地步，對本國的國防軍又沒有信心到了什麼地步。司馬懿就在這樣的內憂外患中接過了西部防區總指揮的燙手山芋。

群臣吵吵嚷嚷拿不出一個像樣的主意。司馬懿皺皺眉頭，請求立即出發，到現場再想辦法。曹叡批准，命司馬懿即刻出師，關中所有軍隊，包括車騎將軍張郃、後將軍費曜、征蜀護軍戴陵、雍州刺史郭淮，統一受司馬懿指揮；另外命令雁門太守牽招對付軻比能，解除後顧之憂。

司馬懿眼看著前線越來越近，也越來越愁眉不展。此次出兵倉促，來不及籌備軍糧。而關中由於累年戰爭，也早已沒有存糧了。

正在司馬懿擔心軍糧之際，前線郭淮送來了一個好消息：糧草問題已經解除。原來，雍州境內羌胡等少數民族眾多；郭淮在此坐鎮十多年，恩信甚著，平時對羌胡諸族也多有優撫。如今郭淮找到羌胡的首領，請求每家出糧食以幫助朝廷渡過難關，羌胡首領都很支持，糧食問題就這樣解決了。

司馬懿聚攏軍隊，向西邊的祁山進發。大軍路過郿、雍二城，張郃提出建議：郿、雍二城正對著褒斜道的出口，萬一諸葛亮又玩聲東擊西，派一支奇兵從這裡殺出來，可如何是好？請留一支軍隊在這裡鎮守。

張郃是曹操時代留下的名將，對蜀作戰的老手，在軍中威信非常高，街亭之戰更是一舉奠定了他在西部軍區的地位。司馬懿清楚不能把張郃當普通的下屬看待，而要慎重對待他的意見。但是，面對諸葛亮這樣強大的對手，司馬懿實在沒有把握在分兵把守後方的情況下仍能穩操勝券。

司馬懿略一沉思，恭敬地回答張郃：「如果分兵之後仍能打敗諸葛亮，那將軍您的建議無疑是正確的；如果分兵之後不能抵擋諸葛亮，那麼前軍就會覆滅。前軍一旦覆滅，留守郿、雍的後防軍也只能完蛋。這就是楚分三軍而被黥布各個擊破的原因。」

張郃對司馬懿搬出的前朝典故不能反駁，但他始終有點輕視這位新任上司。畢竟曹真乃是科班出身的百戰名將，而司馬懿則半道出家，自曹叡即位以來才第一次領兵打仗。張郃覺得司馬懿不過是個紙上談兵的秀才。

司馬懿抵達前線，留費曜、戴陵和四千精兵，配合郭淮的雍州兵把守產麥區上邽，自己領著主力部隊前來救援祁山。

諸葛亮圍攻祁山只是做個樣子，其實自從上次陳倉之戰後他就已經基本放棄攻城戰術了。諸葛亮考慮到自己的長處在於野戰，想要採取圍點打援的打法。

諸葛亮邊圍攻祁山，邊考慮糧食問題。雖說此次動用了木牛，而且漢中有李嚴坐鎮負責督運糧草，但畢竟山路艱難，還是要考慮就食於敵以減輕後勤方面的負擔啊。

熟悉地理的諸葛亮把眼睛盯向了祁山東北的產麥區上邽。麥子快熟了吧？感謝你們曹魏的農民為我們種植糧食，收割就不勞煩你們了，還是我自己來吧。

諸葛亮留下一支小部隊繼續圍攻祁山，自己率領主力部隊往東北的上邽來覓食。

司馬懿自東往西，諸葛亮自西往東。兩支大部隊居然擦肩而過！

司馬懿的確沒有發現諸葛亮的蹤跡，因為諸葛亮是躲開了他走的。你先往祁山去吧，我到上邽割完麥子就回來找你。諸葛亮的軍隊迅速來到上邽。

上邽的守將費曜、戴陵聯合郭淮率軍殺出，來打諸葛亮。諸葛亮調兵遣將，輕輕鬆鬆把費曜的四千軍隊解決掉。你們這些小卒子還不夠格做我對手，叫司馬懿來吧。

軍隊開進上邽，滿眼金燦燦的麥田散發著成熟的氣息和誘人的香味。諸葛亮笑眯眯地下令：兒郎們，現在開始，割麥競賽！

蜀漢的士兵個個是屯田的好手，橫掃麥田如捲席。只見金黃色不斷退卻，黑色逐漸呈現，蜀漢士兵迅速蠶食著大片的麥田。

早有上邽的敗軍跑去報告司馬懿，司馬懿立即回師，氣喘吁吁趕回上邽觀察情況。諸葛亮的軍隊正在上邽割麥，將領們眼睜睜看著自己的軍糧被蜀軍如此搶奪，十分惱火，紛紛請戰。

司馬懿很冷靜。他清楚，諸葛亮從祁山來上邽的路上避開自己，乃是疲敵之計。蜀軍在上邽休整、割麥，以逸待勞；而我司馬懿卻白白在上邽和祁山之間跑了一個來回，疲於奔命。以疲軍對逸軍，必敗無疑。

司馬懿下令：三軍將士前往上邽東面的山下安營紮寨，進行休整！

諸葛亮正在優哉游哉等待司馬懿跑回來，好將他一舉擊破，然後再心無旁騖地割麥。但是司馬懿雖然回來了，卻並不主動進攻，而是跑到上邽東邊的山險之地據守！

諸葛亮有點意外。好，你不打我，那我就來打你吧。

諸葛亮帶了軍隊出來，觀察了一下司馬懿紮營的位置。好一個易守難攻的所在！好一座虎踞龍盤的大營！

諸葛亮對拿下這座營盤並沒有十足的把握，便派出士兵叫罵請戰。

司馬懿穩穩坐在營盤之中，享受地聽著外面蜀軍的叫罵。他巴不得蜀軍罵得再凶狠些，再刻薄些。諸葛亮啊，你就只能使出這樣下三濫的手段來挑釁我麼？司馬懿十分清楚，敵人憤怒的時候，就是自己占先手的時候。司馬懿饒有興致地遠遠觀察著憤怒而無奈的蜀軍罵得喉嚨冒煙，心裡暗喜不已。

你求戰不得，該重新回去割麥了吧？

司馬懿叫來部將牛金：你帶一隊輕騎兵，前往騷擾割麥的蜀軍。他們一旦割麥，你就侵襲；他們不割了，你就跑得遠遠的。牛金領命而去。

司馬懿送走牛金，笑著望向上邽方向：諸葛亮，你讓我在祁山上邽之間白跑個來回，占了先機；如今我在此山騷擾你割麥，先機看來已經轉移到我這邊了吧。

追蹤與反追蹤

諸葛亮被牛金的輕騎兵搞得不勝其煩。

蜀軍以步兵為主，雖然兵力眾多，但是一旦分散到麥田各處，就很難對付馳騁縱橫、機動性極強的輕騎兵。諸葛亮看看，麥子已經收割了一部分，剩下的要想在魏軍輕騎兵的侵擾之下收割完畢，看來已經不大現實。好，那就先帶著這些麥子走人吧。

諸葛亮軍載著麥子往回撤，打算繼續圍攻祁山。司馬懿一看，諸葛亮要拍屁股走人。好啊，你走我就跟著你。司馬懿下令，三軍將士拔營起寨，遠遠跟著蜀軍。先頭部隊要與蜀軍保持一定的距離，不即不離。

張郃對於這種打法實在看不懂。我張郃打了大半輩子仗了，要麼堅守，要麼突襲，這樣跟著敵軍算怎麼回事？張郃看不過去，站出來吐露廣大將官的心聲：「蜀軍遠道而來，我們採取堅守的辦法是正確的。眼下，我覺得應該繼續堅守，同時派出奇兵侵擾他們的殿後軍。祁山的守軍知道我們大軍就在附近，也自然就有了鬥志和信心了。像你這樣，打又不打，跟又要跟著，還不敢跟太近，算怎麼回事？」

司馬懿對張郃有點看不慣了，不採納他的意見，繼續遠遠地跟著。

諸葛亮從來不怕敵人追擊，但還真從來沒有被敵人跟蹤過。這個滋味太難受了，殿後的軍隊始終保持高度的警惕，不知道魏軍什麼時候就會發動突然襲擊。諸葛亮覺得不能老讓司馬懿這麼跟著，下令三軍就地駐紮，準備與司馬懿交戰。

司馬懿跟著跟著，發現蜀軍停下不走了，從容下令：三軍將士，就地駐紮，不得我令嚴禁出戰！司馬懿把軍隊擺好陣勢，設下伏兵，並派出牛金的輕騎兵，再次去挑逗諸葛亮。

諸葛亮面對牛金輕騎兵的挑逗，不為所動。這樣小小一支部隊，居然如此有恃無恐，後面必有伏兵。這支輕騎兵，不過是誘餌罷了，漁夫司馬懿在後面奸笑著呢。

諸葛亮沒有辦法，繼續拔寨起營。如今諸葛亮的部隊處在司馬懿援軍和祁山守軍之間，很容易受到內外夾擊。諸葛亮沉思片刻，索性下令祁山的軍隊撤圍，兩軍兵合一處，撤往鹵城。

表面看來，司馬懿是畏懼我諸葛亮，所以只好跟在後面亦步亦趨，其實他哪裡是「跟」，而是在「逼」！我若欲進，他就依山傍險而據守，不讓我進半步；我進無可進，只好後撤，他就一路尋蹤躡跡，步步緊逼。我若停下，他再據守險要。如此下去，過於被動，遲早要被他趕出魏境。而且一旦被他覷出什麼破綻，加以致命打擊，則我軍休矣！

所以，諸葛亮打算找個城池作為據點紮穩陣腳，然後再尋戰機與司馬懿決戰。鹵城易守難攻，是眼下最好的選擇。諸葛亮在鹵城設置了南北二圍，自己屯在北圍，派大將王平率領蜀漢精銳部隊「無當軍」屯駐南圍，以成犄角之勢。無當軍是諸葛亮破南蠻後選拔蠻族精勇，組建而成的蜀漢最精銳的特種部隊，取「無人能當」之意，起名「無當」。這支部隊尤其擅長山地作戰，翻山越嶺如履平地，因此又稱「飛軍」。

司馬懿得知諸葛亮主軍撤入鹵城，便與祁山守軍兵合一處，繼續實施緊逼戰術。他把大軍開到鹵城附近，找了處險要山頭，登山掘營，屯駐起來。來吧，咱們繼續耗著，看誰耗得過誰！

然而部下不答應。自從張郃兩次提反對意見之後，其他將領看司馬懿的眼神也怪怪的。尤其是祁山的兩個守將賈嗣、魏平，由於沒有得到司馬懿的及時救援，苦戰連日，十分惱火。一打聽才知道，司馬懿一路跟蹤諸葛亮，打又不打，退又不退，才延誤了救援的時間。賈嗣、魏平異常惱火，如今見司馬懿占著兵力上的絕對優勢而不出擊，更是冷嘲熱諷：「大帥您畏蜀如虎，也不怕天下人笑話！」司馬懿輕蔑地看了看這兩個無名小將，剛想呵斥，一眼就瞥見了坐在他們身後的張郃，正撚著鬍鬚笑吟吟地看著自己。

我何嘗不想與諸葛亮決一死戰？然而打仗要想贏，必須首先立於不敗之地。諸葛亮的軟肋在於糧草，只要挨過這個月，諸葛亮自然不戰而退。反觀諸葛亮，糧草吃緊才渴望一戰。既然如此，何必捨我之長而就敵所願呢？

彪悍的軍事家不需要解釋。司馬懿揮揮手：繼續堅守。

一個多月過去了。司馬懿算計著諸葛亮攜帶的軍糧和從上邽收割的那一點麥子也該吃完了，怎麼還沒有退軍的跡象？

司馬懿不知道諸葛亮已經啓用了新發明「木牛」。

軍中的風言風語越來越多，說什麼司馬大帥就是個縮頭烏龜，要是早從了張將軍之言就打贏了，也有的翻出司馬懿發跡的老賬來，說司馬懿是靠跟著曹丕起家的，打仗本來就是外行……

這些話司馬懿並非沒有耳聞，但他只能裝聾作啞。時間拖得越久，本來應該對諸葛亮越不利，如今卻反而令我軍軍心不穩了。請戰的將士越來越多，開始還是誠心請戰，後來都是以請戰為兒戲，一旦遭到拒絕，軍中就一陣竊笑。

司馬懿想定了，你們想出戰就出戰吧。如果打勝了，那是我主帥指揮有方；如果打敗了，那是我主帥有先見之明。兩全其美，何樂不為？

這天，又有將士照例請戰。司馬懿說：好哇，那就打吧。全軍詫異。司馬懿欣賞著請戰者的驚訝表情，笑眯眯地說：張郃將軍是對蜀作戰的名將，那你就帶領軍隊圍攻鹵城的南圍吧。聽說南圍的守將，可是上次街亭之戰時讓你吃過苦頭的王平，這次希望將軍能馬到成功吧！

張郃瞥了司馬懿一眼，領命而去。

司馬懿目送這個刺兒頭的離開，心裡舒了口氣，接著下令：其餘將士，隨我前往包圍諸葛亮的北圍，務必全殲蜀軍、生擒諸葛亮！

名將張郃的意外死亡

諸葛亮非常焦急，他遇上了一個難纏的對手。

雖然自從這次圍困祁山以來，表面看來自己處處占上風而司馬懿始終被壓著打，實際上諸葛亮心裡十分清楚，究竟是誰把蜀軍一步步逼到鹵城，眼看連鹵城都待不下去。

難怪孟達二十四天就敗在你的手上，司馬仲達果然不是尋常人物。

時間已經進入了五月份。自從連續半年的大旱之後，從三月開始又連續降雨。霪雨霏霏，讓人心煩意亂。諸葛亮想著這連綿細雨足以給負責押運糧草的後勤部隊造成極大的麻煩，不禁心急如焚。

司馬懿堅守不出，再這樣下去估計此次出師又得無功而返了。

探馬突然報來好消息：司馬懿全軍出擊，殺奔我北圍而來！

哦？諸葛亮兩眼放光，下令：王平務必死守南圍！魏延、高翔、吳班諸將，隨我出擊！

張郃在南圍碰上了難啃的硬骨頭。王平軍雖然人數不多，但是個個精勇，再加上王平不慌不忙、指揮得當，要想攻克南圍絕非易事！張郃雖然久經沙場，竟拿王平沒有辦法。他不禁抱怨起主帥司馬懿來，倘若早聽我的意見把守上邽，哪裡至於如此被動？

魏延興奮莫名。他覺得自己最近走運了，前次大破費曜、郭淮，向世人證明了我魏延寶刀不老，這次又有這樣的機會與魏軍廝殺！魏延盡情地搏殺，縱橫穿插於魏軍之中，與高翔、吳班軍一起，把魏軍殺得落花流水。

魏軍人多，蜀軍人少，從兵力對比來看魏軍占優；魏軍多騎兵，蜀軍多步兵，從兵種相剋來講魏軍占優。

然而戰鬥不是簡單的紙面比較，戰鬥就是戰鬥。

蜀軍大獲全勝，司馬懿軍和張郃軍分別撤退。蜀漢的戰果是甲首三千級，玄鎧五千領，角弩三千一百張。玄鎧是一種重型鎧甲，角弩是遠端射擊武器，至於甲首則頗有點疑問，有說是三千士兵的首級，有說是三千低級軍官，也有說是一種防具。

總而言之沒有疑問的是，這是蜀軍北伐以來斬獲最大的一次。

司馬懿退回大營，沉痛總結了教訓：本次輕敵冒進，本帥有不可推卸的責任；當然也有個別將領，不服從軍令，挑動軍內情緒，造成惡果！從今往後，再輕言出戰者，軍法無情！

果然，沒人再敢請戰了。雖然損失了數千軍隊，但是對於家大業大的魏軍來講根本就是小數目。而且通過這次失敗，司馬懿在軍中的威望得到提升。

失敗，有時候就是一種成功。

司馬懿看著帳外連綿的雨，心想：蜀軍就算有通天之能，也難以在這種天氣之下源源不斷向前線運糧了吧？估計諸葛亮不日就將撤退。

漢中，也有一個人在同樣地看雨。他是李嚴。

李嚴去年為了驃騎將軍的頭銜而趕赴漢中，如今早已經悔青了腸子。我李嚴在江州的時候，呼風喚雨、隻手遮天。現在在漢中，諸葛亮完全壓我一頭，我除了給他搞搞後勤、處理文書之外，別無他用，簡直成了他的後勤總管和私人秘書！原本李嚴的想法是，江州既然有兒子打點，一旦在漢中不如意，可以隨時回去。現在看來，簡直是做夢。到了漢中，豈是我說走就走的？當前軍國多事，我李嚴要是　走了之，豈非授人把柄、落人口實？

當下，漢中的存糧已經盡數運往前線，而成都的糧食一下子又運不上來。李嚴也是無比焦急，他頭腦混亂之下想出餿主意：派出部下向諸葛亮假傳皇上的口諭，稱糧運不繼，速速班師。

諸葛亮在前線接到消息，心如死灰。又是糧食！不過諸葛亮也清楚，自己即便再多一個月糧食，也難以在司馬懿手上討到什麼便宜。那就撤軍吧。

綿綿霪雨中，蜀軍緩緩撤軍，留下一行落寞的背影。

蜀軍撤退，司馬懿終於舒了口氣。

跟諸葛亮打仗，實在不輕鬆，壓力太大了。我司馬懿何嘗不想像當年擒殺孟達一樣，以雷霆之勢、電光火石般速戰速決？非不為也，是不能也。碰上諸葛亮這樣的對手，除了黏著打，還能有什麼辦法？表面看來，我與諸葛亮不過是兩相對峙，其實其中鬥智鬥勇、凶險百倍，互相消弭對方的殺招於無形之中，才不為外人所知、庸人所見罷了。

司馬懿看了看張郃，突然萌生一個大膽的想法。他對張郃說：我聽聞將軍驍勇善戰，蜀軍上下無不敬畏；如今諸葛亮逃竄，正好乘勝追擊。將軍可率一軍，前往追之。

張郃一聽，一萬個不情願：「軍法，圍城必開出路，歸兵勿追。」（《三國志・張郃傳》注引《魏略》）

司馬懿板起臉來：張將軍，軍令如山。

張郃沒有辦法，只好點起軍隊追殺。

張郃軍一路追殺，進入狹窄的木門道。他突然看到，兩邊山崖絕壁之上密密麻麻滿布著蜀軍，個個手持連弩，向道上瞄準。張郃大叫不妙，趕緊指揮軍隊撤退。十連發的連弩「嗖嗖」直射，飛蝗般的鐵弩箭鋪天蓋地而來，魏軍哪裡來得及撤出？個個人仰馬翻。

左右的親衛隊拚死把張郃救出來時，才發現張郃的右膝深深地扎著一支鐵箭，鮮血汩汩外流，止都止不住。回去不久，這位年過六旬的百戰名將，便傷重身亡。

龍多不治水，人多不管事。真正的權威，有且只能有一個。儘管從官銜和權力上看，司馬懿已經是西部軍區至高無上的權威，但論到對蜀作戰的經驗與戰績，張郃的威望恐怕就要高那麼一點點了。

張郃這樣的老將，適合獨當一面，但絕不適合屈居人下。獨當一面時，張郃可以是令敵軍聞風喪膽的百戰將星；屈居人下時，張郃只能是倚老賣老、令人生厭的釘子戶。

不除掉這個老釘子戶，我司馬懿如何能夠成為西部軍區說一不二、至高無上的真正權威？

這位曹操時代的元老名將，現在正靜靜地躺著。司馬懿望著張郃的屍體，面露沉痛之色，心中卻默默念叨：張將軍，你的時代早就該落幕了。你就好生安息吧。

夏侯尚、曹真、曹休、張郃，一代名將相繼死去。再也無人能動搖司馬懿的軍事地位，而諸葛亮與司馬懿的最後一次對決，也將到來。

第五章

龍戰於野（下）

抱持「告成歸老」之心態

你們都只見我司馬懿人前顯赫，誰能知道我幾十年如一日在這個位置之上，是怎樣的戰戰兢兢、如臨深淵如履薄冰啊。當今皇上曹叡雄才大略、政自己出。他要是想解除我的勢力，簡直易如反掌。這次調我出關中、遠征遼東，不能說沒有這一考慮。如此情勢之下，我司馬懿手握重兵，怎能不帖耳俯首、善處人臣之分呢？唯有時刻抱持「告成歸老、待罪舞陽」之心態，方能逢凶化吉、轉否為泰。

1 任何小疏漏，在較量中都可能成為致命要害

老才子重現江湖

諸葛亮解決了張郃，指揮大軍繼續回撤。

連月陰雨，士兵疲憊不堪，早無戰意。這次北伐，既在鹵城大有斬獲，又在木門道收拾了魏國名將張郃，士兵們十分高興，哼著小曲兒盼著早日能夠回家老婆孩子熱炕頭。熱鬧是他們的，諸葛亮什麼也沒有。

這位丞相，腦子裡裝著整個蜀漢。他在計較這次出祁山的得失，兩次圍困祁山、一次包圍陳倉，都無功而返，看來我軍優勢在野戰而不在攻城，下次北伐當有所改變；糧食問題始終是我軍命門，必須想個一勞永逸之法徹底解決；李嚴在漢中、李豐在江州，分兵過多，必須設法調出他

們的兵力……

一邊是歡欣鼓舞的單純的士兵們，一邊是運思不輟的低沉的諸葛丞相，蜀漢軍隊漸去漸遠。目送蜀漢大軍離去，軍師杜襲、督軍薛悌提出：「明年麥熟，諸葛亮必然再來犯邊。隴右已經無穀，應該趁著冬天多運一些過來作為預備。」

司馬懿呵呵一笑：「諸葛亮兩次攻打祁山，一次圍困陳倉，都受挫而還，想必已經吃盡了圍城之苦吧。我估計他下次再打，肯定不敢攻城，只敢野戰了；肯定從隴東出兵，而不是從隴西出兵了。況且他每次糧食都不夠吃，這次回去肯定要好好廣積糧，我估計三年之內，他不敢再出兵。」

眾將將信將疑，司馬懿也不多作解釋。

諸葛亮的確是天才，但他做事過於四平八穩，對付諸葛亮，只需要以常人的思維去揣度他就可以了。你們正是因為把他當做鬼神莫測的天才，才一敗再敗；我偏認為他不過是比凡人多些謹慎與縝密而已，那麼諸葛亮就不難對付了。

諸葛亮帶兵回到漢中，李嚴一臉驚訝：「糧食還多的是，你怎麼就回來了？」

諸葛亮看李嚴，看了很久，看得李嚴一張老臉青一陣紫一陣。諸葛亮看完後，沒有說話，藉口行軍勞累，回府去了。

諸葛亮回府，立馬調來親信，一撥人去成都調看李嚴對於此次退軍作何解釋的相關文書；一撥人去搜集李嚴派人來祁山軍中稱兵糧不足的證據；一撥人去請魏延、吳懿、吳班、鄧芝、高翔、費禕等重臣來議事。

三撥人很快完成任務回來了。李嚴對成都方面的解釋是：「諸葛亮是假裝撤退，以誘敵深入然後殲之。」

諸葛亮啓動司法程序。首先將李嚴前後三次不同的文書擺在一起，指摘其矛盾之處，請李嚴解釋，李嚴不能解釋；其次將李嚴自受命託孤以來的種種劣跡一起擺出，請李嚴自我辯護，李嚴無法辯護；最後與二十多位高級官員，聯名彈劾李嚴。

李嚴被免除一切職務，廢為平民，遷徙到邊境。李嚴的兒子李豐也從江州督的位置上下來，擔任一些次要職務。

諸葛亮給李豐寫了封信，勉勵他不要因父親的事情而有什麼思想負擔，要繼續努力工作、報效祖國。

蜀漢政權內部的集團之爭，至此歸於一統。

蜀漢集團的鬥爭，有這樣幾個優點：一、都從司法渠道來解決，而幾乎沒有兵變、政變。二、在劉備、諸葛亮在世時，從來不搞株連。相比起魏、吳動不動的剜眼珠、剝面皮、滿門抄斬、夷滅三族來，是相當人性化的。

張郃和李嚴，魏、蜀兩國宰相級人物的眼中釘，就這樣以殊途同歸的方式從歷史上抹去了。司馬懿和諸葛亮沒有了旁人的掣肘，便更加施展起全身解數來各顯神通，為下一次的對決作緊張的籌備。

有一個很久沒有出場的人物，抱著試試看的心態寫了一封上書，派人轉交到曹叡的手上。

上書的大體內容是說，自從曹丕即位以來，我們這些曹家的王爺們雖然名義上是諸侯王，實際上形同囚徒，長年被軟禁，受著監視者的欺凌。如今盛世昌明，希望陛下能夠解禁。

這封上書寫得文采飛揚、請辭懇切，深深打動了曹叡。

曹叡對於文學也深有造詣，看了這份上書才終於領教了究竟什麼叫做文章千古事。

曹叡這個月剛剛喜得貴子，心情很好，於是下詔：當年對諸侯王監控得的確嚴密了一些，但那也是形勢所迫；沒想到一來矯枉過正，二來下級官吏沒領會政策的精神，所以搞得各位曹家叔伯兄弟很不自由。朕已經命令有關部門，遵照王爺您的意思，解除不必要的監視。

這個人接到曹叡的詔書，老淚縱橫。心底埋藏已久快要冷卻的熱情，重新熊熊燃燒起來。十一年了！整整十一年了！我身居王位，形同囚徒，不敢指點江山激揚文字，不敢呼朋引類放歌縱酒！我本無意太子之位，只想捐軀赴國難、揚聲沙漠垂，卻不想同根所生、相煎太急！眼看白日西南馳，光景不可攀，屢屢中夜起長歎，以為此生將空老封地，沒想到我姪兒果然一代明主，拔劍捎羅網，使我得飛飛！

此君，正是漢末三國第一才子，當今天子曹叡的叔父，位居東阿王的曹植，今年剛剛年屆不惑。

曹植最近十多年屢遷封地，蜷縮一隅靜靜旁觀著曹魏帝國的成敗得失。在曹丕的眼裡，曹魏已經沒有什麼致命的漏洞，但是知屋漏者在宇下、察政缺者在朝野，具有敏銳政治洞察力的曹植把一切看得清清楚楚。尤其是夏侯尚、曹真、曹休相繼死後，他更是洞若觀火。

他深深地明白，有一個漏洞，如果曹叡不及早打補丁的話，那恐怕曹魏帝國的千里之堤，將潰於此穴。

曹植知道，身為曹魏的諸侯王是不能隨便議政的。這是曹丕定下的規矩，但曹植不清楚這位被人譽為秦始皇、漢武帝的皇帝姪子，是不是會繼續厲行父親的政策。曹植何等高超的政治智慧，決心先下第一步棋，請求為諸侯王寬禁。

曹叡居然同意了。

曹植這才上正餐。他飽蘸濃墨，奮筆疾書。寫著寫著，他彷彿又回到了那個風華正茂的英雄時代，那個由自己唱主角的建安年代。

曹植試圖以自己的一管枯筆、滿腹經綸和絕世才華，挽救曹魏的萬里江山。

曹植的殺手

曹植的政治才能，一向為他詩人的光環所掩蓋。

曹植在太和初年給曹叡寫過一篇〈求自試表〉，充分體現了作為一個文人報國無門的憋屈境況，文章的確寫得好。但是，若論起最能體現曹植政治預見性和歷史智識的文章，則非這篇〈陳審舉表〉莫屬。

本文洋洋灑灑近兩千字，《資治通鑒》節錄了其中一部分。司馬光的眼光的確高明，節錄部分四百餘字正是全文的精華所在。在此，我把《資治通鑒》的節錄全部引用，逐段評議，以一睹三國第一才子的絕世才華與文韜武略：

昔漢文發代，疑朝有變，宋昌曰：「內有朱虛、東牟之親，外有齊、楚、淮南、琅邪，此則磐石之宗，願王勿疑。」

評：西漢呂后之亂結束後，眾臣迎接代王劉恒（後來的漢文帝）即位。劉恒猶豫，怕朝中局勢混亂，自己遇害。宋昌說：「朝中有朱虛侯、東牟侯，外面有齊王、楚王、淮南王、琅邪王，都是你劉家的兄弟，有如磐石般可靠，請不要猶豫。」文章引劉恒的典故，告訴曹叡：誰才是曹魏的「磐石之宗」？不是姓司馬的，而是姓曹的。落筆振聾發聵。

臣伏惟陛下遠覽姬文二虢之援，中慮周成召畢之輔，下存宋昌磐石之固。

評：詳說了劉恒的例子後，又略寫了周文王靠兄弟成事、周成王靠叔叔輔政兩個例子，告訴曹叡：你爸爸的兄弟、你的叔叔，才是足以輔政的良臣。

臣聞羊質虎皮，見草則悅，見豺則戰，忘其皮之虎也。今置將不良，有似於此。

評：「置將不良」四字，充分點出當前曹魏的最大隱患。夏侯尚、曹休、曹真、張郃都已經死了，這個「不良」之「將」指誰，不問可知。

故語曰：「患為之者不知，知之者不得為也。」

評：當局者迷，旁觀者清。你叔叔我，正是「不得為」的「知之者」啊！

昔管、蔡放誅，周、召作弼；叔魚陷刑，叔向贊國。三監之釁，臣自當之；二南之輔，求必不遠。華宗貴族藩王之中，必有應斯舉者。

評：兄弟當中，當然也有好有壞。同為兄弟，管、蔡就壞，周公、召公就好；叔魚就壞，叔向就好。而且管、蔡還不是靠周公、召公滅的？您如果能選求周公、召公這樣的輔政之臣，則曹家這麼多諸侯王中肯定能有勝任之人。

夫能使天下傾耳注目者，當權者是也。故謀能移主，威能懾下。豪右執政，不在親戚，權之所在，雖疏必重，勢之所去，雖親必輕。蓋取齊者田族，非呂宗也；分晉者趙、魏，非姬姓也。惟陛下察之。

評：篡齊國的，不是齊王的親戚，而是姓田的；分晉國的，不是晉公的親戚，而是趙、魏。言下之意，將來篡奪我曹魏江山的，也一定不是姓曹的人。「惟陛下察之」，察什麼呢？察那些執政的「豪右」，也就是某些當權的世家。

苟吉專其位，凶離其患者，異姓之臣也。欲國之安，祈家之貴，存共其榮，歿同其禍者，公族之臣也。今反公族疏而異姓親，臣竊惑焉。今臣與陛下踐冰履炭，登山浮澗，寒溫燥濕，高下共之，豈得離陛下哉！不勝憤懣，拜表陳情。若有不合，乞且藏之書府，不便滅棄，臣死之後，事或可思。若有毫氂少掛聖意者，乞出之朝堂，使夫博古之士，糾臣表之不合義者，如是則臣願足矣。

評：最後一段，表明了曹植對自己這封上疏的充分自信——您要是覺得我說的沒有道理，那請不要隨便把這封上疏扔掉，而應該把他收藏在皇家檔案館裡。等我死之後，或許會發生某些事情；到時候您再打開檔案館，看看我這封上疏，也許會受到一些啓發。

何等犀利的一封上疏！

曹植的這封上疏，矛頭明顯指向當前身為曹魏最高級將領和主要執政者的司馬懿。而即便司馬懿本人，或許現在還並沒有任何意向要對曹魏政權不利。由此，則曹植的預言更顯精準得令人感到神奇。

如果曹叡充分重視這封上疏，司馬懿這麼多年隱忍蟄伏、苦心經營的基業將全部被這薄薄的幾頁紙所葬送，而歷史也肯定要改寫。

如果說曹植的〈求自試表〉還只是自吹自擂、毛遂自薦，希望為皇上所用，那麼這封上疏雖然也不無私心，但基調是為曹魏政權的公益著想，為當權的曹叡敲響警鐘。

曹叡似乎並沒有把叔叔飽含深意的這三次上疏放在心上。他隨便地回了一封詔書，輕巧地誇了叔叔幾句。

雖然沒有發生實際的效果，曹植的這封上疏，已經在曹叡心中留下了陰影。所謂三人成虎，一旦再有別人對司馬懿不利的言論，這個陰影就會急劇擴大，直至危及司馬懿的地位。所以，曹植這封上疏，將會在八年後讓曹叡作出一個出乎所有人意料的決定，把司馬懿拉下權力的桂冠。

現在的曹植對此還一無所知。他收到姪子的回信，急不可待地拆開來看，看完大失所望。從此曹植一蹶不振，除了一些應酬文章外，沒有再寫出過什麼有分量的作品。到了下一年，曹植一病不起，鬱鬱而終。

這時候，新的才子們已經成長起來了。他們嗑藥、搞天體運動、玩行為藝術，不是曹植這一代老才子所能夠欣賞和理解的。

建安風骨，終成絕響！

決戰前夕靜悄悄

曹植的兩次上疏，司馬懿一無所知。他正在加緊準備，迎接諸葛亮的下一次挑戰。

司馬懿首先上書曹叡，請求把冀州的農夫遷徙一批來上邽，促進這產麥大區的生產，得到批准。

司馬懿又在京兆、天水、南安設立「監冶謁者」。監冶謁者是掌管金屬冶煉的專官，司馬懿在這三地大興冶煉業，為兵器的鍛造準備充足的原材料。

除此之外，司馬懿又花了一年的時間興修了兩項大型的水利工程。一項是成國渠，一項是臨晉陂。

成國渠，是漢武帝時期修建的。從郿城引渭水，東北流到皇家的上林苑，澤被關中平原已經數百年。成國渠從西漢流到現在，有些水道已經不通。司馬懿派出工程人員，疏浚成國渠。除此之外，還在成國渠的西面繼續擴建，從陳倉到槐里開闢出一條新渠與成國渠相接，在漢朝成國渠的基礎上，向西延伸了接近一百里地，功莫大焉。

除了修復擴建舊的成國渠外，司馬懿還主持修建了新的臨晉陂。成國渠引的是渭水，臨晉陂用的是洛水。「陂」是一種蓄水灌溉工程，即在洛水邊人為地挖開大池塘，引洛水的水澆灌岸邊的土，使之肥沃而能夠種植糧食。同時，陂有水門，澇時關門、旱時開門，可以調節降水量對農作物的作用力。臨晉陂的興建，使得數千頃鹽鹼地變成了良田，又是一樁造福關中百姓的大好事。

成國渠和臨晉陂的興建，使得關中平原的產糧能力大幅提升。

司馬懿站在臨晉陂前望著萬畝方塘，心情舒暢之極。

諸葛亮，你儘管放馬過來吧。我司馬懿背靠這富饒的關中平原，足以將你耗盡熬死。

諸葛亮也沒有閒著。解決完李嚴後，他把江州的部隊調防漢中，充實北伐兵力。他在沔水附近選了一處依山傍水的所在，修建了一個黃沙屯。在黃沙屯，諸葛亮勸農休士，很做了一些發展生產的工作。

他派了民工，增築漢朝蕭何修建的山河堰，在丘陵地區修造蓄水量小的陂地，在平川地帶修造蓄水量大的陂塘；陂塘可以灌溉年產一稻一麥的兩季田，陂地則灌溉年產一季稻穀的一季田。一季田又叫做冬水田，是丘陵地帶的典型稻田。漢中種植冬水田的傳統，正是從諸葛亮這次北伐開始的。

諸葛亮派能工巧匠修造了大批木牛流馬，以備運糧之用。此外，他請來一位兵器專家蒲元，為軍隊打造刀具。

蒲元是蜀漢的煉刀名家，性格古怪但手藝出神入化。他絕不輕易煉刀，煉出的刀則沒有一把次品，號稱「神刀」。

有一次，蒲元在軍營煉刀，煉到「白亮」的程度時，派助手去成都取蜀水。助手偷懶，說：漢中不是有漢水嘛，何必捨近求遠？

蒲元一本正經地說：「漢水純弱，不任淬；蜀水爽烈，適合淬刀。」

助手沒有辦法，誰叫我服侍這麼一位犟驢脾氣的爺呢？只好往成都趕。助手從成都取水回來，蒲元一試，板著面孔說：「此水已摻雜了涪水，不能用。」說完，就要把水全給倒了。助手一看那個心疼喲，我千里迢迢給你取水，你怎麼說倒就給倒了？連忙阻攔，嘴上還抵賴：沒有哇，這可是如假包換的蜀水！

蒲元也不說話，用刀在水裡劃了兩劃，觀察一下，說：「這水摻雜了八升涪水。」

助手一聽嚇壞了：爺，您是跟著我去的吧？我在回來的時候灑了八升水，怕沒法交差，就近在涪水取了八升。得，攤上您這麼一位主，我自認倒楣，我再去成都跑一趟吧。

蒲元為諸葛亮打造了三千把「神刀」，諸葛亮隨機挑出一把交給蒲元。蒲元找來一根竹筒，裡面灌滿鐵珠，揮刀砍去。隨著一聲金鐵之聲，竹筒應聲而斷，鐵珠爆跳滿地。諸葛亮點了點頭，表示滿意。

諸葛亮在黃沙屯備戰兩年，看著時機差不多了，派大軍把已經收穫囤積的糧草用木牛流馬運往斜谷口。諸葛亮派人在斜谷修建了大量儲藏糧食的建築，這種建築叫做「邸閣」，具有一定的軍事防禦功能。

諸葛亮派出使者到東吳，聯繫孫權，約定來年一起出兵，一東一西進攻曹魏，得到孫權的同意。

接近三年的休戰期，在司馬懿、諸葛亮的眼裡，乃是另一個戰場上的較量，一場沒有硝煙的戰爭。他們不敢有絲毫的懈怠，全心全力地積蓄力量、運籌全局。現在的任何小小的疏漏，在即將爆發的戰爭中都可能成為致命的要害。

高手過招，表面看似平靜無趣，實則個中凶險異常，不足為外人道。

唯有魏、蜀邊界的百姓，能感受到這三年令人窒息的寧靜。他們憑經驗知道，這是暴風雨來臨的前奏。

果然，諸葛亮再次向強大的曹魏發起挑戰。

這是他第五次，也是人生最後一次北伐。

2 耐力決定成敗：一個觀望，另一個等待

諸葛亮五出祁山

曹魏青龍二年、蜀漢建興十二年、東吳嘉禾三年（二三四）二月份，諸葛亮率領蜀漢所能動員的最大兵力——十萬蜀軍，兵出斜谷。四月份，抵達郿城。

吳國應約，派出十萬人分三路入寇曹魏。洛陽的曹叡總攬全局，顯然對西線的戰事更為關心，派出征蜀護軍秦朗率領步騎二萬，增援司馬懿，司馬懿的關中兵團也增加到十萬人以上，大約有十二萬人。

魏、蜀、吳三方參戰兵力總計達到三十多萬人，這是赤壁之戰以來漢末三國動員兵力最大的戰役。

曹叡高度緊張，如果此次應對不好則將成為一場亡國之戰，蜀、吳若干年前劃定的兩分天下的盟約將從紙面成為現實；諸葛亮拚了，他身體越來越差，曹魏邊防的可乘之機也越來越少，如果不抓緊此次機會，興復漢室在自己的有生之年將成為泡影；孫權照例摟草打兔子，看可以撈多少油水以決定對這場戰役的投入程度。

所以毫無疑問，本次戰役的主戰場和天下人關注的舞臺焦點，仍然是魏、蜀交界之處，領銜主演仍然是光芒萬丈的諸葛亮與司馬懿。

這兩個男人的宿命對決，牽動著天下人的心。

司馬懿不敢有半點怠慢。他接到秦朗帶來的兩萬援軍之後，就已經清楚自己肩頭的擔子有多麼重了。他知道，皇上已經把曹魏能夠動員的機動兵力都交付給了自己。

司馬懿留下部分兵力留守後方，親率主力大軍趕赴前線。在布置防線的問題上，魏軍內部發生了爭議。參謀們主張把大營駐紮在渭水北岸，以渭水為天然防線。在這樣的情況下，防守將變得容易；而一旦蜀軍冒險渡河，也可以遵照兵法「兵半渡而擊之」的古訓，迎頭痛擊。

司馬懿力排眾議。如果以渭水為界，那豈不是等於把整個渭南都讓給了諸葛亮？司馬懿說：「邊疆百姓和糧食積聚都在渭南，這是兵家必爭之地。必爭之地不爭，而守不必守之地，豈是用兵之法？」

司馬懿指揮大軍，搶先渡河，在渭南深溝高壘、背水紮營，死守渭南絕不後撤一步！

諸葛亮率領蜀軍趕到渭水附近時，發現魏軍已經把一座牢固的營盤紮在這裡。

諸葛亮本來心中思量，在這裡可以有兩個選擇：一是出武功、依山而東，直逼長安三輔，威脅關中心臟地區；二是西上五丈原，紮牢營盤再作打算。如今看來，曹魏重兵駐紮渭南，循武功而東的要道早已經在魏軍軍事力量威脅之下。直接逼迫長安三輔地區，本來就冒險，再被魏軍一威脅，更難成功。罷了，還是西屯五丈原吧。

諸葛亮思量停當，指揮大軍西上五丈原。

司馬懿扼守渭南，得到探馬消息，對手諸葛亮的大軍已經出現在前方。司馬懿觀察了一下，自己的將士們面容嚴肅，分明都有些緊張。大家心裡都清楚，這是一場不容有任何閃失的戰役，因此心理壓力格外大。

司馬懿皺了皺眉頭。要想打好這場決定性的戰役，首先必須解決心理問題，振作士氣。如果上來就被諸葛亮的威名壓迫得喘不過氣來，那可以說戰鬥還沒開始就已經敗了。

司馬懿笑著對眾將士說：「諸葛亮如果從武功出發，依山而東，那確實值得憂慮；如果西上五丈原，那他就完蛋了。」

眾將士一聽這話，立馬眼巴巴地等待前方探馬的新消息，心裡個個在祈禱：希望諸葛亮西上五丈原、西上五丈原……

前面風塵滾滾，探馬遠遠地跑來了，翻身下馬，呈報軍情。眾將士緊張地豎起耳朵傾聽。

報！蜀軍已經悉數西上五丈原！

三軍歡騰！大家彷彿已經看到了成功的曙光似的額手稱慶：皇天開眼，我曹魏此戰必勝！

只有司馬懿，表面微笑，而心底暗暗思忖。剛才那番話，只不過是拿來穩定軍心罷了。前往武功的道路早已被我切斷，諸葛亮平生謹慎，自然只會上五丈原。但即便他上了五丈原，我也並沒有破敵之把握呀。仗打到這個份上，只有走一步看一步了。

冷靜的人還有一個：郭淮。

郭淮駐守西北十餘年，對這裡的地理形勢相當熟悉。他也在積極思索著諸葛亮會採取什麼樣的策略。五丈原的西邊，成國渠與渭水之間有個北原。倘若我是諸葛亮，我就會派出軍隊搶占北原，從而與五丈原犄角相應，對我軍形成西北合圍之勢。不行，必須搶占先機！

郭淮向司馬懿提出：「諸葛亮一定會占據北原，請在他之先搶占。」

司馬懿看看郭淮，腦子一下子還沒轉過來。周圍的參謀們已經開始你一言我一語否定郭淮的意見了。司馬懿制止參謀們的議論，示意郭淮繼續說。

郭淮說：「如果諸葛亮橫跨渭河兩岸、登五丈原而占據制高點，再在北原布置軍隊，隔斷隴右與關中的聯繫，煽動羌胡造反，對我軍大大不利。」

司馬懿一聽，心頭大震，恍然大悟，吩咐郭淮率領一軍迅速搶占北原、務必在蜀軍到前建好防禦工事。郭淮領命而去。

諸葛亮在五丈原安營紮寨，同時叫來一員將領，吩咐：此去渭河北面，有北原。你速速率領一軍前往北原，務必在魏軍到前建好防禦工事。蜀將領命而去。

英雄所見略同，賽跑開始。

見招拆招

事實證明，蜀軍帶隊將領沒有跑得過久鎮雍州、熟悉地理的郭淮。郭淮率領軍隊，一路奔波來到北原。天佑魏國，蜀兵還沒到來。郭淮下令：搶在蜀軍到來之前，迅速建設防禦基地！

然而，蜀軍的行動力也並不弱，很快就強渡渭水出現在郭淮的視野之中。此時，魏軍的營壘剛開始建，無險可守。

郭淮望著來勢洶洶的蜀軍，咬牙下令：北原若失，魏國難保。我們的前方是屢次犯我邊疆的蜀漢侵略軍，我們的身後是急待我們保護的美好家園和弱小妻兒。兒郎們！誓死守住北原，為國盡忠的時候到了！

三軍將士士氣如虹，同仇敵愾，奮勇拚殺。蜀軍難以得逞，不得已而退卻。郭淮利用將士們的生命贏來的寶貴時間，加緊修築防禦工事，使得北原成為蜀軍北面的一枚極具威脅的棋子。

搶占北原的蜀軍鎩羽而歸，諸葛亮頓感形勢被動，看來魏軍有高人啊！諸葛亮沒有辦法，只好先在五丈原建好營壘，再作長遠計議。

五丈原南挨秦嶺、北臨渭水，東西皆有深溝，是個易守難攻的所在。五丈原得名，據說是因為該原高出平地五十丈，最初叫做「五十丈原」，後來訛傳為「五丈原」。五丈原位於八百里秦川的西端，是一片面積十二平方公里的高地平原。諸葛亮將大軍屯駐於此，正是守正之道。然而兵法「以正合，以奇勝」，要想對付魏軍必須出奇兵。

諸葛亮深知，司馬懿這樣的老烏龜一定會堅守不出，絕不肯輕易應戰。對付這樣的對手，只有調動其奔命，在運動中消滅敵人。諸葛亮計議已定，留守部分將士駐紮五丈原，自己親身率領主力軍，奔襲敵軍西面的西圍。

諸葛亮大軍西進的消息傳到司馬懿軍帳之中。司馬懿心頭一驚，西圍雖然已有重兵把守，但恐怕不是諸葛亮主力的對手。一旦被攻取，則北原、渭南對於五丈原形成的合圍之勢，將不復存在。不行，不能讓諸葛亮占有西圍！司馬懿下令，大軍馳援西圍。

郭淮不同意。郭淮覺得，諸葛亮詭計無雙，慣用聲東擊西之計。西圍已經有重兵把守，以諸葛亮審慎持重的性格，絕不會冒險攻打徒自損兵折將。蜀軍大張旗鼓前往西圍，恐怕其意不在西而在東也。

郭淮對司馬懿說：我估計這是諸葛亮的聲東擊西之計，蜀軍的目標恐怕不是西圍，而是東邊的陽遂。在這關鍵時刻，我軍不宜分軍往西圍，而應加強陽遂的守備。

司馬懿一聽，大有道理。西圍已有重兵把守，即便蜀軍強攻，一時半會也難以拿下，到時候再增援不遲。而陽遂兵力單薄，倘若失守，則大好形勢將遭破壞。司馬懿看看郭淮，心想此人果然智勇雙全，乃一代將星。諸葛亮啊諸葛亮，我司馬懿一人之智或許不能敵你，但我能人盡其才、群策群力；而你自恃才智過人，單槍匹馬、事必躬親，哪怕智者千慮恐怕也必有一失了。

司馬懿當機立斷，派將軍郭淮、胡遵前往陽遂，抵禦蜀軍。

暮色深重，一支軍隊形同鬼魅，靜悄悄地行進在前往陽遂的道路上。領軍的，正是諸葛亮。諸葛亮以大軍佯攻西圍，實際潛往陽遂，以出其不意掩其不備，指望能夠一舉拿下陽遂，給渭南的司馬懿大營打入一個楔子。

蜀軍人銜枚馬裹蹄，隨風潛入夜，行軍靜無聲。這次出師以來屢屢不順，但是蜀軍依舊士氣飽和。因為他們極度信賴帶領這支軍隊的諸葛丞相，他們相信在丞相的率領下一定可以殲滅一切敵人，像往常一樣戰無不勝、攻無不克。

但是殘酷的現實又一次打破了他們的夢想。

距離陽遂還有一段路，前方積石原出現了大量的魏軍。諸葛亮大吃一驚，沒有料到自己的計謀居然又被看穿。

統領魏軍的正是郭淮、胡遵，他們沒有消極防守在陽遂，而是主動出擊，把主戰場選擇在最能發揮魏軍騎兵機動性優勢的平原——積石原。望見蜀漢偷襲的部隊在夜色的掩護下如期而至，郭淮喜不自勝，下令三軍：出擊！

諸葛亮不敢戀戰。兩軍略一接觸，諸葛亮就指揮大軍後撤。郭淮深知諸葛亮撤軍的威力——一次撤軍斬殺了王雙，再次撤軍射死了張郃。郭淮可不想成為張郃第二，自然不敢追擊，任由諸葛亮從容退去。

諸葛亮退守五丈原，不能再有輕易的動作。司馬懿觀察地形圖，五丈原西邊是鐵城陳倉，北面是郭淮駐守的北原，東面是我主力軍駐紮的渭南大營。三股魏軍勢力對五丈原形成合圍之勢。三面設網，網開一面。

網開的這一面，是五丈原南邊的斜谷道。諸葛亮啊，你還是老老實實從斜谷退回去吧。

司馬懿與諸葛亮，就像兩個旗鼓相當的武林高手，誰也不敢輕易先出手，只好擺出架勢等待對方露出破綻再給以致命一擊。

司馬懿的機會，很快就來了。

耐力決定成敗

當時正是春夏之交，大雨連日，經過冬季枯水期的大河如今都洶湧澎湃、肆意發洩著自己的青春。

其中一條大河，是渭水的支流，叫做「武功水」，由南向北流入渭河，正好在五丈原的東邊。諸葛亮的大營，在武功水的西面；諸葛亮另派一支分隊，駐紮在武功水的東面，以抵禦司馬懿的進擊。

這支隊伍，叫做「虎步軍」，乃是蜀漢最精銳的特種部隊之一，與「白耳軍」、「無當飛軍」號稱蜀漢三大王牌軍隊。白耳軍資歷老一些，早在劉備時期就成立了；無當飛軍和虎步軍都成立於諸葛亮南征之後，其兵源都是南中勇悍好鬥的蠻族青壯年。無當飛軍擅長山地作戰，而虎步軍的強項則是平原廝殺。無當飛軍的統帥是老成持重的王平，虎步軍的統帥則是南中的蠻族豪帥孟琰。

武功水突然氾濫，把橫跨兩岸的橋梁沖毀，孟琰和他的虎步軍與五丈原大營失去聯繫，儼然成了一支孤軍！

司馬懿眼睛亮了：天助我也，眼前正是個轉瞬即逝的好機會！司馬懿立即點起一萬精銳鐵騎，直撲武功水東岸的虎步軍而來。

諸葛亮也早已經得到了消息。虎步軍人數大約有五千，乃是蜀軍的精銳，如果不能救援則將全軍覆沒，這對士氣是一個巨大的打擊！諸葛亮立即命令工程兵跨水搭建竹橋，另一方面指揮弓箭手在河邊用諸葛連弩進行火力掩護。

孟琰發現武功水漲，並不慌張。他清楚，諸葛丞相一定會採取措施。他現在所能做的，就是提高警惕、加強防守，抵禦司馬懿的進擊。五千虎步軍勇士，都將生死置諸腦後，眼裡冒火望著來犯的魏軍。

司馬懿的一萬騎兵火速趕到了武功水東岸，打算全殲虎步軍，然而遭到了拚死抵抗。

司馬懿發現，蜀軍的工程兵正以極其嫺熟的動作和飛快的速度在武功水上進行架橋作業，眼看就要把橋搭通。司馬懿立即下令，分出一支騎兵前往破壞。但是這支騎兵快要到達河邊時，突然河對面萬弩齊發，騎兵損折大半。

諸葛連弩！

這種大規模殺傷性武器的威力，早已經在魏軍內部傳得神乎其神，令人心生恐懼。虎步軍越殺越勇，居然無視兵種相剋的鐵律，把司馬懿帶來的騎兵殺得落花流水。而蜀漢工程兵的作業已經完成，對岸的援軍開始渡河。

司馬懿看看無機可乘，下令：撤！

魏軍拋下一地戰馬和騎士的屍體，狼狽而去。本來是魏軍的機會，反而成就了蜀軍的勝利。司馬懿十分清楚，在這樣的境況下誰再輕舉妄動，誰就將遭到對方的後發制人。棋逢對手，一著不慎，滿盤皆輸。

之後，雖然司馬懿也曾利用諸葛亮的一個小破綻，出動騎兵襲擾蜀軍後方，斬首五百餘級，但是諸葛亮立刻彌補了這個防守上的漏洞。司馬懿左顧右盼、上下打量，蜀軍已經毫無破綻可言。

沒有辦法，最難熬的相持階段開始。這對有糧食之憂的蜀軍是個考驗。

諸葛亮卻並不擔心。此次蜀軍儲備了三年之糧在斜谷南口，又動用了木牛流馬穿越斜谷，大省人力。同時，斜谷之內遍布蜀軍的存糧邸閣，糧食問題一時半會兒還不足以困擾蜀軍。

但是，如果就此相持下去，肯定不是上策。時間進入五月份，諸葛亮得到消息：孫權進犯曹魏的三路大軍，在滿寵神勇發揮之下，已經受挫撤軍。諸葛亮更添憂愁，如此一來曹魏便可全力對付西線戰事，難道此番北伐又要成虛話？

諸葛亮至此，已經五次主動伐魏，而進展甚微。諸葛亮今年已經五十四歲，人生還有幾個年頭可以揮霍？

諸葛亮深感，隨著年紀的增長，自己已經度過了人生的黃金時期。當年的智計百出、鬼神莫測，如今只剩下小心謹慎、事必躬親。隨著創造力的衰退，打仗越來越循規蹈矩、欠缺想像力，自己這些年來一直都是靠著謹慎和勤政，來支撐這十萬大軍、維持蜀漢政權的良性運轉的啊！

諸葛亮不禁思念起劉備時代來。當年，先主雄才偉略，更兼有法正、龐統運籌帷幄，關、張、馬、黃、趙征戰沙場，自己只需足兵足食，何等輕鬆和揮灑自如！

現在，故人零落，自己一身而兼多職，既沒有得力的助手分憂，對手又都是那麼強大。無論曹真、張郃還是司馬懿，甚至連小小的郭淮、郝昭也足以給自己製造不小的麻煩。

唉，老了。

洛陽，曹叡得知前線擊退了孫權，大感欣慰。群臣借機請求御駕親臨長安，坐鎮關中以統一指揮抗蜀第一線的戰鬥。曹叡擺擺手：「孫權逃跑，諸葛亮喪膽。司馬仲達足以應付蜀軍，朕無憂矣。」

曹叡已經深切理解了司馬懿的防禦戰略，並不像歷史上的無數草包皇帝一樣拍大腿決策下令出擊，而是給司馬懿寫了一封信以表示支持：「但堅壁拒守以挫其鋒，彼進不得志，退無與戰，久停則糧盡，擄略無所獲，則必走。走則追之，全勝之道也。」

司馬懿接到曹叡的最高指示，會心一笑，堅定了貫徹防禦戰略的信心。

諸葛亮的處境更加窘迫了。大軍屯留五丈原，進不得進，退不甘心。他現在明白了十幾年前曹操在漢中那句「雞肋」的用意。

諸葛亮開始盤算破敵之策：魏軍之所以堅守不出，是誤以為我軍沒糧，所以自信我軍挨不了幾天必將撤退；而我軍實際上已經有糧食了，足以與彼對峙。但是如此長相對峙，戰局將更加被動。如何才能讓魏軍知道我軍根本不缺糧食，從而在心理上摧破其堅守戰略使其主動出擊？

諸葛亮終於想到了辦法。此法乃是諸葛亮的最後殺招。

石破天驚逗司馬

司馬懿深溝高壘，堅守不出。

他也有點意外，諸葛亮此次出兵，居然至今還沒有要退的跡象。上次蜀軍圍困陳倉，二十多天就吃完糧食撤退了，如今快好幾個月了居然仍在堅挺。司馬懿想像不出，諸葛亮究竟使用了什麼辦法，使得糧食問題再緩解。

但是，你運糧能力再強，也總有耗盡的時候。我只要死守渭南，讓你進無可據，你自然就只能和上次一樣乖乖撤退了。

司馬懿忽然得到新的消息，這個消息令司馬懿大吃一驚，不得不重新開始審視自己的防禦戰略。

消息是：蜀軍開始在五丈原一帶屯田，有久留之計！

屯田，是漢末三國時期採用的老辦法，以民屯、軍屯來解決部隊的糧食問題。論起屯田，曹操乃是老手，司馬懿對此再熟悉不過。蜀軍居然在五丈原屯田！現在已經進入夏季，現在屯田，下次稻麥成熟起碼要來年夏天。難道諸葛亮打算在這五丈原上待一年嗎？

這次輪到司馬懿坐不住了。

司馬懿清楚，諸葛亮之所以屢屢出兵又屢屢無功而返，正是因為被秦嶺阻隔，難以運兵運糧。如果諸葛亮在五丈原屯田，在秦嶺之北、我大魏的疆域內開闢出一片根據地，將來無論軍隊演習還是種糧都在這裡，那就可以一舉解決困擾蜀軍的老大難題。

怎麼辦？繼續奉行防禦戰略龜縮在渭南大營坐視諸葛亮屯田建立起扎實的根據地，還是出兵打擊以挫敗其久留之計？

司馬懿猶豫不決。

諸葛亮在五丈原上登高望遠，坐等司馬懿出兵來攻。

諸葛亮派軍士混雜到曹魏在五丈原一帶的居民中間，與他們一起耕作，擺出要大規模屯田的架勢。實際上屯田的工作，主要還是曹魏的百姓在做。目的只有一個，希望迫使司馬懿放棄防禦戰略，出兵來攻，然後諸葛亮才可以發揮自己最擅長的野戰優勢，狠狠打擊魏軍。

曹魏的百姓不知就裡，平白無故來了很多蜀軍士兵幫助自己種田幹農活，百姓們非常高興。農活之餘，百姓邀請蜀兵到自己家去做客，總是被蜀兵婉言謝絕，百姓們十分感慨。他們祖祖輩輩在此生活了這麼多年，無論是當年的董卓、馬騰，還是後來的曹操以及羌胡的雜兵，從來沒有一支軍隊像蜀軍這樣出入如賓、秋毫無犯。

事實上，漢末三國的軍隊，能夠做到不殺人、不放火、基本不搶糧食的，也只有蜀漢一家，別無分號。

司馬懿在謹慎觀望，諸葛亮在耐心等待。局面繼續僵持。

司馬懿終於沒有來攻，諸葛亮仰天長歎。

諸葛亮再也沒有新的辦法，只好每日派人到司馬懿營前叫罵。

司馬懿觀察五丈原，清楚了這片高地小平原的可耕地面積並不足以供十萬蜀軍長期屯田。他放下心來，回到渭南大營繼續奉行堅守戰略。但他心裡不免有些犯疑，五丈原雖然並不足以供十萬蜀軍之糧，但總可以稍解燃眉之急。加上後方斜谷源源不斷送上來的糧食，也足以使蜀軍飽食了。

司馬懿之所以決定不出，只是考慮到野戰絕非諸葛亮的對手。何況倘若出戰，彼守我攻，攻守之勢向來攻難於守，到時候白白損兵折將，倒不如一門心思坐守為上。

諸葛亮派來叫罵的兵丁，徹底消解了司馬懿的疑慮。哈哈，諸葛亮果然已經別無長計，只好出此下策來引我出戰，更可見屯田之事乃是做個樣子罷了。罵吧，罵吧，你們淒慘的罵聲，正好給我下酒。

老弟司馬孚寫來一封信，問戰況如何。司馬懿回信：「諸葛亮志大而不見機，多謀而少決，好兵而無權，雖提卒十萬，已墮吾畫中，破之必矣！」

一回生，二回熟，我已經把諸葛亮的長處短處、思維模式、用兵習慣摸得一清二楚，他奈何不了你老哥我，失敗那是必然的了。

這一天，諸葛亮派使者來營。司馬懿大感意外，把使者叫進來。使者看上去是個老實巴交的人，見了司馬懿有些拘謹。

司馬懿問：你所來何事？

使者回答：奉我家丞相軍令，來給您送一件禮物。

司馬懿很意外：哦？什麼禮物？

使者緊張，低下頭不敢看司馬懿，一揮手，一名副手呈上一個禮盒。司馬懿饒有興致地打量著這個禮盒，心想：諸葛亮怎麼還有此雅興，派人給我送禮？司馬懿不知道諸葛亮葫蘆裡賣的什麼藥，便接過禮盒，親手打開。

營帳中，眾將士翹首以盼，都想看看諸葛亮會送來什麼禮物。

盒子打開了，裡面是一塊綾子包裹著什麼東西，軟軟的。司馬懿瞥一眼來使，使者更是誠惶誠恐，不敢抬眼看司馬懿。

司馬懿越發好奇，打開綾子。裡面包著的，赫然是一套女人的衣服和首飾！

全場譁然！

3 君臣唱雙簧，耗死諸葛亮

君臣千里唱雙簧

滿營將士本來就因為蜀軍連日來的叫罵憋了一肚子無名火，現在一看到諸葛亮送來的這套女人衣服和首飾，頓時像炸開了鍋，紛紛叫喊著先斬來使，再破蜀軍，以報此辱！

司馬懿倒並不生氣，他拿起衣服看看，嗯，還是最新款。司馬懿心知，諸葛亮用出這等不入流的下三濫手段，只能說明他已經技窮了。司馬懿再看看蜀軍的來使，早就渾身抖得跟篩糠似的。

司馬懿一揚手，示意眾人安靜，然後和顏悅色對蜀漢使者說：你不必害怕，我且問你幾件事。

使者雖然心裡害怕，但卻深明大義。他暗下決心，不論你用什麼辦法，我都絕不透露我軍半點機密！

司馬懿擺下宴席，與使者家長里短地閒聊。聊著聊著，司馬懿問：諸葛丞相每天作息怎麼樣呀？睡得好不好？

使者聽到這個問題很高興，決定借此機會好好宣傳一下蜀漢領導人的光輝形象。他回稟：丞相每天起得比公雞還早，睡得比貓頭鷹還晚，忙著處理公事呢。

司馬懿說：啊，很勤奮嘛。那哪些級別的公事要丞相親自處理呀？

使者更得意了，炫耀道：杖罰二十以上，都親自過問。

司馬懿說：呀，管得這麼細呀，真厲害。那他每頓吃多少飯呀？

使者繼續宣傳：每頓只吃小半碗，還經常不按點吃飯。

司馬懿說：你們蜀漢真是有位好丞相呀！難怪你們這麼厲害，哈哈哈。

使者很自豪，覺得自己宣揚了國威，宣傳了國家領導人光輝的正面形象，興沖沖地回去覆命了。

使者走後，司馬懿扭頭對部將們說：「諸葛亮事繁而食少，能活得久嗎？」

於是滿懷信心地決定坐等諸葛亮掛掉。

然而部將們不答應。在他們看來，自己的主帥簡直受了奇恥大辱。堂堂七尺男兒，居然被人鄙視為足不敢出戶的女人，是可忍孰不可忍？眾將一致請戰。

司馬懿一看，眾將士這次情緒分外激動，如果不答應，恐怕要有人違抗軍命。

司馬懿略一沉吟，也憤怒道：諸葛亮的確欺人太甚，必須出兵教訓他一下才是，叫他領教領教我曹魏鐵騎的厲害！

眾將士連連稱是，紛紛請纓。

司馬懿說：不過且慢，前日聖上下詔，明確要求我等死守不出，這可如何是好？

眾將士道：將在外，君命有所不受，管不了這許多了！

司馬懿為難地說：不行呀，要不這樣吧，我連夜修書一封，向聖上請戰，大家看行不行？

眾將士連聲稱好。司馬懿趕緊修書，詞氣激烈，表示出強烈的戰意。司馬懿把這封信封好交給驛吏，心想：聖上啊，這個燙手山芋臣可就交給您了，想必您可以理解臣的用意吧。

千里快遞，從渭南前線傳到洛陽城。曹叡接到了司馬懿的信，啞然失笑。司馬仲達呀司馬仲達，你跟朕玩這一套。你壓不住那些驕兵悍將，卻叫朕來替你收拾。好呀，那朕就陪你唱這齣雙簧！

曹叡裝模作樣地修了一封回書，指示：絕不允許出戰，嚴格貫徹先前的防禦戰略，膽敢再請戰者，軍法從事！然後派出一位老臣辛毗，前往監軍。

君臣二人心有默契，千里傳書只為做一場雙簧戲。

衛尉辛毗，是曹家三朝老臣。他脾氣剛直不阿，朝廷上下無不忌憚。

辛毗奉命來到渭南前線，劈頭蓋臉就訓斥眾將：皇上已經下令死守，是誰還敢請戰？眾將一看，老頭兒惹不起，鴉雀無聲。

司馬懿衝大夥兒無奈地一攤手，表示自己愛莫能助。辛毗又衝司馬懿說：明天開始，老夫每日站在大營門口。誰想出戰，就踏著老夫的屍體過去！

第二天大清早，辛毗果然左手持符節，右手持黃鉞，當軍門毅然而立，威嚴赫赫，氣場十足。

諸葛亮派間諜來打探，魏軍怎麼還不出戰。間諜打探回來報告：「有一位倔老頭兒，毅然仗黃鉞，當軍門立，軍不得出。」

諸葛亮歎道：「這老頭肯定是辛毗了。」

護軍姜維說：「辛毗一來，想必司馬懿不敢出戰了。」

姜維是諸葛亮第一次北伐時，從天水投降過來的魏將。諸葛亮看姜維是個可造之材，時時把他帶在身邊培養，有讓他當接班人的意思。

諸葛亮苦笑：「司馬懿本來就不打算出戰。他之所以千里請戰，不過是做個姿態罷了，表示他也是想打的、能打的。兵法云，將在外，君命有所不受。要是他真能打得過我，哪裡還會演這齣千里請戰的雙簧戲？」

姜維暗記在心，不禁重新審視司馬懿這個對手。

時間已經到了八月份，兩軍相持了一百二十多天，季節也由夏入秋。隴上的秋天格外多風，十萬蜀軍在五丈原上累月風餐露宿，鐵打的壯小夥兒身體都吃不消了。

更何況是位憂勞多事、夙興夜寐的老人？蜀漢的頂梁柱諸葛亮瘦弱的身軀再也難以扛住繁重的軍務，躺下了。

秋風五丈原

五十四歲的蜀漢丞相諸葛亮，已經走到了自己人生的終點。

後人往往悵歎，假如天假以年，蜀漢當能振作、諸葛亮當成其功。

身為當事人的諸葛亮，恐怕並不這麼認為。他已經深深地認識到，兩國的較量並不是一兩場軍事勝利那麼簡單。諸葛亮強支病體，在左右的協助之下，最後一次巡行軍營。左右的侍衛扶持著丞相，他們第一次發現，寄託著全蜀漢百萬軍民無比信任與夢想的諸葛丞相，竟是這樣瘦弱的一位老人，甚至只要輕輕一用力就可以把他提起來。

侍衛的眼眶濕潤了。自從先帝駕崩之後，諸葛丞相實在背負得太多、太多了。

諸葛亮巡行軍營，看著在風中兀自飄蕩的「克復中原」的大旗，心中無限蒼涼。木牛流馬、諸葛連弩、雲梯衝車井闌，這些熟悉的攻戰之具，將不再為我所用矣！

滿營戰士望著諸葛丞相。限於鐵的軍紀他們不能擅離崗位，只能這樣轉動著眼球，儘量讓丞相在自己視野裡留滯得久一些。誰都不敢想像，這位寄託著十萬蜀軍軍心的老人一旦歸天，會是怎樣的結果。誰都不敢想像，有朝一日這支軍隊不再姓諸葛，還能否保持今日的戰鬥力，今日的光榮與夢想？

諸葛亮巡行了小半個軍營，已經體力難支。他咬牙堅挺，繼續看著，像許久不曾飲食的人一樣飢渴地看著，似乎希望把這一切都深深烙進他的腦海，烙進他的生命。

秋風襲來，徹骨生寒。

諸葛亮仰天長歎：亮再不能臨陣討賊矣！悠悠蒼天，何薄於我？

一陣陣輕微而雄渾的啜泣，升騰在蜀軍大營的上空，與五丈原上的秋風暮色交織成一片，引動天地山川為之心感神傷。

諸葛亮到底沒有力氣巡行完整座大營，只好回中軍帳躺於病榻之上。

他把楊儀、費禕、姜維等心腹叫來，安排後事：我若身死軍中，則三軍撤進斜谷後發喪。司馬懿倘若來追，則按往日成法卻之。退軍時，以魏延斷後、姜維次之。倘若魏延不願意撤軍，則不必管他，三軍自己回撤便是。

諸葛亮交代完，已經氣若游絲。進出中軍帳的高級軍官，都面色凝重，神情沮喪。守衛的士兵見了，心知丞相即將歸天，再一次啜泣起來。

忽然，成都有使者趕來了。來者是尚書僕射李福。李福並不知道諸葛亮即將不久人世，他只是照例奉皇上的命令前來諮詢一些國事。走進中軍帳看到丞相病情如此嚴重，李福手足無措，簡直忘記自己來幹什麼了。

諸葛亮忽然睜開眼睛：是李福吧？

李福連忙挪到病榻前，低首向丞相，內心奔騰萬千不知道該說什麼。

諸葛亮說：這次來，有什麼國事啊？

李福這才想起，連忙把國事一一詢問，諸葛亮強打起十分精神，認真聽著，認真履行著自己身為丞相的最後職責。聽完，諸葛亮吃力地一字一字叮囑李福，聲音極其輕微但很用力，李福側耳傾聽，頻頻點頭。

滿帳將士早已經不忍心看下去。這就是他們的丞相啊，幾十年如一日地日理萬機，早生華髮。

諸葛亮比往常講得更久一些，好不容易交代完了，李福道一聲丞相珍重，上馬揚鞭而去。

諸葛亮閉上了眼睛。他靜靜地享受著這久違的靜謐，這是當年在隆中躬耕時候才能享受得到的清閒吧。對啊，隆中還有數十畝薄田待我回去耕作呢。

諸葛亮的身體雖然差到了極點，但卻一直沒有咽氣，彷彿在等待著什麼。果然，過了幾天李福又快馬加鞭回來了，連滾帶爬跑進中軍帳，見到諸葛亮才略放下心來。

諸葛亮聽到聲響，說：「又是李福吧？我知道你回來的用意；上次雖然交代了那麼多事情，但還是有些事情沒有交代，又來問我了。你問的事情，蔣琬是合適的人選。」

李福大吃一驚，諸葛丞相儘管已近油盡燈枯，卻依然神機妙算，連忙說：「是啊，之前確實忘記問了，萬一丞相百年之後誰可以擔當重任。那麼請問，蔣琬之後，誰接班呢？」

諸葛亮緩緩地說：「費禕可以接班。」

李福又問：「費禕之後呢？」

眾人側耳傾聽。久久沒有回答。大家一看，諸葛亮咬緊牙關，緊閉雙眼，不再說話。李福不再堅持詢問，含淚回成都覆命去了。（《三國志》注引《益部耆舊雜記》）

是月，諸葛亮病逝軍中，享年五十四歲。

諸葛亮一生成敗功過，後人評說不休。但我想，有兩點是沒有疑問的：這是一個複雜的人物，他有著偉大的人格。

司馬懿在渭南大營，最近總覺得眼皮直跳。一天晚上巡營，司馬懿見到一顆大星赤紅色有芒角，自東北方天際向西南方落下，最後落在了諸葛亮的大營方向。司馬懿心想，天有異象，大星隕落，難道諸葛亮死了？

第二天，司馬懿派探馬去打探消息。探馬還沒回來，先有五丈原的一些百姓跑來報告：蜀軍正在拔營起寨，撤離五丈原！

司馬懿心知諸葛亮已死，立即點起軍隊前往追擊。

司馬懿的軍隊很快趕到了五丈原附近，果然見蜀軍正在有章有法地撤離。司馬懿正要下令襲擊，突然見蜀軍反旗鳴鼓，要向自己這邊殺來。司馬懿一驚：難不成又是諸葛亮的誘敵之計？諸葛亮最擅長誘敵深入而殲之，王雙和張郃都是死在這上面啊！司馬懿不敢緊逼，率軍退卻。

蜀軍也並不殺來，排好陣列從容退去。蜀軍退入斜谷，三軍發喪，哀聲震天。司馬懿這才知道諸葛亮果真已死，連忙率軍追來，然而已經追不上了。

五丈原的百姓很有黑色幽默，編造了歌謠來諷刺司馬懿，說：「死諸葛走生仲達。」

司馬懿聽到了，並不計較，自我解嘲：「我能料活著的諸葛亮，但是不能料死了的諸葛亮。」

司馬懿巡行五丈原諸葛亮軍留下的營壘排列方式，長歎一聲：「天下奇才也！」

司馬懿以這樣的評價，向他一生中最重要的對手諸葛亮致敬。

司馬懿之前聽聞諸葛亮的死訊，只覺得驚喜；如今定下神來，才若有所失。這樣偉大的對手，一生能遇幾人？普天之下，除諸葛亮外，還有誰配做我司馬懿的知己？我司馬懿一生佩服的對手有兩位，另一位是曹操；但我司馬懿一生尊敬的對手，只有你諸葛亮一人而已。

司馬懿與諸葛亮，這兩位不世出的天才的交手，至此畫上了句號。他們二人的交手，從純粹視覺感官的角度來看，並不精彩；沒有七擒孟獲的從容譎智，沒有克日擒孟達的大開大闔。然而他們之所以施展不出這樣精彩絕倫的本事，正是因為將遇良才。

司馬懿與諸葛亮，就像兩位大國手，謹慎地算計著每一步棋，包括自己的和對方的；他們在走出每一步棋之前，都已經事先進行了無數次的思想交鋒。兵法有云：知己知彼。他們互相知根知底，倘若世上有這樣一種另類知己，司馬懿與諸葛亮足以當之！

曹魏的邊疆終於可以獲得片刻的寧靜，而蜀漢的歸兵卻已經陷入了自相殘殺之中。

4 可以給你的，自然也可以拿回去

郭太后的孽債

魏延深深感到自己被邊緣化了。

最近幾天，丞相病情據說急劇惡化，來來往往進出於中軍帳的，都是楊儀、姜維、費禕這些人，居然沒有來找我魏延！

魏延很憤懣，他始終覺得諸葛亮對自己有偏見。之前子午谷奇謀的不採納，第一次北伐時不用自己為先鋒而用馬謖，都深深刺激著魏延。先帝在時，我魏延就已經是漢中太守、獨當一面，如今在你諸葛亮手下怎麼反而不能得志？

諸葛亮所信任的人，在魏延看來都是碌碌之輩。姜維是降人，費禕是書生，尤其是那個楊儀更是可恥小人！全軍上下，哪個不對我魏延敬畏三分？惟獨楊儀，仗著丞相器重，對我愛搭不理。魏延有一次激動起來，拿著刀對著楊儀的腦袋威脅，幸好頭腦清醒沒有釀成大禍。兩人從此勢同水火。

諸葛亮死了，姜維、楊儀傳下丞相的遺令，讓魏延斷後。又是斷後！自從先帝死後，我堂堂魏延盡給你們辦些斷後、誘敵之類不上檯面的工作！我可是堂堂南鄭縣侯，楊儀鼠輩居然敢對我頤指氣使呼來喝去！

諸葛亮活著的時候，魏延不能按自己的想法行事，如今諸葛亮死了，難道我魏延還要唯楊儀之命是聽？魏延不想給楊儀打下手，他決定按自己的想法來。

這時候，費禕跑來，問：魏將軍，現在丞相歸天，你是怎麼個想法呀？

魏延見到費禕很激動，說：「丞相雖亡，我魏延還在。丞相府的屬官們大可以自己發喪回成都，大軍留下來由我率領破賊，怎能因為一個人的死而廢國家大事？何況我魏延什麼樣的人物，怎能給楊儀打下手，做斷後工作？」

魏延越說越激動，當場想拉費禕入夥，跟自己一起聯名要求蜀漢大軍留下繼續打仗。

費禕閃爍其詞：「我想我還是回去為您勸說楊儀吧，楊儀是文官，不懂軍事，肯定會同意您的看法。」

魏延說好。費禕飛快跑出魏延的營帳，上馬飛奔而去。

魏延清醒過來一想，費禕和楊儀他們是一夥的呀，肯定是楊儀派來探我口風的。魏延派人打探楊儀軍的情況，探子回來報告：他們已經按次序撤退，把咱們撂這兒了。

魏延勃然大怒，率領本部人馬率先往回跑，一路燒毀棧道，想讓楊儀回不來。同時，魏延派快馬給朝廷上書，說楊儀造反了。

楊儀那邊，一看魏延想先下手為強，也不甘示弱，逢山開路遇水搭橋往回趕，同時派出快馬往成都報告魏延已經造反了。

成都方面同時收到兩邊的文書，都說對方已經造反了，不知如何是好。後主劉禪詢問眾臣，大家一致保楊儀而懷疑魏延。

劉禪當機立斷，派蔣琬率領駐守宮廷的宿衛營前往與楊儀合作消滅魏延。

魏延率先出斜谷，占據南谷口，率領軍隊攻擊楊儀軍。魏延、楊儀的私人恩怨終於激化為軍事衝突。

楊儀派王平來打魏延，王平呵斥魏延軍的士兵：「丞相身亡，屍骨未寒，汝輩就敢如此？」魏延軍的士兵自知理虧，一哄而散。

魏延沒了軍隊，帶著兒子和幾個親信往漢中逃竄。楊儀派馬岱追擊，把魏延斬首帶了腦袋回來。

楊儀得意洋洋地把魏延死不瞑目的腦袋扔在地上，用腳反復踩踏，嘴裡罵罵咧咧：「庸奴！你還能作惡嗎？」

但楊儀也並不是勝利者。諸葛亮死前已經指定蔣琬為接班人。楊儀得到消息以後倍感失落，口出怨言。又是費禕，把楊儀的怨言上報朝廷。劉禪下旨：革除楊儀一切職務，遷徙漢嘉郡為民。楊儀到了漢嘉郡，繼續給朝廷上書，尖酸刻薄地攻擊現任領導人，朝廷再次派人下來緝拿他。緝拿的人還沒到，楊儀越想越害怕，自殺了。

諸葛亮的接班人蔣琬，執政風格相對溫和。他主張休養生息，在事實上否定了諸葛亮的北伐戰略。蜀漢一時不足以成為曹魏的心腹大患，兩國邊界迎來了難得的和平。

抵禦蜀漢的最大功臣司馬懿，也由大將軍而榮升太尉。原本的大司馬一職，由於曹仁、曹休、曹真當上不久就都掛了，讓人覺得不吉利，所以基本廢棄了。太尉已經是曹魏的最高軍銜，司馬懿成為曹魏軍界頭號人物。

但是司馬懿謙虛謹慎，不邀功、不爭寵，老老實實在西部防區總司令的位置上兢兢業業，以免功高震主。

然而，曹叡的心思卻不在這上面。他的全副注意力現在都在他的養母郭太后身上。

郭太后，就是甄姬事件中的郭女王、曹丕寵愛的貴嬪。郭女王沒有兒子，甄姬死後曹丕讓郭女王撫養曹叡。

曹叡雖然隱隱知道郭女王與自己母親的死有莫大關係，但苦於當時還沒有成為太子，便把郭女王當做生母一樣孝敬有加。郭女王見曹叡如此聰慧懂事，也就萌生出母性來，對他不再心存芥蒂，當親兒子一樣呵護疼愛。

但是這位史稱精於算計、號為「女中之王」的郭女王，萬萬沒有料到小小年紀的曹叡居然隱藏著深沉的心機和復仇計劃！

曹叡一即位，對郭女王態度大變。他上臺的第一年，追謚自己冤死的母親為「文昭皇后」，這對於郭女王來講顯然是一個凶險的信號。更可怕的是，曹叡後來又將甄姬改葬朝陽陵。

一般來講，曹魏皇帝與皇后合葬一陵。而曹叡居然給自己的生母另立陵廟，不與父親曹丕合葬，表明他心中對於母親之死耿耿於懷。郭女王沒有辦法，她不知道什麼時候會輪到自己。她所能做的，唯有更加謹慎小心，嚴管自己的親戚，不讓他們飛揚跋扈以免落下話柄。

曹叡開始時時來詢問甄姬的死因，郭女王無言以對。

有一次，郭女王被逼問得氣急敗壞，激動地說：「先帝自己決定要殺甄姬的，為什麼來責問我？何況你身為人子，難道要追仇死父，為前母枉殺後母嗎？」

曹叡冷冷地盯了郭女王一眼，離去。

這件事情之後，郭女王被勒令從洛陽搬了出來，搬到許昌。然後在青龍三年（二三五）的正月裡，郭女王突然暴斃。死因沒有人知道。

據說，甄姬生前的一位好姊妹李夫人把甄姬的死況都告訴了曹叡，曹叡哀恨流淚，秘密命令殯殮人員在郭女王屍體的口中塞滿糠秕，散開頭髮遮住面孔，一如她當年對甄姬做的。

一報還一報。這場推後十四年的復仇結束之後，曹叡也開始走上了人生的下坡路。

來自王者的猜忌

太尉司馬懿最近兩年過得很愜意。諸葛亮死後，他已經不用再勞心勞力對付蜀軍。去年蜀將馬岱有一次小規模的入寇，司馬懿派宿將牛金去打，輕輕鬆鬆打了個大勝仗，斬首一千餘級。

在這次軍事勝利的震懾之下，兩個氐王苻雙、強端帶了六千多族人來歸順。這一年，成國渠和臨晉陂開始發揮效用，關中大豐收。而關東則糧食歉收、飢民遍野，司馬懿下令把關中的五百萬斛餘糧給洛陽方向送去。

司馬懿的六個老弟，都在魏國官居顯赫，其中尤以三弟司馬孚，做到了尚書令的位置。司馬懿的兩個兒子司馬師、司馬昭也已經有了自己的交際圈，與何晏、夏侯玄等年輕一輩的優秀人才多有來往。

這一年，孫子司馬炎出生。年近六十的司馬懿抱著孫兒，心情大好。功成名就，弄孫膝頭，人生如此，夫復何求？

別人禍不單行，司馬懿福偏雙至。順風順水的司馬懿心情大好之際，去打獵，居然獵獲了一隻白鹿！白鹿乃是罕見的品種，當時人將之視為祥瑞之兆。司馬懿趕緊派專業的飼養員精心呵護著白鹿，一路送往洛陽給曹叡當禮物。

曹叡收到白鹿，鼓勵司馬懿：「過去周公輔佐成王，獻上了白色的雉；如今你為帝國掌管西邊，獻上了白鹿。你的忠心耿耿，與古人千載輝映，這難道不是上帝派你來保衛我曹魏王朝直到千秋萬代嗎？」（豈非忠誠協符，千載同契，俾乂邦家，以永厥休邪）

曹叡把司馬懿比作周公，在當時人看來並非虛譽：這位老人輔佐曹家祖孫三代，多次在軍事上獲得巨大的勝利，保衛著帝國的安全，簡直是一位救世主啊！

但是偏偏有人不這麼看。

太子四友中腦子最快、名聲最臭的吳質，有一次在曹叡面前替司馬懿說好話：「司馬懿忠智至公，社稷之臣也！至於陳群，就不過是一介文臣罷了，比不上司馬懿啊！」（陳群從容之士，非國相之才）

曹叡當時把頭轉向尚書令陳矯：「司馬公忠正，可以算是社稷之臣吧？」

陳矯冷冷地回了一句：「司馬懿是朝廷之望，至於社稷，我不知道。」（朝廷之望。社稷，未知也）

朝廷與社稷相比，朝廷是曹家的私產，社稷是天下之公利。陳矯對於司馬懿是「社稷之臣」，持保留意見。他心目中，司馬懿不過保保你們曹家而已，不必抬到那麼高的位置。

言者既有意，聽者亦用心。曹叡把陳矯這句話聽進去了。他聯想到了之前皇叔曹植的上疏。

沒多久，陳群也死了。當年受命的三大輔政大臣曹真、陳群、司馬懿中排名第三的司馬懿，如今成了第一也是唯一的首輔元老，聲望之隆，與日俱增。

司馬懿十分清楚，自己的這一切是誰給予的。可以給你，自然也可以拿回去。司馬懿勤勤懇懇懇，履行自己作為臣子的職責。

曹叡最近已經喪失了剛即位時明智果斷的英氣。他早先就熱衷於大興土木，如今更是對興建宮殿著了魔。曹叡不僅把修建宮殿的預算大幅提高，而且還親自穿了短衫拿著鐵鍬在建築工地上挖土，與民同勞（帝乃躬自掘土以率之）。

司馬懿進朝，見到這樣的情況，皺皺眉頭，趕緊進諫：「周公營造雒邑、蕭何建設未央宮，宮室的建設一向都是臣子的職責。但是如今大河以北，百姓窮困，內有勞役、外有軍役，不可能並行不悖。希望皇上暫時停止國內的施工，節省人力物力以支援打仗。」

曹叡聽了很不耐煩。他冷冷地看了一眼司馬懿，把鐵鍬扔下了。

進一步加深曹叡不信任的，是老臣高堂隆的遺書。

這年，曹魏的一名骨鯁老臣高堂隆病危。高堂隆對於曹魏的政局看得很通透，有很多話一直憋著沒有講。現在既然病危，這些話不能爛在肚子裡，必須對得起自己的良心。臨終上書，分量更重。於是他口述了一份上疏，讓身邊人記錄下來呈給曹叡。

上疏之後，高堂隆就死了。

上疏說：「老臣記得先帝黃初年間，有一隻怪鳥全身鮮紅，誕生於宮殿的燕子窩裡（黃初之際，天兆其戒，異類之鳥，育長燕巢，口爪胸赤）。這是上天發出的警告，要防止鷹揚之臣興起於蕭牆之內。老臣建議，最好讓諸王在封地內建立軍隊，像棋子一樣在全國星羅棋布，分布在全國重鎮，拱衛皇室保護中央，維護首都所在的京畿。」

疏中所指何人，不言而喻。

曹叡細細翻讀，字字揣摩，心頭深受震動：高堂隆在生命的盡頭才敢說出來的這番諍言，竟然與若干年前皇叔曹植的上疏如出一轍！再聯繫到陳矯對司馬懿的評價，曹叡不禁開始重新審視這位被大家稱之為「鷹揚之臣」的老太尉。

司馬懿如今身為朝廷首輔，擁重兵於關中、雍、涼，與皇帝曹叡形成分陝而治的局面。如今關東的曹叡沉溺於享樂之中，而關西的司馬懿則勵精圖治，兩相對比，足以令有志者憂心。

曹叡產生了戒惕之心。

恰好此時，三代割據遼東的公孫家族公然反叛。曹叡意識到，這是一個名正言順地把司馬懿調離他的勢力範圍——關中的大好時機。

5

抱持「告成歸老」之心態，方能逢凶化吉

東北亞頭號軍事強人

公孫家族，從董卓時代開始統治遼東，至今已經傳到第三代掌門人公孫淵。

第一代掌門人公孫度，凶悍而能幹，剛上任就殺戮了當地上百戶豪強，以血腥的鎮壓建立起了穩定的秩序。安內之後，公孫度開始攘外，把當時剛剛學會耕地的倭人、還處於石器時代的挹婁、實行分封制的三韓和能耕善戰的高句麗，都治得服服帖帖。

漢王朝最衰弱混亂的時代，一個連中原逐鹿的資格都沒有的小軍閥，就這樣輕而易舉建立起了在東北亞地區的霸權。這就是文明的威力。

第二代掌門人公孫康，是公孫度的兒子。他統治的時期，曹操剛剛掃平河北，袁紹的兩個兒

子袁尚、袁熙跑來投靠公孫康。公孫康自忖沒有實力得罪曹操，就把二袁的腦袋砍下來送給曹操，表示臣服。曹操長途奔襲，也早已經是強弩之末，對遼東鞭長莫及，索性做個順水人情，撤軍。

公孫康在國內受了氣，就跑到國外去撒氣。他武力壓服三韓，將宗女嫁給馬韓中最有前途的百濟。他還利用高句麗內部矛盾，攻陷其都城，迫使高句麗王遷都。公孫康割斷中央與東夷的一切來往，儼然以漢王朝的海外代理人自居，獨霸東北，其「東北亞霸主」的霸業達到鼎盛。

第三代掌門人，按理應該是公孫淵，可惜公孫康死時，兒子公孫淵年紀還小，只好由弟弟公孫恭繼任。公孫恭從小生過一種毛病，喪失了作為男人的功能。反映到統治風格上，他懦弱不能治國，對外向曹魏一味討好，當時的皇帝曹丕自然投桃報李，封公孫恭為車騎將軍，假節、封侯。

公孫淵性格強悍、能力出眾。在他看來，叔叔的作為無異於賣國求榮。他長大之後，悍然發動政變，把無能的叔叔推下臺去扔進監獄。他接過了遼東的最高權杖，誓要恢復祖、父兩代時的無上榮光。

別看三國已然鼎立，我公孫淵偏要來分一杯羹。

公孫淵小心翼翼地把政變的情況報告給曹魏皇帝，以試探宗主國的反應。

曹叡對於遼東的內部紛爭根本就懶得過問，只要你堅持一個魏國就好。他派使節封公孫淵為揚烈將軍、遼東太守，等於承認了公孫淵統治的合法性。

公孫淵的野心得到了刺激，膽子變大。他決定放開手腳，幹一票大的：「遠交近攻」——派人從海路前往江東聯絡孫權。

孫權一看，遠在遼東的公孫淵居然主動向自己示好，非常高興，也前後多次派使者前往遼東對公孫淵進行國事訪問，順便買一些遼東的戰馬回來建設東吳最薄弱的騎兵。

東吳與遼東打得火熱，孫權高興之下派兩名高級官員張彌、許晏，一名武官賀達，帶了一萬軍隊和無數的金寶珍奇，前往遼東冊封公孫淵為燕王。

公孫淵並沒有真心與孫權交好，他懼怕近在咫尺的曹魏的軍事威脅，便把張彌、許晏殺掉，把人頭送給曹叡，同時侵吞了孫權的軍隊和財寶。

孫權被這事氣得暴跳如雷，自認為這是有生以來吃的最大的虧。他指天發誓：「我孫權如果不把公孫淵的人頭砍下來扔到海裡，就枉為人主！就算我死了，也不後悔！」（不自載鼠子頭以擲於海，無顏復臨萬國。就令顛沛，不以為恨）說完，就要建設海軍，跨越重洋攻打遼東。幸好東吳的臣子們還是頭腦清醒的，拽著孫權的大腿苦苦勸諫，才算平息了孫權的怒火。

曹叡收到公孫淵送來的東吳大使的人頭，很高興，封公孫淵為樂浪公、持節，並且把那個很不吉利的最高軍銜大司馬給了公孫淵，寄託了希望公孫淵早點翹辮子的美好期望。

「大司馬」果然不愧曹魏時代第一殺手職位的美稱。曹仁當上大司馬，兩年就病亡了；曹休當上大司馬，兩年也病亡了；曹真當上大司馬，一年多就掛了。公孫淵年紀正輕，命比較硬。他當上大司馬的這一年，距離死亡還有五年時間供他折騰。

決勝於廟堂

公孫淵自以為雄才大略：既在與孫權的交往中吞併了財產和軍隊，又討好了曹魏，可謂一石二鳥。公孫淵簡直悵恨：可惜無緣早生五十年，否則當與曹操逐鹿中原、與劉備一較高下！

兩邊都占便宜了，當然也就把兩邊都得罪了。這個道理公孫淵不懂沒有關係，有人教他懂。派往洛陽獻人頭表忠的遼東使者，打探到絕密消息：「曹叡將要派來封您為大司馬、樂浪公的使者，都是精心挑選出的武林高手，其中有個叫左駿伯的更是一等一的高手高手高高手，要提防啊！」（使者左駿伯，使皆擇勇力者，非凡人也）

公孫淵大吃一驚。他本來就與東吳暗中勾結而惴惴不安，生怕曹魏興師問罪，如今更是畏懼被曹魏這個使者團一舉顛覆自己的政權。他決心暗中安排、先下手為強。

曹魏使者傅容、聶夔手捧大司馬、樂浪公的印章和委任狀，帶著使節團行進到遼東境內。遼東方面的接待人員把兩位大使迎接到學館。只見學館周圍刀槍林立、數千步兵騎兵頂盔貫甲高度戒備。傅容、聶夔戰戰兢兢，步入學館，發現館中更是軍隊、侍衛、保鏢一應俱全。

遼東的獨裁者公孫淵一身戎裝高高地端坐在寶座之上，表情陰鷙、目露凶光。

傅容壯著膽子請公孫淵下來領旨，公孫淵毫不客氣，派一個手下把聖旨拿了，冷冰冰地說：有勞兩位大使了。

傅容、聶夔迫不及待地逃出遼東回到洛陽，把情況一五一十告訴曹叡，曹叡震怒。公孫淵，朕早就想收拾你了，苦無藉口而已。天作孽，猶可違；自作孽，不可活！天子一怒，流血漂櫓。可惜，流的不是遼東兵的血，而是魏軍的血。

幽州刺史毌丘儉奉命統率魏軍和鮮卑、烏桓的軍隊，武力征討公孫淵。公孫淵渾然不懼，決定禦敵於國門之外。

公孫淵派出軍隊，屯駐在入遼東的咽喉要道——遼隧。遼東有條大河叫做遼水，遼水的東面有支流小遼水。在遼水與小遼水的匯合處，就是遼隧。毌丘儉的雄兵來到這裡，正好趕上大雨十幾天，遼水氾濫。毌丘儉不熟悉地形，再加上這樣的突發情況，與公孫淵的遼東兵接觸之下，戰局不利，就知趣地退兵了。

公孫淵跟孫權玩外交、跟曹叡玩政治、跟毌丘儉玩軍事，全面完勝，野心急劇膨脹，竟公開反叛。他自立為燕王，設置百官，改元「紹漢」——翻譯成白話也就是「繼承漢朝」的意思。公孫淵利用祖孫三代在東北亞的霸主地位，發出詔書封鮮卑王為「單于」，聯合周邊的一些少數民族來騷擾曹魏。

這就是司馬懿面臨的敵人，東北亞頭號軍事強人公孫淵。

景初二年（二三八）的正月裡，司馬懿得到詔書，緊急從長安趕往洛陽。他清楚，曹叡此番召他進京是想把消滅公孫淵割據勢力的任務交給他。

司馬懿最近幾年閒得手癢癢，再加上之前與諸葛亮打仗一味堅守，心裡也憋得慌，早就想找個機會好好打一場痛快淋漓的大仗了。公孫淵，是個夠分量的對手。

司馬懿趕到洛陽，面見曹叡。曹叡很客氣地說：「公孫淵造反，本不足以勞動太尉大駕，但朕想一舉解決公孫淵永絕後患，所以只好麻煩你。你覺得我軍出征，公孫淵如何應對？」（此不足以勞君，事欲必克，故以相煩耳。君度其行何計）

司馬懿略加思索，畢恭畢敬回答：「強弱懸殊，公孫淵的遼東兵不是我軍的對手。他事先棄城逃跑，這是上策。」（棄城預走，上計也）

哦？曹叡大感意外：棄城逃跑已是敗了，怎麼會是上策？

司馬懿回答：強弱懸殊之下，既已無勝算，則保留實力為上。公孫家族在遼東經營三代，倘若將遼東郡百姓、錢糧、兵員悉數帶走，給我軍留座空城，然後再利用地形之便不時騷擾我軍在遼東的駐軍，同時煽動起周邊的夷狄一起造反，則公孫淵於暗處神出鬼沒，而我軍在明處疲於奔命。不留重兵，則遼東得而復失；留有重兵，則泥足深陷。一旦吳、蜀再乘虛而入，則公孫淵可以收復遼東，逐我出門。

曹叡點點頭：果然是上策，凶險之極。那中下策又是什麼呢？

司馬懿接著說：「像對付毌丘儉大軍一樣，據守遼水，禦敵於國門之外，是為中策（據遼水以距大軍，次計也）。固守遼東首府襄平，那就是坐以待斃了（坐守襄平，此成擒耳），這是下策。」

曹叡點點頭，又問：「以太尉之見，公孫淵會採用哪一策？」（其計將安出）

司馬懿胸有成竹：「只有高明之人才能知己知彼，忍痛割愛放棄遼東，這不是公孫淵能達到的境界。我曹魏大軍千里出征，公孫淵一定認為我軍不能持久，肯定會先據守遼東，而後坐守襄平，也就是先用中策、後用下策。」（必先距遼水而後守，此中下計也）

曹叡明白，司馬懿的上策已是爐火純青、謀之巔峰，非極高明、極大膽之人所不能用，看來公孫淵休矣。他接著問：「太尉估計此戰，來回需要多久？」

司馬懿斬釘截鐵：「往百日，還百日，戰百日，休息六十日，一年足矣。」

曹叡終於拍板，認可了司馬懿的戰略構想，派出步兵、騎兵四萬人給司馬懿。有臣下說，四萬人太多了，千里遠征，後勤和經費恐怕跟不上啊。曹叡擺擺手：「遼東距洛陽四千里，如此遠征雖然要出奇兵，但也要靠過硬的軍事實力說話。不應該過多地計較經費問題。」（四千里征伐，雖云用奇，亦當任力，不當稍計役費）

曹叡除撥予四萬步騎之外，還下令駐紮幽州的毌丘儉軍也受司馬懿全權指揮。司馬懿得到曹叡的莫大支持與信任，四萬雄兵盔明甲亮，戰馬嘶鳴、戰旗招展。曹叡親自送別，司馬懿率領曹魏大軍，從洛陽城西明門出發，前往四千里之外的遼東。

曹叡送走司馬懿，鬆了一口氣：這位當朝首輔、鷹揚之臣，終於被朕調離關中，送到遼東去了。等你歸來之日，再予調防，不讓你回關中，也就順理成章。公孫淵，算是幫了朕的大忙。

司馬懿對此並非一無所知。不過，他回憶自己的用兵生涯，大部分時間都在帝國的西南一帶作戰，如今卻要用兵東北這個陌生的地方，人生年年有新鮮之事，不禁倍感興奮。

曹叡特詔命令司馬懿的三弟司馬孚、長子司馬師送司馬懿取道河內溫縣老家，恩准停留數日。

少小離家老大回，鄉音無改鬢毛衰。

已到花甲之年的司馬懿騎在戰馬之上，望著道路兩旁越來越熟悉的風物景觀，感受到了家鄉的氣息。

葉落歸根，終於要回家了。

將掃群穢，還過故鄉

河內溫縣，原本是個寂寂無名的小地方。自從出了個司馬懿，溫縣人每次出門跟人打招呼都底氣十足：在下是溫縣的，與司馬太尉是同鄉。

溫縣有些年紀大的老人，還經常給孩子們講司馬懿年輕時候的故事：司馬太尉可了不得，當年年紀輕輕就胸懷大志，慨然有憂天下之心！魏武帝兩次派人登門來請，才請得動他出山！

年輕一輩的人們則更多是在魏、蜀戰場的故事中聽到這位本鄉先賢，怎樣用二十四天攻占上庸擒斬孟達、怎樣讓臥龍諸葛亮束手無策嘔血而亡。在當地，司馬懿就是個活著的傳奇。

所以，當「老太尉要還鄉了」的消息傳遍大街小巷時，平靜的溫縣沸騰了。大家爭相打聽老太尉回來的確切時間，想要一睹這位傳奇人物的容貌。而溫縣乃至河內郡的大小官吏們則忙著接待事宜和安全保衛工作。司馬懿還鄉，成為這段時間溫縣居民茶餘飯後的最大話題。

司馬懿踏入溫縣，久違的親切感湧上心頭。他想起了動蕩的童年，想起了隱士胡昭的師友情誼，想起了老父的威嚴和兄長司馬朗手把手教自己讀書、識字。

溫縣萬人空巷，主幹道上人頭攢動，父老鄉親們擁堵在兩邊爭相看著司馬懿，遠處有些頑皮的少年攀登在樹上朝這邊張望。行列最前面的是河內的郡守和典農中郎將，跟在後邊的是各縣的縣令。官員們誠惶誠恐地一路小跑來到司馬懿馬前，搬過下馬凳扶老太尉下馬。

司馬懿對於下級官員，從來不擺架子。但他更感興趣的是滿口溫縣話、吵吵嚷嚷的鄉親們。司馬懿宣布：今天我司馬懿奉旨討賊，路過溫縣。陛下賜予溫縣父老牛肉、美酒、穀米、布帛，從今日起大擺筵席，我願與父老鄉親同歡共醉！

萬眾歡騰，齊聲叫好。

司馬懿與父老故舊連飲數日酒，撫今思昔，感慨萬千、興致大發，當場吟詩一首：

天地開闢，日月重光。
遭遇際會，畢力遐方。
將掃群穢，還過故鄉。
肅清萬里，總齊八荒。

告成歸老，待罪舞陽。

吟罷，繼續痛飲。父老們聽到司馬懿吟出「待罪舞陽」這樣的不吉利句子來，都有點茫然無措。再看司馬懿仍然談笑自若，便放下心來繼續吃喝。

你們都只見我司馬懿人前顯赫，誰能知道我幾十年如一日在這個位置之上，是怎樣的戰戰兢兢、如臨深淵如履薄冰啊。當今皇上曹叡雄才大略、政自己出。他要是想解除我的勢力，簡直易如反掌。這次調我出關中、遠征遼東，不能說沒有這一考慮。如此情勢之下，我司馬懿手握重兵，怎能不帖耳俯首、善處人臣之分呢？唯有時刻抱持「告成歸老、待罪舞陽」之心態，方能逢凶化吉、轉否為泰。

熱鬧是鄉親父老的，我什麼也沒有。一個人的孤獨不是孤獨，人群中的孤獨，才是骨子裡的孤獨。

司馬懿畢竟有軍務在身，不敢在溫縣久留。痛飲數日之後，便與父老鄉親依依惜別，帶兵起程。面對公孫淵這樣的軍事強人，司馬懿表現出無比的自信。他優哉游哉地把原計劃中的六十天假期提前透支掉了。

世間已無諸葛亮，公孫淵哪裡是我的對手？

司馬懿閒庭信步，公孫淵可不敢怠慢。他做了三手準備：第一，派人到洛陽向曹叡稱臣，表示不敢有二心，願意繼續為曹魏鎮守東北邊陲，以為緩兵之計；第二，操練士卒、修整武備，加緊備戰；第三，派人渡海到東吳，老著面皮向孫權稱臣請援。

公孫淵的反應，確實迅速而老練。

求援的使者到了東吳，孫權幸災樂禍：公孫淵啊公孫淵，你也有今天！往日，你殺我兩位大使，侵吞我一萬雄兵和無數珍寶，向曹魏搖尾效忠，把我孫權當猴耍。如今風水輪流轉，輪到我孫權殺你的使者啦。

孫權興致勃勃，要拿遼東的使者開刀。一位部下羊衜勸諫：「您這樣做，是逞匹夫之怒而廢王霸之計啊！不如答應他們的求援，派出一支海軍遠遠地在遼東半島海域觀望，如果魏軍戰敗，我們就趁勢上岸幫忙，可以得到公孫淵的感激；如果公孫淵戰敗，我們就趁火打劫，上岸擄掠他幾個郡，然後滿載而歸。這才是高級的報仇辦法。」

孫權一聽，很有道理，就把遼東的使者叫來，說：「你們放心，我孫權一定發兵與公孫老弟同仇敵愾！」說完，就當著使者的面派了一支海軍出去，同時還讓使者給公孫淵捎個口信：「這次魏軍的主帥司馬懿用兵變化若神、所向無前，我很替老弟擔心哪！」（深為弟憂）

洛陽方面，曹叡收到公孫淵的信，自然不予理會。但是探子報來孫權出兵海上要為公孫淵助拳的消息，卻不能不引起曹叡的高度重視。倘若孫權果真派兵協助公孫淵，則司馬懿的四萬人馬就顯得有些兵力單薄了。

曹叡詢問群臣，孫權會否傾力協助公孫淵，蔣濟表達了否定意見，他說：「孫權的海軍，深入遼東打陸戰，則力不能及；在岸邊耀武揚威，又不能對我軍構成實際威脅。孫權對此是深知的。所以即便現在遼東被困的是孫權的兒子，孫權這隻老狐狸也絕不會傾力相救，何況還是個曾經令他受辱的公孫淵？他發兵海上，只不過是遙為聲援，坐收漁利罷了。」曹叡點頭稱是，不復以東吳為憂。

六月份，司馬懿抵達遼東。公孫淵的大將卑衍、楊祚已經率領數萬遼東兵，在大小遼水之間的遼隧駐防，自南至北挖戰壕二十餘里，對司馬懿嚴陣以待。司馬懿的四萬魏軍，剛剛行軍四個多月、跨越四千里地來到這裡，便碰上了如此堅不可摧的一塊硬骨頭。毌丘儉軍之前就是受挫於此，殷鑒不遠，令人頭疼。

但是，自諸葛亮死後，司馬懿就自覺天地間再無敵手。

這道遼隧附近占盡天時地利的堅固防線，在飽經戰陣的司馬懿眼裡，不過是形同虛設而已。

6 集腋成裘，擅長學習他人的長處

突破馬其諾防線

對付遠征軍，常規的做法是堅壁清野、深溝高壘，建設一道牢不可破的防線。一般來講，易守難攻。諸葛亮攻打陳倉就是一個最鮮明的例子。只要能夠堅守，待入侵者兵疲勢老，自然就會退卻。此時再趁勢追殺，可收完功。司馬懿對付諸葛亮的進攻，就是採取的這個辦法。但這個常規做法有個前提：對戰雙方旗鼓相當。而易守難攻也並非鐵律，下面這條才是鐵律

——善守者，攻難；善攻者，守難。

司馬懿毫無疑問就是位善守能攻之人。司馬懿抵達前線，觀察地形，心中已有勝算。

司馬懿手下的諸將牛金、胡遵之輩紛紛請戰，想要強攻遼隧，司馬懿微微一笑：「賊軍之所以堅壁防守，是想拖垮我軍；如果進攻，正中他們下懷。」

簡單的強攻和硬守，都非智者所為。司馬懿摸清楚了遼隧的全部情況，利用所能掌握的全部條件，構思出一局很大的棋。

遼水北段，防守虛弱。這不是每一雙眼睛都能看到的事實，只有司馬懿這樣的絕頂高手，才能一眼捕捉到遼東兵防守的命門所在。

司馬懿留了少量兵力揮舞著大量旗幟，在南面佯裝進攻遼隧，親率主力部隊從遼水的北部偷偷渡河，然後悄悄繞行，神不知鬼不覺地出現在遼隧的後方。牛金、胡遵一看，太尉果然用兵如神。既然已經繞到敵軍後方了，那就趕緊發動偷襲吧！

牛金、胡遵與司馬懿水平的差距，就在這裡體現。

司馬懿根本不急著進攻，他壓根不怕暴露行跡，明目張膽地派出兩支軍隊：

第一支軍隊，沿著遼水在遼隧守軍的背後大模大樣地修築起長長的防禦工事；

第二支軍隊，把我軍用來渡河的船隻和架在遼水上的橋梁全部鑿沉燒毀。

一切辦妥之後，司馬懿帶兵往公孫淵的大本營襄平殺去。

牛金、胡遵一頭霧水：「我們已經成功渡河繞到敵軍身後來了，現在不攻賊而造防禦工事，算怎麼一回事？」

司馬懿說：「古人曰：敵雖高壘，不得不與我戰者，攻其所必救也。賊軍主力在遼隧，後方必然空虛。我軍直指襄平，遼隧守軍肯定害怕大本營失守，會主動回防求戰。這時候我們再和他打，可以有十成勝算。」

遼隧的守將卑衍、楊祚對於防守很有信心。上次毌丘儉的大軍就是頓挫於遼隧之下。這次通過積極備戰，遼隧被修造得更加堅固，況且周邊還有長達二十多里的戰壕，司馬懿即便插翅也難以飛越這銅牆鐵壁、深溝高壘的遼隧防線。

遼東兵躲在戰壕裡嗑瓜子聊閒天，全然沒有把魏軍放在眼裡。雖然遼水對岸的魏軍整日價搖旗吶喊，卻不敢真正進攻，卑衍、楊祚認定了他們只是虛張聲勢，等糧草一盡自然就退兵了。

然而，一連串的不利消息打破了兩位守將的迷夢：

報！魏軍出現在遼隧後方！

報！渡河的船隻、橋梁都已經被魏軍焚毀！

報！魏軍在我軍後方建造了防禦工事，主力已經直撲襄平而去！

卑衍、楊祚大吃一驚。一天前，遼隧還是堅不可破的防線；一天後，遼隧就已經變成一道廢防線了。更可怕的是，　天前，魏軍是進攻方，遼東兵是防守方；一天後，魏軍已經在身後修築起防線，成為防守方，而遼東兵居然倒變成進攻方了！

一夜之間，攻守易勢！

司馬懿用兵，果然神出鬼沒。卑衍、楊祚再也不敢懈怠，他們帶領數萬遼隧守軍跳出戰壕，尾追司馬懿而去。卑衍、楊祚打定主意：你司馬懿圍困襄平城，肯定一時半會兒拿不下；我軍作為援軍趕到，與城裡守軍裡應外合，定教你司馬懿吃不了兜著走！

吃不了兜著走的，當然不是司馬懿，而是卑衍、楊祚。

誰說我要去打襄平？司馬懿殺了個回馬槍。

司馬懿雖然劍指襄平，其意卻在遼隧。他深知遼隧守軍不除，圍困襄平只能使魏軍陷於被動。之所以在遼隧後方毀船焚橋、建立防禦工事、火速趕往襄平，都是為了引蛇出洞，好一網打盡。

探子報告：遼隧守軍果然傾巢而出，尾追我軍而來！

司馬懿對牛金、胡遵說：「之所以不進攻他們的大營，正是為了讓他們來找咱們。這個時機要抓住啊。」牛金、胡遵恍然大悟，摩拳擦掌，待司馬懿一聲令下，調轉槍頭對遼隧軍迎頭痛擊。

卑衍、楊祚大敗，司馬懿窮追不捨，三戰三捷，把這支數萬人的軍隊全部殲滅，這才揮軍撲向襄平。

二戰前，法國花費全法國一年的財政收入在法德、法義邊境建造了一條堅不可摧的馬其諾防線（Maginot Line），自以為高枕無憂。沒料到德國軍隊攀越阿登山區，從北邊取道比利時繞開馬其諾防線，迅速占領法國全境。

一千七百多年前，司馬懿繞開遼隧防線的計謀，近似於此。然而兩相比較，司馬懿的謀略要複雜、高明得多。此戰綜合活用了聲東擊西、瞞天過海、圍魏救趙、調虎離山等多項計謀，堪稱戰史上的經典範例。

公孫淵得知遼隧防線失守，心知情勢不妙。公孫淵最近聽聞了很多詭異的事情：有條狗戴著帽子穿著絳紫色的衣服爬上屋頂（犬冠幘絳衣上屋）；有戶人家煮飯，打開蒸籠發現裡面一個蒸熟了的死孩子（炊有小兒蒸死甑中）；襄平的北邊挖出來一塊肉，沒有手足但是能緩緩地動搖（襄平北市生肉，無手足而動搖），這估計就是「太歲」之類的東西。但是對於自然科學不發達的古人來講，異象紛呈足以成為不祥的預兆。

公孫淵咬咬牙：自古以來，攻城最難。襄平城牢不可破，我重兵堅守，想必你司馬懿也沒有辦法。何況，我還有一位幫手馬上就要來到。這幫手可是魏軍的天敵，自從曹操時代起魏軍就屢屢吃它的虧！

司馬懿的大軍試圖完成對襄平的合圍。公孫淵抱著最後一絲希望，死守襄平城。

與天鬥，其樂無窮

司馬懿四萬大軍圍困襄平城，在城周圍深挖戰壕，打算把襄平城圍得鐵桶一般。公孫淵插翅難飛，除了繳槍不殺，別無出路。

時間進入七月份。七月流火，正式進入秋季。一位魏軍的老對手來了，在這位老對手的手中，無論是名將于禁、龐德還是曹真、司馬懿，都沒有占到過半點便宜，反而大栽跟頭。這位老對手，在今年的七月又如期而至。

大霖雨，連綿不絕的大霖雨。

戰無不勝的魏軍天不怕、地不怕，偏偏有「大霖雨恐懼症」。當年，「五子良將」之一的于禁，與西涼猛將龐德率領的大軍，就是被這樣一場大霖雨搞得全軍覆沒；而不久前，曹真的數路伐蜀的計劃，也是在一場連綿不絕的大霖雨中泡了湯。

魏軍對於大霖雨，心理有陰影。大雨下了一個多月還沒有要停的跡象，河水暴漲，平地數尺大水。很多魏兵都是第一次離家這麼遠出來打仗，聽老兵們講以前水淹七軍的故事，極其害怕。魏軍軍心恐慌，各種謠言和怨言叢生，有的說按照以往的慣例，估計不日就要撤軍。再這樣下去，很有可能要爆發可怕的「夜驚」甚至大規模逃兵事件。

也有的軍官，建議司馬懿遷徙營地，挑選一處乾燥的高地重新駐紮。如果這樣，那麼現在對襄平形成的合圍之勢就要前功盡棄，襄平守軍很有可能借機出逃或者向周邊的少數民族搬救兵。

不止前線軍中，洛陽方面也是人心惶惶。大臣們援引曹真伐蜀的先例，紛紛請求撤回軍隊。曹叡頂住壓力，對司馬懿抱有信心：「太尉臨危制變，擒殺公孫淵指日可待。」

司馬懿當然沒有辜負曹叡的期望。他不是于禁，更不是曹真。他清楚，現在魏軍營地駐紮的地方並非窪地，不可能被大水淹沒。而一旦搬遷營地，對於軍心士氣是個打擊，也會給對手以可乘之機。

既然大霖雨不可能造成實際的威脅，那麼下面要解決的就是軍心問題。

司馬懿下令：軍中膽敢有再提遷徙營地者，殺無赦！

都督令史張靜犯顏直諫。他認為，這仗再打下去，恐怕三軍將士都要成河魚腹中之食。張靜把生死置之度外，為三軍將士請命。張靜正氣凜然，他的身後站著許多士兵，一起起哄。

司馬懿毫不猶豫，把張靜按照軍法斬首示眾。

也許你說得對，你的立場很正義，可是軍人的天職是服從。軍紀是軍營的最高準則。三軍整肅，人心安定，沒有人再想搬遷營地的問題了。司馬懿下令，接著挖戰壕，把襄平城整個的圍到水洩不通！

但是，這還只是解決了問題的第一步。襄平城裡的遼東兵一看，發大水了。我們是出不去，可你們也過不來。他們興致勃勃地跑到城外面來打柴、放牛，甚至互相嬉戲打鬧，存心氣魏軍。魏軍哪裡受得了：我們成天在苦水裡泡著，戰靴裡都要長黃鱔了，你們就每天這麼打柴放牛愜意著，這可不成。於是紛紛向司馬懿請戰。

司馬懿一律不許，只是下令加緊挖戰壕。

軍中的司馬陳圭看不過去了，向司馬懿表達自己的疑惑：「同樣是遠征，為啥打孟達的時候速戰速決，現在卻不慌不忙？」

司馬懿耐心地解釋：「孟達人少而糧多，我軍人多而糧少，所以要跟時間賽跑。現在敵眾我寡，敵飢我飽，加之陰雨綿綿，想速戰速決而不能。我只怕公孫淵跑，不怕他守；跑了難抓，坐守只能待斃。」

陳圭看到的，只是同為遠征的表象；司馬懿洞察的，則是形勢迥異的實質。

老天沒有辦法，只好放晴了。最後幾滴依依不捨的雨滴對襄平城中的公孫淵表示愛莫能助，我們不是司馬懿的對手。

陽光普照，魏軍心情大好，幹起活來格外賣力，甩開膀子挖戰壕建防禦工事，終於對襄平城形成了合圍。

公孫淵已經徹底絕望了，他覺得自己在坐以待斃。然而更讓他絕望到崩潰的事情還在後頭。

司馬懿望著城頭，抱歉地笑笑：當年諸葛亮對陳倉城使用的手段，我將悉數請君笑納。

斬首行動

司馬懿的一大特點，在於擅長學習他人的長處。

你在司馬懿身上，可以看到他的很多對手和朋友的影子：曹操的雄猜多疑，曹丕的譎詐善變，孫權的隱忍務實，賈詡的韜晦自保，甚至於諸葛亮的攻戰之具和行軍陣法。

世無粹白之狐，集腋成裘。

這正是司馬懿得以在群雄並起、猛人如雲的三國時期立足不敗之地的原因所在。

戰壕和防禦工事的合圍完成，司馬懿正式開始進攻襄平城。魏軍在地面上堆起高高的土山，以便窺探城內的動向。城下有投石車，乃是當年曹操在官渡之戰中對付袁紹用的，一顆顆石頭砸擊在襄平城頭。

城下，司馬懿派魏軍挖掘地道，以使城牆塌陷，並伺機突進城中。雲梯勾搭城頭，戰士們攀援而上，用盾牌擋箭，斬殺城頭的遼東兵；衝車轟擊城門，數十丈高的樓車上，連弩兵的火力掩蓋整個襄平城頭。司馬懿把四萬大軍分成兩撥，晝夜輪番休息輪番進攻，務必給城內營造一種天塌地陷的視聽感受。

在這種強大的物理攻勢和心理攻勢的雙重壓迫之下，襄平城裡的人已經受不了了，成批成批地翻城牆跑出來投降。之前遼隧的守將楊祚，就是其中一員。悲觀情緒在襄平城中彌漫開來，糧食已經全部吃完，人們開始吃耕牛、吃戰馬、吃戰友、吃鄰居……

天公也來助興。一顆雪白的流星拖著紅色的尾巴劃過天幕，落在襄平城東南方向的梁水附近。

公孫淵惶惶不可終日。他知道這場災難是誰帶來的，他覺得身邊已經沒有了可信任的人。時間進入到八月份，公孫淵派出他的相國王建、御史大夫柳甫兩位老頭兒，前往司馬懿的營中。

王建和柳甫請求司馬懿解除包圍、撤出軍隊，公孫淵君臣將會自己把自己捆綁起來，親自到司馬懿面前謝罪。

這種緩兵之計，對於司馬懿來講簡直是癡人說夢。司馬懿冷笑一聲，下令把這兩個偽政權的偽官員殺頭示眾，然後派人給公孫淵捎信：

敬愛的公孫大司馬：

你好！

春秋時期，楚國和鄭國地位平等，鄭國國君尚且親自光著膀子出城謝罪。我司馬懿乃是天子任命的高級官員，你的偽相國和偽御史大夫居然就妄想讓我撤軍解圍，這符合禮節嗎？

又及：對了，你派來的那兩個人年紀太大，頭腦發昏，我已經替你把他們殺掉了。你如果有誠意，可以派個年輕的會說話的過來。

你的司馬懿

燕王公孫淵看了司馬懿的信，氣得渾身哆嗦。但是沒有辦法，只好派侍中衛演再到魏軍營中。

衛演來到司馬懿帳中，匍匐在地，說：敝主願意把他的親兒子公孫修送過來為人質。

司馬懿一聽，指著衛演的鼻子教訓：「現在你們有五個選項：第一，主動出擊，一決勝負；第二，繼續守；第三，跑；第四，投降；第五，死。你們不肯投降，那就是選擇死了。我司馬懿的字典裡，沒有『人質』兩個字。」

公孫淵徹底絕望，襄平城一潰如崩。

司馬懿終於打破襄平城，公孫淵父子帶領數百騎兵突破包圍，往東南方向逃跑。司馬懿派出鐵騎追殺。追到梁水附近，曹魏鐵騎追上公孫淵父子，猶如砍瓜切菜一般砍下這位東北王的頭顱。公孫淵殘缺的屍體倒下，死在前幾天流星落下的那個位置。

司馬懿領導的這次犀利的長途奔襲和精確的斬首行動，徹底終結了東北亞軍事強人公孫淵的稱霸美夢。

公孫淵死在不自量力，不能審時度勢。三國早已經不是他祖父公孫度時代群雄並起、人人可分一杯羹的時代了。如今被淘汰剩下的三個國家，都是百煉成鋼、精粹中的精粹。遼東能夠祖孫三代相傳五十年、自保至今，已經是莫大的幸運。公孫淵不能保境安民，為一方造福，卻橫挑強鄰、妄圖建立三國之外的第四國，實在是不自量力。他的敗亡，早在他自稱燕王的時候就已經注定。

公孫淵也是曹魏最後一位大司馬。「大司馬」這個受過詛咒的職位，至今已經剋死了四個人，於是被曹魏永久地封存了起來。這樣一來，司馬懿擔任的太尉，就成了實至名歸的最高級別軍銜。

公孫淵的一場春秋大夢結束了，襄平城的噩夢卻剛剛開始。

司馬懿打下襄平城，大開殺戒。他下令把襄平年十五歲以上的男性七千多人都殺死，築成「京觀」。

所謂京觀，是古代戰爭中把敵軍屍體堆積之後，掩土夯實，高出地面築造成金字塔形狀的東西，以炫耀武力。這是一種帶有巫術意義的傳統悠遠的陋習，後代評書小說中的所謂「鐵丘墳」

就是類似的東西。

司馬懿下令，偽政權公卿以下所有官員一律處死，殺死將軍畢盛等兩千多人，威震遼東。為司馬懿作傳，無須虛美，不必隱惡。屠城雖然是漢末三國時期戰爭中常有的事情，但是司馬懿的這次規模較大的屠殺活動，毫無疑問是後人詬病他的一大人生污點。一將功成萬骨枯。在司馬懿果決的殺戮之下，曹魏順利收復遼東。自漢末至今五十多年的割據勢力被徹底剷除。

遼東收復戰，與司馬懿預想的一樣，歷時近一年。從廟算到出兵到行軍到圍城，最後破城，整個過程一氣呵成，堪稱是一次教科書式的遠征。

曹叡興奮之餘，派使者到以前公孫瓚的大本營薊縣犒勞三軍，給司馬懿增加封地。然而，遼東收復戰也成了司馬懿與曹叡最後一次親密的合作。

時間已經是仲秋時節，天氣漸寒。

年老的司馬懿做了一個仲秋夜之夢，而這竟成為君臣永訣的徵兆。

7 權力較量：廟堂之高，朝堂之深

仲秋夜之夢

深夜，司馬懿在襄平批閱文件、處理善後工作，不勝疲憊。他不禁慨歎，人生真是不服老不行啊！以前曹操在世的時候，為了博取曹操的信任，司馬懿一天忙到晚，還要夜以繼日，卻不覺苦不覺累，渾身往外冒著勁道。現在幹的只是腦力活，居然已經疲憊到這個地步。

司馬懿趴在案頭，打算小憩一陣。

正睡到半夢半醒時分，忽然一陣陰慘慘的風吹來，司馬懿覺得膝蓋上格外沉重。他睜開眼睛，迷迷糊糊見到一個人仰躺在自己的膝蓋上。司馬懿大吃一驚，努力去看，卻覺得眼前一片模糊，看不真切。只隱約看到這人龍袍加體、頭戴冕旒，儼然是當今天子曹叡！

司馬懿又驚又疑，趕緊要起身行大禮，卻聽到曹叡說：「視吾面。」司馬懿不敢違抗，朝曹叡的臉上看去，卻見曹叡的臉逐漸扭曲變形，在幽幽的燈光映照下顯出一種青白色的猙獰！（夢天子枕其膝，曰：「視吾面。」俯視有異於常）

司馬懿「啊」的一聲坐起身來，卻是黃粱一夢。一些文書卷冊落在自己腿上，可能是睡覺時不小心落下去的。司馬懿一身虛汗淋漓，回味剛才的夢，覺得不是吉兆，決定早日班師回朝。

司馬懿往回走到薊縣，天子曹叡派了特使來犒賞三軍，還給司馬懿增加封地。司馬懿這才知道，那個仲秋夜之夢不過是自己多慮罷了。是呀，皇上今年才三十四歲，春秋正盛，怎麼可能有大恙呢？司馬懿放下心來，放慢速度往回走。

走了一程，使者帶來曹叡的諭旨，命令司馬懿可不必到洛陽見禮，直接回長安駐守。司馬懿遵旨往回走。

剛走到河內境內的白屋時，忽然有洛陽的專使快馬傳來詔書，命令司馬懿把軍隊交給部將，緊急趕回洛陽。司馬懿覺得詫異：前後兩份詔書，內容怎麼是相反的？

不容司馬懿多想，詔書又像催命一樣紛至沓來。三天之內，連下五道緊急詔書。最後一份是曹叡的手詔：「朕盼望你趕緊到，到了以後免去一切禮節和手續直接進宮，視吾面。」

司馬懿這才大驚失措：原來那個仲秋夜之夢竟是一夢成讖！本還以為「視吾面」是曹叡叫他「看我的臉」，原來是「見我的面」的意思！朝廷的專使還為司馬懿安排了「追鋒車」。追鋒車是魏晉時期一種經過改裝的輕便驛車，行走速度飛快故名「追鋒」。司馬懿趕緊上車，一路風馳電掣趕往洛陽。

洛陽到底發生什麼事了呢？

曹叡快要死了。

曹叡繼承了他的爺爺、父親的好色傳統，沉迷女色過度，以至於都生不出孩子來。曾有大臣就此事進諫，認為傷其十指不如斷其一指，陛下您應該卯著一個上，以提高受孕的機率。這番話科學上有沒有依據我不清楚，總之曹叡只生過一個孩子，而且還轉過年就死了。

前面屢次說過，曹叡對於建築行業有著特殊的愛好。他不僅大興宮室，而且還親自幹活。這一點，成為後世史家對曹叡的最大詬病，以至於都足以掩蓋他的其他優點。

曹叡既熱愛女色和建築，同時還很勤政。他日理萬機，在位時期把政權牢牢握在手中，所有大事都由自己決策。他還與尚書臺搶活兒幹，以至於引起尚書臺官員的抵制。

這樣一個好色狂、建築狂和工作狂，又長期生活在宮殿之中，不怎麼鍛煉身體，得場急病死去乃是合情合理的事情。但是沒有人料到，他會這麼早就要死，畢竟他才三十四歲！

曹叡死前，伺候在他身邊的，乃是劉放、孫資。

劉放、孫資是老臣，自從曹操時代起就擔任秘書工作，是曹魏的「文膽」。劉放文筆出眾，孫資智計過人，兩人合作親密無間，因此從曹操時代幹到了曹丕時代，依舊能夠屹立不倒。

曹丕時，改秘書為中書，大權在握。二人分別擔任中書監、中書令，掌握國家機要工作。曹叡即位，把大權牢牢抓在自己手裡，外朝之臣譬如三公就完全形同虛設；而內臣則大大吃香。

劉放、孫資就是典型的內臣。

司馬懿情知內臣不可怠慢，因此與劉放、孫資交情很好。劉放是冀州人，孫資是并州人，在曹魏政權中既非汝潁世家，又非譙沛集團，而是靠直屬皇帝以取得地位。司馬懿是河內人士，與二人都屬於北方人，從鄉里的關係上看也很密切。借著這層老鄉的關係，司馬懿已經把劉放、孫資變成了自己人。

曹叡病危，身邊的重臣只有劉放、孫資兩個筆桿子，聽候曹叡的口諭，做好最後的記錄。劉放、孫資伺候曹叡多年，對朝中形勢摸得一清二楚。毫無疑問，按照當前曹叡對於司馬懿的信任度以及司馬懿的地位，司馬懿必將成為首席託孤重臣。司馬懿的上臺，對於劉、孫二人無疑是利多消息。雖然他們兩人已經快要退休了，但是他們還有兒孫，需要司馬懿的照顧。

他們拿著筆，擺好簡冊，預備記錄。

曹叡張開嘴，吃力地作最後的人事安排：

「以燕王曹宇為大將軍，與領軍將軍夏侯獻、武衛將軍曹爽、屯騎校尉曹肇、驍騎將軍秦朗，共同輔政。」

劉放、孫資面面相覷：沒有司馬懿！

曹叡開出的這個名單，都是曹魏宗親。

一號：曹宇

曹操的兒子，少年天才曹沖一母同胞的兄弟。他雖然是皇叔，但比曹叡大不了幾歲，自小與曹叡關係很好。曹宇為人謙恭識大體，得到曹叡的賞識，因此被封為大將軍。

二號：夏侯獻

夏侯家族的後裔，具體是哪位的骨肉並不清楚。

三號：曹爽

前任大司馬曹真的兒子。

四號：曹肇

前任大司馬曹休的兒子，也是和曹叡從小玩大的夥伴。

五號：秦朗

曹操的養子。他的父親秦宜祿可算是三國版的陳世美。他本來在呂布手下做事，出使袁術時，袁術把一位漢朝的公主許配給他。秦宜祿的妻子被拋棄，留在徐州。當時劉備哥仨在曹操手下混飯吃，秦宜祿的妻子杜氏是關羽的夢中情人，關羽向曹操請求城破之後把杜氏許配給自己。曹操答應了。但是關羽隔幾天就來請求一次，曹操被勾起興趣：莫非這杜氏是絕色美女？徐州城破，曹操把杜氏拿到自己府中先驗貨。一看，果然不錯，就留下自個兒享用了。秦宜祿的兒子秦朗，就被曹操收為乾兒子，所以秦朗雖然是外姓，但與魏室宗親無異。秦朗與曹叡的關係，也不是一般的好。

曹叡擬定的這個輔政名單，絕非病昏了頭、心血來潮，他是經過深思熟慮的。的確，按照常規思路，首席輔政非資格最老、功勞最高的司馬懿莫屬。即便不是首席，最起碼司馬懿也應該列席輔政名單之中。

但是，曹魏畢竟姓曹，不姓司馬。

曹植的上疏、高堂隆的絕筆、陳矯的暗示，都逼著曹叡不得不面對一個現實的問題：如何處理司馬懿這個功高蓋主的大權臣？本來，曹叡的想法是先調司馬懿離開他的老巢關中，再逐步削弱他的兵權。但是，病情突然惡化，使得曹叡沒有足夠的時間完成這個溫水煮青蛙的計劃了。大限將至，逼迫曹叡必須快刀斬亂麻。

於是曹叡擬定了這個純粹由曹氏、夏侯氏的宗親組成的輔政名單，以最乾脆利落的動作，將司馬懿的權勢一刀截斷在曹叡時代，使之不至於蔓延到下一個時代。

不可否認，由於事出突然，這個輔政名單沒有進行過仔細的推敲。但是，政權落入自己人手，好歹強於落入外姓人手。

這就是生命垂危的曹叡所考慮的一切問題。

劉放、孫資沒有辦法，雖然一萬個不情願，還是不得不老實記錄、對外公布，請五位輔政大臣即日起入朝主持大局。曹叡強撐著不死，這位具有超強意志力的皇帝要在生命的最後關頭，監視著政權的平穩過渡。

燕王曹宇被請進朝，擔任大將軍的職位，開府治事。其他四位輔宰，也都一齊上位，開始辦公。

曹宇憋屈在自己的領地多年，對朝政的得失了然於心。他上任第一天，就向曹叡請示：司馬太尉已經平定公孫淵，就讓他回駐地吧，不必入朝述職了。曹宇知道司馬懿的能耐，不想在這關鍵時刻讓他進來橫插一腳。

曹叡首肯。

曹氏宗親得勢，極度鬱悶的不是還蒙在鼓裡的司馬懿，而是劉放、孫資。

劉放、孫資執掌機密這麼多年，一直是曹魏苛待宗室政策的強力支持者。他們清楚，所謂疏不間親，一旦宗室得勢，執掌機密的工作肯定輪不到他們這些外人。劉放、孫資狡兔三窟，他們早就與司馬懿內通外達、打成一片，不但是為自己安享晚年找好退路，也是為子孫營建進身之階。

辛辛苦苦幾十年，一夜回到解放前。曹叡的搗亂，使他們二人數十年苦心經營的心血毀於一旦！

劉放、孫資決定不能坐以待斃。事情的導火索，是一隻雞。

劉放、孫資有次進宮，路上遇見夏侯獻、曹肇。劉放、孫資趕緊滿臉堆笑、點頭哈腰地跟這兩個小自己幾十歲的年輕人打招呼，不料夏侯獻冷哼一聲，扭過頭去，把二人涼在當場，氣氛異常尷尬。

恰好，宮外一隻雞撲閃著翅膀飛到樹上，宮人急急忙忙驅趕那雞下來，雞就是不下來，反而在樹上耀武揚威、不可一世。曹肇指著雞笑著對夏侯獻說：「雞待在樹上很久了，還能再待下去嗎？」說完，用眼睛瞅瞅劉放、孫資，夏侯獻大笑，兩人揚長而去。

劉放、孫資臉都綠了。

機會也來了。

託孤！又見託孤！

機會出現在曹宇擔任大將軍的第四天。

當時，曹宇、劉放、孫資、曹爽，一共四人服侍在曹叡的病榻邊，詢問一些事情。曹叡突然氣息微弱，只有出的氣沒有進的氣了。曹宇見大事不好，跑下殿去喊曹肇。

說來也怪，曹宇一跑開，曹叡的病情就緩和了一些。

機敏過人的劉放，自然不會放過這轉瞬即逝的千載良機。他拉拉孫資的袖子，使個眼色。孫資明白劉放的意思，但他老成持重，覺得不能輕易冒險。孫資微微擺了擺手。

劉放急了，輕輕在孫資耳邊說：「咱倆就快一塊兒下油鍋了，還有什麼不行的？」（俱入鼎鑊，何不可之有）孫資聞言驚悚，便以常人不易察覺的幅度點了點頭。

兩人計議已定，一起膝行到曹叡跟前，痛哭流涕。曹叡被哭得心煩：我還沒死呢，你們哭個什麼勁？兩人對曹叡說：「如果陛下駕崩，天下可以託付給誰？」

曹叡很不耐煩，凝聚起氣力，以極其微弱的聲音回答：「你們沒聽到我說要託付給燕王曹宇嗎？」（卿不聞用燕王邪）

劉放說：「第一，先帝遺命不能讓諸侯王輔政！第二，陛下您病重期間，曹肇、秦朗每天調戲那些服侍您的愛妾，燕王以重兵封鎖宮殿內外的消息，不讓臣下進來看您。您才病了幾天，就已經內外阻隔、社稷堪憂了，所以我和孫資冒死進諫！」

劉放說完，孫資也配合得大哭起來。他們演如此之大的一場戲，完全沒有回避在場的第三人——曹爽。

他們要把曹爽也拉入夥。

曹爽不是傻瓜。他在一邊默默聽著，心路歷程也在悄然發生變化：如果曹宇、夏侯獻、曹肇、秦朗下臺，我的政治局排名可能一下子由第三而躍居第一，何樂不為？他心裡暗暗盤算，究竟是跟劉放、孫資一起玩風險極大的政治博弈來博取政治局排名第一的位置，還是安安穩穩跟在曹宇的屁股後面做三把手。

劉放、孫資、曹爽三人心有默契，一起演戲，曹叡已經受不了了。他萬萬料不到自己所親寵的幾位宗親居然都是這等人物。我曹叡還活著，你們就已經無法無天了；我一旦駕崩，你們眼裡哪裡還會有皇帝？

曹叡病入膏肓。他之所以能夠支撐到現在，全是憑藉頑強的意志，其實神智已經不清，喪失了往日卓絕的判斷力。在三人的串聯之下，曹叡勃然大怒，問：「誰可以代替曹宇之流？」

劉放、孫資趕緊把曹爽推到臺前：「曹爽將軍可以擔當大任。」

曹叡瞥了曹爽一眼，質疑：「你能擔當這樣重的擔子？」

根本沒有時間給曹爽思考。一把手還是三把手，決定必須在一瞬間作出。曹爽一下子被推到臺前，心裡緊張，汗流滿面說不出話來。劉放輕輕踩了曹爽一腳，貼在他耳邊教他說：「你就說臣以死奉社稷。」曹爽這才連聲說：「臣以死奉社稷！」

劉放這才透露真實想法，試探著對曹叡說：「司馬太尉，可以協助曹爽。應該緊急下詔請他回來。」

曹叡點頭。

劉放、孫資見大事已定，興致勃勃出去宣布最新消息。他們犯了一個致命的錯誤：既然劉放、孫資能忽悠曹叡改變聖旨，曹氏、夏侯氏一樣能勸說皇上收回成命。

果不其然。曹肇聽到消息跑進來，趕緊跪在病榻之前痛哭，請求曹叡收回成命。

曹叡這個時候一陣清醒一陣糊塗，已經全然沒有了主見，又答應了曹肇的要求，讓曹肇出去宣布剛才的聖旨作廢。曹肇喜滋滋地跑出去宣布修正版聖旨。他犯了與劉放、孫資一樣的致命錯誤。

最高層的政治鬥爭進行到這樣白熱化的程度，拚的就是誰少犯錯誤了。

劉放、孫資聽到情勢又有變更，趕緊一溜小跑面見曹叡，一齊勸說。曹叡只想耳邊清靜一點，又答應了劉放、孫資。劉放、孫資這次吸取教訓，口說無憑、立字為據，要皇上寫手詔。曹叡

連抬手的力氣都沒有，喘著氣說：「我病重，寫不了字。」（我困篤，不能）

劉放、孫資哪管這個，把筆硬塞在曹叡手裡，一人平端簡冊，一人把著曹叡的手，強行寫下了手詔。寫完手詔，劉放、孫資扔下奄奄一息的曹叡，跑出宮去，宣布戒嚴，罷免曹宇、夏侯獻、曹肇、秦朗四人的輔政之職，責令立即返回原崗位，嚴禁逗留洛陽！

曹肇等人要進宮門再勸說，哪裡還有機會！沒有辦法，只能哭著離開。

劉放、孫資擔心夜長夢多，趕緊派人前往河內緊急召回司馬懿。

司馬懿乘坐追鋒車，四百里的路途一天就到了。司馬懿翻身下車，被劉放、孫資接著，一路往宮裡跑去。劉放、孫資邊跑邊把最近的事情簡要地彙報給司馬懿。

司馬懿跑進宮裡跪倒在病榻前，曹叡已經氣息奄奄、朝不慮夕，他聽到響動，忽然伸出一隻手，問：是太尉來了嗎？

司馬懿趕緊握住曹叡的手，手上沒有一點血色和熱度。這分明已經是一個死人的手了啊，眼前這個人，除了還有殘存的意識以外，已經和死人無異了！曹叡靜靜躺著，面容堅毅，大家看得出來，他正在凝聚最後的力量。

過了許久，曹叡開口：「朕為了以後事相託，連死都忍下來了。朕忍死等你，得以相見，沒有遺憾。你要和曹爽一起，好好輔政。」司馬懿縱使鐵石心腸，聽到這番掏心掏肺的話也不免泣不成聲。

曹叡緩了緩，又吃力地轉動眼球指示方位，說：「這孩子就是太子，你好好看看，別認錯了。」（此是也，君諦視之，勿誤也）

司馬懿這才注意到，床榻邊還跪著兩個孩子，一個是齊王曹芳，一個是秦王曹詢。曹叡沒有子嗣，這兩個都是宗室的子弟，被曹叡認領為養子。其中一個七八歲的孩子，從服色上看正是太子曹芳。

曹叡聚起最後的力氣，對曹芳說：「快，抱抱老太尉！」（又教齊王令前抱宣王頸）曹芳聽了，怯生生地走到司馬懿面前，伸出雙手摟著司馬懿的脖子。

司馬懿抱起曹芳，拉著曹叡的手，不禁想起當年曹丕託孤之時，痛哭道：「陛下應該還記得，當年先帝不也是這樣把陛下託付給老臣的嗎？」（陛下不見先帝屬臣以陛下乎）

這樣溫情的畫面，令人不勝欷歔，不知內情者紛紛流下淚來。然而，誰又能料想到，在這溫馨之前，曾是多麼驚心動魄的政治鬥爭呢？

曹叡聽到司馬懿的話，再無遺憾。也許他也夢回了父皇託孤的那一年。當時，他還是一個多麼生澀而滿懷抱負的少年啊！

死去元知萬事空，但悲不見三國同。

這位小秦始皇，戀戀不捨地結束了他在人世間三十四年的短暫旅程。他來過了，他看到了。他勝利了嗎？

天知道。

總之，隨著曹叡的離世，朝廷頓時演變成了曹爽、司馬懿分庭抗禮的格局。司馬懿回到了久違的戰場——朝堂之上。

一番無比血腥、比沙場更加殘酷百倍的新較量正在等待著這位六十一歲的老人。

你能應付得來嗎，司馬懿？

第六章

飛龍在天

奪權，奪的就是槍桿子

權隨事走，事在人為。我不讓你做事，哪怕你有無上權力，照樣等於賦閒在家。司馬太傅老當益壯，再次向全國展示了自己的軍事才華，也讓曹爽發現他的集團有個致命的漏洞——不懂軍事。槍桿子裡出政權，如果不懂軍事、不能掌控軍界，一切都是白搭。

1 不可將客氣當福氣，同床異夢才是真相

短暫的蜜月

到目前為止，司馬懿對曹爽沒有任何不良印象。這位身為當朝首輔的皇室宗親，絲毫沒有驕橫跋扈的紈褲習氣。他以恭謹謙遜的後輩身分，時時向司馬懿請教。朝中事無大小，如果不先向司馬懿請示，曹爽絕不自作主張。

司馬懿一向謙卑以自牧。得到曹爽的如此敬重，司馬懿更是人敬一尺、我還一丈。曹爽既是曹魏首輔、又是皇室宗親，能如此禮敬自己，實屬難能可貴，萬萬不可將客氣當福氣、頤指氣使。因此，司馬懿總是把曹爽推在臺前，自謙老朽無能、後生可畏。

當朝宰輔曹爽與司馬懿這一少一老就這樣同心同德、通力合作，使朝政清明，當時人傳為美

談。

然而，這只是表面。同床異夢、各懷鬼胎，才是真相。

曹爽依靠劉放、孫資的幫助，排擠了燕王曹宇等其他宗室競爭對手，取得了政治投機的成功。但他清楚，真正的較量才剛剛開始。

曹爽不是等閒之輩。他能夠突然在曹叡死後迅速崛起為曹魏政壇的超新星，也絕非撞大運那麼簡單。

曹爽的父親，是司馬懿以前的同僚曹真。曹真雖然軍事才華不是一流水準，但他善待部下、身先士卒、為人豪爽，贏得了司馬懿的尊重。曹爽一定程度上繼承了父親的優點。他自小就以謹慎穩重而在宗親中有較好的口碑，又和曹叡關係鐵杆從而由散騎侍郎起步，做到武衛將軍的位置，更在曹叡臨終託孤之際，抓住劉放、孫資與曹宇等人的矛盾，一躍成為當朝第一人。

曹爽雖然貴為首輔，官居大將軍、假節鉞，加侍中、錄尚書事、都督中外諸軍事，賜爵武安侯、食邑一萬二千戶，但是他十分清楚，自己名字前面那一長串的官位和爵位並不代表真實的實力與權力。老太尉司馬懿年高德劭，長期活躍於戰場，被朝野上下看做「朝廷之望」。最重要的是，司馬懿在政界、軍界摸爬滾打數十年，積累的崇高威望和深厚人脈都遠非曹爽所能望其項背。

曹爽何嘗不想一朝權在手、便把令來行？可是剛剛獲得的官職，其實只是空頭支票，並不代表賬戶上的現有資金。滿朝官員買不買賬，關鍵還要取決於自己的實力和表現。

所以，曹爽謹慎處事，小心翼翼地避免在剛上臺時就引起司馬懿的敵意。他卑躬屈膝，對司馬懿執子弟禮，以此來贏得司馬懿的信任和朝廷上下的口碑。在不引起司馬懿敵意的情況下，曹爽還要加緊建功立業以贏取政治資本。直到終有一日，首輔之名實至名歸，那才可以與司馬懿分庭抗禮。

不當頭、不稱霸、韜光養晦、有所作為，這就是曹爽在執政初期的基本方針。

曹爽的小九九，哪能逃出韜光養晦的祖師爺司馬懿的法眼？

但是，司馬懿一貫奉行敵不動我不動。曹爽對自己甚為謙恭，司馬懿並沒有理由打壓曹爽。而且，司馬懿也不確定曹爽下一步究竟想幹什麼。如果曹爽的所作所為並不侵犯自己的利益，司馬懿完全可以睜一隻眼閉一隻眼，放任自由。當前最重要的，是潛心軍政事務，以博取更大的聲名和實際利益。

曹爽根基尚淺，司馬懿時機未到，兩人當面和和氣氣，背後各自積蓄力量、應對隨時可能到來的發難。

第一個動作來自曹爽。曹爽主動上書皇帝，請求給司馬懿加官。

司馬懿當前的官職是太尉，已經是三公之一、位極人臣，怎麼還能再加？曹爽自有辦法。他搬出了兩個更牛的官職，奏請皇上恩准。

第一個官職，是封存已久的「大司馬」，第二個則是傳說中的「太傅」。

太傅，是《周官》裡面的官職，僅次於傳說中的「太師」，職責是輔導太子。太傅這個官職，漢朝曾經啓用過，但不常設，乃是榮譽性的官職。

史書上說，曹爽請求為司馬懿加官太傅，是明尊暗貶、架空司馬懿的做法。這個記載大概是曹魏或西晉的史官為了給曹爽抹黑而捏造的罪狀之一，把曹爽嚴重弱智化了。

反駁理由可以有這樣幾個：

一、曹爽試圖為司馬懿加的官，乃是大司馬和太傅兩個，太傅固然可能是虛職，但大司馬在曹魏乃是響噹噹的頭號軍銜，握有實權。

二、司馬懿在與曹爽共同執政後的第八年才告老回家。難道司馬懿反應這麼慢，第八年才突然醒悟原來加我為太傅是奪權？

三、史書上明確記載了司馬懿除太尉外，還有侍中、持節、都督中外諸軍事、錄尚書事等一系列官職和特權，難道也因為加了一個太傅而一起剝奪了？

四、司馬懿在曹芳在位初期，還有過兩次中等規模的軍事活動。如果他已經無權無責，這兩次用兵如何解釋？

總而言之，說曹爽此時就已經把司馬懿架空，為時過早。這一方面污辱了曹爽的人格，另一方面也貶低了曹爽的智商。曹爽對於中國官場的規矩摸得很清楚：永遠不要簡單認為權力一定會隨著官職而升降。漢武帝朝的宰相，權力遠遠小於得寵的內官；而清末光緒百日維新時期的康有為，官銜雖低，權力卻不小。

什麼樣的人，就辦什麼樣的事；多大的事，就有多大的權。權隨事走，事在人為。

朝廷方面，因為大司馬這個職位已經剋死過好幾任大司馬，太不吉利，所以給司馬懿加官太傅。

司馬懿欣然接受。有些人，容易被捧殺，一旦身居高位，簡直不知所措，開始異想天開胡作非為以加速自己的滅亡，比如吳質。司馬懿不是這樣的人，他明白解決「高處不勝寒」問題的最佳訣竅：踏踏實實地辦最低下、最關切民生的實事，以積累良好的政治聲譽。

曹叡時代最大的弊政，就是大興土木、工程繁多，百姓不堪其苦。司馬太傅新官上任三把火，為民請命，罷除現役的民工上萬人，使百姓得以安居樂業。司馬懿的次子司馬昭這時候也已經擔任洛陽的典農中郎將。他秉承父親的精神，廢除一些瑣碎的小工程，不影響老百姓耕作和收穫的時間，贏得大家的交口稱讚。

在司馬懿父子踏踏實實積累政治聲譽的時候，曹爽也沒有閒著。

曹爽面對司馬懿，最大的劣勢在於孤身一人、沒有形成自己的黨羽和政治集團。

曹爽仔細分析可以拉攏的勢力：

朝中老臣，大體傾向司馬懿，不好拉攏；新進來的官員，人微言輕，還在觀望形勢，不會死心塌地跟著自己；曹氏宗親，經過奪權事件後，繼續被牢牢禁錮在各地的封地。何況，曹爽在宗親之中，資格既非最老，關係也非最親；上次奪曹宇的權，等於已經把宗室得罪過了，如今起用宗室，乃是殺敵一千、自損八百的蠢事，曹爽當然不會去幹。

要想在短期內迅速建立起一支忠誠可靠、政治素質過硬、足以與司馬懿相抗衡的政治團隊，難度非常高。

但是這難不住曹爽。他決定用非常之策，非常之人。

曹爽想起了曹叡時代在全國範圍內有重要影響的一宗大案要案。他要起用的人，正是當年那批政治犯。

塵封八年的謎案

曹爽取出了塵封已久的絕密卷宗，撣去灰塵，細細翻看。隨著灰塵的簌簌掉落，八年前一樁撲朔迷離的政治大案逐漸浮出水面。

當時還是曹叡時期，太平日久。雖然邊疆還時有戰事，但帝國的心臟地帶早已經遠離了刀光劍影、遠去了鼓角爭鳴。在這太平安逸的環境中成長起來的新一代的年輕人，渴望刺激和不平凡。

這代年輕人之中，最傑出的人物有三個：何晏、鄧颺、夏侯玄。

何晏，是漢末最有權勢的人物大將軍何進的孫子。何進死後，曹操照例把何進的兒媳婦笑納進自己的後宮，收何晏當了乾兒子。有了這樣的出身，何晏自然不把太子曹丕放在眼裡。太子穿什麼樣的衣服，何晏也穿什麼樣的衣服，以至於兩人老在公共場合撞衫，曹丕恨得咬牙切齒，暗罵何晏是「假子」。

何晏出身高貴，又是寂寞的青年哲學家、曹魏第一帥哥，在中國帥哥史和思想史上都很有地位。在魏晉思想界萬馬齊喑的時代，何晏猶如一顆啓明星，前承漢末經學之餘緒，後啓魏晉清談之先風，著作有《論語集解》、《道德論》等，都是非常有分量的作品。

高貴而寂寞的帥哥思想家何晏，和另一位天才曹植一樣，遭到了腹黑之王曹丕的羨慕嫉妒恨。曹丕即位之後，何晏鬱鬱不得志，只好在寂寞的香氣裡顧影自憐。

曹丕死後，曹叡立即宣召何晏進宮。何晏非常激動，以為將迎來政治上的春天，大展拳腳。然而，曹叡看中的只是他的文學才華。曹叡讓何晏為自己新蓋的大樓寫一篇賦。在這位雄才偉略的皇帝眼中，何晏不過是個高級文學侍從罷了。

我何晏天縱英才、滿腔熱忱，難道就要以此終老？心有不甘，無可奈何。

鄧颺的來頭更猛：他的祖上是東漢開國第一功臣鄧禹。但是鄧颺的仕途更坎坷：他曾擔任尚書郎，接著外放洛陽令。洛陽是曹魏的首都，世家勢力盤根錯節、人事關係異常複雜，洛陽令根本就算不了什麼官，頂多就是個打雜的管家。鄧颺不知道得罪了什麼人，慘遭免官。輝煌的仕途戛然而止。不久，鄧颺又被起用為小小的中郎官，才智不得充分發揮。他對現實政治一肚皮牢騷。

夏侯玄，出身於為曹魏帝國的締造立下汗馬功勞的軍功世家夏侯家族。祖輩夏侯惇、夏侯淵，都是傑出的軍事統帥；父親夏侯尚，在曹丕時代也是軍界三大將星之一。夏侯尚死後，年僅十七歲的夏侯玄繼承父親爵位，不到二十歲就擔任散騎侍郎。散騎侍郎，只有曹魏帝國最傑出的青年才俊才能擔任，乃是無上的榮耀。然而，這種榮耀卻遭到了裙帶關係的玷污。

曹叡寵愛的毛皇后，有個弟弟毛曾，粗鄙不堪，居然也被任命為散騎侍郎。有一次，曹叡令毛曾與夏侯玄同坐，時人調侃之為「蘆葦靠在玉樹上」（蒹葭倚玉樹）。夏侯玄憤憤不平，怒形於色。曹叡忌恨之下，貶了夏侯玄的官。

朗朗如日月入懷的夏侯玄，如今只好獨酌邀明月，試問今夕何夕。

何晏是最負盛名的思想家，鄧颺是八面玲瓏的社交達人，夏侯玄則具有非凡的人格魅力。他們滿懷理想與抱負，帶著年輕的偏激與青春的張揚，憧憬漢末士人們指點江山激揚文字、以天下為己任的情懷，模仿他們玩起了人物品評。他們掌握了曹魏的民間輿論，把政壇的人物重新評過。這三個懷才不遇的青年才俊終於走到了一起，這注定是一場時代的盛會。

他們激烈抨擊不合理的用人制度：憑什麼官二代能通過九品官人法平步青雲、而窮人家的人才卻湮沒不彰？

他們極其不滿當前的權力分配：為什麼國家的最高權力要掌握在一群暮氣沉沉的老年人手裡，卻不能任用最有激情的青年政治家銳意革新？

以夏侯玄為領袖，何晏、鄧颺為核心的政治沙龍越玩越大，吸引了更多不甘平庸的年輕人的加入。其中有諸葛亮的族弟諸葛誕、司馬懿的長子司馬師、舊臣李休的兒子李勝、劉放的兒子劉熙、孫資的兒子孫密……

事態的擴大、輿論的激化，終於引起了朝廷的不安。建安時代的老臣董昭出面，要求朝廷取締這個非法社團，處罰有關人員。

幾乎所有的參與者，都受到了相應的處罰：他們被定了個「浮華」的罪名，免為庶人；他們的檔案中有相關記錄，從此政治前途一片黯淡無光；這簡直是一次漢末黨錮的翻版。

我說的是「幾乎所有的參與者」，也就是說，有例外。例外者，正是司馬懿的大公子——司馬師。

浮華案發的時候，司馬懿正在西部對蜀作戰的第一線與諸葛亮鬥智鬥勇，他萬萬料不到年少氣盛的司馬師居然會捲入這樣的是非之中。事情是怎樣擺平的，史書並沒有記載。我們只知道，司馬師完全沒有受到「浮華案」的負面影響。

從此之後，司馬師與他曾經的朋友們分道揚鑣。他通過父親的手腕和關係網，順利進入體制內，成為一名公務員。司馬師要靠繼承自父親的血統與權謀，在仕途之上穩步攀升。

而他曾經的朋友們——何晏、鄧颺、夏侯玄，則只好沉潛水底，忍耐寂寞，等待著出頭的時機，期待著實現抱負的機會。在他們眼裡，曹魏政權目前雖然還運行得四平八穩，但早已經老朽腐敗，有待於新鮮血液的注入和制度的改弦更張。而司馬懿這種上了年紀的老官僚顯然沒有改革的魄力，他們期待著能有一位年輕執政者的出現，成為他們的領袖。

曹爽合上案卷，閉目沉思。踏破鐵鞋無覓處，得來全不費工夫。哪裡還能尋找到如此完美的合作夥伴？

曹爽這次沒有向司馬懿請示。他自行其是，進行了一系列人事任免與調動：

鄧颺，起用為潁川太守，入為大將軍長史。

何晏，起用為散騎侍郎。

夏侯玄，起用為中護軍。

李勝，起用為洛陽令。

幾個大刀闊斧的動作，將「浮華案」的政治要犯都收入自己幕下，一個代表新勢力的政治集團初見雛形。

曹爽建立政治集團的動作，並沒有逃過一個政治投機客敏銳的眼睛。此人智商高絕、權謀滿腹，堪稱翻版的小司馬懿，主動上門找曹爽求官。

2 奪權，奪的就是槍桿子

曹爽先下手爲強

此人叫丁謐，他有四個特點：

第一，丁謐是曹魏元老兼曹操老鄉丁斐的兒子，不折不扣的官二代。

第二，丁謐智謀深沉，是玩權謀的高手。

第三，丁謐為人孤僻自傲，不與外人交往。

第四，丁謐眼界極高，野心極大，一心想要位極人臣。

丁謐有足夠的野心和能力，卻沒有配套的運氣。他曾在鄴城與一位王爺發生衝突，結果胳膊擰不過大腿，坐牢。是金子，在牢房裡也會發光的。曹叡聽說丁謐頗有才幹，把他請出獄來，拜為度支郎中。丁謐並不推辭，權且幹起來。

丁謐豈是池中之物？小小度支郎中當然並不能滿足他。

曹爽得勢，積極著手組建政治集團的行動，被政治敏感度極高的丁謐盡收眼底。他本能地察覺到：機會來了。丁謐大搖大擺找曹爽要官，曹爽破格提拔他為散騎侍郎，讓他與何晏、鄧颺等人通力合作。丁謐根本不把這兩個搭檔放在眼裡，他一心想做曹爽的帝王師。

另有一位年紀稍長的畢軌，是曹操時代一位典農校尉的兒子，也投在曹爽麾下。曹爽任命他為司隸校尉。

何晏、鄧颺、丁謐、夏侯玄、李勝、畢軌，這批人各懷其才，為了不同的目的團聚到曹爽的周圍。曹爽的政治集團基本成型。

司馬懿卻沒有採取任何舉措。他不需要採取任何舉措，因為曹爽已經幫他做了一切。

曹爽熱火朝天地拉幫結夥，迅速提拔了何晏、鄧颺等一批人，等於昭告滿朝文武：這是我的政治集團！這是我的小圈圈！

但是，如果從反面來理解，曹爽劃定小圈圈的同時，等於把絕大多數人排斥在圈圈之外。排擠出去的人，需要尋找新的靠山，自然就會自發地向司馬懿靠攏。

所以，從表面上看，是曹爽在積極主動地建立自己的小圈子，從深層來理解，則曹爽建立完成小圈子的同時，司馬懿也擁有了自己的派系。而且，曹爽的圈子在明處，司馬懿的派系在暗處。古代君王，最忌諱的就是臣下拉幫結派、黨同伐異。從這一點來看，司馬懿的處境無疑比曹爽更安全，日後給曹爽加罪也更有藉口。

但是，從曹爽的角度來考慮，這也是無可奈何之舉：要想在政壇崛起，必須擁有自己的嫡系。有了嫡系，下一步才是考慮怎樣擴大力量的問題。對此曹爽有個五步走的計劃：

第一步，建立嫡系班底。這個班底，人員一定要少而精，每一個人都能夠獨當一面。這一步已經完成，夏侯玄、何晏、丁謐、鄧颺……每一個都是曹魏帝國新一代的天之驕子，千里挑一的人中龍鳳。

第二步，控制人事部門，從而將選拔權與任免權牢牢掌握在手中，以此來逐漸改變朝中的實力對比。這是曹爽眼下要做的事情。

占據曹魏帝國人事部門一把手位置的，是吏部尚書盧毓。

盧毓是漢末一代大儒盧植的兒子，此時任職吏部尚書，職位雖並不很高，但掌握人事任免大權，一定程度上足以影響朝廷官員的組成成分，可以說是決定朝廷勢力消長的一個樞紐。盧毓是世家大族的代表，又是老臣，自然對年輕而出身寒族的曹爽集團不利。

曹爽決定首先拿盧毓開刀，殺雞給猴看。

他升遷盧毓為尚書僕射，把吏部尚書的職位空缺出來給何晏擔任。輕巧的一個動作，就使朝廷的人事任免大權易主了。

但是，尚書僕射乃是尚書臺的副官，屬於核心要職。曹爽並不願意讓盧毓在這個要職上久留，他接著就轉任盧毓為負責執法的廷尉。接著，曹爽授意畢軌彈劾盧毓。畢軌現為司隸校尉，有權彈劾京師百官。

畢軌一彈劾，朝中沸騰了。眼看盧毓要被免職，身為世家大族的老官僚們察覺到這是一個危險的信號，人人自危。

現在他們對盧毓下手，我不說話；將來他們對我下手，還有誰能為我說話？

世家大族群起反對，議論洶洶。曹爽見勢不妙，便順手把盧毓安插在光祿勳的位置上，以堵天下人之口。光祿勳乃是九卿之一，儘管近乎是個閒職，但品位很高，百官暫時無話可說。

曹氏與司馬氏兩派的勢力平衡終於被打破，天平逐漸開始向曹爽一邊傾斜。

「盧毓事件」使曹爽清醒地認識到一個問題：朝中守舊勢力很強大，要想推行新政，必須改變朝中的勢力對比。這也使他意識到，奪下吏部尚書這個職位，實在是明智的選擇。

第二步計劃完成，曹爽有條不紊地啓動第三步計劃：奪取京師和宮廷的禁軍力量。他任弟弟曹羲為中領軍，曹訓為武衛將軍，夏侯玄為中護軍，把宮廷的武裝力量牢牢抓在了自己人的手裡。他又任命弟弟曹彥為散騎常侍、侍講，試圖通過對小皇帝曹芳潛移默化的教育來使其認可本集團的做法。

司馬懿當年抓住曹丕，終於實現了仕途三級跳，一躍而位居眾多建安老臣之上；曹爽現在也要牢牢抓住曹芳，贏得未來。良好的開端，等於成功的一半。曹爽的五步走戰略已經順利實現了前三步，但心中沒有任何成功的快感。因為，對手司馬懿還沒有採取任何行動。

只要司馬懿不動，曹爽就難免心裡發虛：老狐狸，你的悶葫蘆裡究竟賣什麼靈丹妙藥？

奪權

司馬懿已經不敢再對曹爽有半分低估與怠慢。這個年輕人的表現，已經充分證明了一點：我夠資格做你司馬懿的對手。

但是，真正先下手為強的，不是曹爽，而是司馬懿。

早在司馬懿升為太傅之時，他就推薦老同僚蔣濟擔任空缺出來的太尉一職，等於在朝中安插了一個強有力的內應。

對於小皇帝的影響力，司馬懿也沒有忽略。他的兩位公子司馬師與司馬昭，都被安插在散騎常侍的位置上，時刻關注皇帝身邊的動靜。

惟獨讓司馬懿沒轍的是禁軍。曹魏不成文的規矩，曹氏、夏侯氏的宗親，方可擔任中領軍、中護軍。如今，中領軍已經被曹爽的弟弟曹羲攫取，而中護軍的位置上則坐著夏侯玄。司馬懿只好繼續靜待時機。

曹爽抓牢了人事、軍事兩項大權，才放下心來，進行第四步計劃。

曹爽集團，最大的一個問題在於太年輕；而中國的政治，一向是「老人政治」。年輕是資本，但不是資歷。曹爽要打造、包裝一位與司馬懿資歷相近的老人，作為本集團的有力外援，以與司馬懿抗衡。

他找到的這個人，是「智囊」桓範。

桓範，是曹爽鄉里的前輩，為人剛毅不屈，但智略絕人，江湖人送外號「智囊」。他是曹操時代的老臣，替曹丕編纂過百科全書《皇覽》，替曹叡總督過青、徐二州的軍事，可謂文武全才。但是他官運一直不佳，總督青、徐軍事的時候犯了錯誤，罷官了事。

極其抑鬱的桓範不久又被起用為冀州牧。當時冀州牧歸鎮北將軍管轄，而現任鎮北將軍以前是桓範的下屬。桓範氣鼓鼓對他正在懷孕的老婆發牢騷：「我寧可做九卿，向三公跪拜，也不能屈為這種人的部下。」桓太太對桓範屢屢丟官很沒有好氣，現在見他放著大好的冀州牧不幹，反而寧可做九卿，就諷刺桓範：「你以前總督青、徐，別人難以做你的下屬；如今讓你做冀州牧，你又要別人難以當你的上司。」桓範惱羞成怒，把妻子打到流產而死。

桓範現在遂了心願，官居九卿之一的大司農。曹爽時常來拜見這位鄉里前輩，試圖拉攏桓範。桓範表面對曹爽的年輕人團夥並不親熱甚至有些排斥，但暗中接受了曹爽的拉攏。

司馬懿對此一無所知。他根本沒有想到，同為四朝元老的桓範，居然會被曹爽拉攏。這個疏忽，差點兒導致他滿盤皆輸。

曹爽的五步計劃已經完成了四步，萬事俱備，實現第五步計劃的時機已經成熟。

第五步計劃很簡單，只有兩個字：奪權。奪司馬懿的權。

具體如何操作，曹爽還沒有頭緒。但是，沒有關係，高人來點撥了。高人就是曹爽帳下的權謀專家丁謐。透過史料，我們可以推測丁謐與曹爽之間發生過如下的對話：

丁謐：您對太傅司馬懿，似乎敬重得有些過了吧？

曹爽：沒辦法，誰叫他是老人家呢。

丁謐：他是老人家，當然應該對他有禮貌，甚至更禮貌一些——比如，他既然這麼老了，有些瑣事就不必去麻煩老人家了吧？

曹爽一點就通。他轉身知會尚書臺的尚書：以後奏報事情，只要來找我就好了，沒必要再去找太傅。他是老人家，不要多麻煩他。如果我解決不了的事情，自然會親自去討教他。

尚書領命。

權隨事走，事在人為。我不讓你做事，哪怕你有無上權力，照樣等於賦閒在家。

最近尚書不怎麼來找司馬懿奏事了，太傅府門可羅雀。先是組建嫡系班底，接著奪取人事大權，然後把觸角伸入禁軍，現在終於要對我司馬懿下手了嗎？

早在「盧毓事件」起，司馬懿就知道曹爽要奪權。但是，曹爽奪的不是我司馬懿的權，而是世家大族的權。

世家大族之所以任曹爽宰割，命門在於——沒有領袖人物！

曹操時代，世家大族的領袖是荀彧；荀彧死後，陳群繼其後成為新一代的領袖。然而自從陳群死後，世家大族群龍無首，成為一盤散沙。

司馬懿當然不能自己站出來說：我代表世家大族的利益。一來，河內司馬氏乃是一個後起的小世家，比起荀氏、陳氏不足以服眾；二來，自古槍打出頭鳥，我司馬懿要是站出來，無疑將成為炮灰。

不過，如今世家大族的這個致命缺陷，看來卻在由你曹爽慢慢彌補啊。

世家大族之所以沒有領袖，是因為太強大，強大到在朝中沒有任何對手，自然也就沒有危機感。「盧毓事件」毫無疑問是個危險的信號，只有在共同的利益面前，世家大族才會感受到聯盟的存在。隨著越來越多的世族官員被曹爽排擠出樞要位置，他們自然會慢慢團聚起來，尋找一位新的領袖。而在這生死存亡的危急關頭，他們尋找的領袖自然不會是名聲大、牌子老但卻只會坐地清談的汝潁世家，而只能是一個在政界、軍界都有影響力的人物。

那麼，捨我司馬懿其誰？

唯一的苦惱是，如今司馬懿已經快要被架空。如果不能重獲權力，即便被世家大族擁戴為領袖，也不過是個光桿司令、死路一條而已。

不過幸好，在這個節骨眼上，老對手孫權來幫忙了。

司馬懿如魚得水

曹叡新亡，曹芳年幼，曹魏朝中新老勢力又矛盾重重，哪還有比這更好的機會？投機分子孫權，自然不會放過這個機會。他立志，要把占便宜進行到底。

吳國的零陵太守殷禮給孫權提意見了：「皇上，咱們老這麼占人便宜沒意思呀。魏國的皇帝一個接一個死了，曹爽、司馬懿內鬥，而幼童做新皇帝，這是千載難逢的大好機會。咱別占小便宜了，玩一票大的吧！咱們發動全國力量，聯合蜀漢一起把魏國滅了得了！」

孫權一貫以見風使舵、投機倒把為能，哪裡肯下這麼大的血本，不理睬殷禮。他派出東吳軍界的四號人物衛將軍全琮侵略淮南的芍陂，三號人物車騎將軍朱然包圍樊城，政界新星、諸葛瑾長子威北將軍諸葛恪進攻六安，頭號人物大將軍諸葛瑾、二號人物驃騎將軍步騭兵出柤中。

東吳四大軍界巨頭外加政壇新星傾巢出動，聲勢不可謂不浩大。

全琮率領軍隊來到芍陂。芍陂是春秋時期楚國的孫叔敖在淮河流域修建的一項引水灌溉工程，之後近三千年直到今天依舊在造福百姓。曹操時代，曾經兩次重修芍陂，對糧食的充足和地方的穩定起到了莫大的功效。

全琮就把眼睛盯到了這樣一個偉大的工程。他們的目的是搞破壞，讓你曹魏沒有糧食吃。全琮下令三軍，拿著鎬頭、鏟子，玩命砸毀芍陂，把裡面的蓄水放出來淹沒莊稼農田和村落人家。

得到消息的是此時揚州戰區的最高統帥王淩。他不敢怠慢，一方面把戰報送往京師，一方面親自帶著部下孫禮來救援芍陂。

孫禮是徒手打死過老虎的猛男，他發揚打虎精神與東吳的老兵油子們近身肉搏，暫時阻擋了全琮的進攻。但是前線依然戰事吃緊，總體兵力對比上，曹魏寡不敵眾。一封封求援文書發送到朝廷。

荊州防區，以前的負責人正是司馬懿。

戰爭時期，最容易集權。剛剛被剝奪完權力的司馬懿，比任何時候都更需要一場戰爭來幫他重新奪回屬於自己的一切。他立即主動請纓，南下殺敵。

曹爽心裡一千個不願意讓司馬懿重新帶兵，他授意黨羽站出來反對：「當年關羽圍樊城都久攻不下，如今孫權更別想輕易打下來。吳軍頓挫於堅城之下，打著打著自個就玩完了，哪裡用勞駕太傅親自出兵呢？」

司馬懿明白這是曹爽的意思。玩政治，也許老夫讓你一頭；玩軍事，你就不要出來丟人現眼了。這是我司馬懿的專屬領域。司馬懿大義凜然駁斥：「邊城受敵而安坐廟堂，疆埸騷動、眾心疑惑，是社稷之大憂也！」

打狗當然看主人，這話就是罵給你曹爽聽的，你看著辦吧。

曹爽沒有辦法，只好讓司馬懿前往征戰。老頭子六十好幾的人了，征戰沙場肯定力不從心，就此打個敗仗或者勞病成災，對我來說，何嘗不是好事？

曹爽完全估計錯誤。司馬懿不是曹真，更不是曹休。司馬懿信奉儒家，從小便注重修養身心，體格豈是紈褲子弟曹爽所能比的？司馬懿心理素質極好，勝不驕、敗不餒，面對諸葛亮的百般羞辱照樣言笑自若，即便吃了敗仗又豈會像曹真、曹休一樣一蹶不振、一命嗚呼？

更何況，司馬懿打仗，何時戰敗過？

司馬懿統領大軍出征。他騎上戰馬，立即找到了久違的感覺。鮮亮的盔甲，招展的戰旗，三軍的鼓噪，耳聞目睹這些熟悉的場景和聲音，無論多少次，都足以令司馬懿神清氣爽、恢復年輕！

司馬懿，魚也；戰場，水也。如魚得水，又豈會有勞病之說？

司馬懿享受著這久違了的感受，勒兵趕赴前線，應對東吳四大軍界巨頭的聯合挑戰。

司馬懿清楚，在南方打仗，不比關中、隴西。南方作戰，最需要克服的乃是水土不服和氣候問題。當年曹操赤壁之戰，就是因為水土不服而瘟疫橫行，被疾病打敗了，從而使孫權、周瑜成就大名。司馬懿當然不能重蹈覆轍，他決定不打持久戰。

司馬懿在樊城，首先遭遇了東吳軍界第三巨頭——朱然。

司馬懿首先要試探一下，吳軍此次進攻究竟是大舉北伐還是照例占便宜來了。他派出輕騎兵，挑逗圍困樊城的朱然。朱然繼續悶著頭默默圍困樊城，對司馬懿的挑逗不作任何回應。

司馬懿摸清楚了吳軍並沒有戰意，那事情就好辦了。他讓士兵就地休整，大張旗鼓地選拔其中的精銳，公開招募敢死隊員，申飭軍中號令，提升士氣。全軍群情洶湧，誓要保家衛國、痛打東吳侵略者。司馬懿要給吳軍傳遞一個錯誤訊息：魏軍要找吳軍拚命。

朱然果然產生了錯覺：看來司馬老兒要動真格的了。皇上是讓我們來占便宜的，不是讓我們來拚老命的。你司馬懿活夠了，我還沒活夠呢。打得過就打，打不過就跑，拜拜了您哪！

朱然率領大軍如一陣旋風般溜之大吉。司馬懿見計謀得逞，便揮軍大進痛打落水狗。追到荊、豫、揚三州交界處，終於追上了朱然的大軍。吳軍根本沒有戰意，哪裡是魏軍的對手？一陣廝殺過後，扔下了所有戰船和一萬具屍體，落荒而逃。

大臣頭諸葛瑾和新星諸葛恪那兩路一看，朱然、全琮都退了，那咱也別待著了，撤吧。打虎親兄弟，逃跑父子兵，一起撤退。

司馬太傅老當益壯，再次向全國展示了自己的軍事才華，也讓曹爽發現他的集團有個致命的漏洞——不懂軍事。槍桿子裡出政權，如果不懂軍事、不能掌控軍界，一切都是白搭。

明白了弱點，曹爽動起了新的腦筋。

3 權力永遠與事務掛鈎，有事才有權

鄧艾嶄露頭角

打退了東吳侵略者，曹爽論功行賞。司馬懿官職已經加無可加，便又增加了兩個縣做封地，可以說是厚賞了。王凌指揮有功，曹爽對他刻意拉攏，把他連升數級提拔到車騎將軍的位置上，授開府儀同三司。這就是蜀漢的李嚴所朝思暮想的「開府」，王凌輕輕鬆鬆就得到了這樣的待遇。曹爽之所以肯下如此血本褒獎王凌，正是為了在軍界培植勢力、制衡司馬懿。

孫禮作戰神勇，卻只得到了一封詔書的口頭慰勞，外加七百匹絹的物質獎勵。孫禮很清楚原因是什麼。

當年曹叡託孤，孫禮被任命為大將軍長史，輔佐曹爽。孫禮這人性格耿直不屈，心直口快，

多次得罪了曹爽。曹爽把這個刺兒頭從身邊趕走，放了揚州刺史的外任。如今人事賞罰、任免的大權在曹爽手裡，他自然抓緊這個機會給孫禮穿小鞋。

孫禮憤怒，但是無可奈何；司馬懿竊喜，又一個勇將被推到了我方陣營。

司馬懿重掌軍權，決定借此機會進一步擴充權力。權力這個東西不是別人賦予了，你就擁有了。權力，永遠與事務掛鉤，有事才有權，否則權力只能是一紙空文。司馬懿現在就要找事做。事情就在眼皮底下。司馬懿向朝廷請示：芍陂已經被吳賊破壞，請求恩准我主管此事，興修水利。曹爽正好借此機會讓司馬懿在外邊做事，以獨占權力中樞，何樂而不為呢？於是忙不迭地答應了。曹爽還請求曹芳追封司馬懿的父親司馬防為舞陽成侯，曹芳十歲的小孩子懂什麼，當然唯曹爽之命是從。

司馬懿並不推辭曹爽的討好。他向朝廷謝恩，便開始著手興修水利。

司馬懿當年在關中，興修水利可謂熟門熟路；如今重拾老本行，按理問題不大。可是，司馬懿對淮南一帶的情況確實不大熟悉，而任務又迫在眉睫。興修水利的老手司馬懿，也不禁撓頭不已。

身邊一位下屬結結巴巴地發言了：

艾、艾、艾以為應該先、先考察陳、項以東，至、至壽春。

嚴肅而沉悶的氣氛被一掃而空，將士哄堂大笑。司馬懿也不禁莞爾，轉頭看此人，只見他雖然被憋得滿面通紅，卻依然神態平靜。

這個人，叫鄧艾。

鄧艾，荊州人，出身貧寒，且是孤兒。他天生有口吃的毛病，因此在郡裡不受重用，擔任一些看守稻田之類的低級工作。鄧艾不以為意，常常在高山大川之處觀察形勢，講論排兵布陣之法，不被同僚所理解。後來，郡裡任用他為上計吏，到洛陽彙報本郡的年度工作情況。

在洛陽，他邂逅了司馬懿——他的命運從此開始悄然轉折。

司馬懿從上計吏的位置上起步，他對這個結巴卻滿腹才華的小上計吏很有好感，留在身邊。今天，鄧艾跟從司馬懿興修水利，大膽進言。他平素所積累的地理知識，終於牛刀小試、派上了用場。

司馬懿當即拍板，派鄧艾從陳、項出發，到壽春一帶考察。鄧艾回來，提出：「田都是好田，就是缺水。請開渠引水灌溉，既能囤積軍糧，又有利於漕運。」鄧艾說完，還拿出了自己的考察報告和建議書——〈濟河論〉。這些建議被司馬懿全盤採納，並委任鄧艾修整、擴建芍陂。

這種活兒對鄧艾而言，實在太簡單不過。他在芍陂附近修建大小陂塘五十多個，大大增強了芍陂的蓄水能力和灌溉面積。

鄧艾在興修水利時所表現出的組織才能與對地理的熟悉，引起了司馬懿的高度注意。不久之後，他調任鄧艾參征西軍事，到對蜀作戰的第一線考察其軍事才能。

二十年後，鄧艾在司馬昭的授意下，策劃領導了滅蜀的作戰。憑藉這一戰，鄧艾成為三國末期最傑出的名將，並且躋身中國第一流的將星之列。

司馬懿興修水利幹得有聲有色，朝廷之中也早已經風生水起，曹爽正式開始推行政治改革。曹爽的目的很明確，他反對以世族論英雄。他想要一掃九品官人法的頹風，恢復曹操時代的任人唯才與無上榮光，使逐漸老朽的國家機器重上軌道，讓逐漸衰微的曹魏重振雄風。他任用夏侯玄為中護軍，讓他來選拔武官；他任用何晏擔任吏部尚書，讓他進黜朝廷中的文員。

夏侯玄果然不負所託。夏侯玄本來就以看人精準著稱，他所選拔的武官，都有方面之才。無論是宮廷守衛，還是州郡長官，都人稱其職，職盡其才。

何晏亦是頗有才幹，他與鄧颺合作，內外眾職各得其才，史稱「粲然為美」。

一個蘿蔔一個坑。新人的上臺，必將把一批老人替換掉。隨著曹爽新黨的崛起，王觀、高柔、蔣濟、孫資、鍾毓等一班老臣都逐漸被排擠出權力中樞。

當然會有失意的老臣上門找司馬懿抱怨發牢騷，司馬懿每次都以「今天天氣不錯」的方式，不接對方的茬。司馬懿送走來客之後，關起大門，暗暗祈求：就讓曹爽的改革來得更猛烈些吧。改革越猛，怨氣越重；乾柴烈火，一點即燃。點火人，當然是司馬懿。

不過火候尚未到，司馬懿現在要做的，就是既要遠離權力中樞不蹚這渾水，又要保證自己大權在握。他祭出了老辦法：軍事出征。

這一次，司馬懿請纓攻打東吳政軍兩界的超新星——諸葛恪。

低調做人，高調做事

諸葛恪的父親諸葛瑾，字子瑜，是諸葛亮的兄長，東吳現任大將軍。

諸葛恪從小就表現出極其敏捷的才思。有一次，孫權大宴群臣，牽出一頭驢來，在驢面上寫了「諸葛子瑜」四個字，以取笑諸葛瑾的長臉。

年幼的諸葛恪向孫權請求：「讓我添兩個字。」

孫權正笑得前仰後合，揮揮手，讓屬下給諸葛恪筆墨。

諸葛恪拿起筆來，在「諸葛子瑜」下面添了兩個字：「之驢」。滿座皆驚，孫權下令：把驢賞賜給諸葛瑾。

諸葛恪弱冠而為騎都尉，成為太子孫登的侍講，實際上是太子的老師。諸葛恪在軍界、政界的成名作，是收伏了令無數東吳名將頭痛了許多年的山越。他不僅把山越民族在東吳的禍害連根拔除，而且還使山越人成為東吳最優秀、最充足的兵源，同時大量採獲山越所居山嶺的礦藏，使國用富足。

孫權大喜之下，封諸葛恪為威北將軍、都鄉侯。諸葛恪率領軍隊屯駐皖城、廬江一帶搞屯田，把皖城建設成對魏作戰前線的一個橋頭堡。諸葛恪兵精糧足之餘，派人騷擾魏國，掠奪人口。

諸葛恪還有更大的野心，他派出大量的間諜和偵察兵，潛伏進魏國打探地理形勢，試圖把魏國南部的重鎮壽春一舉拿下。

皖城諸葛恪勢力的存在，成為曹魏帝國的心腹隱患。司馬懿決定拔除皖城這個肉刺，曹爽勢力再度予以阻撓。他們提出：「吳賊據守堅城，兵精糧足。他們屯駐皖城，就是為了引誘我軍前去進攻。如今我們孤軍前往進攻，他們的救援肯定會趕到，對我軍不利。」

司馬懿再度對這種書生之見表達了鄙夷：「吳賊的長處，在於水戰。我攻城，正是為了試探他的反應。他如果用長處，就會棄城逃跑，那我軍就不戰而勝了；他如果固守，那東吳援軍就只能棄船上岸來救援。敵軍棄長用短，更不是我軍對手。」

曹爽集團再也不敢說話了。他們已經明白，跟太傅談軍事，完全是自取其辱。

司馬懿率領大軍抵達前線時，只見皖城上空青煙嫋嫋。原來諸葛恪得知司馬懿率領大軍來攻，自忖不是對手，只好燒毀積聚，棄城逃遁。連我叔叔諸葛亮都被你纏死，我諸葛恪還有大好青春，可沒有工夫陪你這個糟老頭子玩。

司馬懿不戰而勝，下令就地駐紮。他興修水利上癮，奏請在淮北開淮陽渠、百尺渠，又命令鄧艾在潁水南北廣修陂塘，灌溉面積達到一萬多頃。司馬懿又採納了鄧艾的建議，在這裡搞軍屯。在司馬懿的努力下，糧倉米庫在淮北遍地開花，從前線到洛陽，一路都設有典農的官員和屯田的士兵。

朝廷裡面紛紛傳言：司馬懿變成老農了。這老傢伙，年紀大了，對土地有感情，成天玩種田、修水利，完全不接曹爽的招。曹爽也納悶：司馬懿這老狐狸到底搞的什麼鬼名堂？

對這些傳言，司馬懿一笑置之。

政治鬥爭的風浪，司馬懿見得多了。從來都是咄咄逼人者亡，楚楚可憐者昌。與其巧騙譎詐、機關算盡，不如拙誠質樸、不離其宗。當年曹丕得到賈詡教導，老老實實修煉為子之道，就化解了來自曹植的一切花哨的招數，一舉而登太子之位。

如今我司馬懿也並沒有什麼詐術，不過是謹修為臣之道、為人之道而已。為臣之道、為人之道，說起來也很簡單，八個字：低調做人，高調做事。

做人越張揚，便如木秀於林，風必摧之。實事幹得少，則根基不穩，容易毀折。曹爽那批年輕人，的確很有想法，我老朽不及，但是他們也有著致命的弱點。他們銳意冒進，而不知適時變通；輕於實幹，而急於成功。他們把朝中老臣得罪完了，而不自知。而且，他們不檢點個人的私生活和品德修養，傳出很多醜聞來。俗話說：好事不出門，惡事行千里。你們的醜聞，足以掩蓋你們推行改革的一切成效。

司馬懿不僅自己低調，而且還如此要求家人。常林是河內溫縣人，是司馬懿鄉里的前輩。他常常登門拜訪司馬懿，而司馬懿對常林無比謙恭，每次見面都要行大禮。

司馬師和司馬昭很納悶，問：父親乃是當朝太傅，而常林只不過是太常而已，您這麼拜他，是不是有點於禮不合？

司馬懿正色道：太常雖然官階沒有為父高，但他年紀比為父大，乃是鄉里的前輩賢人，難道不應該行大禮嗎？

司馬師和司馬昭仍然有點摸不著頭腦。司馬懿見狀，告誡這對兄弟：「道家最忌氣勢太盛、為人自滿。一年四季，尚且輪著來，我有何德何能常據高位？不斷地自謙自損、再自謙自損，也許才可以免禍吧？」

司馬師、司馬昭一點即通。司馬懿點點頭：孺子可教，看來這兩個孩子大有可為，不在老夫之下。

不過，司馬懿有一點看不穿長子司馬師。司馬師為人豪爽，花錢如流水。據說結交朋友很多，但是從來不見他的朋友。司馬師以前也趕時髦，跟何晏、夏侯玄他們混在一起，據說何晏還誇讚司馬師「唯幾也，故能成天下之務」，算是相當高的評價了。司馬懿與曹爽之間已經矛盾重重，雖然隱而未發，但明眼人都看得出來。而司馬師居然並不因此而回避與何晏、夏侯玄之間的關係，繼續大大咧咧、言笑自若有如平常。

這孩子，心機真深啊。

司馬懿繼續低調做人、高調做事，但曹爽實在坐不住了。他知道，只要一日有仗可打，司馬懿就一日不可能被完全架空。在軍事上壓過司馬懿，才是釜底抽薪的辦法。

他召集屬下玩頭腦風暴，想辦法在軍事上壓倒司馬懿。李勝和鄧颺建議：蜀漢自從諸葛亮死後一直寂寂無聞，不如柿子撿軟的捏，興兵討伐蜀漢，一舉滅其國，以成大功。

曹爽思量之後，發現這的確是個好機會。司馬太傅，很抱歉，即便是軍事領域，在下也不會輕易讓給你的；你在沙場上的活躍，到此為止了。

曹爽毅然決定討伐蜀漢。他提拔夏侯玄為征西將軍、假節，都督雍、涼州諸軍事，也就是身居抗蜀第一線的總指揮。曹爽再任命李勝為將軍長史，以隨在軍中出謀劃策。

曹爽繼承其先父曹真的遺志，開始了他伐蜀的處女戰。

4 敵不動我不動，積蓄力量後發制人

曹爽的處女戰

司馬懿非常清楚，曹爽發動這次戰爭的敵人有兩個。軍事上，是衝著蜀漢去的；政治上，是衝著我司馬懿來的。

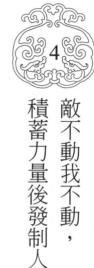

曹操時代，非宗親不能掌握兵權。三十年河東，三十年河西。司馬懿自從曹丕後期以來初入軍界、征戰沙場，建立了無上功勳，再加上曹魏宗親的軍界巨頭夏侯尚、曹休、曹真先後辭世，軍權早就風水輪流轉到了司馬懿的手裡。曹爽這次伐蜀，除了樹立自己在朝中的威名之外，逐步將軍權收歸宗室，也當是目的之一。

司馬懿當然不能同意。司馬懿如今已經幾乎被架空，尚書奏事從來不經由自己而是直接向曹爽負責。軍權已經成為司馬懿唯一的制勝法寶，最後的救命稻草。一旦軍權再失去，司馬懿就像拔了牙的老虎，連病貓都不如。

政治權力失去，軍權再失去，下一步可能連身家性命都難保。司馬懿並不是不願意淡出軍界，只是人在江湖身不由己。對手的步步緊逼，逼著自己採取正當防衛。

司馬懿極力反對曹爽的伐蜀計劃。他認為，蜀漢數年不主動進攻，如今正當兵精糧足。況且入蜀的道路險隘無比，氣候變幻無常，當年大司馬曹真就栽了跟頭，前車之鑒後事之師啊。

曹爽不聽取司馬懿的意見。尚書臺在曹爽手裡，曹爽就是決策者。他自己提交策劃，自己拍板，自己出征，根本無需你司馬懿的同意。

曹爽唯一需要司馬懿同意的是，他想帶上司馬昭一起出征。司馬昭回來問老爹：父親，你說我去不去？

司馬懿笑笑：大將軍有令，你敢不從？何須問老夫？

司馬昭不大明白父親的意思，不做聲。

司馬懿繼續說：大將軍用你，一來是希望你能夠勸服為父，同意伐蜀；二來是希望利用我司馬氏在關中軍的威望，來調動軍隊。

司馬昭心中大致明白了，但他依舊低眉順目，等待下文。

司馬懿眯起眼來：既然已經知道了大將軍的用意，那你就反其道而行之，好好協助大將軍吧。另外，為父雖然不能參與決策，但畢竟沙場多年有些經驗。前方戰事，不妨時時報知為父。

司馬昭心領神會，領命而去。

既然曹爽伐蜀已是箭在弦上、不得不發，司馬懿只好退而求其次，向曹爽提出一項新的人事調動：夏侯玄剛剛調任征西將軍，中護軍一職空缺；我兒司馬師擔任散騎侍郎日久，希望大將軍能考慮提拔。

毫無疑問，這是司馬懿開出的交換條件：你不讓我兒子擔任中護軍，我就絕不會讓你順利伐蜀！

曹爽犯不著在這個小問題上跟司馬懿糾纏不清，一口答應。司馬師擔任中護軍，禁軍終於由原來曹氏一家獨大改變為雙雄對峙的格局。

曹爽帶著心腹李勝、鄧颺，統領重兵從洛陽出發，到長安和夏侯玄的關中軍會合，總兵力達到十萬以上。曹爽命令司馬懿的舊部、關中名將郭淮為先鋒，率領本部兵馬先行；夏侯玄別領一軍，司馬昭副之；鄧颺、李勝隨在自己營中為參謀，十萬大軍浩浩蕩蕩從駱谷魚貫而入，直撲漢中。

司馬懿之所以極力阻止此次伐蜀，並不是因為他覺得曹爽要輸——恰恰相反，現在的確是個伐蜀的大好時機，曹爽極有可能一舉成功。

首先，諸葛亮、魏延死後，蜀漢再無名將可用。

其次，近來蜀漢蠻夷叛服不定，有數萬蜀兵在南中泥足深陷。

第三，蔣琬上任之後，企圖改變諸葛亮的北伐路線，率大軍改駐涪陵，漢中空虛。

第四，孫劉聯盟最近略有鬆動，蜀漢在巴丘駐兵防備東吳。這樣估計，漢中應該已經沒有諸葛亮時期的十萬雄兵，頂多也就三五萬人；即便仗著兵力優勢強攻，也極有可能成功。我司馬懿對蜀作戰多年，沒有遇上這等好時機；曹爽這瞎貓，倒是很能碰上死耗子。

果然，王平得到消息的時候，漢中只有不到三萬士兵，而曹魏前鋒郭淮已經從駱谷一路殺來了。

蜀軍人心惶惶。有部下提議：「我軍寡不敵眾，戰則必敗。丞相當年不是造了樂城、漢城兩個堡壘嗎？我們不如據守，敵軍進來的話就放他們過去，讓他們攻打關城。估計蔣琬大人的援軍，能趕得及救援關城。」

王平軍事經驗何等老到，當年曹魏名將張郃都奈何不了他，豈是區區曹爽所能嚇住？王平略加思考，予以否定：「不行。漢中到涪陵，差不多有一千里。魏軍完全有充裕的時間打下關城。關城一旦失守，通往成都的門戶洞開，局勢就危險了。」

諸將仍然議論紛紛，狐疑未決，王平並不理睬。人力不足，就要借助天地之力，他開始把地形納入考慮。駱谷出口，直面險絕天下的興勢山，蜀軍在此設有一個據點，叫「興勢圍」，上次曹真伐蜀，夏侯霸就是在這裡受的挫折；興勢圍東面，有個黃金圍，亦是盤折而上的艱難蜀道。這兩個軍事據點，雖不足以禦敵於國門之外，但起碼能夠起到拖延時間的作用。

王平立即作出部署：

「魏軍出駱谷後所面對的據點便是興勢圍。護軍劉敏、參軍杜祺，率領精兵扼守興勢圍，我為後繼；如果魏軍攻興勢圍不下，東向攻擊黃金圍，則我自率數千兵馬馳援黃金圍。估計通過這一阻撓，涪陵的救兵也就可以趕到了。」

護軍劉敏對於王平的建議深表認同，率領兵馬迅速趕到興勢圍，在山嶺之上綿延數百里遍插旗幟，以為疑兵。王平向後方發去告急文書，請求成都和涪陵發送救兵。

蜀軍形勢無比嚴峻，王平也並沒有必勝之策。三萬人面對十萬大軍，必然會失守。他所能做的，只是利用有限的兵力多布幾道防線，儘量拖延時間，使得成都和涪陵方面的援兵能夠在他失守之前趕到。

如此而已。

反觀曹爽，則吸取了他父親的教訓，避開秋季可能到來的大霖雨，改在春季出發。他還發動了關中、隴西的羌、氐部族運輸兵糧，從而省去了魏軍的勞役。可謂天時地利人和，志在必得！

名將曹真之子曹爽，能否打好這場處女戰，一舉擊敗蜀漢與司馬懿兩個超級對手？

天下拭目以待。

破壞之王

只有內行才能看出來：曹爽的軍隊貌似強大無比，實則不安定因素實在太多。

頭一個不安定因素是關中兵。

伐蜀大軍的主力是關中兵，關中兵現在名義上的統帥是夏侯玄，但實則夏侯玄到任沒幾個月，板凳還沒坐熱。在隴西、關中混跡數十年的郭淮，才是他們真正的主心骨。

郭淮是司馬懿的舊部。在對諸葛亮的抗戰中，司馬懿最信任郭淮，而郭淮也對司馬懿佩服得五體投地。郭淮不是一介武夫，他智勇雙全，完全明白曹爽策劃的這場伐蜀之役的政治意義。但是由於司馬懿的二公子司馬昭也在軍中，所以他暫時還不清楚老上司司馬懿對於此戰的態度，只好採取觀望態度。

第二個不安定因素，是帶兵主帥。

曹爽集團此次出征的人員有曹爽、夏侯玄、鄧颺、李勝。曹爽和夏侯玄雖然是名將之子，但之前並沒有過任何領兵作戰的軍事經驗。鄧颺、李勝更是書生秀才，難以參贊軍事。這樣的將領，不遇到困難則罷，一旦戰場形勢突變或陷入僵局則必將不知所措。

第三個不安定因素，就是曹爽自作聰明帶上的司馬昭。

曹爽帶司馬昭的本意，是想減少朝中阻止用兵的阻力，且有借重司馬氏威望以鎮服軍心的意思。但是司馬昭何等能耐，豈是你曹爽能用的？司馬昭一門心思琢磨著怎樣實現父親的意圖，在曹爽軍中大肆破壞。

第一步，當然是找郭淮。

司馬昭秘密聯繫郭淮，透露了父親的意思。郭淮對於老上司的話自然言聽計從，立即受命而去。

司馬昭除了找郭淮，還找了曹爽的參軍楊偉。

找郭淮，是動之以情，找楊偉只能曉之以理。楊偉此人與司馬懿政見相同，頭腦很清醒，當年曹叡在位時曾多次勸諫皇帝不要大興土木。司馬昭對楊偉陳說不宜伐蜀的利害，楊偉也深以為然。

司馬昭一切辦妥，便託屬下給父親時時送信，把軍中的情況和自己搞的破壞，事無巨細彙報給司馬懿。

司馬懿收到兒子來信，深感欣慰。現在需要他做的，就是坐等曹爽軍隊在漢中受挫。雖然世間已無諸葛亮，但蜀漢其他將領想必也不是省油的燈吧？

成都，蜀漢後主劉禪得到消息，決定支援前線。諸葛亮臨終前指定的頭號接班人蔣琬，正駐紮涪陵；劉禪便派出二號替補費禕，讓他帶領軍隊前往漢中支援。費禕領命，親自點兵，整肅三軍，正要出發，遠遠地一個老頭兒喊：等等！

費禕一看，是八十多歲的來敏。來敏這老頭子，有點神神叨叨，很不受諸葛亮待見。但因為是本地先賢的緣故，只好尊崇之。不知道這老頭子今天跑來有什麼事情？

來敏跑到跟前，上氣不接下氣。喘完氣，來敏拿出一副圍棋，拉著費禕的手：來來來，玩一局。

前方情勢萬分危急，三軍將士整軍待發，求援文書猶如雪片一般飛來，救命如救火，這老頭子居然要下棋？而且你下五子棋也就算了，你要下圍棋？那幾個小時不就廢了？

費禕居然呵呵一笑：好，玩一局。

兩個人居然當著三軍將士的面，坐下對弈。偏偏來敏老頭子年紀大了，反應還慢，一步棋想半天。但費禕氣定神閒，穩坐在這風口浪尖，毫無焦躁倦怠的神色。催援軍出發的使者來回跑了好幾趟，連戰馬都不耐煩地打著響鼻。兩人繼續對弈，彷彿置身無人之境。

不久，來敏一推棋盤，哈哈大笑，向費禕拱了拱手：「老朽不過是試探一下你，看來你很穩得住，肯定可以旗開得勝！」費禕也笑著拱拱手，下令三軍出發，馳援漢中。

曹爽的軍隊已經陸續走出駱谷，這時候，地形的限制就凸顯出來了：十萬魏軍從駱谷出來，乃是呈一字長蛇陣，人數優勢被消解殆盡。而前鋒直面興勢圍，易守難攻。

郭淮來到興勢圍前，發現興勢山上綿亙數百里都是蜀軍的旌旗，深溝高壘嚴陣以待。郭淮本來就沒有戰意，哪裡還管他是疑兵還是真兵，立即下令：拔營起寨，撤退。第一個不安定因素成功引爆。

曹爽得到郭淮擅自撤退的消息，沒有辦法。他雖然是名義上的統帥，然而面對驕兵悍將根本無法節制，只能發動本部兵馬試圖攻打興勢圍。但是，曹爽也被漫山遍野的蜀漢軍旗給嚇住了。按照這旗幟的數量來看，估計對方有接近十萬的兵力吧？

曹爽一時不敢輕舉妄動，只好先紮下大營再說。

禍不單行。在這節骨眼上，偏偏後勤線也出現了問題。負責運輸糧草的關中兵消極怠工，羌、氐部族又不堪其苦。再加上駱谷過於險惡，墜落山崖而死的牛、馬、騾、驢不計其數。飽受勞役之苦的百姓和羌氐人怨聲載道，痛哭流涕。

蜀道之難難於上青天，嗟爾遠道之人胡為乎來哉？

曹爽面對興勢圍，沒有把握進攻，而後勤線上又非戰鬥減員嚴重，便請求朝廷增兵。

朝廷的兵，主要有兩塊：第一，西防蜀漢的關中戰區；第二，東防孫吳的荊揚戰區。東邊的軍隊，現在司馬懿手裡。司馬懿豈會拿出自己的軍隊去玉成曹爽的好事？他藉口諸葛恪對邊境虎視眈眈，調不出兵來。

司馬懿不但不出兵，還給曹爽兜頭潑一瓢冷水。他暗中授意世族代表鍾繇的長子鍾毓給曹爽寫了封信，勸他索性退兵。朝廷之中，眾多老臣得了司馬懿的暗示，也一起唱衰調。

曹爽進無從進，退無從退，不知如何是好。王平也很納悶，即便帶隊將領是個草包，也不至於窩囊成這樣呀？我還等著打硬仗呢。王平並不知道，魏軍根本不是被蜀漢的區區三萬人給擋住的，而是被遠在東方的老破壞之王司馬懿和現在軍中的小破壞之王司馬昭給攪進了泥潭。

王平當然也不會閒著。你們畏畏縮縮，疑神疑鬼，那我再給你們加點猛料，堅定你們退兵的決心。王平決定搞一次夜襲，他選中了一處營地。

這處營地的主將，正是司馬昭。

伐蜀大計黯然收

夜深了，司馬昭還不想睡。他在營帳之中輾轉反側，思量父親與曹爽之間的這場鬥爭。他發現，儘管父親似乎一直消極退讓、按兵不動，但局面卻對曹爽越來越不利。他漸漸覺得，這簡直好像當年諸葛亮與父親的軍事較量一般——一方反復尋覓戰機、不斷挑釁，另一方任爾風吹浪打，我自巍然不動。官場如戰場，此言不虛啊。再這樣下去，曹爽無機可乘，要麼放棄敵對，要麼使用強硬手段，而後者無疑是招臭棋，只會授父親以解決曹爽的口實而已。

更要命的是，一旦曹爽黔驢技窮、招式用老，就是司馬懿開始發力的時候了。

司馬昭想到這裡，有點兒領悟父親的哲學了：首先要修煉好內功，不給敵人以可乘之機；其次要知己知彼，摸清對手的能耐和動向；第三敵不動我不動，積蓄力量，後發制人。

司馬昭越想越興奮，忽然聽到帳外警報：蜀軍夜襲！

司馬昭呵呵一笑：來得好，一來讓我實踐一下剛領悟出來的道理，二來給魏軍製造恐慌，我好勸服曹爽退兵。

司馬昭下令：全軍將士堅守不動，嚴禁肆意喧譁，嚴禁擅自出戰，嚴禁棄營逃跑，違令者殺無赦！

來夜襲的正是王平。他帶了幾千個兵，想給魏軍製造點兒恐慌，並不想也沒有能力造成大規模的殺傷。王平攻擊了一陣子，看看沒有什麼效果，就撤退了。司馬昭起來清點人馬，並沒有損失。

次日清晨，司馬昭趕緊找到上司夏侯玄，建議：「敵軍據險固守，我軍進不獲戰，攻之不可，不如趕緊撤軍，再作長遠打算。」

夏侯玄也拿不定主意，來找曹爽。曹爽正為了這事兒頭大，他帳下鄧颺、李勝叫囂著要打，參軍楊偉極力勸諫撤退，曹爽不知道該聽誰的好。這時候又來了一個自己都拿不定主意的夏侯玄，曹爽感覺頭都要炸了。

打仗原來這麼難！司馬懿這老不死的，幾十年的沙場生涯是怎麼捱過來的呀？

鄧颺、李勝、楊偉三個人還在爭吵不休，楊偉吵得脾氣爆發，衝著曹爽吼道：「鄧颺、李勝要敗壞國家的大事，應該處死！」曹爽很不高興，揮揮手讓三個人都出去。

曹爽已經接到來自朝廷中心腹的密報，滿朝文武都在唱衰，反戰的浪潮一浪高過一浪。而蜀軍那邊，來自成都和涪陵的援軍據說都已經在漢中陸續集結了。曹爽內心開始動搖。

第二個不安定因素也被引爆。

司馬懿從司馬昭最近的來信中得知，伐蜀前線陷入了僵局，進退不得。司馬懿心中暗笑：看來和你老子當年是一個下場呀。老夫再給你加把柴火，促你退兵吧。

司馬懿給夏侯玄修書一封：

「《春秋》之義，責大德重。當年武皇帝曹操用兵如神，但兩次入漢中，都差點大敗而歸，這是您所知道的；如今興勢圍最險要，而蜀軍已經搶先占據了，如果進不獲戰，退路又遭斷絕，必然全軍覆沒，那還怎麼承擔起你們在朝廷中的責任呢？」

司馬懿暗示：打仗你不行，政治我不行。回來吧，洛陽才是你們的舞臺。

這封書信毫無疑問是枚重磅炸彈。夏侯玄接到書信，趕緊轉給曹爽看。曹爽看後，長歎一聲，下令撤軍以儘早結束眼前的尷尬境況。

費禕帶領成都的援軍，跑到魏軍後方的幾處山嶺要道，截擊退路。魏軍歸心似箭，一路苦戰，才勉強逃回關中，然而已是損失慘重。

司馬昭走出駱谷，意味深長地回望一眼：看來蜀軍的防禦能力已經比諸葛亮時代差了許多，倘若有良將帶兵，此次應該可以直取成都、全滅蜀漢吧？

後來，司馬昭命令名將鍾會、鄧艾再一次伐蜀，劉禪出降，蜀漢滅亡。這是近二十年後的事情。

曹爽回到洛陽，鬱悶不已。沒有辦法，軍事上的確不是司馬老兒的對手。曹爽決定收縮戰場，在自己所擅長的政治領域大展拳腳。古來無數名將，在外得意沙場，最後還不是身死為天下笑？我就好好利用政治這把殺人不見血的刀，對付你司馬懿吧。

當然，槍桿子裡出政權的道理曹爽很清楚。他有了一個新思路：你司馬懿即便手握天下兵馬、麾下何止百萬，但這百萬雄師你總不可能天天帶在身上、帶進朝中吧？我只要牢牢掌握住京師和宮廷的武裝力量，就退足以自衛、進足以殺賊了。

但是，在伐蜀之前曹爽走了一步臭棋：把禁軍的一半權力——中護軍的寶座，拱手送給了司馬師。

沒關係，拿了我的給我還回來，吃了我的給我吐出來。曹爽思路打開，計上心頭。

他終於找到了置司馬懿於死地的絕妙好計。

5 我想要你滅亡，必先使你瘋狂

再見，司馬懿

正始六年（二四五年），曹爽坐在曹魏首輔的位置上，已經到第六個年頭了。他已經沒有剛上位時的青澀與怯生生，而是甩開膀子大幹特幹。

他首先下令：廢除中壘營、中堅營。中壘、中堅是曹叡時期設置的宮廷武裝力量，隸屬於中護軍。現任中護軍，正是司馬師。曹爽把這兩營的禁軍調到中領軍的手下，中領軍是曹爽的弟弟曹羲。

明顯衝著司馬懿來的。

司馬懿當然極力反對，稱：「此乃先帝舊制，不可更改。」但是司馬懿的話，如今對曹爽來講就是耳旁風。我尊敬你，管你叫聲太傅；你要是過於絮叨，我可以直接把你掃地出門。曹爽早已經一掃剛執政時的唯唯諾諾，對司馬懿毫不客氣，當場回絕。

現在權力中樞尚書臺在曹爽手裡，名義上曹爽又是全國最高軍事統帥，人事任免大權亦是曹爽一夥的囊中之物，司馬懿除了屈從，別無辦法。他所能做的，無非就是「嚴正抗議」而已。

曹爽見司馬懿無能為力，便開始進一步插手司馬懿所主管的東南防務。插手的起因，是一起移民事件。

當時吳國入寇柤中，數萬戶百姓渡過沔水，跑到沔北來避難。這對司馬懿來講，是再尋常不過的事情了，他當即要著手安排給這些百姓分配住房、進行賑濟、登記造冊。

但是，曹爽來過問了。

曹爽問：太傅，你覺得這些百姓，讓他們回沔南還是留在沔北呀？

司馬懿心裡納悶：你怎麼居然有閒心管這事兒？但表面依然不動聲色：沔南近賊，如果把百姓趕回去，無異於驅羊入虎口，不如讓他們權且留在沔北。

曹爽哈哈一笑：「太傅，你不能搞好沔南的防禦工作，讓他們安居樂業，卻讓他們肆意留在沔北，終究不是長遠之計呀。」

司馬懿明白，這是找茬來了。他秉公直言：「不對。置之安地則安，置之危地則危。兵書有云：『成敗，形也；安危，勢也。』形勢是禦眾之要，不可以不審。如果吳軍以二萬人斷沔水，三萬人與沔南諸軍相持，萬人橫行柤中，怎麼辦？」

曹爽一聽，老頭子談到具體的軍事問題了，我又聽不懂！便不再講道理，撂下一句：總之讓他們回沔南去！說完，拂袖而去。

司馬懿只好老實照辦。他明白，現在還沒到能夠跟曹爽翻臉的時候。自己唯一能做的，就是讓大家知道：這個不靠譜的決策是大將軍曹爽下的；將來決策失誤的後果，自然要由曹爽本人負責。

司馬懿派人到沔北喊話：大將軍有令，所有沔南居民，一律就地返回，不許逗留！

沔南流民譁然，怨聲載道。大家罵罵咧咧，把曹爽的祖宗十八代在自己心裡默默罵了個遍，不情不願回沔南。吳軍果然攻破柤中，擄掠走一萬多戶魏國居民。

曹爽聽不到底層的罵聲，他只想在洛陽城放開手腳大幹一番。皇帝曹芳還小，而且很不懂事，大有成長為不良少年的潛質；但是郭太后時時掣肘，曹爽覺得她很礙事。

權謀家丁謐又適時地出現了：何不把太后搬去永寧宮？

曹爽大吃一驚：這樣做太冒險了吧？激起朝臣的反對怎麼辦？

丁謐陰陰一笑：大將軍您上位已經八年，還懼怕誰反對？更何況，這正是一個機會，驗一驗咱們在朝中的勢力分布啊。

這是指鹿為馬的升級版。

曹爽一聽有理，趕緊安排，把郭太后請出宮廷，別居永寧宮。這樣一來，曹爽勢力在朝中徹底一家獨大。

司馬懿清楚，朝廷之上待不得了，必須找個機會退休避禍。但是司馬懿又苦於沒有理由。畢竟我是堂堂太傅，輕易辭職必將引起朝野轟動，曹爽豈能答應？他一定會苦心挽留，以讓我在朝堂之上給他裝點門面，以向天下示意他曹爽並非排斥異己。

司馬懿苦心思索之際，突然一個壞消息或者說好消息傳來：夫人張春華病逝。司馬懿當即以此為由，稱自己過於哀痛，不能理事，向朝廷遞交辭呈要求退休。

曹爽看到司馬懿辭職的理由，覺得乃是人情所在，於是順水推舟，歡送司馬懿光榮退休。

曹爽批准了司馬懿的辭呈，長舒一口氣。司馬懿這個老傢伙，終於下臺了。曹爽興奮地恨不得來個瀟灑的吻別：再見，司馬懿！

正始八年（二四七），曹爽上位的第八個年頭，司馬懿光榮退休。曹爽終於成功排擠掉了最大的政敵，從此肆無忌憚地推行新政。這年，司馬懿六十九歲，遠遠高出了當時人的平均壽命，幾乎等於曹丕、曹叡兩人壽命之和。

這樣一位行將就木的老人，徹底退出政治界和軍事界，喪失了苦心經營四十年的一切資源。他還能有血氣和力量，與年富力強、占盡優勢的曹爽一爭高下嗎？

利益集團也有內部矛盾

奮鬥了一輩子，司馬懿又回到了起點：一無所有。

不，何止是回到起點？與當年出仕時相比，自己還喪失了三十多年美好的青春。

司馬懿靜靜坐著，看著老伴張春華的靈位發愣。

畢竟，利用長相廝守的老伴之死作為政治鬥爭的工具，即便是司馬懿，內心深處也難免愧疚。

我這輩子一直都在忙於宮廷的勾心鬥角，忙於沙場的運籌帷幄，好像還從來沒有像現在這樣，悠閒地陪伴在你身邊。可惜你已經離我而去，漸行漸遠，追也不及。也許只有在失去的時候，才知道自己曾經擁有過什麼吧？

司馬懿繼續乾坐。相守了一輩子的老伴就此離去，司馬懿心裡並不好受。朝堂之上的激烈鬥爭，又以全面退出而告終，等於向外界宣告了自己的失敗。司馬家現在面臨著最困難的處境。

但是，如果不退出朝堂，那顯然已經輸了。

太后被遷往永寧宮，正是曹爽要獨斷朝綱的信號。身為太傅，必須給出足夠激烈的反應，否則等於向曹爽屈服，必將令群臣失望。一旦氣勢已屈，那麼其他曹爽的潛在反對派就不會找到我司馬懿，充當他們的領袖和靠山。如今我雖然在野不在朝，但憑著我司馬懿為官數十年的積威，足以對朝政施加影響。

何況，朝堂之上曹爽的眼線眾多，一旦稍有不慎，便會有性命之憂；而退休在家，則要自由得多。我雖然退休，但司馬師還在朝中充當中護軍，司馬昭還在朝中充當議郎，足以成為我的左膀右臂。

我想要你滅亡，必先使你瘋狂。我司馬懿的全面撤出朝廷，你曹爽自然可以放手大幹。你幹的事情越多，鬧的動靜越大，朝臣的積怨就越深，我的機會也就來了。

好好折騰吧，下面就看你的了。老夫且冷眼旁觀，看爾橫行到幾時。

果然，曹爽已經把持不住自己了。司馬懿一退，曹爽頓時感覺渾身輕飄飄的。這樣看來，司馬老兒給我施加了多麼大的壓力啊。

曹爽之前推行的新政，主要著眼於人事任用標準的改革。他想逐步廢除九品官人法，恢復當年曹操的以才為先、不問品行的用人政策。這項改革，主要是由何晏、鄧颺在主管其事。

夏侯玄提出過一些改革措施：一是限制中正官干預政府用人之權，二是改州、郡、縣三級政府為州、縣兩級政府，三是改革服制。這些措施以前遭到了司馬懿的反對而胎死腹中，現在也在考慮拿出來實行。

李勝在河南尹的位置上，也對地方制度多有變革，取得了良好的政聲。

現在，司馬懿的離去，使得曹爽集團開始肆意妄為，缺點開始一一暴露。

鄧颺為人貪財好色。以前臧霸的兒子臧艾找到他，把臧霸的一個小妾送給鄧颺以「性賄賂」，鄧颺答應給臧艾當大官。司馬懿退休，鄧颺的本性又顯露出來，他選拔人物，多任人唯親，或收受賄賂，大大影響了人才質量，也加深了他與何晏之間的矛盾。

因為，曹爽集團中最有思想的何晏還是想幹一番事業的。

他的副手鄧颺實在品行不堪，何晏能忍；然而來自丁謐方面的阻撓，卻讓何晏不勝其煩。

事情是這樣的。當時黃門侍郎的位置老空缺，何晏選拔了賈充、裴秀、朱整等未來西晉的大牛人，還有一個缺，何晏打算用自己的忘年交王弼。

王弼是魏晉之間的天才少年思想家、玄學的奠基人，對《老子》、《周易》均有獨到見解，形成了博大精深的思想體系。而他死的時候，才不足二十四歲。何晏與王弼是學術上的好友，何晏深知王弼之能，因此有意將最後一個黃門侍郎的位置留給他。

但是丁謐卻想用一個叫王黎的熟人。丁謐根本不來找何晏，他直接找到曹爽：我有個哥們想要黃門侍郎的位置，希望您能想想辦法。曹爽一口答應，命令何晏把黃門侍郎的位置給王黎。

何晏與丁謐結下了梁子。

不止是何晏。丁謐的人際關係極差，幾乎得罪了曹爽集團的每一個人。

曹爽集團的核心三人組既然四分五裂，下面的嘍囉自然更是離心離德。

曹爽的長史應璩，並不看好曹爽的改革，寫了整整一百零一首詩歌來諷刺曹爽的政治改革，合稱《百一詩》。既然你的下屬能寫一百零一首詩來諷刺你，那說明起碼他是很認真地在諷刺你，你也應該報之以同樣認真的態度來對待。可惜曹爽並不在意。他有度量容忍應璩的行為，卻沒有智商欣賞應璩的詩篇。

唯一頭腦清醒的人是何晏。他把《百一詩》拿來細細讀了。曹爽只能讀到滿紙荒唐言，何晏卻讀出了應璩的一把辛酸淚。奈何舉世皆醉何晏獨醒，唯有長歎息以掩涕。

曹爽的參軍阮籍，將來的竹林七賢之一，原本是衝著曹爽集團銳意改革的幹勁來的；如今一看，曹爽這哪裡是幹勁，完全是瞎折騰，連忙退隱山林。

朝中的老臣，在司馬懿退休的下一年，也學著司馬懿紛紛退休。中書令孫資、中書監劉放、司徒衛臻、司空徐邈……元老重臣們先後提交辭呈。曹爽巴不得你們這些老不死的全部滾蛋，很爽快地一律批准。

退下來的老臣們，紛紛來找司馬懿敘舊聊天，很快在司馬懿周圍團聚起一個集團。

司馬懿出言很謹慎，聊天不及政事。不過他心中明白得很：局勢果然照著我的計劃在發展。這一切，還要感謝曹爽啊，是你使我不費吹灰之力就建立了一個集團。

下一步，我也當「投桃報李」。

閉門搞定天下事

何晏發現，自從司馬懿退休之後，京師各種針對曹爽集團的古怪歌謠就如雨後春筍般冒出來了。

什麼「以官易婦鄧玄茂」，這是諷刺鄧颺用官職換臧艾老爸的小妾的；什麼「何鄧丁，亂京城」，這是說何晏、鄧颺、丁謐推行新政，將亂京城的；什麼「臺中有三狗，二狗崖柴不可當，一狗憑默作疽囊」，這是把何晏、鄧颺、丁謐罵為「臺中三狗」的……

何晏憂心忡忡。這麼多歌謠突然大規模地冒出來，背後肯定有主使；而主使是誰，很容易猜到。但苦於並無證據，何晏沒有辦法把主使揪出來。他所能做的，只能是希望自己的同伴們有所收斂，以改變形象，贏得良好的口碑。

然而，談何容易？

當年那群為了天下大義不避刑戮的有理想的年輕人，如今早已經四分五裂，放縱著自己的嗜欲，炫耀著自己的官威。何晏突然冒出一個奇怪的想法：要是司馬懿沒有退休就好了，餓狼的存在起碼還能逼迫群羊團結一致，不敢鬆懈。

另一個清醒的人，是「智囊」桓範。他對這一切洞若觀火，他比何晏看得更宏觀、更透澈。桓範從來不與曹爽集團的人有密切來往。一來，他是老臣，並不願意主動屈尊去結識一班年輕人，留人以趨炎附勢的話柄；二來，他也並不贊成何晏等人的人事改革。桓範乃是郡裡的世家大族，他對曹爽的人事改革沒有好感。

這兩點原因，使得司馬懿誤以為桓範也是曹爽集團的受害者。

而真相並非如此。桓範對於曹爽的登門造訪、對自己這個過氣的老頭子禮敬有加，心存感激。士為知己者死。曹爽待我以國士，我當以國士報之。

因此，桓範和司馬懿一樣，靜靜觀察著曹爽集團有沒有什麼致命的漏洞。不同的是，司馬懿想利用這漏洞致曹爽於死地，而桓範則想挽狂瀾於既倒，報曹爽的知遇之恩。

曹爽越來越貪圖享樂。他當年討人喜歡的恭謹和謙遜早已經蕩然無存。權力導致腐敗，絕對的權力導致絕對的腐敗。聖賢尚不能免，何況曹爽資質並不超人？曹爽的飲食衣服，都學著皇上的來；又聯絡宮裡的太監張當，把曹叡的一些愛妾領出來帶回家裡淫樂。曹爽的弟弟曹羲出於樸素的道德，覺得這樣折騰下去遲早完蛋，苦苦勸諫，希望曹爽有所收斂。曹爽正在興頭上，哪裡肯聽？照玩不誤。

桓範對曹羲的勸諫不以為然：小兒之見。領袖人物的個人私德敗壞，縱然會引起輿論的不滿，但畢竟不可能成為敗亡的原因，頂多只能成為敗亡之後仇家羅織罪名的藉口。欲加之罪，何患無辭？這些小問題，都不足慮。

桓範繼續觀察。

曹爽好出遊，他經常帶著三個弟弟一起到洛陽郊外遊玩、打獵。桓範敏銳地察覺到這是個死穴。

桓範悄悄找到曹爽，語重心長地告誡：「大將軍總理萬機，您的幾位兄弟掌管禁軍，不應該一起出洛陽。如果有人關閉城門，誰在裡面為內應、放你們進去？」

曹爽瞪大眼睛，驚訝地問：「誰敢這麼做？」

桓範鄙夷地看看曹爽：你的智商最近幾年下降明顯呀。還能有誰？司馬老兒唄。

曹爽聽了覺得有理，從此兄弟四人不再同時外出。司馬懿唯一的可乘之機，就這樣被堵死了。

司馬懿最近足不出戶，卻對外界瞭如指掌。歌謠攻勢已然奏效，現在滿城都對曹爽一夥深惡痛絕，甚至於把一些別人辦的弊政、破事都推到曹爽的身上，簡直把曹爽看成了一切腐敗的根源。

司馬懿已經把解決曹爽一夥的辦法想好了——武裝政變，唯有武裝政變才能奏效。被曹爽推到自己一邊來的，有諸位元老重臣，以及太后。天下人都知道，皇帝只是小孩子，太后才是無上的權威。如果能夠得到太后的懿旨，就可以名正言順消滅曹爽。

司馬懿盤算了一遍，如今只差兩個問題：一是時機，這個只要有耐心，總能等來；第二嘛，就很麻煩了——武裝力量。

曹爽已經把京師和宮廷的禁軍幾乎全部掌握在自己手中，司馬懿無兵無卒，巧婦難為無米之炊，撓白了頭髮也沒有辦法。

這天，即將赴任并州刺史的孫禮來找司馬懿辭行，同時也是來表達自己對於曹爽的憤懣之情。

孫禮與曹爽私人關係不好，曹爽屢次給孫禮穿小鞋，孫禮慪了一肚子火，實在無處發洩，只好來找司馬懿傾訴情感。

司馬懿靜靜聽完孫禮的痛訴，不說話。

在這關鍵時刻，誰能保證孫禮不是曹爽派來探口風的？

過了半晌，司馬懿慢悠悠地說：「您嫌棄并州刺史的官位太小了嗎？」

孫禮勃然大怒：你這不是揣著明白裝糊塗嗎？他索性打開天窗說亮話：「明公這話太沒道理！我孫禮雖然沒有德行，但也不至於為了區區官位介懷。我是看到如今社稷將危，您卻閉門不問，因此生氣！」孫禮說完，痛哭流涕。

司馬懿明白孫禮在掏心窩了，於是也不再多說，只輕輕點了一句：「先打住，忍不可忍。」孫禮聽了這句話，放心地往并州赴任去了。他雖然不知道司馬懿究竟有什麼辦法，但他相信，這是一位可以創造奇蹟的老人。

但是令司馬懿頭痛的武裝問題依然沒有解決。

事實上，賦閒在家的司馬懿根本沒有可能解決這個問題，解決問題的人是司馬師。司馬懿的計劃，從頭到尾都只是在腦海裡盤算、演習，再推敲、再演習，從來沒有透露給第二個人知道，包括兩個兒子。但是，退休老人司馬懿現在遇到了死結，他意識到這是一個不可能獨力完成的計劃。

司馬懿慎重考慮之後，終於決定：讓兒子加入協助。

司馬懿找來司馬師，把自己已有的想法一點一點掏出來講給司馬師聽。他邊講邊偷眼觀察司馬師。司馬師既沒有一點兒驚訝的表情，彷彿早就知道了父親的全盤計劃；又似乎對父親講的東西充滿新鮮感，極其認真地聽著。聽到司馬懿講出最大的難處——沒有武裝力量的時候，司馬師哈哈大笑：

「父親，三千死士，可夠用否？」

預測大師管輅

司馬懿聽了司馬師的話，大吃一驚。他不禁眯起眼來，重新打量自己的兒子。司馬師依舊一臉笑眯眯的樣子，沒有半點心事，彷彿剛才的話不是他說的一樣。

司馬懿不再多問死士從哪兒來。他太瞭解自己的兒子了：雖然司馬師平時大大咧咧，但從不信口開河。司馬懿讓司馬師立即著手聯絡這批死士。

何晏最近右眼皮老跳。他昨晚又做了個奇怪的夢，夢見幾十個青蠅聚在自己鼻子上，怎麼趕都不走。何晏心裡惴惴不安。他聽說易學大家管輅最近來到了洛陽，便請管輅來家作客。

何晏叫上了鄧颺一起，鄧颺不肯，說：怪、力、亂、神，聖人不語，你還信這些？何晏堅持，鄧颺只好來了。

何晏精於易理，管輅通曉術數，兩人暢談，極為歡暢。鄧颺是半吊子，在旁邊插不上話，很鬱悶。他聽了一會兒，發現管輅聊這麼多，一句都不涉及《易經》，心頭暗喜：看我戳穿這個半仙！

鄧颺問管輅：「你自稱精通《易經》，卻一句話都沒引用《易經》的文辭、義理，是怎麼一回事呀？」

管輅看都不看鄧颺，回了句：「善《易》者不言《易》。」

何晏一聽，果然是高手高手高高手！含笑稱讚：「先生這句話，可謂是要言不煩。我請先生算一卦，我能位至三公否？」

管輅說：「古代聖賢輔佐天子，都和惠謙恭。如今您位尊勢重，卻懷德者少，畏威者多，這可不是小心求福之道啊。」

何晏聽了，心下憂愁，又問：「我前日夢見青蠅聚鼻，揮之不去，是什麼徵兆？」

管輅說：「鼻子是天中之山，『高而不危，所以長守貴』。青蠅喜歡臭味，卻聚在你鼻子上，表示位高者顛，輕豪者亡，不可不深思。總之希望您一切謹慎小心，不要違背禮數，這樣三公自然可以做到，青蠅也可以趕走了。」

鄧颺聽得不耐煩：我還以為你有什麼神機妙算，說了半天既不見你拿八卦算籌出來演算，也不見你手掐要訣口中念念有詞，看來完全是個糊弄人的傢伙罷了。鄧颺出言不遜：「你這是老生常談罷了。」

管輅看看鄧颺，意味深長地說：「老生見不生，常談見不談。」

何晏覺得管輅的話裡大有玄機，又無從猜透，心頭怏怏不樂。管輅回家，把今天的事情都給舅舅講了一遍。舅舅責怪管輅說話太刻薄，管輅輕蔑地說：「跟兩個死人說話，有什麼好顧忌的？」

管輅是三國時期的一代預測大師，有很多半真半假的傳說流傳下來。但細看管輅對何晏、鄧颺的這番說話，可以發現，他並非裝神弄鬼之徒。他所說的「善《易》者不言《易》」，在他的算命生涯中也幾乎算是親自實踐了。

《周易》預測有無科學性，至今都很難講清楚，或者這本身就不能以「科學」的標準來衡量。但是《周易》有個最基本的原則：勢在天設，事在人為。管輅對於何晏「三公」、「青蠅」二問，都沒有給出極其肯定的結論。他暗示何晏，如果願意修明道德、謹言慎行，一切不好的機運都可以扭轉。

這才是真正的易學高手。

何晏也深通易理，他對管輅的預測始終耿耿於懷，但又無法可想。他似乎預見到了本集團的末日和自身不可避免的悲劇性結局，但如今曹爽一夥要風得風要雨得雨，他又實在想不到可能會在哪裡出岔子。

何晏懷著這種極其矛盾而抑鬱的心情，借詩消愁：

> 鴻鵠比翼遊，群飛戲太清。常恐天羅網，憂禍一旦並。
> 豈若集五湖，順流唼浮萍。逍遙放志意，何為怵惕驚？

何晏隱隱發覺，令他心神不寧的源頭可能正是那位在野的七十歲的老太傅。他建議曹爽：司馬太傅稱病有一段日子了，咱們是不是派人探望一下太傅，看看他的病情？

曹爽一聽，大有道理。正好李勝剛得了荊州刺史的位置，要去上任。曹爽令李勝以拜別司馬懿為由，前往太傅府上打探情況。

此時，司馬懿正在家裡暗中謀劃得如火如荼，絲毫不知道有一位不速之客正悄然造訪……

6 裝病：第一次讓曹操另眼相看，第二次讓曹爽死光光

影帝

司馬懿正在家中與司馬師秘密策劃，忽然得知：李勝前來拜訪。司馬懿拍手大笑：成事正在此人身上！趕緊下令府中準備。

李勝在太傅府客廳等候，老僕前來通報：老太傅病重，不能出來，請李大人直接前往太傅的臥室見面吧。

李勝吃驚：哦？一年不見，太傅的病情已經這麼嚴重了？

老僕回話：去年老夫人去世之後，太傅哀痛成疾；加上往日軍中舊傷復發，躺在床上好幾個月了。老僕頓了頓，附在李勝耳邊說：估計也就這一兩個月的事情了。

李勝還想細問，已經到了司馬懿的寢室。李勝推門進去，大吃一驚。眼前的司馬懿老態龍鍾，眼皮耷拉，目光渙散，嘴微微半張著。往日高大的身軀，早就佝僂成了一團。司馬懿身邊兩個侍女，一左一右緊緊扶持著。司馬師在身後垂手而立，見李勝進來了，趕緊到司馬懿耳邊說：李大人來了。

司馬懿「啊」了一聲，目光有點迷茫。司馬師又強調一遍：是李大人來了！

司馬懿這才似乎有點明白了，把眼睛轉向李勝，勉強想要把身子挺一挺，卻挺不起來。司馬懿把頭向前探著，眯起眼睛來盯著李勝，盯了一會兒，似乎老眼昏花看不真切，只好放棄了這種努力，衝著李勝的方向說：李大人坐。

李勝行過禮，坐下了。司馬懿突然喉嚨口發出「嗚嗚」的悶響，用一隻手抖抖索索地指著自己的嘴，眼睛衝侍女看去。一個侍女趕緊端起床邊的粥碗，向司馬懿遞去。

司馬懿緩緩張開嘴，閉起眼睛。侍女用一把瓷調羹舀了一小勺粥，吹過之後往司馬懿口中送去。侍女微微傾斜調羹，使粥緩緩流進司馬懿的嘴裡。司馬懿的嘴也並不閉上，仍然半開半合，粥的殘液順著嘴角往下流，流得滿胸口都是。侍女趕緊放下粥碗，拿起手絹給司馬懿擦拭。司馬懿彷彿泥胎木雕一樣，呆呆坐著，任侍女擺布。

李勝萬萬料不到司馬懿已經神志糊塗到這種地步了，他向司馬師投去驚訝的目光，司馬師表情沉痛，向李勝輕輕搖了搖頭。

李勝大聲對司馬懿說：「大家都只以為太傅您過去的風痹復發，誰想到尊體已經這樣了呀！

」（眾情謂明公舊風發動，何意尊體乃爾）

司馬懿剛蠕動著嘴，解決嘴裡的粥。就這麼一個小小的動作，已經搞得司馬懿上氣不接下氣。他聽到李勝的話，急著想要回答，卻接不上氣來，胸膛急促地起伏。侍女趕緊給司馬懿揉胸捶背。司馬懿平復了一下，氣順了些，才回答：「年紀大了，老毛病了，死在旦夕。聽說你要去并州，并州靠近胡人，要妥善做好防備工作啊。」（年老沉疾，死在旦夕。君當屈并州，并州近胡，好善為之）說完，又是一陣急喘氣。

李勝說：「老太傅聽錯了，是去荊州，不是并州！」

司馬懿有點茫然：「哦，你剛到并州？」

李勝對著司馬懿的耳朵大聲說：「要去荊州！」司馬師也在旁邊幫著李勝向司馬懿解釋。

司馬懿這才恍然大悟似的明白，然後又搖了搖頭：「老朽年老意荒，聽不懂你的話。既然是去荊州，那要好好建立功動。估計這一別就見不到了，司馬師、司馬昭兄弟以後還要李大人多多關照啊！」司馬懿說完，老淚不自覺地就從渾濁的眼睛裡流下來了，混著鼻涕一起肆意流淌。

李勝看到當年叱吒風雲的司馬懿居然年老退休之後也竟只是個普通的老人，不禁頓生憐憫之心，不勝欷歔。

李勝見司馬懿不能長久坐著，便起身告辭。司馬師送出門來，李勝關照司馬師：老太傅還是要安心靜養，你兄弟倆有什麼事，儘管找我。我能幫上忙的，一定幫忙。

司馬師見李勝眼眶都紅了，看來是動了真感情了。他忙不迭謝過李勝，依依送別。

李勝一路回來，心情很低落，並沒有一種得勝的快感。他突然發現，自己這夥年輕人，居然與這樣一位勢孤力單的老人為敵多年，實在勝之不武。李勝又想：等我老了，不知道會不會有人來憐憫我？

李勝胡思亂想著來到曹爽的府第。曹爽他們正在這裡等候李勝的消息，一見面立即圍上來問：怎麼樣？老傢伙的病怎麼樣了？

李勝對曹爽他們投之以鄙視的目光，說：「太傅言語混亂，手不能拿碗，指南為北。他又以為我要去并州，我解釋了半天他才明白。他已經只比死屍多口氣了，不足為慮。」（司馬公屍居餘氣，形神已離，不足慮矣）

曹爽他們聽了，歡呼雀躍。李勝卻黯然神傷，獨自喃喃道：「太傅的病看來是沒救了，令人愴然。」（太傅患不可復濟，令人愴然）說完，潸然淚下。

李勝走後，司馬懿一躍而起。他感到，這次演戲比起當年欺騙曹操來，要容易得多了。甚至可以說，自己根本就沒有在演戲，因為我現在本就是一個七十歲的老人了呀。

萬事俱備，就等曹爽出岔子。但是讓司馬懿頭痛的是，不知為何，最近曹爽兄弟從來不同時出洛陽，總要留人在內部守應。這樣一來，機會就不好尋覓了。

就在司馬懿頭痛之際，已經完全放鬆警惕的曹爽很快就自己把機會送上門來了。

生死倒數計時

司馬昭下班，無意間向司馬懿透露：明年正月初三，天子要拜謁先帝曹叡的高平陵，曹爽兄弟會隨行陪同。

司馬懿聽到這個消息，明白這是千載難逢的好機會，機不可失、時不再來。他趕緊找到司馬師，父子二人謀劃至深夜，直到拿出一套基本可靠的方案來。司馬師問父親：此事要不要二弟參與？

司馬懿斬釘截鐵：要。我們人手不足，如果沒有昭兒參與，恐怕難成大事。

從這天開始，政變正式進入倒數計時。

除夕。距離政變還剩三天。

司馬家和其他各家一樣，闔家團聚。祭祀過祖先，喝大酒、吃環餅，玩「藏鈎」的遊戲：司馬師一手藏金鈎，讓司馬昭猜，猜不中就罰酒。一家人玩得非常盡興，大醉而罷。這，也許是最後的年夜飯。

正月初一，元日。距離政變還剩兩天。

司馬家早上起來，由家人安排好了，在門口「爆竹」，門首插蘆葦，門鼻子掛桃木。這些事情，對司馬昭而言只不過是過年的習俗，例行公事而已；司馬師卻認認真真地在內心祈禱：希望能夠祛邪避穢，保我闔家平安。正月初一，按照規矩，司馬師和司馬昭早早地來到朝中。這天，小皇帝曹芳受百官慶賀，百官受皇上賞賜，爾後鐘鼓齊鳴、百戲騰躍，熱鬧非常。司馬師暗暗觀察，見曹爽、鄧颺等人滿臉歡快，連何晏在這節日氣氛的感染下也不復往日的憂愁。這天，大家盡歡而散。爾後，太傅府上少不了門庭若市，各位官員上門拜年。一律由司馬兄弟負責迎來送往。

正月初二。距離政變只剩一天。

司馬懿把司馬師、司馬昭叫到一起，召開緊急家庭會議。同時列席的，還有司馬懿的弟弟司馬孚。司馬懿這時候不再有所隱瞞，毫無保留地把明天發動政變、全殲曹爽一夥的計劃全盤托出。司馬懿安排：首先由司馬師召集他的三千死士，占據武庫奪取兵器，主力由司馬師、司馬孚率領，與自己一起前往宮廷，屯駐司馬門，全城戒嚴嚴禁擅自出入；另一部分由司馬昭率領，保衛太后的永寧宮。

司馬懿邊說，邊觀察司馬昭的表情。雖然司馬昭是剛剛得知這些計劃，但他並沒有表現出過多的驚訝，而是認真聽記。司馬昭表情凝重地把明天的計劃一個字一個字烙進自己腦海裡，他清楚，一旦一步走錯，全家性命休矣。

司馬懿交代完兩個兒子的任務，又把自己所要做的事情也說出來，讓兒子們參與討論。司馬懿決定，明天自己與司馬師率領死士直入宮省召集在京高官，宣布太后的懿旨罷免曹爽一夥的官職，然後讓高柔假節代理曹爽的大將軍職務，占據曹爽的營地奪取他的武裝力量；讓桓範代理曹義的中領軍職務，占據曹羲的營地奪取他的武裝力量。奪取武裝力量之後，前往截斷洛水浮橋，再見機行事。

司馬師、司馬昭聽完，沒有意見。司馬懿頓了頓，又提出：如果高柔、桓範不肯跟隨我們行事，那再以王觀等人為候選。總之，明日之前，此事只有我父子三人知道，千萬不可再有第四人知曉。

司馬兄弟點頭應諾。夜已深，三人分頭睡覺。

散後，司馬懿叫來老僕：你去觀察一下這兄弟倆的情況。老僕領命而去。

過了許久，老僕來報：大少爺沾著枕頭就睡著了，還打呼嚕；二少爺輾轉反側，到現在還很清醒，沒有睡意。

司馬懿點點頭，老僕退下。司馬懿心中明白，哪個孩子可以繼承自己的事業。

司馬懿躺在被窩裡，閉著眼睛繼續盤算。他知道，這次政變是他這輩子最大的一次冒險。實際上，成功的把握並不超過三成。畢竟天子與曹爽在一起，一旦曹爽能夠鎮定下來，借用天子詔書號召天下兵馬勤王，圍困洛陽城，則我司馬氏將死無葬身之地。無論如何，太后的懿旨從效力上講是遠遠不及天子詔書的。

這次政變，說到底，不過是希望打曹爽一個措手不及，然後再發動強大的心理攻勢，希望曹爽能夠繳械投降。也就是說，明日政變效果如何，關鍵並不在我司馬懿如何行動，而取決於曹爽如何決斷。

其實，過完年我已經七十一歲，完全可以就此退休，不必行此凶險。司馬師、司馬昭兄弟的前途，可以靠他們自己去闖，犯不著讓我這將死之人拚了老命來為他們玩這驚天賭局。

不過，我司馬懿乃是天底下最不能忍耐之人。別人說我能忍，是見其表而不見其裡。我司馬懿能忍人所不能忍，挑釁辱罵打壓都不能奈我何；但我司馬懿並不能忍人之所能忍，讓一黃口孺子騎在頭上作威作福、尊嚴盡失一敗塗地，是可忍孰不可忍？

無尊嚴，毋寧死。

況且，這場豪賭畢竟很刺激啊。老夫久已冷靜的熱血，也有點沸騰起來了。

司馬懿不知道自己是什麼時候睡著的，但醒來時，已經是正月初三的凌晨。

倒數計時結束，戰鬥開始。

可以改變歷史的一箭

一切都回到了書的開頭，西元二四九年。

這一年，姜維一籌莫展，孫權老邁顢頇，曹爽志得意滿，司馬懿臥薪嘗膽。

司馬懿在內室之中站起身來，穿上戎裝，會合家兵，推開大門，走到門口。冬日陽光無比和煦，但仍讓司馬懿感到耀眼。

久違了，太陽。

陽光之下，司馬師的三千死士，早已如烏雲般會集於此。

司馬懿看到精神飽滿的司馬師和眼睛布滿血絲的司馬昭，笑了笑。司馬兄弟都知道父親這一笑的分量。

司馬懿不再多說，一切該說的，昨夜都已說完。父子三人並肩趕赴洛陽城的武庫，占據武庫給死士們分發兵器。

全副武裝之後，司馬懿一揮手：按計劃行事！

司馬昭帶領部分人直接往太后的永寧宮而去，而司馬懿、司馬師直撲朝堂。

父子三人這一別，可能就是永訣。他們現在心中都只有一個小小的願望：今晚能像昨晚一樣，父子三人一起坐在燈下共進晚餐。

這個願望對於普通人來講，再樸素不過；但對於這位權傾天下的老太傅而言，卻是如此奢侈。

司馬昭率兵圍困永寧宮，名為保護，實則挾太后以令群臣。郭太后與司馬家關係一向不錯，對於曹爽等人自是深惡痛絕。但她萬萬沒有料到，司馬懿居然敢擅自發動政變，這可是夷三族的死罪！郭太后在猶豫，要不要與司馬懿合作。但無論郭太后怎麼抉擇，都不影響結果。因為，郭太后並沒有選擇權。

司馬懿下令關閉洛陽各大城門，實行全城緊急戒嚴，嚴禁任何人出入。然後他讓司馬師分兵屯駐司馬門，自己直入朝堂，召集百官，宣布：「曹爽兄弟試圖篡奪帝位，現廢除曹爽兄弟一切職務，百官由本太傅全權指揮。」

朝中眾臣大驚，但看到司馬氏的武裝力量都很畏懼，何況大部分人早就對曹爽兄弟心懷不滿，紛紛表示接受太傅的領導。

司馬懿命令老臣高柔假節代理大將軍，占領曹爽營。司馬懿拍拍高柔的肩膀說：「你就是周勃了。」周勃當年平定呂后之亂，安定漢室天下。高柔成了司馬懿的周勃，知道自己責任重大，領命而去。

司馬懿發現計劃中代理中領軍的桓範沒有來，只好更換候選人，啓用備用方案，命令王觀代理中領軍占領曹羲營。

王觀也是之前受到曹爽排擠的老臣，與司馬懿關係不錯，此時欣然受命。高柔、王觀趕赴兩營，宣布接管所有武裝力量。此時軍營群龍無首，戰士們沒有主心骨，而來的這兩位又都是元老重臣，立即改易旗號成了司馬一派的武裝。

司馬懿見朝堂之上已經搞定，這才前往永寧宮找郭太后請旨。司馬懿羅列了曹爽若干條不臣、不法的行為，樁樁都是死罪。郭太后不再猶豫，授權司馬懿全權行動，查處曹爽。

司馬懿得到太后支持，膽氣更壯。他與太尉蔣濟一起率領兩營士兵再赴武庫領取兵器，以便出洛陽占據洛水浮橋。從朝堂前往武庫，要路過曹爽家門口。司馬懿手下這兩營士兵人馬戰車眾多，恰巧在曹爽家門口發生了嚴重的交通堵塞，吵吵嚷嚷難以通過。

在這關鍵時刻，時間就是生命，必須與時間賽跑！司馬懿心急如焚，趕緊指揮疏導交通。他並不知道，曹爽家的樓層之上，有雙狙擊手的冷峻眼睛，正在向他瞄準。

這個狙擊手叫嚴世，曹爽的帳下督。他端著一架弩機，瞄準了正在忙著指揮交通的司馬懿，就要扣動扳機。

曹爽自從上位之後，怕有人暗算他的家屬，所以派了一些部下將領和士卒，在他家中負責安全保衛工作。嚴世就是其中之一，今天輪到他和孫謙兩個在這裡值班。

司馬懿大軍在曹爽府第門前堵塞的時候，曹爽的太太劉夫人嚇壞了。她顧不上禮節，跑出房來對聚集在大廳裡負責保安工作的嚴世、孫謙說：「曹爽在外，司馬懿搞兵變，怎麼辦？」

嚴世沉著冷靜地說：「夫人勿憂。」說完，提起一架弩機直上門樓。孫謙知道嚴世要幹什麼，連忙抛下驚慌失措的劉夫人，趕緊尾隨嚴世上樓。

孫謙來到樓上，發現嚴世已經架起弩機，正在瞄準司馬懿，眼看就要射出這改變歷史的一箭。孫謙趕緊跑上來，拉開嚴世正要扣動扳機的右手。嚴世被孫謙這一搗亂，惱怒而不解地瞪著孫謙。孫謙說：「天下大事，還未可知！」

嚴世想了想，覺得曹爽平素對自己恩重如山，毅然再度瞄準。孫謙急忙又拉開嚴世的手。嚴世急了，抓住最後的機會第三次架起弩機，孫謙又是奮力一拉干擾了射擊（三注三止，皆引其肘不得發）。嚴世又氣又急，一腳踹開孫謙，再行瞄準，司馬懿的大軍已經疏通，迅速地從門前跑過去了。

孫謙見狀，心中暗喜。嚴世扔下弩機，長歎一聲：大將軍危矣！

可以改變中國歷史的一箭，終於留在弩中，沒有射出。

司馬懿對曹府門樓上發生的這一幕毫不知情。他已經趕到武庫，給將士們分發兵器，直到此時，才總算基本控制了洛陽城。下一步，他打算出城占據洛水浮橋，然後對曹爽一夥展開心理攻勢。

但是，一個簡直可以說是致命的壞消息傳了出來。這個壞消息，是司馬懿始料未及的，也是曹爽可以扭轉局勢的樞紐。

部下來報：大司農桓範詐稱得到旨意，跑出城門，投奔曹爽去了！

司馬懿、蔣濟這兩個曹魏帝國碩果僅存的頂級謀士，猶如被一記驚雷劈中，愣在當場！

潛水最深的人

司馬懿一直不知道桓範居然是曹爽集團的人。

的確，首先，曹爽與桓範是老鄉，曹爽上位以來也一直對桓範禮敬有加。但是，桓範一身傲骨，對於曹爽並沒有親近的意思；同時，桓範對於曹爽集團的鄧颺、丁謐之流也頗有微詞。

其次，桓氏是老牌的世家大族，與作為寒族新貴的曹爽集團沒有共同的利益可言。

第三，桓範是建安時代入曹操丞相府的老臣，從年齡上看也與曹爽集團格格不入。要說這樣一位骨鯁老臣，居然是曹爽集團的成員，司馬懿一百個不相信。

他只知道，桓範謀略過人，人送外號「智囊」，且與自己年紀相仿，只不過由於脾氣過於剛烈，不得皇上和同僚歡心，所以至今只做到大司農。其實，以桓範真正的實力，完全可以位至三公。

所以，這次行動司馬懿才經過慎重考慮，決定拉攏桓範為己方的骨幹分子，讓他代理中領軍的職務，占據曹羲的軍營。

潛伏大師司馬懿萬萬沒有料到，居然還有一位比自己潛水還要深得多的人！

蔣濟知道此事後，信心動搖。他無奈地對司馬懿歎息道：「智囊去了。」

司馬懿雖然內心大為震驚，但是面不改色。他故作輕鬆地笑笑，說：「曹爽和桓範其實關係並不親密，而且曹爽智略不及桓範，無法領略桓範計謀的精妙處。曹爽就像一匹劣等馬，眼中只有食槽裡那點食料罷了，看不到長遠之處，肯定不能用桓範的計謀。」（爽與範內疏而智不及，駑馬戀棧豆，必不能用也）

實際上，司馬懿心裡在打鼓。他現在所能做的事情，基本都已經做完了。現在，他只能祈求上蒼保佑曹爽頭腦發昏，不聽桓範的計謀。

如此而已。

這是司馬懿生平第一次把自己的命運交付到別人手中。

桓範這天和往日一樣起床，梳洗。正月初三的早上，該拜年的都已經拜過了，皇上今天去高平陵拜謁，所以不用朝會。這對桓範來說，實在是個慵懶的上午。桓範在庭院裡活動活動筋骨，想一些事情。

忽然，有人砰砰砸門。桓範罵罵咧咧：哪個兔崽子大清早砸我門？催命嗎？

老門房慌慌張張來報：太傅司馬大人派人催老爺前往宮中！

桓範大吃一驚，心下已經知道事情不妙。他請來人進來，來人見面就說：曹爽兄弟謀反案發，已經被免去一切職務。太傅請大司農前往宮中，代理中領軍，占據曹羲軍營，共襄大事，扶持社稷！

桓範聽了，說：好，你先回吧，我隨後趕到。來人心急火燎走了。

桓範陷入了抉擇的痛苦之中。司馬懿老奸巨猾，如今又占了先手，曹爽兄弟恐怕不是他對手。司馬懿許我以中領軍之職，說明他非但對我毫無提防，而且還頗為看重，事成之後肯定還會大有封賞，看來可去。

抉擇已定，桓範想要前往宮中見司馬懿，兒子從旁阻攔：父親欲何往？

桓範說：往太傅處。

兒子勸諫：皇上在外，不如往大將軍處。況且父親平素與大將軍暗中交往密切，一旦事後被司馬懿知道，恐怕性命難保。

桓範聽到這話遲疑了。他沉吟再三，最後決定把自己的前途交託給曹爽。因為桓範知道，司馬懿雖然占了先手，但是從長遠來看，其實司馬懿一黨困守洛陽城，乃是一局死棋。

倘若讓我桓範為棋手，與司馬懿對下這局驚天大棋，一定可以挫司馬懿幾十年威名，讓他完敗吧！年老的桓範燃燒起爭雄好勝之心，熱血開始沸騰。

桓範思量已定，取了大司農印章，騎馬直往平昌門而去。

這一去，桓氏家族的命運就此一百八十度轉彎。

他跑到平昌門時，城門已經關閉。桓範並不著急。桓範思維縝密得很，他之所以選擇平昌門，乃是因為看門的將官司蕃是自己過去提拔的吏員。司蕃幾乎將桓範當做老師看待，前幾天還剛給桓範拜年送禮。

桓範跑到平昌門前，遠遠看見司蕃朝這邊張望，便舉起手中一塊空白的木版，大聲吆喝：「我奉詔出城見皇上，快開門！」（有詔召我，卿促開門）

看門官司蕃覺得今天格外異常：大早上太傅司馬懿就宣布了太后的旨意，全城緊逼城門戒嚴；快到中午時分，老恩公桓範又自稱有聖旨，要開門。司蕃知道，肯定出大事了。在這樣的非常時刻，還是謹慎為上。

司蕃對桓範行了一禮，說：請讓在下看看詔書。

桓範手裡哪有詔書？眼看要露餡，桓範大發雷霆：「你不是我提拔的嗎？膽敢懷疑我？」（卿非我故吏邪，何以敢爾）

司蕃沒有辦法，只好下令開門。桓範縱馬疾馳而去，回頭對司蕃喊：「太傅造反，你跟我走！」（太傅圖逆，卿從我去）

司蕃聽了，想也不想，跟著桓範跑去。然而桓範騎馬，司蕃徒步，哪裡跟得上？眼看桓範跑得沒影了，司蕃只好自個兒躲起來，看局勢怎麼發展。（蕃徒行不能及，遂避側）

桓範跑到高平陵時，曹爽兄弟已然如熱鍋上的螞蟻，急得團團亂轉。曹爽一見桓範，頓時像見了救星一樣，眼睛都亮了。他趕緊把桓範接到帳中商議大事。

桓範喘息未定，興奮地對曹爽說：老夫有一步絕妙好棋，管教司馬懿父子敗亡，太傅府人頭滾滾落地！

7 大棒加蘿蔔，才是最有效的

豬一樣的隊友

正月初三一大早，曹爽陪同皇帝曹芳，前往曹叡的墓地高平陵拜謁祭奠。典禮非常隆重，所以曹爽把他的弟弟曹羲、曹訓、曹彥都帶上了。

曹爽這個年，過得太舒心了。政敵司馬懿已經經過李勝的鑒定，只比屍體多口氣了。朝中大事，事無大小都由自己決斷，曹爽終於感受到了握有權力的快感。他回憶起當年曹叡託孤之時，自己面對曹叡授予權力，居然戰戰兢兢、大汗淋漓，就不禁覺得好笑。當時只覺得自己沒有這麼大的能力承當如此重任，所以不免膽戰心驚。現在看來，權力真是個好東西啊。

曹芳已經拜謁完高平陵，車駕即將回城。曹爽懶洋洋地打了個哈欠。昨天晚上和鄧颺他們喝酒喝得有點兒晚，今天又一大早起床，還真招架不住呢。曹爽決定，待會兒回去好好睡個午覺。

車駕儀仗正在往回走，曹爽忽然見洛陽方向遠遠地奔過來一隊騎兵，為首一匹馬上馱著的人高聲大喊：太傅造反了！

眾人大吃一驚，曹爽連忙看來人，原來是大將軍府的司馬魯芝！

原來，魯芝本來留在大將軍府辦公，聽到外面喧嚷，得知是司馬懿奉太后詔書要處置曹爽，魯芝連忙率領留守大將軍府的幾個騎兵一起衝到津門，殺出一條血路出來報告曹爽。

曹爽如遭五雷轟頂！

直到這時，他才明白，李勝被司馬懿騙了！老頭子根本沒病，他潛伏府中近兩年，就是為了對付我曹爽！

緊接著，對岸司馬懿派使者給天子送來一封上書，曹爽打開一看，內容是羅列曹爽兄弟的若干條大罪；從罪名來看，都是死罪。曹爽哪裡敢把這封上書給天子看？連忙藏匿起來。

曹爽和自己的三個弟弟商量對策，討論了半天也沒有主意。小皇帝曹芳還在問車駕怎麼不走了，曹爽只好稟報：司馬懿造反了。曹芳被嚇到了，怯怯地問：不會吧？會不會是奸人讒言？把曹爽氣得差點吐血。

曹爽四兄弟討論了半天，決定先發動洛陽附近的屯田兵保駕，又派兵砍伐附近的樹木製作成鹿角，在伊水南面暫且駐紮下來，觀察司馬懿進一步的動向。營地剛建立好，桓範遠遠地騎馬來了。

曹爽一見桓範，彷彿吃了一顆定心丸。他把桓範接進營中，問：桓老，方今之計，如何是好？

桓範喘息未定，急著說：你們看，當今的局勢，洛陽城已經被司馬懿控制了。我們在洛陽與司馬懿鬥，無疑是以卵擊石。

曹爽點頭，心生絕望。

桓範又說：但是，如果把眼光從洛陽挪開，來看整個天下，那就未必了。如今司馬懿控制的只有一個洛陽而已，其他地方都是天子的勢力，而天子則在我們手中……

曹爽眼睛一亮：那桓老的意思是？

桓範環顧了一下曹爽四兄弟，見他們都眼巴巴地望著自己。桓範頓了頓，壓低聲音說：「為今之計，我們唯有帶著天子前往許昌，然後向天下發詔書勤王，等四方援兵聚集，那就可以解決困守洛陽孤城的司馬懿了。」（以天子詣許昌，征四方以自輔）

桓範說完，很是得意，抬起頭來欣賞曹爽兄弟崇拜得五體投地的表情。

然而，他抬起頭來並沒有看到佩服的表情，只看到曹爽滿面狐疑，曹羲低頭無語，其他兩人更是面面相覷。桓範的心頓時拔涼拔涼的。他已經知道自己押寶押錯人了。

但是桓範更知道，此事可是關係到自己闔家老小性命的事情，不可不力爭。他覺得曹爽兄弟中只有曹羲腦子最清楚，便心急火燎地喝問曹羲：「局勢已經很清楚了，還猶豫什麼？你平時讀的書都讀到哪裡去了？就在今天，你們曹家的門戶要倒閉了！」（事昭然，卿用讀書何為邪！於

今日卿等門戶倒矣）

曹羲愣愣的，不說話。儘管曹羲是曹氏兄弟中頭腦最清楚的一個，但這麼大的事情，已經超出了這個青年的思考範圍。曹羲把目光移向曹爽，發現曹爽也正在看他。

我沒說清楚？

桓範看看這幾個兄弟，穩了穩情緒，換了比較平和的語氣接著爭取曹羲：「你在城南還別有一營人馬，洛陽的典農中郎將也在附近，召喚軍隊很容易。許昌也有武庫，兵器容易得；你擔心的可能是糧食問題，但我已經把大司農印章帶出來了，調遣天下糧草是很容易的事情。怎麼樣？」

桓範用期待的目光看曹羲，他清楚，這兄弟四個都是沒有主見的人。只要爭取過來一個人，另外三個也就很容易搞定了。

但偏偏這兄弟四個誰都不願意表明態度。畢竟這事情太大了，是他們從小長這麼大所從來沒有遇到過的。他們不像桓範一樣見多識廣，天下如棋局。他們現在無比地希望，能有人替自己拍板。

桓範現在終於明白了，不怕遇到神一樣的對手，就怕遇到豬一樣的隊友。我已經把話講得這麼清楚，而出的主意也萬無一失，你們居然還在猶豫不決，究竟在想什麼啊？

桓範抓狂。但其實曹爽所想的，司馬懿已經料到了。這匹劣等馬，不過是在想他食槽裡的食料罷了。我如果聽桓範的話，家裡的妻兒老小會不會被殺？我辛苦積聚的財寶，會被全部抄走吧？何晏、鄧颺、丁謐他們不知道會不會有事？我畢竟在洛陽城是個大將軍，一旦跑去許昌，豈非喪家之犬？跑到許昌以後，那種流離顛沛的生活，我能夠挺過去嗎？

曹爽繼續躊躇。這時候，司馬懿適時地向他伸出了友好的橄欖枝。

One night in 高平陵

司馬懿明白，洛陽城已經徹底搞定，接下來的事情只有一件：打一場與桓範爭取曹爽的拉鋸戰。

曹爽肯定不會一下子就聽從桓範的話，但是難保他不被桓範花言巧語所蠱惑。要把他拉回洛陽城，辦法只有一個：讓這匹劣等馬看到食槽裡有足夠的食料。如果我司馬懿把事情做得太絕，曹爽看不到一絲希望，自然就破罐子破摔，跟著桓範去了；但如果我讓他看到足夠的希望，那就好辦了。

天羅地網，不如網開一面。

司馬懿不禁有點後悔，當初不應該派人給天子送去那封揭露曹爽罪行的上書。這封上書天子是肯定看不到的，只會讓曹爽兄弟看到而加深他們的恐慌。是時候安撫他們一下了。

大棒加蘿蔔，才是最有效的。

時間已經是傍晚，司馬懿叫來弟弟司馬孚，說：「天氣寒冷，不能讓天子露宿野外。你替我去送些帳篷等禦寒用具和食物給天子吧。」司馬孚領命而去。

司馬懿又找來許允、陳泰二人，說：你們二人去勸勸曹爽，讓他回來吧。我保證不會拿他怎麼樣。

許允、陳泰走後，司馬懿想了想，問蔣濟：知不知道曹爽平時比較信任誰？

蔣濟說：殿中校尉尹大目。

司馬懿傳來尹大目，說：你替我給曹爽帶個話，我們已經查清楚他的罪狀了，最多不過是免官而已。我司馬懿可以指著洛水發誓，倘若有違誓言，必遭惡報！

蔣濟跟曹爽的老爹曹真關係不錯，並不願意看到曹真絕後。他聽到司馬懿的許諾，覺得曹爽沒有必要一錯再錯、負隅頑抗了，便也叫住尹大目，寫了一封手書讓他帶給曹爽。

誰也料不到，正是這封信，要了兩個人的命：一是曹爽，二是蔣濟。

冬天的夜來得早，暮色漸濃。天子曹芳凍得牙齒格格打戰，身邊的侍者給他添加衣物。曹爽兄弟根本顧不上寒冷，仍然在爭論不休。桓範遍引古往今來的典故向曹爽論證如果回洛陽城根本就是死路一條，可惜曹爽連一個字都聽不進去，急得桓範直跳腳。

這時候，司馬孚帶了一批人過來送溫暖了。曹爽像一隻受傷的野獸，警惕地派士兵前往攔截，進行檢查，確定他們沒帶武器，才放進來。司馬孚帶來了太傅司馬懿對天子和廣大官兵的問候，並且給大家分發帳篷和食物。

司馬孚走後，許允、陳泰接著來了。他們勸曹爽回洛陽，司馬太傅已經拍胸脯保證不會把你們兄弟怎麼樣。

曹爽狐疑，桓範跳腳。

接著，尹大目也跑來了，他對曹爽說：太傅說了，你們兄弟的罪狀已經查清楚了，只不過處以免除職務的行政處分而已，爵位和財產保持原狀不動。太傅還指著洛水發誓，絕不動你們兄弟一根毫毛。

曹爽兩眼放光，問：太傅發誓，可是你親眼所見？

尹大目指天發誓：絕對是在下親眼目睹。哦對了，蔣太尉還託我給你一封書信。

曹爽連忙拿過書信拆開一看，上面寫著：太傅已經發誓，你兄弟數人唯免職而已；我亦願以名譽保你兄弟平安無事。我向與你先父交好，願你及早回頭，免得失足成恨。切記切記。

曹爽一向信賴尹大目，而蔣濟又是朝中的忠厚長者，曹爽的內心的天平漸漸傾斜了。

桓範見此情景，跑過來死死抓住曹爽的手，哀求道：大將軍，萬萬不可聽信司馬懿的假話啊！

許允、陳泰、尹大目則在另一邊力勸曹爽回頭是岸。曹爽被他們吵得頭都要炸了，推開眾人大喊：讓我一個人好好想一想！

曹爽說完，轉身跑進了自己的營帳，不允許任何人進來。

桓範已經沒有辦法。他自恨枉稱「智囊」，卻無法改變曹爽的心意。他知道，曹爽出營之後說的第一句話將決定他桓家老小的性命。

曹羲、曹訓、曹彥等待著大哥，他們把自己的選擇權全部讓渡給了大哥。

曹芳已經回營休息去了。他完全不知道，他的未來生涯和曹魏帝國的國運，將取決於曹爽在營帳中的思考。

司馬懿望著滿天星斗，緊了緊皮裘。從凌晨到現在完全沒合眼，但他絲毫不睏。他知道，我父子三人包括司馬家滿門老小的性命，都牽繫在對岸那位大將軍的手上。

洛陽城裡，何晏、丁謐、鄧颺，都默默地祈求曹爽能夠有個英明的決策，以扶大廈之將傾、挽狂瀾於既倒。

這一夜，無數人的性命，甚至中國的國運，都要由曹爽來決定。

而曹爽卻以為，他的命運，早已經掌握在司馬懿的手中。

這一夜，對於曹爽來講無疑是他人生最長的一夜。他在先帝陵墓前的營帳裡，想了很多很多。

這一夜，對於司馬懿、桓範、何晏乃至整個洛陽城來講，都是最長的一夜。

夜涼如水，今夜無人入睡。

五更時分，曹爽的營帳撩開了。麻木的眾人立馬像復活了一般，把頭別向曹爽，一起看著他。

曹爽手裡提著一把刀，面無表情走了出來。他走到帳外，站住了。他環顧了一眼四周期待的眼神，把刀扔在了地上。

靜謐的凌晨，寶刀錚然落地。

桓範閉上了眼睛。他已經知道曹爽的決定。大勢去矣！

曹爽開口：「我揣度太傅的意思，不過是要我兄弟向他屈從罷了。我這就請示陛下，免去我兄弟官職。再不濟，我也能保住侯爵，回家做個富家翁。」（我不失作富家翁）

桓範心中絕望，撕心裂肺地哭罵道：「曹真多好的一個人啊，生你們這幾個兄弟，都是牛犢子！老子今天全家都要死在你們兄弟手上了！」（曹子丹佳人，生汝兄弟，犢耳！何圖今日坐汝等族滅矣）

司馬魯芝和主簿楊綜也含淚苦苦勸諫，作最後的努力：「您身居首輔，挾天子以號令天下，誰敢不從？您放棄這一切而往菜市口去，豈不令人痛心！」

然而，沒有人再理會這三個危言聳聽的人。曹爽一行默默地向洛水行進。司馬懿在洛水浮橋上望著曹爽垂頭喪氣向自己走來，心中終於舒了一口氣。直到此刻，緊繃的神經徹底鬆弛下來，司馬懿才感到深深的後怕：如果你聽從了桓範的計謀，那可能現在失敗的就是我了啊。

七十一歲，能夠活到這個年紀的人，在三國時代少之又少；即便有，也早已經是風燭殘年、油盡燈枯。

七十一歲，對於現代人來講已經不是什麼高齡，但是大多數七十一歲的老人也不過是打打麻將、曬曬太陽而已。

而司馬懿在七十一歲時，以超乎常人的堅忍鬥志和傲視群倫的無敵智謀，度過了人生最凶險的一關，擊敗年富力強的政敵曹爽，再次向世人證明了自己的強大。
七十一歲，老人創造了奇蹟。

第七章

亢龍有悔

有些事情，只能留給子孫做

司馬懿能夠立身朝廷數十年而不敗、爬到今天這個位置，靠的乃是十足的忍耐力與小心謹慎。他飽讀歷代史籍，絕對清楚什麼事情該做、什麼事情不該做；什麼事情應該自己做、什麼事情只能留給子孫做；什麼事情可以替子孫鋪路開道、什麼事情最好連路都不要鋪。改朝換代當皇帝，當然是天大的誘惑；可是我司馬懿七十一歲的老骨頭了，說不準哪天就一命嗚呼，現在如果老夫聊發少年狂、過把癮再死，我是過癮了，可是要給子孫遺禍啊！

1 以毒攻毒，讓對手退無可退

以毒攻毒

曹爽兄弟回到洛水北岸，老老實實束手就縛。至此，政變已經沒有任何懸念。桓範見到司馬懿，心存僥倖，下車跪在司馬懿面前，一句話都不說，只顧砰砰叩頭（下車叩頭而無言）。

司馬懿笑笑：「桓大夫何必如此？」（桓大夫何為爾邪）

桓範回到城中，車駕入宮，有詔書命令桓範官居原職。桓範摸不著頭腦。但他現在已經方寸大亂，竟然信以為真，便來到宮闕之下向司馬懿謝恩。這時候，鴻臚寺的人來報告司馬懿：平昌門守將司蕃自首，稱桓範矯詔出城，大喊「太傅造反」。

司馬懿大怒，問法官：「誣告別人造反，依法應判何罪？」

法官回答：「按照法律，誣告者反受其罪。」

司馬懿喝令武士：那還不給我拿下？

貓逮住了耗子，並不急於弄死，而是要欣賞耗子驚恐的表情。桓範這才明白，司馬懿是在調戲自己。

兩邊武士立即如狼似虎，將桓範提溜起來捆作一團，押解下獄。桓範此時最後的僥倖心破滅，面對死亡反而從容起來。他對捆綁押解他的武士說：「輕一點，我也是個義士啊。」（徐之，我亦義士耳）

一百多年後，桓範的後裔桓溫將司馬懿的後裔——當時東晉的皇帝玩弄於股掌之中，也算為祖先報仇雪恥。這是後話了。

曹爽兄弟被罷免官職，只能保有侯爵。他回到家，家門立即被人從外面關閉。他爬上門樓，發現自己家已經被八百多個民兵團團圍困住了，而且曹府四角還有人在築起高高的瞭望塔。

曹爽這才發現，自己已經被軟禁了。

曹爽在家窮極無聊，拿著彈弓到後花園裡打鳥解悶。他一隻腳剛邁進後花園，便聽到頭頂上炸雷似的一聲喊：「前任大將軍在往東南邊走！」曹爽大吃一驚，抬頭看去，原來府外瞭望塔裡時刻有人在盯著自己的一舉一動。曹爽哪裡還有打鳥的興致，只好回到家中。

曹爽家的存糧用完，斷炊。曹爽和兄弟們商量，琢磨不透司馬懿到底是個什麼意思。商量來商量去沒個結果，曹爽索性決定問問司馬懿。他寫了一封信，委託門口監視居住的守衛帶給司馬懿。

司馬懿拿到曹爽的信，打開一看，上面寫道：「賤子曹爽哀惶恐怖，招惹禍端，應受滅族之刑；之前派家人出去領取口糧，至今沒有回來，數日斷炊。希望恩賜糧食！」

司馬懿一看：這也太狠了，哪能不給他糧食呢？於是吩咐屬下給曹府送去米一百斛，肉脯、鹽豉、大豆若干。

曹爽一看，司馬懿送來這麼多吃的，那估計是不打算弄死我了，很高興。

其實，司馬懿何嘗不想弄死你？但是司馬懿不是曹操，脾氣發作就亂殺人；他要走法律程序，以免給後世留下罵名。

司馬懿把因為曹爽集團排擠迫害而丟官的盧毓請出來，讓他擔任司隸校尉，請他成立專案組，調查曹爽集團謀反案件。盧毓明白，就曹爽那些貪污腐敗、強占宮女的事情不足以取他性命。他順藤摸瓜找到太監張當，嚴刑拷打之下，張當供出曹爽、畢軌、鄧颺、何晏、丁謐、李勝等人相約今年三月份起事篡位的「事實」。盧毓把結果告訴司馬懿，司馬懿命令將曹爽等其他人都抓起來入獄，留下何晏，另有用處。

何晏也已經被軟禁在家裡了。他雖然早就預感到會有這麼一天，但當這一天真正到來的時候還是無比的恐懼。他恐懼死亡，他不想帶著滿腹的經綸就此死去，他想讓他的哲學造福世界，惠澤後代。

曹爽、鄧颺、丁謐等人都已經被抓起來了，何晏以為下一個就是自己。沒想到，司馬懿只不過是請何晏到太傅府喝茶。

司馬懿笑眯眯地對何晏說：我們已經查出曹爽一夥的謀反事件了，但證據還不充足，又怕有漏網之魚。你跟他們比較熟，所以我希望你能夠加入盧毓的專案組，協助調查曹爽。

何晏一聽，心中惴惴：難道太傅以為我和他們沒有瓜葛？何晏在這關節，哪裡還能想得清楚？只好心存僥倖，一口應承下來。他決心以出賣曹爽為代價，保住性命，保住自己的哲學。留得青山在，不愁沒柴燒；只要我的哲學能夠造福世間，管他曹家還是司馬家執政？

何晏調查曹爽案，格外賣力。司馬昭納悶，問父親：何晏明明是和曹爽一夥的，父親為什麼偏偏放過他，還讓他協助調查？

司馬懿一笑：除了他，還有誰對曹爽的底細瞭解得更清楚？這叫以毒攻毒。

何晏查處結束，將厚厚一疊翔實的證據交到司馬懿手裡。司馬懿一張一張慢慢翻開，邊看邊滿意地頻頻點頭。何晏在一邊心中暗喜：看來我這算將功贖罪了。

司馬懿看完，問何晏：沒了？

何晏回稟：沒了，就這些。這些證據足夠置他們於死地了。

司馬懿搖搖頭：不對，根據我們掌握的情報，一共有八族人參與謀反。

何晏掰著指頭數：曹、鄧、丁、李、畢、桓、張……只有七族啊！沒錯，就這些！

司馬懿繼續堅定地搖頭：不對，還有。

何晏又窘又急，脫口而出：你是說還有我嗎？

司馬懿這才面露笑容，點點頭。左右武士把何晏拿下。

司馬懿派人把案卷整理完畢，便要在朝廷上公開曹爽的罪狀，然後再由三公九卿等高官組成的合議庭審議通過，便可以把曹爽集團夷三族了。當然啦，其實剩下的「廷議」都只不過是走走過場罷了。曹爽在司馬懿的眼裡，早就已經是死人一個了。

但是，司馬懿萬萬沒有料到，廷議還真不是走過場。居然真有一位超重量級的高官、司馬懿本人的死黨，挺身而出為曹爽求情說話。

曹爽集團謀反案處理紀實

站出來說話的人，是太尉蔣濟。

蔣濟之前相信了司馬懿絕不傷害曹爽兄弟的保證，才託尹大目給曹爽送信，勸他迷途知返、回頭是岸。曹爽願意乖乖地回來，蔣濟這封信毫無疑問在很大程度上影響了他的判斷。現在，司馬懿要食言。他不單要殺曹爽，還要把曹爽滅門。

蔣濟深深地感到了內疚。我不殺曹爽，曹爽卻因我而死！蔣濟對不起曹爽，更對不起曹真的在天之靈。

蔣濟想為曹爽說話，但他知道，自己肯定無法完全扭轉司馬懿的心意。他所能做的，頂多只有為曹真家族保留一支香火。所以，在廷議的時候，蔣濟站出來說：「曹真之功勳，不可絕嗣。

希望能夠給曹爽留一點骨肉，以繼承曹真一脈的香火。」

留香火幹什麼？等孩子長大以後上演趙氏孤兒嗎？司馬懿斷然拒絕。

經過廷議的討論，司馬懿向朝野公布了對曹爽謀反集團的定罪書：

「春秋之義：『臣下對君主、子弟對父兄，不可以有篡奪謀反的企圖，有企圖就必須伏法。』曹爽作為皇室的支屬，世蒙國恩，受先帝握手託孤、口授遺詔，居然包藏禍心，蔑棄顧命，跟何晏、鄧颺、張當等人圖謀篡位，桓範也是其黨罪人，都應論『大逆不道』之罪，按律誅滅三族！」

司馬懿對曹爽務求斬草除根，但是對於幾個小人物卻表現出了寬大的胸懷。斬關出奔高平陵的司馬魯芝、勸諫曹爽不可回洛陽的主簿楊綜，司馬懿一律寬恕。他說：「這都是各為其主啊，應該褒獎他們以勸勉部下為主子盡忠。」於是為魯芝和楊綜升官。

另有一位義女夏侯令女的事蹟，值得一提。

曹爽的堂弟曹文叔，娶了夏侯文寧的女兒夏侯令女為妻。兩人沒過上幾天好日子，曹文叔就死了。夏侯令女估計家裡面要把自己重新嫁人，便事先斷髮為信，表示絕不再嫁。

過了一段時間，娘家人估計夏侯令女差不多該平靜下來了，就打算把她再嫁出去。夏侯令女得知此事，抽刀削下自己兩隻耳朵以表決心。娘家人沒有辦法，不好再勉強。

夏侯令女從此寄居在曹爽府中。曹爽出事之後，夏侯家的族人上書政府，表示與曹家斷絕一切婚姻關係，強行派人把夏侯令女接回來。夏侯令女的父親知道女兒性情剛烈，怕她尋短見，就找人探她口風。探口風的人回來報告：「夏侯令女說：『事到如今我也唯有聽從你們的安排了。』」夏侯文寧這才稍稍放心，家裡人也放鬆了警惕。

有一天，夏侯令女的母親去臥房找女兒，叫她不應，開門進去一看，女兒正蒙頭躺在床上。母親過去一看，發現被子上洇出斑斑血跡。母親大驚，連忙喊人來，再打開被子一看，夏侯令女已經用刀把鼻子割去，血流如注。

聞風趕來的家人大為驚駭，莫不為之心酸。母親哭著說：「人生在世，好像輕塵棲弱草，何必做人如此認真？況且你大家要滿門抄斬了，你這是守的哪門子節呀？」

夏侯令女毅然回答：「仁者不因盛衰而改節，義者不因存亡而變心。曹家之前風光的時候，我尚且要守節不移，何況如今曹家衰亡，我怎忍心棄之？禽獸之行，我豈能為之？」

司馬懿聽說了此事，大為感動。他特許夏侯令女領養孩子以繼承曹家的香火。

就在嘉平元年（二四九）的正月裡，囚車押送著曹爽謀反集團的骨幹成員及其三族家屬數百人，緩緩開往洛陽的北郊。押送隊伍全副武裝，一路警戒。沿途觀者如潮，大家都在指指點點：看，這就是曹爽啊，他父親是好漢，這小子卻是敗家子！

這幾個就是臺中三狗，看他們今後還怎麼咬人？

快看，那個就是拿官位換臧霸愛妾的鄧颺，「以官易妾鄧玄茂」說的就是他！

甚至有些兒童就開始拍著手，有節奏地唱起歌謠來：「何鄧丁，亂京城！何鄧丁，亂京城！……」

曹爽集團，曾經代表了曹魏帝國年輕一代的光榮與夢想，厲行新政、朝氣蓬勃，如今卻落得千載罵名！

幾家歡喜幾家愁，政治鬥爭中從來就是成王敗寇。

曹爽早就已經形容枯槁，心同死灰。彷彿這個世界早就已經不屬於他，又似乎他根本就不屬於這個世界。曹爽想起年少時父親的諄諄教誨，想起與曹叡在東宮無憂無慮的玩耍，想起與司馬懿一起接受託孤，想起初任大將軍時的意氣風發，想起幾天前他人生中最漫長的那個夜晚……

曹爽現在已經沒有一絲後悔與仇恨，他在腦子裡把自己的一生像電影快進般過了一遍。

這一切，就像一場春夢，了無痕跡啊。

北郊已經到了。

這裡還殘留著一些燒焦的竹筒和滿地的紙錢、香灰。可能是前幾天過年的時候，有人來此爆竹、祭祖吧？

劊子手們把曹爽、何晏、鄧颺、丁謐、李勝、桓範、畢軌、張當一字排開，他們的家屬排在後面。行刑人員過來驗明正身，另外一些監斬官員交頭接耳竊竊私語，不知道在說什麼。

時辰已到，開刀問斬。人頭落地，血流成河。嗚呼！

這群曾經滿懷夢想和激情的年輕人，不滿於沉悶的太平，企圖幹出自己的事業。他們在「正始」這個令人遐想的年代，奮鬥過，折騰過，墮落過。

正始時代已然結束，現在是嘉平元年的正月。

是非成敗轉頭空，青山依舊在，幾度夕陽紅？

行刑結束，劊子手們開始清理現場。朔風野大，紙灰飛揚。遠遠的，似乎有個人在野唱，歌聲飄渺，若隱若現：

苕之華，芸其黃矣。心之憂矣，維其傷矣。

苕之華，其葉青青。知我如此，不如無生。

2 有些事情自己做，有些事情只能留給子孫做

司馬懿之心，路人莫知

一邊是洛陽北郊的人頭滾滾落地，一邊是朝堂之上的表彰大會。

對於這次行動，首功當然是司馬懿。其次如高柔、蔣濟等，也各有封賞。高柔，進封萬歲鄉侯；蔣濟，進封都鄉侯。

蔣濟內心不安，力辭封邑，拒不接受。拒絕的原因很簡單：蔣濟實在過不了自己這一關。蔣濟身為曹魏資深謀士，什麼樣的陰謀詭計沒有用過？什麼樣的下三爛手段沒有見過？人可以無恥，但是不能無恥到這樣的地步。資深謀士蔣濟，這一次被司馬懿深深地傷到了。他的那封奪命信，客觀上起到了助紂為虐的作用。蔣濟越想越氣，憂心成疾，一命嗚呼。蔣濟的奪命信，終於要

了他自己的命。

李宗吾曰：成大事者，必須臉皮厚、心子黑。話雖露骨，豈不信哉？

至於厚黑宗師司馬懿，則似乎已經封無可封。他做過了大將軍，做過了太尉，連傳說中的太傅都做過了，還有什麼天人的官職可以嘉獎這位元老功臣呢？再往上一步，只剩龍椅……

另一方面，司馬懿最大的政敵曹爽之死震懾朝廷。百官背地裡紛紛猜測，太傅此舉可能是改朝換代的前奏吧。

基於這兩個考慮，百官上書奏請封司馬懿為丞相。朝廷准奏。

丞相，是漢末以來最敏感的職位，有著非同尋常的政治意義。我們來觀察一下漢末以來的歷代丞相和相國。

最後一任丞相：曹丕。

倒數第二任丞相：曹操。

倒數第三任丞相（相國）：董卓。

由此可見，朝廷上任命司馬懿為丞相，是抱著一種怎樣的心態。

與丞相職位一起到來的，還有潁川的四縣封邑，以及「奏事不名」的特許榮譽，即上奏摺時可以不必稱自己的名字。

路人皆以為，自己已知司馬懿之心。然而司馬懿卻悵歎：知我者謂我心憂，不知我者謂我何求！

司馬懿做出了一個令朝野驚訝的舉動：固辭丞相一職。

司馬懿完全明白丞相一職在政治上究竟意味著什麼。司馬懿並沒有篡奪之心，當然不會自置嫌疑之地。你們把老夫看成何許人了？

百官納悶，不過很快就釋然了——哦，老太傅要故作姿態，博取高名。沒關係，這個我們在行，配合你就是了。於是繼續力勸司馬懿接受丞相之職。司馬懿繼續推讓，他還上書朝廷表明心跡：

「臣親受先帝顧命，憂深責重。幸賴天威，消滅奸佞。贖罪而已，功不足論。三公之官，聖王制作之大法，當為萬世垂憲；丞相之職，則是秦朝始設，漢代因襲。如今三公之官皆備，而重蹈秦漢的老路復設丞相之職，即便是為別人所設，臣也要諫止，何況為臣而設，更要力爭。否則四方之人將怎麼看待為臣？」

朝廷百官有點兒摸不著頭腦了：難道是我們以小人之心、度君子之腹？要不再試試吧。大家接著勸司馬懿接受丞相之職，司馬懿前後上書十幾道，堅決推辭；朝廷上這才明瞭司馬懿是真心推辭，便不再勉強。

到了年底，朝廷又試圖再做一次努力，給司馬懿加兩項特殊榮譽：一是朝會不拜，二是加九錫。

九錫，原指官爵的九個等級，出自《周禮》。經過王莽的改造，變成了九種人臣所能享受的最高級別的禮器。歷史上享受過「加九錫」待遇的有哪些名人呢？司馬懿之前，有王莽、曹操、孫權。也就是說，「九錫」比「丞相」的政治意味更強烈：擔任過丞相的人要改朝換代，只是曹氏父子這一家的事情；而根據歷史上的成例，加九錫之後無一例外下一個步驟就是稱帝或子弟稱帝。

朝廷的意思很明顯，他們誤以為司馬懿嫌丞相的政治意味不夠濃烈，希望朝廷不要這麼扭扭捏捏，來點兒更明白、更痛快的。

沒想到，司馬懿再次上書固辭。他說：「太祖皇帝（曹操）有大功大德，漢室尊崇之，所以加九錫。這是往年的異常情況，而非常例，不是後代君臣可以輕易效仿的。」

朝廷百官再一次大跌眼鏡。他們開始反思：我們是不是看錯人了？難道司馬太傅真的是周公而不是王莽？

他們實在不敢相信，在世風日下、人心澆漓的末世，居然還有像周公一樣的大聖人存在，身居百官之首，手握天下重權，而能赤膽忠心、扶保少主。那之前誅殺曹爽集團時的心狠手辣又怎麼解釋呢？

大家百思不得其解。

司馬懿的心思，豈是區區路人甲所能猜透的？

司馬懿能夠立身朝廷數十年而不敗、爬到今天這個位置，靠的乃是十足的忍耐力與小心謹慎。他飽讀歷代史籍，絕對清楚什麼事情該做、什麼事情不該做；什麼事情應該自己做、什麼事情只能留給子孫做；什麼事情可以替子孫鋪路開道、什麼事情最好連路都不要鋪。

改朝換代當皇帝，當然是天大的誘惑；可是我司馬懿七十一歲的老骨頭了，說不準哪天就一命嗚呼，現在如果老夫聊發少年狂、過把癮再死，我是過癮了，可是要給子孫遺禍啊！

歷史上的事情，靡不有初，鮮克有終。善始善終，難之又難。兒孫自有兒孫福，我何必越俎代庖瞎操這份閒心？倘若兒孫有能耐，可以改朝換代，那他們大可以做去，而我司馬懿仍能保住大魏元勳、曹氏純臣的名節。倘若兒孫無能，我現在篡了曹氏天下，則身死之後必將族滅，為天下笑。

何苦來？

其實司馬懿和當年曹操在〈讓縣自明本志令〉中的獨白一樣，人在江湖身不由己，一旦踏入政界就必須不斷往上攀登，不斷鞏固自己的勢力，不斷應對敵人的明槍暗箭。哪裡是希望做皇帝呢？不過是自保而已。

所以，解決曹爽集團之後，司馬懿還得馬不停蹄地對曹家的忠實盟友——夏侯氏下手。

夏侯霸歷險記

夏侯玄是當初曹爽集團的骨幹分子之一，但是自從曹爽為了伐蜀而調他去當征西將軍、假節、都督雍涼諸軍事之後，他與曹爽集團一直走得比較遠。高平陵政變的時候，夏侯玄一無所知。司馬懿處理曹爽集團，務求斬草除根，但的確沒有任何證據能夠指向遠在長安的夏侯玄。然而，夏侯玄現在是西北防區最高統帥，手握重兵，畢竟是一個巨大的威脅。所以，司馬懿借了朝廷的旨意，調夏侯玄回中央擔任大鴻臚的職位。

大鴻臚是九卿之一，相當於今天的外交部長——當時的外交部可沒有今天這麼吃香，不過是打理打理諸侯與少數民族的事務。也就是說，司馬懿想借這個職位繳夏侯玄的槍。

夏侯玄能有什麼辦法？他是曹爽的表弟，又是曹爽集團的羽翼。曹爽死後夏侯玄一直惴惴不安，生怕司馬懿下一個就要拿自己開刀。從現在看來，司馬懿並沒有要大動干戈的意思，而只是想做筆交易——要麼放棄你的兵權，要麼放棄你的性命。

夏侯玄當然不會以卵擊石，他明智地選擇了保命。夏侯玄乖乖地交出了兵權，回到洛陽擔任大鴻臚，從此跟說各種奇怪語言的民族打交道。司馬懿對夏侯玄的表現感到滿意，便沒有繼續迫害之心。他把西北防區最高統帥的職位，交給了鐵杆心腹郭淮。

曹爽在軍界有兩大殘餘勢力，一個在明，一個在暗；一個在西北，一個在東南。西北的這個明勢力，終於被徹底拔除改姓司馬，東南的那個暗勢力也已經蠢蠢欲動，下文再表。

夏侯玄暫且平安，另一位姓夏侯的人卻有了恐懼感。他就是夏侯玄的叔叔、曹魏名將夏侯淵的兒子、現任征蜀護軍的夏侯霸。

夏侯玄應徵回洛陽，夏侯霸從司馬懿一貫心狠手辣的作風作出了事後被證明是錯誤的判斷：夏侯玄此去凶多吉少。我是你夏侯玄的叔叔，你又是曹爽的表弟，那我夏侯霸自然也會被司馬懿看成曹爽一夥的。夏侯霸通過這個簡單的邏輯推理斷定自己要大禍臨頭。他在想要不要有所行動。

另一個人物，為夏侯霸心中搖擺不定的天平加上了一個決定性的砝碼——夏侯霸現在的頂頭上司、新任西北防區最高軍事統帥郭淮。

夏侯霸與郭淮的關係一向不佳，以前有夏侯玄壓著，郭淮只好讓夏侯霸三分；如今曹爽倒臺、夏侯玄前途未卜，郭淮豈會放過自己？夏侯霸內心更加惶恐不安。他終於下定決心，採取行動避禍。

有什麼辦法能夠避禍呢？軍事叛變肯定不行，自己無拳無勇，死路一條。逃吧，普天之下、莫非王土，有井水的地方就有司馬懿的勢力。夏侯霸想了想，有了主意：往境外逃竄。

所謂境外，有三個選擇：少數民族控制區、蜀漢、東吳。東吳太遠，首先否決；少數民族控制區太弱，不足以提供外交庇護，也否決；蜀漢麼……

夏侯霸一想到蜀漢，他就兩眼冒火。自己的父親夏侯淵，當年就是在與蜀漢作戰時，在定軍山下被黃忠砍下了頭顱。殺父之仇，不共戴天呀！

夏侯霸在內心反復掙扎。父仇乃是家仇，而司馬懿迫害曹氏、夏侯氏，乃是國恨。家仇孰與國恨？夏侯霸決心權且放下父仇，投奔蜀漢。

夏侯霸想清楚後，單人匹馬，帶上盤纏，一路向南跑來。他的計劃是，從陰平郡進入蜀漢。

夏侯霸一路狂奔，來到魏國的邊境線。他對這一帶瞭如指掌，閉著眼睛都能知道哪裡有巡邏部隊，哪裡是邊檢的盲點。

夏侯霸躲開邊檢，悄悄進入蜀漢境內。進了蜀漢，夏侯霸可就基本等於瞎子一個了。蜀漢地形極其複雜，盤山錯節。夏侯霸騎馬很難在這山路上行走。他只好下馬徒步，牽著馬走。

天黑了，寒風凜冽。夏侯霸找了個避風的小山坳，躲起來偎依著馬取暖。他微微打盹，但又不敢睡著。蜀道之上，在當時乃是猛獸和強人出沒的所在。夏侯霸生怕在睡夢中身首異處，或者成了猛獸的腹中食。

天剛矇矇亮，夏侯霸繼續起程。他餓了就啃乾糧，渴了喝山泉水，用自己的雙腳一步一步地爬過一座又一座山嶺。夏侯霸沒有料到，蜀漢的邊境居然會荒涼到這個地步，連一戶人家都看不到，更不用說店肆、旅舍了。他帶出來的金銀珠寶，全成了廢銅爛鐵；而他帶出來的貴如黃金的乾糧，則已經所剩無幾了。

乾糧吃完了，夏侯霸餓著肚子行走了半天，實在扛不住了。他看著愛馬，摸了摸牠長長的鬃毛和消瘦的身軀，狠下心來，殺死這匹心愛的戰馬。他連筋帶血地生吃了一頓馬肉，把剩下的肉包裹起來，帶著上路。

夏侯霸過上了一種最原始的生活。目之所及，無非窮山惡水；耳之所聞，儘是空山鳥語。遠離了人類文明，一個晝夜居然可以變得如許漫長。

孤獨的旅人，形單影隻，唯有同樣無家可歸的白雲可以作伴。夏侯霸似乎觸及了生命的本真。十九世紀的德國詩人赫爾曼・赫塞（Hermann Hesse, 1877-1962）有詩為證：

瞧，她們又在
蔚藍的天空裡飄蕩
彷彿是被遺忘了的
美妙的歌調一樣。
只有在風塵之中跋涉過長途的旅程
懂得漂泊者的甘苦的人
才能瞭解她們。

在這極目荒涼的原始世界又走了幾日，被世界遺忘了的夏侯霸，戰靴早已經磨破。腳底磨出的血泡，破了又長，長了又破。走到這天，雙腳像廢了一樣，實在難以繼續前進。夏侯霸躺在一塊凸出的岩石下面，仰天長歎：難道我夏侯霸就要死在這裡嗎？

這時候，遠遠聽到一個聲音，唱著蜀地的山歌，由遠及近。夏侯霸大為振奮，大喊大叫。歌聲戛然而止。沒多久，遠處走來一個山民，畏畏縮縮地朝夏侯霸張望。夏侯霸顧不得腳傷，爬起來衝山民喊：快！快帶我去見你們縣官！

山民很惶恐，他打量著夏侯霸，擺出隨時準備逃跑的架勢。夏侯霸掏出盤纏：你能找縣官來接我，這些錢都是你的！

在洪荒世界裡如同廢銅爛鐵一般的金銀珠寶，回到文明世界立馬發揮出功效來了。

山民將信將疑，警惕地挪過來，一把奪過夏侯霸的錢，轉身就要跑。夏侯霸急了，衝他大喊：叫你們縣官來！大大有賞！

山民回過頭來，猛點頭，然後步履如飛，翻山越嶺而去。

夏侯霸除了在這裡等，別無他法。

蜀漢方面，也已經得到了敵方高級將領夏侯霸叛逃出境、進入蜀漢的消息，正派人大規模搜尋。忽然某縣縣官上報：有山民報到衙門，在該縣某處山嶺發現夏侯霸。成都方面趕緊著令該縣迅速搜尋，同時派出人來迎接夏侯霸。

夏侯霸被接出山嶺，重見天日、再世為人。

他被熱烈迎接到成都，蜀漢皇帝劉禪親自接見了夏侯霸。劉禪抱歉地對夏侯霸說：「令尊當年在亂兵中不幸遇害，並非先父親手所殺，所以希望你能放下仇恨，不計前嫌。」接著他又指著自己的兒子，對夏侯霸說：「這是你們夏侯氏的外甥啊。」

原來，劉禪的皇后是張飛的女兒，而張飛的太太是夏侯霸的堂妹。當年夏侯霸的堂妹獨自出來打柴，被張飛搶到，帶回去結為夫妻。所以劉禪以這一層親戚關係來安撫遠道而來的夏侯霸。

總之，夏侯霸從此就在蜀漢紮下根來。不管如何，曹魏的西北總算成了司馬懿的勢力範圍，但是曹魏的東南卻有一場試圖發動政變、推翻司馬懿的驚天陰謀，正在悄然醞釀。

3 這樣當罪人：我寧負卿，不負國家

東南王的驚天陰謀

蔣濟還活著的時候，有一次與司馬懿閒聊本朝人物，聊到王凌。司馬懿想聽聽蔣濟的看法，便問：「王凌這個人，怎麼樣？」蔣濟隨口回答：「王凌文武俱贍，當今無雙。他的兒子王廣志向高遠，王飛梟、王金虎才武過人，更在父親之上。」司馬懿聽完，習慣性地眯起眼來，認真地點了點頭。

蔣濟看到司馬懿這個表情，悚然動容。他回到家，越想越不對，對家人懊悔地說：「我今天這一句話，要把一家人滅門了。」

王凌，是當年漢朝廷的第一智者司徒王允的姪子，今年快八十歲了。他經歷了無數的劫難，看慣了刀光劍影，聽膩了鼓角錚鳴。他早就擁有了曹魏東南戰區最高統帥的權力，當年芍陂之戰指揮得當，苦戰擊退數倍於己的吳軍，從而被曹爽刻意拉攏，提拔為車騎將軍、儀同三司，進封南鄉侯。

王淩雖然是車騎將軍，但仍然坐鎮東南，他的外甥令狐愚也做到了兗州刺史。舅甥二人都在東南官居高位、隻手遮天，儼然是個東南王。

王淩受曹爽的恩惠而得以一躍成為車騎將軍、儀同三司，成為曹魏帝國數得上號的人物，而令狐愚出任兗州刺史之前也是曹爽的長史，因此二人都暗中把曹爽當做朝廷中的靠山。

但是，沒過多久，王淩聽說司馬懿在洛陽發動政變，曹爽與天子困在高平陵。王淩也躊躇過，要不要揮軍北上、以武力支援曹爽。他甚至想過，如果曹爽挾天子來揚州，自己一定鼎力支持。但是，司馬懿的動作實在太快，曹爽也實在夠沒腦，一天工夫，政變就結束了。

王淩沒辦法，只好繼續蟄伏。

王淩和他叔父王允，共享著太原王氏共同的基因。他不安於現狀，他不想止步於車騎將軍的位置上混吃等死。儘管車騎將軍已經是太尉、大將軍之下軍界的三號人物，但王淩仍然不滿足，他隱隱覺得，這輩子不能就這麼算了。

蔣濟死後不久，司馬懿把空缺出來的太尉的帽子給王淩送來，以事拉攏。王淩志向高遠，豈是一頂太尉的帽子可以拉攏的？

而且，王淩極其討厭這種感覺。我王淩明明和你司馬懿年紀彷彿，卻要你來恩賜我官職，憑什麼？

當年我叔父王允，憑藉隱忍與謀略，一舉剷除朝廷第一權奸董卓；今日我王凌也應當有此抱負，剷除你這個當代董卓！

王凌非常懂政治。如果王凌孤身起來反抗司馬懿，那是叛變；如果王凌能夠挾天子以反抗司馬懿，那是鋤奸。但是，天子在司馬懿手中，怎麼辦？

辦法並不是沒有——另立中央。

王凌找來外甥令狐愚商量。令狐愚也是個頗有才幹和野心的人，為王凌所看重。王凌說：「齊王曹芳，既年幼又無能，完全是司馬懿的掌中傀儡。楚王曹彪，年長而有才，可以立為帝，你看何如？」令狐愚同意舅舅的意見，兩人決定尋找機會發動兵變，在許昌擁戴曹彪、另立中央。

計議已定，令狐愚派部將張式到楚王的封地來探曹彪的口風。

曹彪，就是一代才子曹植的名篇〈贈白馬王彪〉的被贈對象「白馬王彪」。如今，他的爵位是楚王。曹彪是曹操的兒子，他與曹植一樣，對於曹丕苛待宗室的政策很不滿意，深感鬱鬱不得志。他時時吟哦曹植的贈詩：

變故在斯須，百年誰能持？離別永無會，執手將何時？

王其愛玉體，俱享黃髮期。收淚即長路，援筆從此辭。

曹彪越是吟詠此詩，越是對曹植那悲憤抑鬱之情產生共鳴，難以自遣。難道我曹彪空負一身才華，就要在這區區封地了此殘生嗎？

這時候，令狐愚的部將張式秘密地找上門來了。張式代表令狐愚問候曹彪：「我家主公派我來向王爺問候，天下事尚不可知，請王爺自愛。」曹彪明白了令狐愚的意思，也簡略地回答道：「替我回謝令狐大人，我深感厚意。」

此後，令狐愚與曹彪通過張式時時來往，互通消息。而王凌也派心腹前往洛陽，把這件秘事告知在京為官的兒子王廣。王廣在京城親眼目睹司馬懿的手段，料知父親不是司馬懿的對手，便回信勸說：「廢立皇帝，乃是大事；勸父親勿為禍始！」

王凌哪裡還聽得進去。他自負在東南隻手遮天，而且自忖才能不在司馬懿之下。如果以揚州和兗州同時舉事，以令狐愚為左膀右臂，自己的兒子王飛梟、王金虎勇武有力，足當大任。就算按照最壞的打算，事有不成，也可以就近歸附東吳。

王凌打好了如意算盤，卻發生了一件計劃外的事情：令狐愚病死了。王凌恨得咬牙切齒，在這個節骨眼上居然出這種岔子，沒奈何，只好權且繼續蟄伏，尋覓時機。

王凌以為自己潛伏得夠深。他並不知道，司馬懿早就已經盯上他了。

告密者

出賣王凌的人，叫楊康。楊，是楊康的楊；康，是楊康的康。

楊康，和一位單固一起，是令狐愚的心腹，對令狐愚和王淩的計劃多有知曉。不同的是，單固是君子。

當年，令狐愚與單固的父親是鐵哥們，因此總想著要照顧單固，屢次請他出來做官。單固知道令狐愚沒有前途，早晚一死，拒不答應。單固的母親看不過去，發話了：「你令狐叔叔是你爹的老朋友，所以屢次找你做官，也是為你好。你就去吧。」單固是孝子，謹遵母命，出仕。

單固的母親哪裡知道，她親手將兒子推進了火坑。

沒多久，令狐愚患了重病，眼看活不長了。單固辭去了職務，回家供養老母。而楊康則奉了司徒高柔的徵召前往洛陽。君子小人，分道揚鑣。

楊康得知主子令狐愚的死訊，便把令狐愚和王淩的計劃一股腦兒全告訴了高柔。楊康喜滋滋的，心想：估計憑著這個功勞，我能混個侯爵噹噹吧。

高柔得知了這麼重大的消息，不敢怠慢，連忙找到司馬懿。司馬懿聽到此事之後，不動聲色。他安排了心腹黃華接替令狐愚的班，為兗州刺史。

這年，東吳的大帝孫權已經七十歲了。他感到自己的生命之火正在漸漸熄滅。他深知自己的子弟無能，生怕死後曹魏大舉入侵，長驅直入。孫權下令：掘開塗水堤。

王淩得知這個消息，非常高興——這是一個明目張膽布置兵力的好機會。他向朝廷上表，請求發兵討賊。

王淩此舉，有兩個考慮：

第一，掩人耳目。

王淩雖然是東南戰區最高統帥，而且身兼太尉之職，但是平時一旦自行其是採取大規模的軍事行動，必將引起中央的注意，而揚州的重兵必須靠中央的命令才能調動；王淩想以討伐吳軍為藉口，掩飾兵變的痕跡。

第二，壯大實力。

兵變，僅僅靠揚州的兵力肯定不夠；王淩想借此向中央討要一些軍隊，以壯大自己的力量，確保兵變的成功率。

司馬懿對王淩的心思洞若觀火，怎會同意他的上表？當然是拒絕。

王淩沒有辦法。以前，兗州是他的勢力範圍，可如今這位新刺史黃華是敵是友還不明朗。王淩派心腹楊弘去探黃華的口風，希望能夠拉他入夥。如果能夠發動兗、揚二州的勢力，兵變的成功率就要高很多了。

楊弘奉著王淩的命令，前往兗州刺史府。他知道，他將要做的這件事，乃是足以夷滅三族的不赦之罪。楊弘心裡猶豫，他不知道應不應該跟著王淩走到底。他簡直懷疑，這位年近八十的老主子已經年老荒悖了。

楊弘還有妻兒老小和大好青春，他不想和一個行將就木的老頭一起瘋狂。

楊弘來到刺史府，先把王淩的意思給黃華講明。楊弘邊講，邊觀察黃華的臉色。他發現黃華的臉色變了，便趕緊自明心跡：我楊弘反對王淩這樣自取滅亡，希望刺史大人明鑒。

黃華是司馬懿派來的人，豈會跟著王凌發瘋？他聽到楊弘這麼說，便把楊弘留下。兩人聯名秘密上書司馬懿，彙報王凌的反狀。

司馬懿收到這封絕密上書，暗暗點頭：王凌啊，你既然不想安享天年，那就由老夫送你上路吧。

司馬懿深知王凌的軍事才能，所以不敢怠慢。他清楚，兩個兒子和朝中的大臣，打起仗來都未必是王凌的對手。對付王凌這樣年近八十的老傢伙，只能靠自己這個年過七十的老骨頭出馬才能紮得住場子。

司馬懿親自點起兵馬，乘坐戰艦迅速南下。

派出去的楊弘遲遲沒有回來，引起了王凌的警覺。他知道，事情已經敗露了。王凌已經沒有辦法，他只能做困獸之鬥。

兩位歷盡滄桑的老人，即將在曹魏帝國的東南大地，進行最後的對決。

我寧負卿，不負國家

司馬懿卻不想打仗。他今年七十三歲，一來年紀已經不容許他再進行劇烈的軍事作戰，二來司馬懿在軍事方面早已經臻於不戰而屈人之兵的化境。

所以，司馬懿幹了兩件事情，來屈這位「文武俱贍」的王凌的兵。

第一件事情，赦免王凌的一切罪過。他請求了皇帝的詔書，對王凌下達特赦，既往不咎。

第二件事情，以私人名義給王凌寫了一封言辭極其懇切的信，託人火速給王凌送去。他在信中，表達了對王凌的寬慰與諒解。

司馬懿從來不怕跟敵人對打，因為沒有人能打得過他；他只怕敵人逃跑。

遼東之戰，他最怕公孫淵跑到境外；洛陽政變，他最怕曹爽跑到許昌；這一次，他最怕王凌跑到東吳。所以，他派人緊急送去的詔書與私人書信，正是緩兵之計。幹完這兩件事情之後，司馬懿命令戰艦開足馬力，急如星火般直撲王凌的駐地。

王凌其實無兵可調。他手上有的那點兵力實在少得可憐，而要調動揚州的重兵又必須得到朝廷的旨意。王凌當然也有都督東南諸軍事的權力，可以調發郡縣兵，此刻他正在試圖作此努力。他還有另一手打算——出奔東吳。

就在這個關頭，王凌先後接到了來自朝廷的特赦和司馬懿的信。司馬懿在信中承諾：我絕不會拿你王凌怎麼樣。

似曾相識的承諾。

王凌曾經在心裡暗笑曹爽愚蠢，但他此刻犯了一個和曹爽一樣的錯誤。這是個致命的錯誤，這個錯誤將要他王氏三族的性命。這個錯誤就是——相信司馬懿。

所以，王凌放棄了抵抗的念頭。當他放棄這個念頭不久，便得到消息：司馬懿的水師和陸軍，已經抵達本地！

王淩震驚。他現在才知道，當年的孟達是怎麼死的了；他現在也知道，不久前的曹爽又是怎麼自投羅網的了。時間已經不容許王淩逃往東吳，更不要說召集各郡縣的兵丁、布置防禦了。即便是天王老子、大羅金仙，也唯有束手就擒。

王淩沒有辦法，他派主簿王彧拿了朝廷頒發給自己的印綬、節鉞，前往司馬懿軍中。同時，他讓人把自己捆綁起來，跪在河邊，等候司馬懿的發落。

戰艦上的司馬懿拿到了王淩的印綬、節鉞，又看到王淩遠遠地跪在河邊，便笑著對王彧說：王大人這是幹什麼？皇上已經赦免他的罪過了，你過去給他鬆綁吧。

王彧回來，傳達了司馬懿的意思，給王淩鬆綁。

王淩既然已經得到赦免，又想到自己畢竟和司馬懿的兄長司馬朗是鐵杆兄弟，便放了心。他估計，司馬懿即便再心狠手辣，哪怕看在其亡兄的情分上也會寬宥自己。

王淩想到這裡，又恢復了往日的自信。他派人駕了一隻小船，往司馬懿的大船靠攏，想過去敘敘舊。

小船往大船靠過來，王淩遠遠地喊：太傅別來無恙啊？

司馬懿望見王淩，皺皺眉頭，問左右：誰允許他過來的？

王淩的小船開了一半，大船那邊來人，截住王淩：太傅有令，嚴禁靠近。

王淩愣住了。小船停在了水中央，距離司馬懿的大船十餘丈，不知何去何從。

蒹葭蒼蒼，白露為霜。所謂伊人，宛在水中央。

沒有浪漫，只有死寂。

王凌不尷不尬地立在船頭，上不見天，下不著地，退無從退，進不可進。他感到前所未有的無助。再這樣沉默下去，王凌要發瘋了，他率先打破死寂，遠遠地衝司馬懿喊：「太傅想見我，派人帶個書信來召我就行了，何必帶領軍隊親自過來？」（卿以折簡召我，我敢不至邪，奈何引大軍來乎）

司馬懿笑笑，派人回話：「只怕王大人不是呼之即來之人啊。」（因卿非折簡可召之客耳）

王凌何等聰明之人，聽到這句話，終於明白了司馬懿絕不肯放過自己。他一切希望通通破滅，歇斯底里地衝司馬懿大聲喊叫：「太傅負我！」

司馬懿冷冷地回答：「我寧負卿，不負國家。」

王凌心如死灰。他隱隱覺得這句話的語式像極了太祖曹操的名言：「寧我負人，毋人負我。」然而，對比起來，曹操那句原本狠毒的話聽起來竟是那麼率真可愛，而司馬懿這句話則冠冕堂皇地令人絕望。

是啊，我王凌所反對的，不僅僅是他司馬懿，而且是國家。我成了國家的罪人，將來史家編書，可能要把我寫進叛臣傳了吧？

因為，現在司馬懿就是國家。

王淩集團謀反案處理紀實

白髮蒼蒼的王淩被五花大綁，押進囚車，由六百步兵、騎兵押送，前往洛陽。

王淩坐在囚車裡，想到了叔父王允。當年王允巧使離間計，挑撥董卓、呂布父子反目成仇，一舉消滅了當朝權奸。但是後來，董卓的餘部李傕、郭汜報復，王允被逼自殺。如今，自己為了曹魏的江山而反抗司馬懿，卻落得個如斯下場。何必生在這荒唐的亂世呢？

王淩又想到了司馬朗，那是一位多麼正直忠厚的青年啊。當年剛剛進入丞相府時，相府之中除了汝潁世家，便是譙沛集團，在這兩個集團之外的人時時感受到自己似乎是異類。當時，王淩、賈逵、司馬朗三個年輕人，不約而同走到了一起，互相砥礪，互相扶攜，結下了深厚的友誼。後來，司馬朗死了；再後來，賈逵也死了。只有自己孤獨地活到現在。

也許，我也早該死了。

王淩問車外的士兵：這是到哪兒了？

士兵不敢輕易回答王淩的問題，他請示了隊長，隊長說：項縣。

雖然明知身處絕境，但人在臨死之前總會爆發出求生的本能。王淩心頭仍然還抱有最後一絲幻想，他試探著問隊長：能否給我釘棺材的釘子？

你不給，說明我還有活路；你給，那我不再掙扎。

隊長不敢做主，派人請示太傅。司馬懿知道王凌是在試探自己的生死，他不齒地撇撇嘴：給他。要多少，給多少。

隊長回來，手持數枚釘子，遞給王凌。

王凌這才知道，已經完全是死路一條。王凌還有最後一件保存了很久的殺手鐧，可以敗壞司馬懿的好事。他從懷裡悄悄取出這件「殺手鐧」來。

這是一個小小的酒瓶，瓶裡裝的是劇毒的藥酒。王凌現在能做的，就是免於受辱。他抖抖索索地擰開瓶蓋，老淚縱橫。忽然，王凌感到不對，猛抬頭，卻見一座祠廟赫然在目。王凌驚問：這是什麼廟？

身邊的士兵回答：這是前豫州刺史賈逵大人的祠廟。

王凌再也控制不住自己的情緒，衝著賈逵祠放聲大喊：「王凌對大魏社稷忠心耿耿，唯你有靈，能夠知道啊！」（王凌是大魏之忠臣，惟爾有神知之）

王凌對神靈喊完內心的冤屈，又對身邊的人說：「行年八十，身名並滅！」還沒等周圍的人反應過來，王凌一仰脖子，把一瓶藥酒喝得點滴不剩。士兵們大驚失色，趕緊報告司馬懿。等相關負責人員趕來看時，王凌早已七竅流血、氣絕身亡。

司馬懿正在船裡昏昏欲睡。他得知王凌的死訊，冷笑一聲：你以為這樣就能躲過受辱麼？

王凌身死，令狐愚與曹彪之間的聯繫人張式浮出水面，向司馬懿自首。司馬懿成立專案小組，徹查此事。順藤摸瓜，把已經辭職在家的君子單固給摸出來了。

司馬懿派人把單固叫來，當面質問：「你知道叫你來什麼事嗎？」

單固很茫然：「不知道啊。」

司馬懿笑笑：「我提醒你一下：你主子令狐愚是不是要造反？」

單固繼續茫然：「沒有啊。」

司馬懿懶得與單固多廢話，直接把單固全家下獄，反復拷打。單固咬緊牙關，誓死不承認。司馬懿不耐煩了，直接把證人楊康叫出來與單固當面對質。皮開肉綻、體無完膚的單固面對楊康，這才知道是誰出賣了自己和老主子。他衝楊康啐了一口帶血的唾沫，罵道：「你這混賬既對不起刺史大人，又滅我族，你難道以為你就能倖免嗎？」（老庸既負使君，又滅我族，顧汝當活邪）

單固這樣說，就等於已經招了。司馬懿把這些人的罪狀一起上報朝廷，要將王凌、令狐愚、單固等人都夷三族，王凌、令狐愚的屍體也從棺材裡掏出來，在就近的市場上暴屍三日。

王凌即便自殺，也沒有能夠躲過屈辱。

大反派楊康，當然也沒有好下場。他這個告密者，同樣被夷三族。臨刑之時，單固再次痛罵楊康：「老奴，你罪有應得！你死後，有何面目於九泉之下面對其他死者？」（老奴，汝死自分耳。若今死者有知，汝何面目以行地下也）楊康低首不語。

劊子手手起刀落，再度血流成河。

司馬懿在親征王凌之時，其實已經是在與死神賽跑了。因為他的身體，已經越來越不行。但是他仍然強支病體，要親手完成最後一件事情。

朱元璋的兒子曾經責怪朱元璋殺戮太重，朱元璋苦笑：「我這是在幫你拔除荊條上的刺啊。」

司馬懿要在生命的最後時刻，為兒子們拔除最後一根毒刺。

4 拔刺：群龍無首，方為吉

群龍無首，吉

王淩集團已經全部伏法，但司馬懿很清楚，還有一個人正逍遙法外。楚王曹彪。

曹彪是這次謀反案的主角、王淩計劃擁立為帝的對象，而且有多起證據表明，曹彪對這起謀反案涉足甚深。

司馬懿與曹彪往日無冤近日無仇，對曹彪的生死當然無所謂。但是，司馬懿試圖借題發揮，達到另一個目的。

司馬懿請奏朝廷，賜死楚王曹彪。朝廷准奏。

司馬懿接著請示朝廷：曹彪謀反事件，絕非個別的偶然現象。有一個曹彪，就還能有千百個曹彪。所以，請將所有宗親諸侯，都召集在鄴城，設置監察官員，嚴格監視，嚴禁彼此交流，更嚴禁與其他官員交流。

朝廷再准奏。

曹叡時代，因為曹植的上疏而對諸侯王稍稍放鬆的政策，再次收緊，而且比曹丕時代遠過之而無不及。曹家的王爺、侯爺們，這下子徹底成為了囚徒。

惟願生生世世，莫生在帝王家！相信這是曹魏皇族共同的心聲。

司馬懿辦完這件事情之後，終於放心了。王淩的位置，由揚州刺史諸葛誕繼任。諸葛誕是諸葛亮的族弟，所謂諸葛氏龍虎犬之「犬」。諸葛誕在曹魏的表現比較本分，而且還剛剛成為司馬懿的親家——他的女兒，是司馬懿的兒子司馬伷的太太。

但是，這個人又用錯了。他毫無疑問也是一個潛水很深很深的人。諸葛誕的問題只好留給司馬懿的兒子來解決了。

司馬懿辦完這些事情，返回洛陽。天子曹芳派使者持節，策命司馬懿為相國、封安平郡公，孫及兒子各一人為侯。至此，司馬懿前後食邑五萬戶，司馬家族封侯者十九人，權勢滔天，天下無雙。

司馬懿繼續保持晚節，力辭去相國和郡公的位置。

六月份，司馬懿病重。司馬懿裝病裝了一輩子，這次來真的了。

司馬懿躺在病榻之上，靜靜地等待著。他對這個世界已經無欲無求，這個世界也許已經不再需要他。有無數人在盼著司馬懿死去，有無數人在依賴司馬懿活著。司馬懿的生命，對於他們至關重要，對於此刻的司馬懿自己而言，則反而似乎可有可無。

司馬師和司馬昭孝敬在床邊。司馬師，此時已經是衛將軍，大將軍之下軍界的第四號職務，坐鎮洛陽城；司馬昭，已經多次接受過獨當一面的重任，對蜀作戰中指揮鄧艾和蜀漢的名將姜維多次交過手，現在任職安東將軍，是許昌軍區的最高軍事統帥。

有子如此，夫復何憾？

何況，還有擔任太尉職位的弟弟司馬孚。司馬孚雖然與自己一直走得不太近，但是每次在最關鍵的生死時刻，以沉穩見長的司馬孚永遠都是己方的中堅力量。司馬懿相信，今後也會如此。

司馬懿沒有什麼後事好交代的。我能做的，都已經做完了；我來不及做的，都留給你們了。我現在的事情，就是乾乾淨淨、無掛無礙地離開這個人世。我對這個世界已經沒有半點留戀。

因為，我寂寞了。

當年與自己一起出道的人物，如今都已成一抔黃土。世間再無夠格做我上司之人，世間再無值得我輔佐的主公，世間再無旗鼓相當的同僚，再無將遇良才的對手。我不過是仗著命長，才能欺負這些小兒輩罷了，倘若讓我帶著今天的頭腦與能力重返建安時代，丞相府的高級謀士群不知能否有我的一席之地呢？

司馬懿感到自己的生命力在一點一點地消逝；他甚至清晰地能聽到生命從體內撤出的聲音。

司馬懿的頭腦始終清醒，並沒有像他當年騙李勝時扮演的那樣昏聵不堪。這是他唯一感到欣慰的。即便我的身體已經不堪重負，我的智慧依舊活躍如初。

但是，這樣清醒的意識，隨著身體機能的損壞，隨著體力的喪失，也在漸漸變得飄渺而奇幻起來……

司馬懿生命最後時刻所看到的，也許是當年他在兄長庇護下，在亂世逃亡時透過馬車的布簾，看到的那一方純淨的天空吧？

曹魏嘉平三年、蜀漢延熙十四年、東吳太元元年八月五日（西元二五一年九月七日），司馬懿逝世，享壽七十三歲。

按照司馬懿生前的遺囑，他的遺體被安葬在洛陽東北八十里處的首陽山，不築墳頭，不樹墓碑，保持原地形不變。下葬時，司馬懿的遺體穿著平常的衣服，不用任何器皿陪葬。

司馬懿的最後一個要求是，日後司馬家族的任何死者都不得與自己合葬。

孤獨是王者的品格，寂寞是梟雄的做派。

千秋萬世名，寂寞身後事。

一千八百字的西晉簡史

司馬懿的政治遺產，全部由司馬師繼承。司馬懿死後一年，吳大帝孫權也去世，成為中國歷史上首位活到七十周歲以上的皇帝。東吳諸葛恪總攬朝政，興起重兵進攻曹魏，司馬師指揮毌丘儉、文欽，擊敗諸葛恪的進犯。

這一戰，史稱「新城之戰」，對東吳的政局產生了巨大的影響：諸葛恪慘敗之後，在國內獨斷專權，被吳主孫亮和孫峻設計殺死。從此，東吳的朝政陷入權臣輪流執政的混亂之中。

司馬師的作風比司馬懿硬朗而專斷，天子曹芳不堪其苦，聯合了幾個人試圖以夏侯玄代替司馬師的位置。事發，夏侯玄等皆夷三族。司馬師把曹芳打回原形繼續做齊王。他借著「不應該由長輩繼承晚輩」的理由，擁立十四歲的曹髦為天子。

天子廢立，引起擁曹派的反感。毌丘儉、文欽發動兵變，反對司馬師獨裁，被司馬師指揮諸葛誕、鄧艾等鎮壓。毌丘儉戰死，文欽父子逃亡東吳，兩家人留在曹魏的，全被屠殺。繼王凌之後的淮南第二叛，就此結束。

次年，文欽的兒子文鴦以極其強悍的武力強襲司馬師的大營。司馬師的眼睛上有腫瘤，剛動過手術正在觀察期，受到這次驚嚇，眼睛震出眼眶而死。

司馬昭繼承了兄長的全部政治遺產。諸葛誕再次在淮南叛亂，並向東吳求援，東吳派出文欽援助諸葛誕。司馬昭圍城大半年，城中內訌，諸葛誕殺死文欽。司馬昭趁機指揮攻城，斬諸葛誕，夷三族。淮南三叛，至此全部結束。

天子曹髦血氣方剛，明封司馬昭為晉公，暗中謀劃武裝政變。他乘車率兵要攻擊司馬昭，司馬昭的死黨、賈逵的兒子賈充指揮部下成濟殺死曹髦。司馬昭想知道朝中的意見，便詢問陳群的兒子陳泰：「為今之計怎麼辦？」陳泰回答：「腰斬賈充以謝天下。」司馬昭問：「不能殺比他小的嗎？」陳泰說：「只能殺比他大的。」司馬昭最後把槍手成濟夷三族，以掩飾自己的罪過，立曹奐為帝。至此，司馬昭之心，路人皆知。

司馬昭覺得統一天下的時機已經成熟，派鍾會、鄧艾二人伐蜀。西元二六三年，蜀漢滅亡。繼承諸葛亮遺志的蜀漢名將姜維挑撥鍾會殺死鄧艾，又試圖殺死鍾會復國未果，二人皆死於亂兵之中。

司馬昭死後，其子司馬炎繼承父志。他在西元二六五年學習曹丕，讓曹奐禪位於己。曹魏滅亡，晉朝建立，史稱西晉。

始終與司馬懿父子若即若離的司馬孚，以魏國純臣自命，對此感到痛心疾首。

西元二八〇年，晉朝多路水師消滅苟延江東的東吳，統一全國。波瀾壯闊的三國時代，至此終成過往。

司馬懿被追封為晉宣帝，被視為晉朝的實際奠基者。

司馬炎與他的父親和爺爺不同，他成長於深宅大院之中，並沒有很多地接觸過兵戎戰事和民間疾苦，沒有呼吸過半點民間新鮮空氣。所以，西晉的開國與中國歷史上任何統一王朝都不同，剛開國便有亡國的氣象。

西晉是世家大族們的黃金時代。他們爭奇鬥富，以聚斂為能事。西晉開國之後，吸取曹魏亡國的教訓，大肆分封同姓諸侯，使得地方上形成一個個潛在的割據勢力。當時，邊境的胡族大量滲透進中原，也成為一股不安定的因素。

在這樣的局面下，司馬炎只不過做了些輕徭薄賦、與民休息之類的工作，而沒有開闊的眼界和大手筆的制度來消解漢末分裂近百年所形成的離心勢力，更沒有一個光明理想充當國家的官方哲學。「得國不正」屬於道德評價，不好苛求；「立國不正」卻是事實，無須避諱。

司馬炎撒手人寰，繼承人是歷史上著名的白癡皇帝司馬衷。他的太太、賈充的女兒賈南風，更是歷史上惡名昭彰的黑桃皇后。兩人聯手，引起了諸侯王互相征伐的亂局，史稱「八王之亂」。

在這樣的衰世和亂局下，一方面思想界毫無出路，又受文化高壓，便轉向清談的玄學。玄學最早是阮籍、嵇康等人避禍和暗諷的途徑，後來竟至為貴族所效仿，成為無聊的談話沙龍。至陽至正的儒學，則暫時衰微，由北方一些傳統的世家保存下來。中華民族的文化命脈不絕如縷。

另一方面，八王之亂後的晉朝元氣大傷，匈奴、鮮卑、氐、羌、羯等胡人部族崛起入侵，史稱「五胡亂華」。事實上，相比起晉室的皇帝和貴族們來，這些新興的胡人中反倒頗有幾位識大體的人物。

西元三一二年，司馬衷的繼任者司馬熾被攻入洛陽的匈奴人俘去，受盡凌辱後被殺。

西元三一七年，司馬炎的孫子、西晉末代皇帝司馬鄴再度被攻入長安的匈奴人俘虜，再度受盡凌辱後被殺。西晉滅亡。

西晉立國五十二年，真正統一的時間不到十二年，可稱曇花一現。然而，這朵曇花，卻堪稱是中國史上最黑暗腐敗、最沒有希望和活力的罪惡之花。

希望在南渡。

司馬懿的一位曾孫司馬睿渡江到建康（今南京），借助王導、王敦和當地世族的力量重建朝廷，史稱東晉。受盡教訓的貴族們，終於開始有所反思、有所變革。北方則由遺留的漢人和新來的胡人通過鐵血的交織進行新的文化整合、制度創生，孕育著歷久彌新的中華文化。

這就是司馬懿身後的故事，西晉的簡史。司馬懿生前似乎沒有走錯任何一步棋，而他的子孫卻滿盤皆輸。

司馬懿生前飛龍在天，死後亢龍有悔。

為什麼？

歷史是開放的

蓋棺論未定，功過後人評。

歷史上對於司馬懿的評價，基本是負面的。我無意翻案，這個案也不好翻。史料已經封閉，史學卻是開放的。我們有資格做的是，通過認真梳理史料，來作出負責任的評價。

對於司馬懿，從他活著的時候起，便有一些人給予負面評價。譬如高堂隆和陳矯。當然，更多的是朝廷和百官的官樣文章，以伊尹、呂尚、周公來比喻他，拔到無比的高度。

從司馬懿本身來看，他在能力上確有其過人之處。他的擅長軍事與謀略，對政治鬥爭的把握，善於隱忍和韜晦，在漢末三國都屬一流。司馬懿利用他的能力，精心計算著每一步人生的棋招，幾乎不曾有過失敗。與他對壘的人物，或明或暗的對手，如曹操、諸葛亮、曹爽、孟達、公孫淵、王凌……無不是一時的俊彥，但亦無一不敗下陣來。

司馬懿的品德，為後人詬病最多。但我們看他的所作所為，無論剷除曹爽還是王凌，無非是為了自保。何況，曹爽、王凌也自有取死之道，放在哪個朝代也難以倖免。古人說司馬懿以狐媚事上，也屬偏激之辭。司馬懿在曹操這樣的雄猜之主手下，不收形斂跡，如何得以久全？而曹丕的刻薄內忌、曹叡的果決好法，也都不是善與的主。司馬懿加強自身修養，戒驕戒躁，謙虛自持，很難說是什麼「狐媚」。

至於稱司馬懿欺負孤兒寡母，更是過甚其辭。司馬懿受託孤之命，對曹叡的忠心耿耿，有目共睹。反而是曹爽，強遷郭太后於永寧宮；司馬懿受太后旨意發動政變，很難說完全違背郭太后的意圖。

最大的疑點在於，司馬懿究竟有無篡心。

很難說有，也很難說沒有。人到了司馬懿這樣的位置，不可能沒有考慮過篡位與否的問題。甚至一代完人諸葛亮，面對李嚴勸加九錫的建議，照樣給出「如果能掃滅曹賊，即便加十錫都可以，何況九錫」這樣有點兒犯上的話來。

而司馬懿，從來不曾有過這樣的言行。他對九錫、相國、丞相、郡公之類榮譽和職位一律推辭。起碼可以說，司馬懿本人，並沒有篡位之心。有人說，這是在裝。但是，如果這個人能夠裝好人裝一輩子，裝到死為止，那我們客觀講，這個人不正是一個好人嗎？

孔子的六世孫子順有句名言：「人都是裝出來的。裝一輩子，就是君子；堅持不懈地裝，就習慣成自然了。」（人皆作之。作之不止，乃成君子；作之不變，習與體成；習與體成，則自然也）

司馬懿的一生，可以是這句話的一個注腳。

司馬懿不是沒有可以詬病之處。他在處理公孫淵、曹爽、王凌之時，殺戮太重，乃是人生抹不掉的污點。

但是人們對司馬懿評價很低，原因何在？

我覺得，有兩個思維習慣在作祟：

一、原心論罪。即評價人主不看其客觀功績，而看其主觀動機。凡動機好，即便一無所成，也是好人；動機一壞，即便功比天高，也是壞人。

二、血統基因論。龍生龍，鳳生鳳，老鼠的兒子會打洞。逆推上去，你司馬懿的兒孫尚且如此，你司馬懿想必也不是什麽好東西。

這兩個思維習慣究竟是否有助於我們的思考？我不作評價。但是我覺得，罵人必須要罵到痛處，否則被罵者也難以心服。

指摘司馬懿的辦法，不在於對他個人私德的揣測，而在於他是否能秉持公義。

司馬懿最大的問題，在於：只能救己，不能救時。

漢末三國，世道人心，每況愈下。但是，在漢末的時候，由於曹操、劉備、諸葛亮一批傑出政治人物的存在，還是有一些良好的政治變革和向上的苗頭。司馬懿既然擁有如此傑出的才能，便當負起匡救時代的重任，身居宰輔之位，以榜樣之力，默默扭轉江河日下的世運。

然而，他並沒有做到。他所做的，不過是窮則獨善其身、達也獨善其身而已。

孫權看不起賈詡，認為他沒有資格成為三公，原因並非能力不足。的確，從匡救時代來講，賈詡與荀彧相比，完全是天上地下。

時代在向下，人要向上；個人違逆了時代，自然就會受傷。所以，司馬懿選擇識時務，無可厚非。但是，倘若在衰世不能有這等精神，而一味順著衰世的時運，以成自己之功，則整個民族將走向萬劫不復。

司馬氏的統一中國，便是利用了這種向下的時運。

漢末最大的弊病，乃是缺乏一種光明正大的精神。當時的士人，知有家族、有郡守、有恩公，而不知有天子，不知有天下。曹操、諸葛亮試圖扭轉這種局面，所以實行「名法之治」，以破滅虛偽造作的假道德，恢復真實本我的真道德，然而世家大族的勢力實在巨大。曹操死後，他生前一心維持的世家與寒族的平衡關係被打破。司馬懿籠絡世家，利用這種力量來形成了自己的勢力。他本人有一定的儒學修養，但是他所用的計謀和立身之道，其實無非權謀而已，並非浩然正道。儒家的修養，不過是他的緣飾罷了。

所以，既然司馬懿立身非以正道，他的子孫繼續變本加厲，則西晉的立國非以正道，可想而知。立國非以正道，君主便無資格要求天下人行正道。所以，司馬氏強調的所謂「名教」不過是虛文而已，遭到了思想界的非暴力抵制，是為玄學思想的興起。玄學一起，再加上後來的走樣，則整個時運更加向下。

這才是司馬懿的根本要害。

當然，以上僅是我的一己之見。

好在，歷史是開放的。

後記

歷史之中的人性，照亮人性之下的歷史

我想探討的，是歷史與人性。

歷史有如大江大河，經歷了秦漢的汪洋浩瀚之後，在漢末急轉直下，進入了「歷史的三峽」（唐德剛語）。在這個時代，通貨膨脹、司法黑暗、官員腐敗、瘟疫橫行、兵連禍結。要麼吃人，要麼被人吃。每一個人都是這齣慘劇的領銜主演，這裡不提供觀眾席。

司馬懿毫無思想準備地猝然降臨在這個亂世，他必須正視放棄靈魂抑或放棄生命的殘酷抉擇，必須直面吃人抑或被吃的血腥歧途。

在這命運的十字路口，本時代最優秀的兩個人物——司馬懿和諸葛亮作出了不同的選擇。

諸葛亮一生力矯時弊，以正道自勉、以公德為先，最後個人的事業以失敗告終，留下千古遺恨；

司馬懿一生順應時勢，以權謀求存、以私德立身，最後個人的事業以喜劇收場，為子孫開創大晉江山。

但是，如果把歷史的時間軸拉伸，則可以發現：諸葛亮生前失敗，卻青史留芳；司馬懿生前成功，卻敗在了後人心中。成敗異勢，冥冥中究竟是什麼力量在操控一切？

這就是人性之下的歷史。

相比起歷史的滾滾洪流，也許人性細緻而微觀的蛻變更能吸引人。

沒有誰生來就老謀深算，即便被民國怪才李宗吾奉為一代「厚黑宗師」的司馬懿也不例外。

恰恰與後世「厚黑宗師」的刻板印象相反，司馬懿與我們一樣，也曾是個充滿朝氣與理想的青年。他出生在世風日下的七〇年代末，在迷茫與兵荒馬亂中跨世紀，在曹操、曹丕、曹叡三個極難伺候的老闆手下打工，通過不懈的隱忍與奮鬥，最終成就了無冕之王的偉業。

細細觀察司馬懿的一生，我們可以發現他從稚嫩而鋒芒畢露到老辣而重劍無鋒的整個轉變。活了七十多年，他終於完全適應了黑暗的社會，如魚得水，樂在其中。

然而，司馬懿成功之日，也正是他被醬缸文化染透之時。

這就是歷史之中的人性。

司馬懿唯一的傳記是唐朝官修正史《晉書‧宣帝紀》。但是由於編纂者好奇談、喜怪誕，且所據史料或為司馬氏篡改、或因為尊者諱而曲筆，〈宣帝紀〉可信程度不可高估。

本書以《後漢書》、《三國志》、《晉書》、《資治通鑑》為據，參之以《華陽國志》以及《七家後漢書》等漢魏晉史料的後人輯佚本，稽考鈎沉出一代梟雄司馬懿的傳奇人生。幾個歷史公案，參考了陳寅恪、唐長孺、周一良、田餘慶、方詩銘、方北辰等大師、先生的成果，或隨文作了說明，或因出於敘事完整性的考慮而未在文中說明，不敢掠美，在此一併致謝。

語言風格，嘗試融會好玩抓人的網路語言與簡白耐讀的史話類讀物之長，力求表達生動而清楚。效果如何，要請讀者檢驗。

本書一定限度採用了小說筆法。所謂小說筆法，乃是對歷史中當事人的處境與遭遇作最大程度的體認，以當事人眼界為視角，設身處地地體驗每個人所面臨的歷史局部，從而拼綴出一個完整而依稀的歷史形象來。譬如擒殺孟達，曹叡得到的訊息是什麼，諸葛亮的出發點是什麼，孟達的處境是什麼，司馬懿的算盤又是什麼，分別予以同情的描寫，從而呈現一個完整的事件。

柯林烏（Robin George Collingwood, 1889-1943）在《歷史的理念》（*The Idea of History*）中云：「歷史乃是過去在心靈中的重演。」還原歷史之所以可能，小說筆法之所以可採，原因正在於此。

總之，本書本著信者傳信、疑者析疑、大關節一準正史、小細節吸收考古與社會史最新研究成果的原則，力圖以司馬懿為導遊、為您全景式展現漢末三國近百年波譎雲詭的真實歷史。

是為後記。

繁體中文版修訂附記

昨晚偶爾流覽《中國歷代人物年譜考錄》，「諸葛亮」條下有年譜二十二種，「司馬懿」條下僅有年譜一種，且可能已經亡佚。諸葛亮、司馬懿這對老對手，生前死後成敗異勢。千年而下，諸葛亮香煙益發鼎盛，司馬懿卻落寞如斯，令人慨嘆歷史的魔力。

有趣的是，司馬懿唯一一份年譜是清末民初士人秦錫圭撰《晉宣景文三王年表》（即司馬懿、師、昭父子合傳）。察諸族譜，秦錫圭系南宋詞人秦少游的後裔，是我的遠房先祖。想起六年前，因種種機緣巧合，我提筆在天涯煮酒論史論壇開寫《權謀至尊司馬懿》，從而撰成當時中國大陸第一部司馬懿的歷史傳記。秦氏與司馬懿的夙緣如此，再一次令人慨嘆歷史的魔力。

目前，市面上以司馬懿為主角的圖書已有十幾種之多。其中，柳春藩先生的《正說司馬懿》、方北辰先生的《司馬懿：誰結束了三國》、仇鹿鳴先生的《魏晉之際的政治權力與家族網路》為重新理解司馬氏提供了很好的視角。我吸收這些新成果，對本書進行了初步修訂，改正了部分史料的誤用，刪去了一些油滑的流行語，同時希望讀者朋友能繼續賜予教正。我的電子信箱是：czqinmou@163.com。劍眉枉凝先生、李浩白先生對本書初版貢獻良多，並此致謝。

尤值一提的是，我在六年前開寫此書時，因參考資料匱乏，在網上搜到一份由台灣網友Li Chung-Yan撰寫的《司馬懿評傳》。這份《司馬懿評傳》初步搜集整理了司馬懿的史料，彙集了很多歷史學者和台灣網友的評論，尤其摘引了一些當時我在中國大陸無緣得見的方北辰《司馬懿傳》內容，給我的寫作帶來巨大便利和很多啟發。後來，遠流出版了本書的台灣版；又後來，遠流的編輯告訴我，此書在台灣迴響還不錯；他們一定想不到，本書與台灣的因緣要遠溯到這裡。值此書重印之際，謹按《評傳》所載，全列出這些台灣網友的名字，以表謝意。他們是：Li Chung-Yan、浩浩、bsp、Augustu、pf、weijen、wcc、暴民。近二十年前，他們在海峽對岸的網路上，一定有過一段令人感懷的光輝歲月。

再次感慨歷史的魔力，讓我們這些三國的愛好者得以穿透時間、跨越海峽，歡聚盛會於這本書中。

秦濤　二〇一七年六月三十日鍵於渝北五門齋

附錄：司馬懿年表

年號	西元年	年齡	主要活動
漢光和二年	179	1	司馬懿出生於河內郡溫縣司馬世家，父司馬防，兄司馬朗。
漢光和三年至中平六年	180～189	2～11	司馬懿在溫縣的早期生活、讀書生涯。
漢初平元年至興平元年	190～194	12～16	董卓之亂，司馬懿隨兄司馬朗避禍黎陽多年，返回溫縣。楊俊、崔琰誇讚司馬懿非平凡之人。
漢興平二年至建安五年	195～200	17～22	司馬懿繼續在溫縣的讀書生涯，期間與隱士胡昭交往密切。約在此期間，與張春華成婚。
漢建安六年	201	23	司馬懿出任河內郡上計掾。曹操征辟司馬兄弟，司馬朗出仕，司馬懿以身染風痹為名拒絕。
漢建安七年至建安十二年	202～207	24～29	司馬懿在家裝病。

漢建安十三年	208	30	司馬懿在曹操強迫下出任文學掾，輔助曹丕。長子司馬師出生。
漢建安十四年至建安十九年	209～214	31～36	司馬懿穩步升遷，依次擔任黃門侍郎、議郎、丞相東曹屬、主簿。期間，次子司馬昭出生。
漢建安二十年	215	37	隨曹操出征漢中，滅張魯勢力。司馬懿勸曹操趁機攻打劉備，曹操不聽。
漢建安二十一年至建安二十二年	216～217	38～39	司馬懿與陳群等組成「太子四友」，成功為曹丕擊敗曹植、奪取太子之位，升任太子中庶子。兄司馬朗病逝。
漢建安二十三年	218	40	升任軍司馬，協助曹操處理軍政。司馬懿建議實行大規模的軍屯，曹操採納。
漢建安二十四年	219	41	關羽北伐威震華夏，曹操欲遷都，司馬懿成功勸阻，並獻離間孫劉之計。司馬懿勸曹操稱帝，曹操稱要做周文王。父司馬防去世。
魏黃初元年	220	42	曹操病逝，司馬懿主持喪禮，與賈逵合作扶柩入鄴城，協助曹丕完成漢魏禪讓。曹丕為天子，升任司馬懿為尚書，隨後轉督軍、御史中丞，監視百官動態。

魏黃初二年	221	43	司馬懿升任侍中、尚書右僕射，成為尚書臺二把手。
魏黃初五年	224	46	曹丕南巡，司馬懿留鎮許昌，轉撫軍大將軍、假節，領兵五千，標誌著司馬懿正式進入軍界。
魏黃初六年	225	47	曹丕南征，司馬懿坐鎮後方，足食足兵。
魏黃初七年	226	48	曹丕病逝，遺命曹真、陳群、司馬懿輔政。曹叡即位。年底，司馬懿擊退東吳諸葛瑾、張霸的進犯，進封驃騎將軍。
魏太和元年	227	49	入駐南方軍區大本營宛縣，負責荊豫二州防務。年底，新城太守孟達謀反，司馬懿急行軍一千二百里，攻城十六日，擒斬孟達。
魏太和二年	228	50	春，諸葛亮首次北伐。夏，司馬懿提出新的平吳戰略，得到曹叡認可。八月，魏吳石亭之戰，大司馬曹休敗死。冬，諸葛亮二次北伐。
魏太和四年	230	52	升任大將軍，加大都督、假黃鉞，配合大司馬曹真伐蜀。司馬懿消極怠工、曹真遇雨受挫，班師。曹真病危。
魏太和五年	231	53	諸葛亮四次北伐，司馬懿受命赴長安禦敵。曹真病逝。諸葛亮退兵，司馬懿強令追擊，大將張郃遇伏身亡。

魏太和六年至青龍元年	232～233	54～55	司馬懿大興西部屯田、冶煉、水利等業，為應對諸葛亮的北伐作準備。在此期間，司馬師涉足其中的浮華案發。因此案獲罪的鄧颺等人，成為日後曹爽的班底。
魏青龍二年	234	56	諸葛亮五次北伐，屯駐五丈原。司馬懿深溝高壘堅守不戰。相持百日，諸葛亮病逝，司馬懿追至赤岸而還。
魏青龍三年	235	57	司馬懿升任太尉，派部將牛金擊退蜀漢馬岱進犯。關東饑荒，司馬懿運糧救災。
魏青龍四年	236	58	司馬懿抓獲白鹿，進獻曹叡，被寄託以周公之望。司馬懿長孫、司馬昭長子司馬炎出生。
魏景初元年	237	59	遼東公孫淵宣布獨立。曹叡大興宮室，司馬懿勸諫。
魏景初二年	238	60	司馬懿長途奔襲，破襄平、擒斬公孫淵。曹叡病危，急召司馬懿入京。
魏景初三年	239	61	曹叡病逝，遺命曹爽、司馬懿輔政。曹芳即位，加司馬懿都督中外軍事、錄尚書事。曹爽請加司馬懿為太傅。司馬師出仕，為散騎常侍。

魏正始元年	240	62	曹爽提拔何晏、鄧颺、丁謐等人為黨羽。司馬懿奏請罷除建築工程、讓農民返鄉種田。司馬昭出仕，任洛陽典農中郎將。
魏正始二年	241	63	東吳四路攻魏，司馬懿出兵擊退。
魏正始三年	242	64	司馬懿在淮北任用鄧艾等興修水利。曹爽於朝中推行改革新政。
魏正始四年	243	65	司馬懿出擊吳諸葛恪，恪燒營遁走。
魏正始五年	244	66	曹爽伐蜀，司馬昭隨軍出征，不利。司馬懿寫信給曹爽部下夏侯玄，勸其退兵。曹爽大敗而歸。
魏正始六年	245	67	曹爽裁撤中壘、中堅營，兩營兵力歸屬其弟曹羲。司馬懿勸阻，不聽。矛盾激化。
魏正始七年	246	68	曹爽干預軍政，強遷百姓於沔南。司馬懿勸阻，不聽。沔南百姓果為吳軍侵略，損失慘重。
魏正始八年	247	69	曹爽強遷郭太后於永寧宮，專擅朝政。夫人張春華病逝，司馬懿託病不參與朝政。

魏正始九年	248	70	司馬懿詐病騙過曹爽派來探病的李勝。曹爽對司馬懿不再設防。
魏嘉平元年	249	71	司馬懿父子趁曹爽集團隨天子拜謁高平陵之際發動政變，誅殺曹爽黨羽三族。群臣奏請司馬懿為丞相、加九錫，固辭不受。
魏嘉平二年	250	72	兗州刺史令狐愚、太尉王凌密謀立楚王曹彪為帝。
魏嘉平三年	251	73	王凌謀反事洩，司馬懿親提大軍平叛。王凌投降，後自殺。司馬懿誅殺餘黨三族。曹芳加司馬懿為相國、安平郡公，固辭不受。八月五日，司馬懿病逝於洛陽，年73歲。長子司馬師為撫軍大將軍、錄尚書事。
晉泰始元年	265	—	司馬懿之孫司馬炎完成魏晉禪讓，追尊司馬懿為高祖宣皇帝。

國家圖書館出版品預行編目(CIP)資料

權謀至尊司馬懿 / 秦濤作. -- 初版. -- 臺北市 :
遠流, 2012. 08
面; 公分. -- (實用歷史. 三國館)

ISBN 978-957-32-7027-0(平裝)

1. (三國)司馬懿 2. 傳記

782.823 101013504